2018 年

杭州市民
公共文明指数
调查分析报告

SURVEY AND ANALYSIS ON
PUBLIC CIVILIZATION INDEX OF
HANGZHOU IN 2018

杭州市精神文明建设委员会办公室
杭州市社会科学院
编

陆文荣 等
著

社会科学文献出版社
SOCIAL SCIENCES ACADEMIC PRESS (CHINA)

杭州市民公共文明指数调查领导小组

杭州市民公共文明指数调查课题组

组　　长　　周　膺

执行组长　　陆文荣　　朱一斌

主要成员　　李泽泉　董伟统　陈海忠　钭利珍　杨一琼
　　　　　　任　宁　汪欢欢

问卷调查和写作组

组　　长　　李泽泉

执行组长　　钭利珍

主要成员　　任　宁　刘凤玲　柴始青　陈丽微　董晓梅
　　　　　　汪祥富

现场观测和写作组

组　　长　　董伟统

执行组长　　陈海忠　杨一琼

主要成员　　郑晓丽　金建伟　陈新农　周晓晓　王兆婷
　　　　　　丁莹莹　周　草

主要著者简介

陆文荣 1987 年 12 月生，山东济宁人，杭州市社会科学院助理研究员，主要研究方向为基层社会治理。杭州市青年研究会理事。杭州市社科优秀青年人才，杭州市"131"中青年人才培养计划第三层次资助人选。主持国家社科基金项目、教育部人文社科项目、省市社科规划课题多项，在核心期刊上发表论文 6 篇，其中 2 篇被《人大复印报刊资料》转载。

陈海忠 1968 年 8 月生，浙江天台人。毕业于杭州大学，先后就职于浙江供销学校和浙江经贸职业技术学院，主要从事教育教学管理、质量监控与评价、素质教育与校园文化等方面的管理和研究工作。

钭利珍 1978 年 12 月生，浙江缙云人，博士，副教授。浙江科技学院马克思主义学院副院长，浙江省之江青年社科学者。参与和主持国家级、省部级项目 10 余项。在《社会科学战线》《浙江社会科学》《浙江学刊》等期刊上发表论文 20 余篇。

目　录

I　综合分析报告

II　分项指数报告

III　现场观测报告

Ⅳ 附录

综合分析报告

2018年杭州市民公共文明
指数调查分析报告

2016 年 G20 峰会在杭州的召开极大地提升了杭州这座城市的知名度和美誉度，她不仅向世人展示了亮丽的湖光山色、深厚的历史文化底蕴，而且让人充分领略了改革开放 40 年来杭州在经济、政治、社会、文化和生态建设各方面所取得的骄人成绩，特别是这座城市的市民公共文明素养达到的前所未有的新高度。杭州市委、市政府适时提出了建设"独特韵味、别样精彩的世界名城"和打造"展示新时代中国特色社会主义的重要窗口"的奋斗目标，为全市人民指明了努力的方向。世界城市发展历史表明，一座城市的可持续发展不仅需要依托发达的物质文明，而且需要依托发达的精神文明，尤其是城市居民在公共空间和公共活动中所表现出来的精神状态与行为规范，即市民公共文明。自 2014 年始，中共杭州市委宣传部、杭州市文明办、杭州市社会科学院联合推出市民公共文明测评指标体系，在全国同类城市首创市民公共文明指数，每年开展一次大规模的社会调查和现场观测，调查、研究、分析杭州市民的公共文明状况并提出合理优化建议，为杭州文明城市创建和打造"一城一窗"提供了重要数据支撑。

2018 年杭州市民公共文明指数调查是对 2014～2017 年四个年度指数调查工作的承接和延续，测评指标与往年基本保持一致，测评范围扩大到临安区。整个调查研究坚持问题导向，对标文明城市创建和世界名城标准，主评、客评、外籍人士评价和实地观测"四位一体"，旨在更好地把握杭州在打造"一城一窗"背景下市民的公共文明素养发展水平，精准查找城市文明创建短板，寻找文明城市高起点上实现新发展的更优方案。调查工作自 2018 年 10 月全面启动，历时近 4 个月，150 多名经验丰富的调查员（观测员）和专家团队紧密合作，运用市民公共文明测评指标，完成入户调查问卷 5000 份（含外籍人士问卷 500 份），在市民出入频繁的各类公共场所（主要包括公交车站、地铁站、医院、交叉路口、社区、农贸市场、公园/广场、街巷、商场、公交线路与影剧院等）设置的 150 个现场观测点，针对 49 万余人次、1.8 万余辆机动车、20 万余辆非机动车以及近 20 条公交线路和地铁线路，在工作日和双休日的早上、中午、傍晚不同时段，对市民公共文明状况进行了 71 万余人次/辆次累计 7200 多小时的现场观测，样本覆盖上城区、下城区、江干区、拱墅区、西湖区、滨江区、萧山区、余杭区、富阳区、临安区十城区。围绕"文明价值观"主题词开展研讨 2 次，围绕"文明养犬"主题词开展研讨 1 次。调查结果显示，杭州市民公共文明指数在实现高速增长之后，继续保持稳中有升态势，综合评价指数达到 84.67，突出的不文明行为持续改善。本报告拟在数据分析的基础上，结合样本追踪、个案访谈、市民代表座谈和专家咨询等情况，对杭州市民公共文明指数发展趋势做简要分析，并试图就进一步优化城市治理和提升市民公共文明素养进行对策性探讨。

一　杭州市民公共文明指数及现场观测的基本情况

（一）2018年杭州市民公共文明指数稳步提升

依据指标评价体系和数据分析，2018 年杭州市民公共文明综合评价指数为84.67，比2017年的84.65提高0.02，表明杭州市民公共文明素养继续呈现稳中有升趋势，市民公共文明素养水平又上新台阶。这说明杭州市持续开展的社会主义核心价值观教育、群众性精神文明创建活动和文明城市创建成果巩固提升活动取得了积极成效，有力地提升了杭州市民的公共文明水平。现场观测数据分析结果也表明，2018年杭州市九城区（不含临安区）市民不文明现象总体发生率比上年下降了0.02个百分点，处于缓慢下降水平。

比较2014年以来连续五年的调查结果，杭州市民公共文明素养在经过2014～2016年的"快速提升期"之后，在2017年和2018年进入了"平稳提升期"（见图1）。这符合城市文明发展的一般规律，反映了杭州市民公共文明素养在达到较高水平之后，进一步提升的难度增大、瓶颈增多、空间受限。这就需要着力挖掘制约杭州市民公共文明素养提升的短板，通过制度设计、宣传教育等手段做出合理化改进。

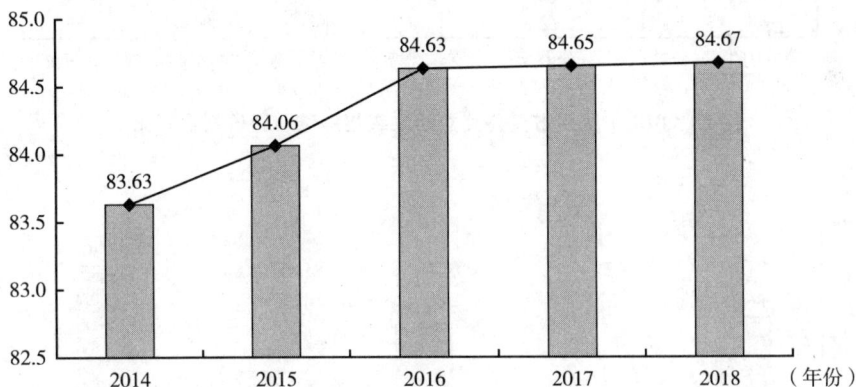

图1　2014～2018年杭州市民公共文明综合评价指数变化趋势

（二）公共交往和公共观赏指数最为突出

2018年杭州市民公共交往和公共观赏综合评价指数较高，分别为86.08和86.43，排在前两位（见图2）。这与历年调查数据结果保持一致。绝大多数市民基本能够做到在公共交往方面与人为善，同情社会弱者并提供力所能及的帮助，如"与人交流时面带微笑，态度和蔼"（86.38）、"陌生人问路时，耐心、详细解答"（86.28）、"主动给予外地游客方便或帮助"（85.44）、"能给老、弱、病、残、孕及怀抱婴儿者让座"（87.30）（见图3）。这些表现都体现了杭州这座城市的温暖和友好，也是和谐杭州社会秩序得以形成的基本原因。公共观赏综合评价指数较高则表明杭州市民在影剧院、体育馆等人员密集的公众场所表现出较强的自觉自律意识（见图4）。

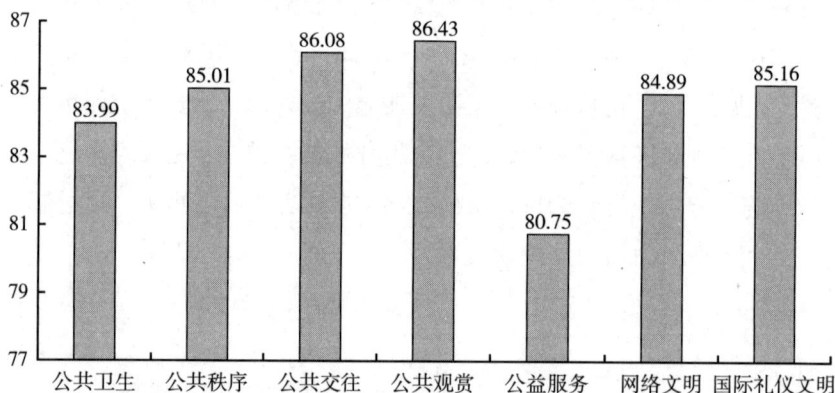

图2 2018 年杭州市民公共文明二级指标综合评价指数对比

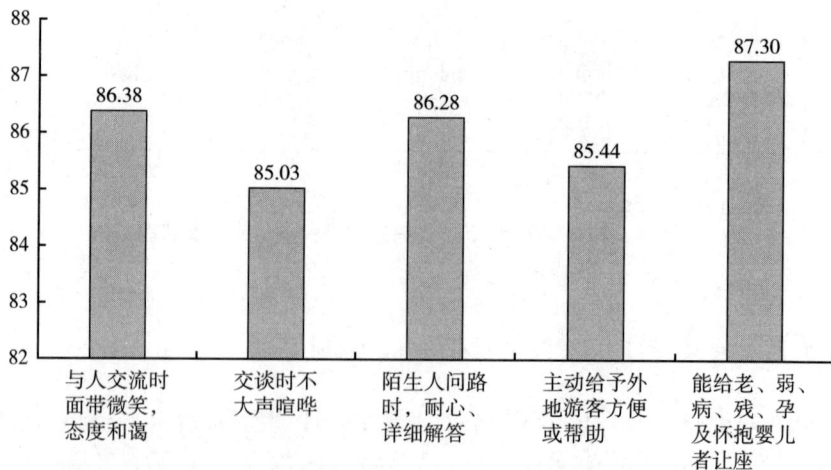

图3 2018 年杭州市民公共交往三级指标综合评价指数对比

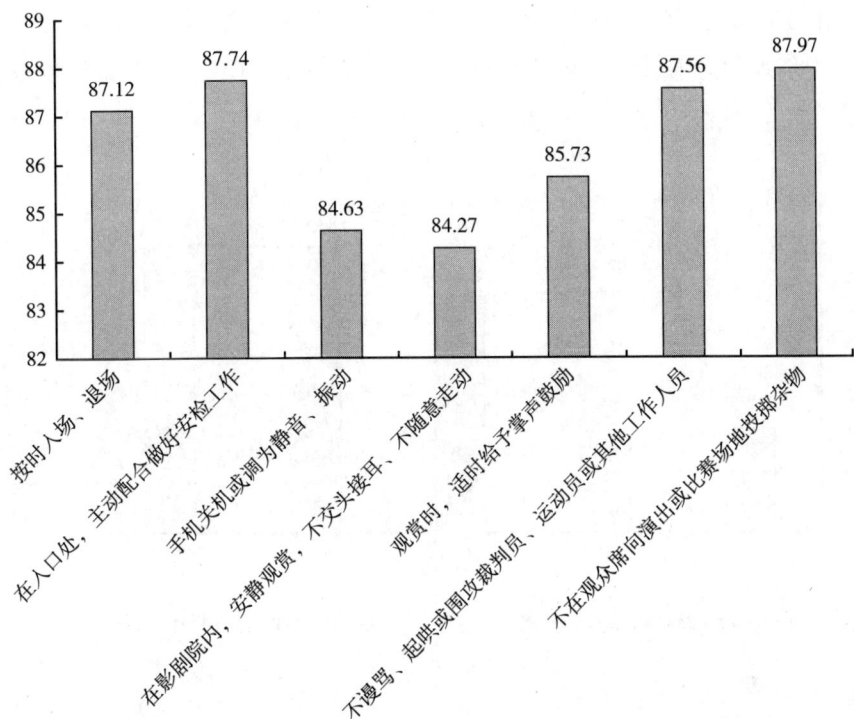

图4　2018年杭州市民公共观赏三级指标综合评价指数对比

（三）公共卫生和公共秩序指数持续走高

2018年杭州市民公共卫生综合评价指数为83.99，比2017年的83.88高0.11（见图5）；公共秩序综合评价指数为85.01，同样比2017年的84.90高0.11（见图6）。从2014～2018年公共卫生和公共秩序综合评价指数走势看，杭州市民在公共卫生和公共秩序方面的表现持续改善，尤其是杭州市民基本上能够做到"不随地吐痰、便溺""不在设有禁烟标志的公共场所抽烟""不乱张贴小广告、不乱涂写""打喷嚏时，有所遮掩"，基本上能够做到遵守交通规则，如"乘坐公交时有序排队上下车""乘坐地铁时有序排队上下车""乘坐电梯时先出后进""遵守'一米线'外等候的规定""行人不乱穿马路、乱闯红灯、乱翻栏杆""在地面标示的规定区域内停车"

"非机动车不闯红灯、不走机动车道"等三级指标的综合评价指数均超过 85。现场观测结果显示，杭州市民在公共秩序方面的不文明现象发生率自 2016 年以来连续三年下降，这也支撑了我们的结论。

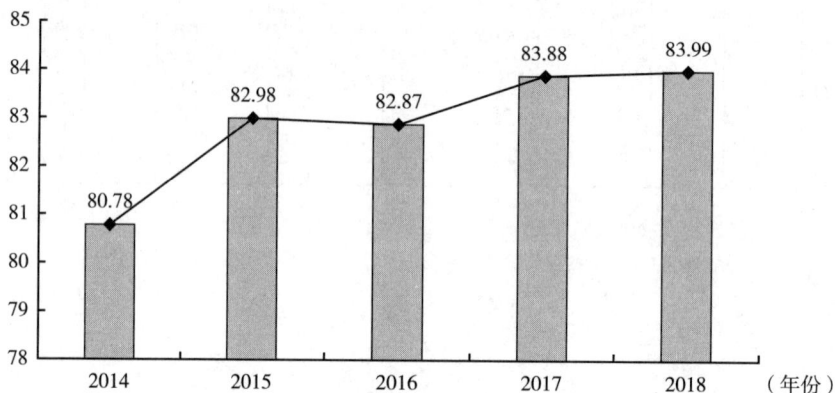

图5　2014~2018 年杭州市民公共卫生综合评价指数变化趋势

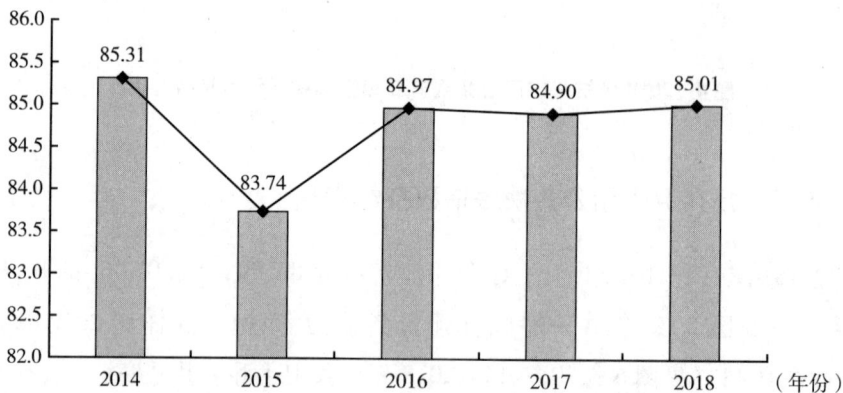

图6　2014~2018 年杭州市民公共秩序综合评价指数变化趋势

　　但同时我们也发现，在公共卫生和公共秩序的某些三级指标方面仍然有较大的提升空间。例如，杭州市民关于"垃圾分类投放"指标的综合评价指数为 81.41，"遛宠物时，主动清理其排泄物"指标的综合评价指数为 82.38，"共享单车按规定停放"指标的综合评价指数为 82.56。

特别是共享单车停放问题，与往年相比，杭州市民关于这一指标的综合评价指数甚至出现下降趋势。这很可能与共享单车的大规模投放但疏于管理有关系，也与杭州新的地铁线开通之后，人们习惯使用共享单车短途接驳有关。

（四）公益服务指数有明显回升

2018年杭州市民公益服务综合评价指数为80.75，比2017年的79.92高0.83（见图7），可见一年来杭州市民的公益服务精神和行为都有较大提升。从2014~2018年公益服务综合评价指数变化趋势看，杭州市民公益服务综合评价指数经历了一个先升后降再升的过程。2016年G20峰会在杭州的成功举办极大地提升了杭州市民对这座城市的认同感和归属感，激发了其对城市社会生活的参与热情，所以公益服务综合评价指数达到峰值。2016年我们特别设计了"积极参与服务保障G20峰会等重大会议赛事活动的志愿服务"这一指标，或许也提升了杭州市民关于这一指标的综合评价指数。公益行为本质上是一种自觉型社会反馈行为，对行动者而言，外部没有明确的要求，是市民生活质量提高在行动层面的表现。所以，2018年杭州市民公益服务综合评价指数的回升预示了杭州市民较高的生活质量，也表明杭州市民公共精神彰显，且进入常态化阶段。

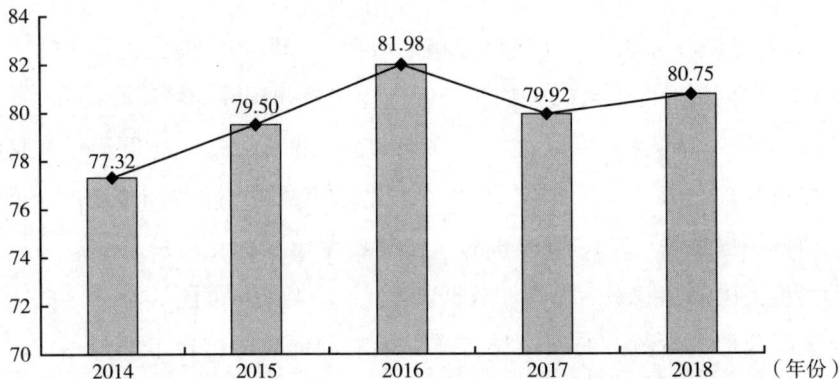

图7　2014~2018年杭州市民公益服务综合评价指数变化趋势

（五）市民国际化意识不断增强

历史上，杭州对外交流频繁，开放程度较高，近年来杭州市委、市政府更是提出了加快推进城市国际化、建设世界名城的新的奋斗目标。市民国际化意识是加快推进城市国际化、建设世界名城的民情民意基础，必须精准把握。调查数据显示，受访者普遍认为近年来杭州市民在国际意识方面有较大提升。75.65%的受访者认为近年来杭州市民国际意识不断提升，其中接近三成受访者认为"有很大提升，符合城市国际化要求"，只有4.17%的受访者认为"提升不大"（见表1）。可见，近年来政府为促进城市国际化所做的各种努力也感染了普通市民。

表1　近年来杭州市民国际意识的提升情况

问题	认知选项	频数	百分比（%）
您认为近年来杭州市民国际意识的提升情况如何？	有很大提升,符合城市国际化要求	1177	27.30
	有较大提升,但与建设世界名城的要求还有较大差距	2085	48.35
	有一定提升	657	15.24
	提升不大	180	4.17
	不清楚	213	4.94
合　计		4312	100

当被问及"影响和促进杭州市民国际意识提升的主要因素"时，58.53%的受访者选择"城市基础设施的改善"，58.40%的受访者选择"城市品牌形象的提升"，45.08%的受访者选择"杭州国际知名度的提升"（见表2），反映出近年来杭州通过举办G20峰会、世锦赛等重大赛事，在持续改善城市基础设施、提升城市知名度、塑造城市品牌等方面所取得的正面效果。值得一提的是，2018年颁布的《杭州市城市国际化促进条例》有力地推动了市民国际化意识的提升。数据显示，42.00%的市民认为"《杭州市城市国际化促进条例》的颁布与实施"影响和促进了杭州市民国际意识的提升。《杭州市城市国际化促进条例》颁布仅半年就取得了如此好的效果，充分说明该条例对促进杭州城市国际化的重要作用。此外，分别有47.38%

和42.67%的受访者认为"城市治理水平的提升"和"高等教育的发展"影响和促进了杭州市民国际意识的提升,反映出城市软实力在促进市民国际意识提升方面发挥着不可替代的重要作用。

表2 影响和促进杭州市民国际意识提升的主要因素

问题	认知选项	频数	百分比(%)
您认为影响和促进杭州市民国际意识提升的主要因素有哪些?	城市基础设施的改善	2524	58.53
	《杭州市城市国际化促进条例》的颁布与实施	1811	42.00
	高等教育的发展	1840	42.67
	城市治理水平的提升	2043	47.38
	城市品牌形象的提升	2518	58.40
	精致、和谐、大气、开放的城市精神	1699	39.40
	世界级赛事与会议活动的举办	1671	38.75
	杭州国际知名度的提升	1944	45.08
	其他	10	0.23

对于"提升杭州市民国际意识的主要途径",受访者也纷纷建言献策。"加强城市国际化定位的宣传"成为市民首选,选择此项的受访者占比为62.24%。实现城市发展目标要想获得市民的支持和参与,必须被广大市民所熟悉并认可,所以加强城市国际化和世界名城建设宣传应该是首要一步。排在第二位的是"加强青少年的国际意识教育",占比为58.35%。青少年是国家的未来,是最具青春活力的社会群体,他们视野开阔,乐于接受新鲜事物和国际化文化。所以从长远来看,要抓住青少年这一关键群体。此外,占比较高的还有"打造更多的国际化社区"(47.56%)和"加强城市外语环境的建设"(47.12%)(见表3)。国际化社区是在杭外籍人士的主要聚集地,他们本身是传播国际文明的重要载体。一方面,他们是杭州故事最好的传播者;另一方面,他们是向本地市民输送国际礼仪文明和生活方式的重要主体。语言也是文化传播的载体,语言相通能够拉近人们交往的距离,在城市基础设施建设和社会管理中融入更多国际化通用语言能够增进外国友人对杭州这座城市的亲近感,也会助推杭州市民提升国际意识。

表3 提升杭州市民国际意识的主要途径

问题	认知选项	频数	百分比（%）
您认为提升杭州市民国际意识的主要途径有哪些？	打造更多的国际化社区	2051	47.56
	加强城市国际化定位的宣传	2684	62.24
	加强城市外语环境的建设	2032	47.12
	加强国际商务城市的建设	1691	39.22
	加强青少年的国际意识教育	2516	58.35
	承办更多的国际赛事和会议	1526	35.39
	加强对《杭州市城市国际化促进条例》的普法宣传	1176	27.27
	加强国际人才的引进	1564	36.27
	其他	1	0.02

（六）城市文明提升了市民的生活满意度和幸福感

2018年杭州市民公共文明行为调查认知部分增加了对"生活满意度"和"幸福感"的调查，这两个指标总体上反映了市民的主观生活状态，也反映了市民美好生活的实现程度。调查结果表明，绝大多数被访者对当前生活状态感到满意和幸福，只有不到5%的市民表示自己生活得"不幸福"和"很不幸福"，对生活"不满意"和"非常不满意"（见图8）。我们还对杭州市民公共文明行为与生活满意度、幸福感的相关矩阵进行了分析（见表4）。数据分析结果显示，市民的公共文明行为与其生活满意度、幸福感存在密切关联。市民生活满意度、幸福感越高，就越注重公共文明行为，反过来公共文明行为又会提升市民的生活满意度和幸福感。

二 提升杭州市民文明素养需要重点关注的若干问题

（一）公共卫生难点领域依然需要加强

2018年调查数据显示，被访者公共卫生和公益服务综合评价指数虽然

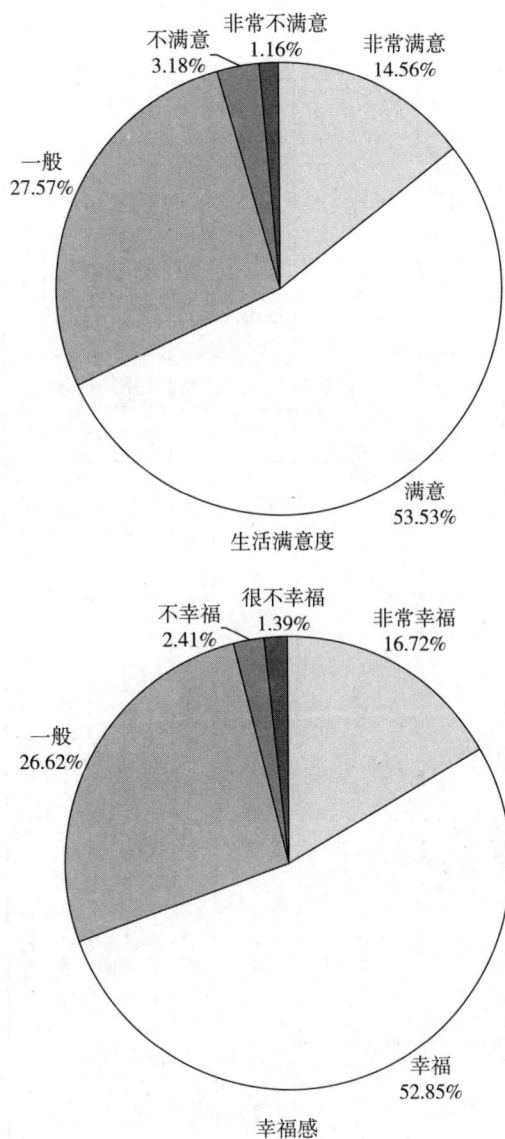

图8　2018 年杭州市民生活满意度和幸福感

持续改善，但是相比其他指数仍然具有较大的提升空间，特别是在垃圾分类和文明养宠物方面。表 5 显示，杭州市民关于"垃圾分类投放"指标的综合评价指数为 81.41，客评指数为 78.66；"遛宠物时，主动清理其排泄物"

表 4　杭州市民公共文明行为与生活满意度、幸福感的相关矩阵分析（N=4312）

指标	参加献血、捐助等公益活动	只要条件允许，愿意作为志愿者提供服务	积极参加公益知识讲座，向他人宣传公益知识	鼓励身边的人参与公益服务	自发做些公益服务	积极参与各类赛事活动的志愿服务	生活满意度	幸福感
参加献血、捐助等公益活动	1.0000							
只要条件允许，愿意作为志愿者提供服务	0.5903	1.0000						
积极参加公益知识讲座，向他人宣传公益知识	0.5030	0.5622	1.0000					
鼓励身边的人参与公益服务	0.4682	0.5396	0.6463	1.0000				
自发做些公益服务	0.4717	0.5137	0.5877	0.7058	1.0000			
积极参与各类赛事活动的志愿服务	0.4754	0.5238	0.5781	0.6188	0.6554	1.0000		
生活满意度	-0.0968	-0.1339	-0.1262	-0.1571	-0.1358	-0.1255	1.0000	
幸福感	-0.0985	-0.1311	-0.1334	-0.1444	-0.1023	-0.1084	0.6249	1.0000

指标的综合评价指数为 82.38，客评指数为 78.01。现场观测结果与此保持一致，在公共卫生方面，"投放垃圾时没有进行分类"的不文明现象发生率依然较高，达到 10.41%。在公共秩序方面，不文明现象发生率最高的还是"遛宠物时没有拴好绳子"，为 11.41%。在历年的市民公共文明指数调查中，垃圾分类和文明养宠物都是市民公共文明素养提升的瓶颈，如何突破这些瓶颈，仍然是一项具有挑战性的工作。

表5 2018年杭州市民公共卫生指数

二级指标	三级指标	客评指数	主评指数	综合评价指数
公共卫生	垃圾分类投放	78.66	85.54	81.41
	不随地吐痰、便溺	82.55	90.08	85.56
	不在设有禁烟标志的公共场所抽烟	81.85	91.44	85.68
	打喷嚏时，有所遮掩	80.62	89.71	84.26
	遛宠物时，主动清理其排泄物	78.01	88.94	82.38
	不乱张贴小广告、不乱涂写	80.32	91.06	84.62

（二）杭州市民国际礼仪文明指数2018年首次下降

2015～2018 年杭州市民国际礼仪文明综合评价指数总体呈现上升趋势，2018 年为 85.16（见图 9），高于杭州市民公共文明综合评价指数（84.67）。这表明杭州市民国际礼仪文明综合评价指数处于"较好"水平，体现了近年来杭州市积极推进城市国际化，市民国际礼仪文明素养提升工作取得了较好成果。

但值得注意的是，杭州市民国际礼仪文明综合评价指数在 2016～2017 年连续两年上升的情况下，2018 年呈现下降趋势，且回落到 2016 年之前的水平。这说明 2016 年 G20 杭州峰会带来的对市民国际礼仪文明素养提升的效应进一步减弱，提升市民国际礼仪文明素养是一个长期的过程，需要大家进行持之以恒的努力。

对比 2015～2018 年外籍人士国际礼仪文明三级指标，发现与 2017 年相比，2018 年 7 个三级指标的客评指数、主评指数、综合评价指数均下降，且绝大部分低于 2015 年。其中，客评指数下降幅度最大，7 个三级指标的

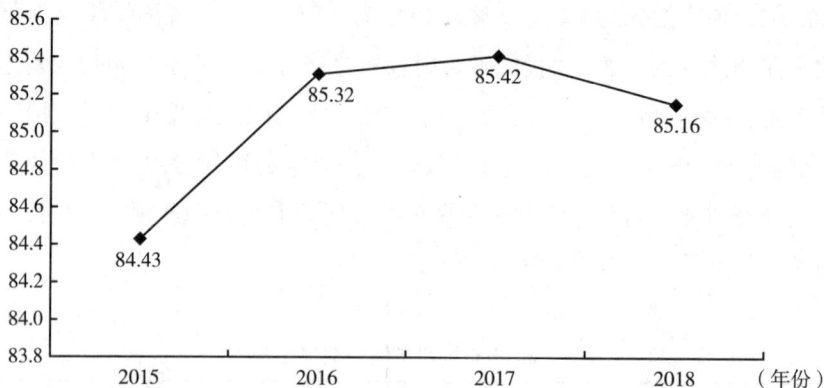

图9　2015～2018年杭州市民国际礼仪文明综合评价指数变化趋势

客评指数分别较2017年下降了7.17、9.68、9.57、10.68、11.98、11.49、13.22，特别是"能积极主动学习外语，并在与外籍人士交流时使用外语""积极学习了解并遵循国际通行的礼仪规范""参加正式涉外活动时，能着正装出席""尊重外籍人士的习俗禁忌"4个指标的客评指数下降幅度尤为明显（见图10）。在外籍人士座谈会上，多数外籍人士指出杭州市民的国际

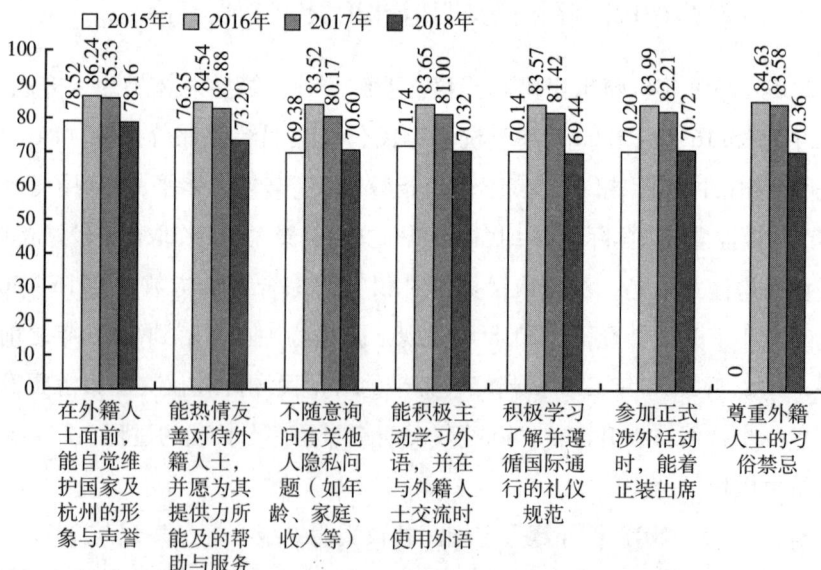

图10　2015～2018年外籍人士国际礼仪文明三级指标客评指数

注：2015年未设"尊重外籍人士的习俗禁忌"指标。

意识和能力还不够，对国际通行的礼仪规范不甚了解，也不懂得如何尊重外籍人士的习俗禁忌。同时，他们认为文化差异、缺乏沟通和自身对城市的融入不足也可能会产生判断的偏差。

2018 年外籍人士国际礼仪文明客评指数、主评指数、综合评价指数均大幅下降，较 2017 年分别下降了 10.54、5.42、8.50（见表 6），绝大部分低于 2015 年水平，总体呈现下降态势。

表 6   2017~2018 年外籍人士国际礼仪文明指数比较

年份	客评指数	主评指数	综合评价指数
2017	82.37	86.61	84.07
2018	71.83	81.19	75.57
2018 年与 2017 年差值	- 10.54	- 5.42	- 8.50

（三）公益服务仍然是短板

行胜于言。一个城市能否让人感到文明和友善，往往取决于这个城市的居民是否愿意为陌生人提供帮助和支持。2018 年杭州市民公益服务指数虽然有所回升，但是在公益服务各个三级指标上的表现并不均衡。相比之下，市民参与公益服务、志愿服务的意愿较强，实际参与公益服务的行为略少。例如，市民关于"只要条件允许，愿意作为志愿者提供服务"指标的综合评价指数为 83.10，"参加献血、捐助等公益活动""积极参与各类赛事活动的志愿服务"指标的综合评价指数分别为 82.93 和 80.49（见图 11）。这需要我们继续探讨其中的原因。此外，市民的公益服务更多集中于传统的捐助、献血等行为，参与公益服务的主动性还有待提高。例如，市民关于"自发做些公益服务"指标的综合评价指数仅为 78.46，"鼓励身边的人参与公益服务"指标的综合评价指数仅为 79.11，"积极参加公益知识讲座，向他人宣传公益知识"指标的综合评价指数也刚刚超过 80。可见，如何进一步激发市民的公益服务意愿，促进更多公益服务行为，仍然存在较大的提升空间。

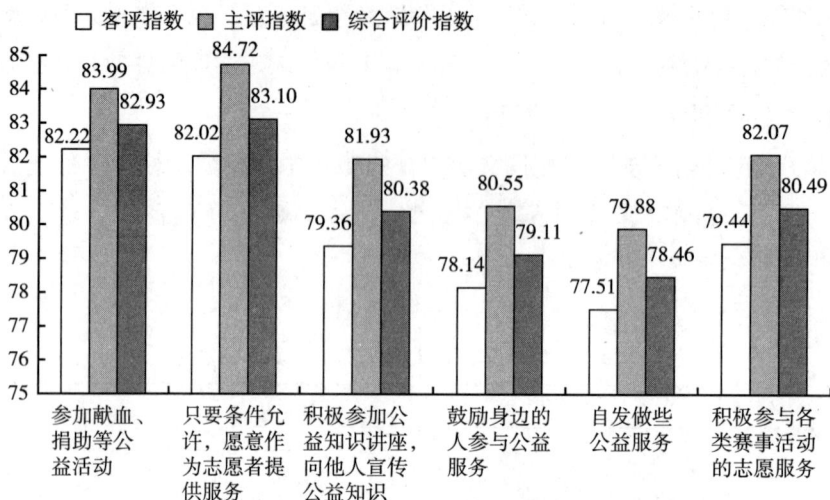

图11 2018年杭州市民公益服务三级指标指数

（四）《杭州市城市国际化促进条例》普及度不高

2018年5月31日，浙江省第十三届人民代表大会常务委员会第三次会议通过《杭州市城市国际化促进条例》（以下简称《条例》），杭州成为全国首个通过立法促进城市国际化的城市。《条例》旨在促进杭州城市国际化，提升城市竞争力和影响力，建设独特韵味、别样精彩的世界名城，并提出一些重要举措。但是在我们的问卷调查中，近2/3的被访者"不是很清楚"和"不知道"《条例》，只有30.84%的被访者对《条例》"知道一些"，"非常清楚"《条例》内容的只占7.26%（见表7）。《条例》颁布时间不长，市

表7 是否知道《杭州市城市国际化促进条例》

问题	认知选项	频数	百分比（%）
您知道《杭州市城市国际化促进条例》吗？	非常清楚	313	7.26
	知道一些	1330	30.84
	不是很清楚	1834	42.53
	不知道	835	19.36
	合　计	4312	100

民还需要更多时间和渠道来了解其具体内容，相关政府部门也要加大对《条例》的宣传和普及力度，提高市民对《条例》的认知度，使《条例》发挥更大的作用。

对于《条例》规定的促进城市国际化的举措，68.51%的受访者最在意"城市环境国际化，公共信息使用国际通用标识"，51.46%的受访者最在意"文化国际交流融合，提高居民对外交流能力"，49.84%的受访者最在意"产业国际化，营造国际创新创业生态环境"，47.68%的受访者最在意"公共服务国际化，为国际人才提供优质服务"（见表8）。可见，城市国际化不仅需要产业支撑，而且需要营造氛围，在城市规划设计中应融入更多国际元素，增加国际性民间交流活动，促进国内外文化融合。

表8　《杭州市城市国际化促进条例》中最在意的措施

问题	认知选项	频数	百分比（%）
《杭州市城市国际化促进条例》规定的促进城市国际化的措施中，您最在意的是哪些？	产业国际化，营造国际创新创业生态环境	2149	49.84
	城市环境国际化，公共信息使用国际通用标识	2954	68.51
	公共服务国际化，为国际人才提供优质服务	2056	47.68
	文化国际交流融合，提高居民对外交流能力	2219	51.46

三　相关政策建议

（一）以新时代为契机，弘扬城市公共文明的主旋律

在改革开放和现代化进程中，城市公共文明建设是社会主义精神文明建设的重要标志。一个城市的文明进步，必须有共同的理想信念、公共道德、社会正气等精神文明做支撑。习近平总书记提出，我们应当站在新时代前沿，引领风气之先，坚持正确处理物质文明和精神文明的关系，把精神文明建设贯穿改革开放和现代化全过程，渗透到社会生活的各方面。在城市公共文明建设上，应当紧密结合培育和践行社会主义核心价值观，大力促进公共

道德、个人品德和公共文明的提升，营造全市创建公共文明的浓厚氛围。对此，首先，坚定道路自信、理论自信、制度自信，增强文化自觉和文化自信。不断增强脚力、眼力、脑力、笔力，打造一支高素质的城市公共文明宣传工作队伍。大力弘扬优秀传统文化，大力加强党风政风、社风家风建设，特别是要让民族文化基因在广大市民心中生根发芽。其次，将宣传与培育社会主义核心价值观紧密结合起来，充分发挥领导干部、公众人物、先进模范的榜样示范作用，积极深入地推进全市、城区、街道、社区和单位部门"最美人物""巾帼英雄""道德模范""杭州好人""最美志愿者""先进集体"等评选表彰活动，树立文明典型，努力倡导志愿服务精神，引导和推动全体市民争当文明公民、展示文明形象。在此基础上，加强城市公共文明宣传平台建设，不断完善公共文明的传播机制，以榜样的力量感召人、鼓舞人，带动杭州公共文明水平进一步提升。最后，积极引导市民将个人举止与城市文明创建结合起来，将自身言行与建设国际化大都市统一起来，将个人贡献对接并融入城市文明创建活动中，共同树立城市公共文明新风尚。

（二）以市民为中心，激发公共文明创建的自觉行动

习近平总书记指出，要始终把人民放在心中最高的位置。人民是历史的创造者，群众是真正的英雄。不论过去、现在和将来，我们都要坚持一切为了群众、一切依靠群众，从群众中来、到群众中去，把党的正确主张变为群众的自觉行动，把群众路线贯彻到工作的方方面面。事实上，一个城市的发展离不开广大人民群众的不懈努力，一个城市公共文明的孕育也离不开广大市民的努力。从这一意义上讲，应当坚持文明创建的协调协同，尽最大可能推动政府、社会、市民同心同向行动，使政府有形之手、市场无形之手、市民勤劳之手同向发力。首先，提高杭州市民公共文明素养，必须尊重市民对城市发展决策的知情权、参与权、监督权。只有将城市公共文明的提升与市民的切身利益有机地统一起来，才能激发企业和市民参与到城市文明的建设、管理中，真正实现杭州城市的共治共管、共建共享。其次，引导市民把个人梦想与城市发展结合起来，将市民的工作、生活与城市的软环境建设统

一起来，努力培养市民的空间地方感与城市认同感，鼓励他们从自身做起，努力提升个人品德与文明素养，将自身的行动诉求融入城市的文明发展中，让城市文明理性的价值导向成为个体的行动准则和价值标准。最后，提高杭州市民公共文明素养，必须解决好市民关心的现实利益问题。进入新时代，市民的利益诉求呈现多样化、复杂化的态势。只有妥善解决好市民合理合法的利益诉求，积极为市民办实事、做好事、解难事，才能增强市民建设城市公共文明的自主意识、参与意识和监督意识，最终将践行文明的宣传主张转变为杭州市民的自觉行动。

（三）以科技为支撑，保障文明建设持续深入推进

随着新一代信息技术的发展，当今社会已步入以互联网为支撑和驱动发展的智慧时代。杭州作为互联网科技发展的标杆城市，在电子商务、信息采集、网络传输、信息开发应用、网络安全等信息技术领域具有强大的优势。在城市公共文明建设中，杭州应当以科技支撑来提升治理水平，在科技助力城市治理创新、公共文明建设、智慧城市创建等方面继续充当排头兵的角色。从这一角度而言，我们应当充分利用已有的科技成果，努力创新城市治理方式，特别是利用科技手段加强城市文明的精细化管理。首先，充分认识科技在推进城市智慧管理与提高市民文明素养中的巨大潜力。例如，借助大数据的分析处理，将原先以政府为中心点的城市管理单向数据收集模式转变成多元主体多向传输的模式，数据的范围不断扩大，数据的频率和流动性也大幅提升，极大地促进了城市管理向治理转型。其次，加强城市管理数字化平台建设和功能整合，维护和利用好综合性城市管理数据库，开发民生服务智慧应用软件，为城市公共文明建设提供坚强后盾。例如，在解决共享单车停放的问题上，通过共享单车大数据模型的优化计算，可以在既定的范围内规划合理的停放面积，以减少乱停乱放的现象。最后，提升杭州市民公共文明素养，应当利用新兴技术，主动借助新媒体弘扬正能量，鞭挞恶行为。在"人人都有麦克风"的自媒体时代，网络平台成为文明行为和公德倡导的主战场。因此，加强市民的公共文明建设，既要积极发挥网络传播文明的优

势，努力营造风清气正的网络环境，又要强化网络安全意识，着力提升文明议题的设置能力和突发舆情的应对能力。

（四）以问题为导向，强化综合治理与专项整治相结合

城市公共文明环境是一个城市可持续发展的重要保证，公共文明程度的高低对经济发展、社会和谐以及人民的身心健康具有重要影响。进入新时代，城市居民对公共文明环境的要求越来越高，居住地的文明程度成为其幸福指标的主要参考之一。因此，改善杭州城市公共文明环境氛围，是关乎经济投资、社会稳定、城市品位以及人民幸福的大事。然而，公共文明的建设是一项长期性、系统性、艰巨性的工作，绝非一日之功可以完成。而且，提升市民公共文明素养也需要持之以恒的努力。从杭州实际出发，深入分析和准确判断当前存在的问题，将综合治理与专项整治相结合，不断创新社会治理方式，以更好地解决出现的各种问题，确保社会既充满活力又和谐有序。对此，在城市公共文明建设中，应从以下几个方面着手。首先，充分遵循社会运行规律，遵循科学理念和方法，提升公共文明治理的专业性、精准性，努力实现公共文明治理效能的最优化。对于文明创建中长期存在的涉及面广、工作量大的"疑难杂症"，应当做到统筹分析、科学安排、落实到人、限期整治。其次，发挥党委领导、政府的主导作用，形成联动融合、集约高效的城市公共文明治理格局，尤其是对公共文明建设中的一些突出问题，应当集中力量从重、从快地开展行政检查和执法处罚行动。在具体工作中，要以问题为导向，强化综合治理与专项整治相结合，不断推动公共文明建设工作向前发展。最后，在综合治理与专项整治过程中，切实充分地利用大数据、云计算、人工智能带来的技术优势和技术力量，实现社会治理的预见性、精准性和高效性。同时，应注重公共文明建设过程中法治化和人性化相结合的治理思想，形成良法善治、法德并举的局面。

（五）以大学为依托，引领城市公共文明水平提升

高等院校与城市文明发展之间存在一种"共生"的关系。作为高等教

育机构，大学不仅是知识与技能型人才的教育培养基地，而且是创造知识、引领文明的中心，它对改善市民的精神风貌、文明素养发挥着"人文化成"的辐射作用。以美国为例，波士顿都市圈以哈佛大学、麻省理工学院和波士顿大学等60多所高校为源泉和依托，不仅产生了芝加哥—波士顿128号公路高科技园区，而且成为美国科学知识界的"头脑"，更重要的是诞生了让美国引以为傲的"美国精神"之文明。斯坦福大学因其研发基地和人才源泉，在周围形成了著名的"硅谷"，引领着整个地区乃至全球的文明与进步。这表明一个城市的公共文明发展对大学的依赖程度不断加深，二者是有机的共生系统。因此，首先，充分利用高校生产知识、传播文明等良好条件，有组织、有目的地开展旨在促进城市公共文明水平提升的一系列活动。鼓励专家学者与街道、社区合作，积极开展文明知识讲座，特别是对世界优秀文化遗产和当下社会文明成果的最新发展进行介绍，努力开阔市民的视野，提升市民的人文涵养。其次，鼓励在校大学生通过各种有益活动，积极深入市民的生活。鼓励大学生的各类人文艺术活动向市民开放，同时也欢迎和邀请市民积极参与高校组织的精神培育和人文熏陶活动。最后，城市管理者应为高校师生提供深入城市公共空间、展现和传播人文素养与文明风貌的条件，充分发挥高校作为文明辐射和引领的优势。例如，出台一些政策措施，鼓励高校师生面向市民开展人文艺术等方面的有益活动；为高校师生在市民广场、公共绿地等区域开展各类演出活动提供保障。

（六）以公共空间为载体，打造身心再生和审美启智的养育所

城市的公共空间是在城市建筑实体之间存在着的开放空间体，是城市居民进行公共交往、举行各种活动的开放性场所，包括街道、广场、公园、绿地、山林、水系等。城市的公共空间不仅是城市居民主要的休闲活动场所，而且是城市公共文明的传播场所。它代表着一个城市的公共形象，是城市软实力的重要组成部分。从这一意义上讲，利用文化设施、文化活动及建筑艺术、环境艺术来表现一个城市的精神文明特色，对提升城市的文化品位和市民素养会起到潜移默化的作用。因此，城市的公共空间是普通公众身心获得

愉悦再生的地方，也是市民文明陶冶、审美启智的养育所。对此，首先，构建良好的城市公共空间结构，形成充裕合理的公共空间布局，营造健康而优美的城市空间环境。如推广建设步行过街的红绿灯按钮和街边休憩设施，设置各种文字的指示图标，统一装设生活提示信息发布板，完善无障碍通道和智能化设施。其次，加强城市生态基础设施建设。例如，建设沿路的步行者绿色通道，让绿色安全的人行道贯穿整个城市。将城市绿地系统与城市整体山水格局协调起来，建设绿色文化遗产廊道，让城区的公园和绿地成为城市的生命基质。最后，提高适应和抵御各种自然灾害的应急防控能力，增强杭州城区自我调节和净化环境的能力，并允许其承载更多的诸如松鼠、鸟类等动物以及各类植物生长繁衍的生态环境，为市民提供免费的、可持续性的生态服务系统。

（七）以世界名城为指引，提升市民国际化文明素养与品位

世界名城的建设是一个城市与国际社会积极接轨和深度融合的过程。这自然离不开强劲的经济发展能力。从纽约、伦敦、巴黎、东京等国际大都市的发展经验来看，其经济能力发挥着巨大的辐射效用，对区域及全球的发展具有重要的核心作用。然而，仅仅凭借经济实力还远远不够，最能体现世界名城特征的莫过于该城市的国际化文明程度和国际吸引力。例如，莫斯科在创建世界名城之际，提出了"莫斯科文化"的国家计划，旨在促进市民积极参与文化活动，提升现代城市文明生活的质量。可见，世界名城的建设离不开市民国际化文明素养的提高。事实上，力图建成享有全球知名度的世界名城，每个人都不是旁观者。对于杭州而言，提高市民的国际化文明素养，需要多方发力。首先，积极鼓励企事业单位中的城市管理人才走出国门，学习和借鉴国际先进经验，并引入国际化标准和方法治理城市。如日本东京在打造国际化大都市过程中，引进了美国和德国的一系列建设与评价指标，并借鉴了新加坡的一些做法，有效地倒逼广大市民认同并接受国际规则和文明标准，从而使东京都市圈迅速崛起，一跃成为世界知名的大都市。其次，加大全球中高端人才，特别是能够协助杭州制定城市发展规则和制度的人才的

引进力度。大胆地将这些具有国际化背景的人才充实到政府部门、企事业单位中去，这不仅能够为杭州带来宝贵的国际治理经验，而且可以协助杭州加强与国际社会的联系和合作。最后，营造国际化的资讯环境。世界名城的市民要具备国际化的心胸、视野和包容力，就应当能够借助互联网查询和阅读国际、国内的资讯，包括国际新闻、全球商业信息、境外工作信息、世界热点话题讨论等。从这个角度而言，杭州需要能够进一步开放的新闻媒体和全球性的网络信息，使全球事务和国际活动在市民心目中日常化、平民化，逐步提升杭州市民文明素养的国际化水平。

（八）以品牌为抓手，形成多元精彩的城市魅力格局

提升市民的国际化文明素养是建设国际化大都市的重要组成部分。事实上，国际化大都市是具有全球性影响的国际一流城市，也必定以拥有多元而丰富的文化为其鲜明特征。换句话说，它不仅拥有跨国公司、国际航班、五星级酒店、酒吧、别墅、高尔夫球场、地铁、西餐厅、巨型建筑体等象征性标志，而且具备国际化的服务、乐队、传媒、公关、教育、体育、娱乐与时尚等软环境。因此，要拓宽市民的国际化视野，提升市民的国际化文明素养，还需要一些关键的配套组成。这些配套环节主要体现在文化旅游、公共公园、街角书店、知名大学、体育赛事、艺术馆及博物馆、交响乐团、"杭帮菜"美食八大板块。借鉴美国纽约和波士顿的城市治理理念，课题组认为，就杭州目前的情况而言，应将这八大板块作为品牌来打造，努力形成多元精彩的城市魅力格局。具体而言，杭州旅游应朝精致化方向发展，放弃陈旧粗放型的经营模式；凝练公共公园的历史文化韵味，营造流连于历史文化之中的氛围；在城市恰当的地方经营一些街角书店，让城市飘洒浓郁的书香味道；进一步提升驻杭各大高校的知名度，发挥知名大学的品牌效应；定期举办具有国际影响力的体育赛事，让世界借助比赛记住杭州；挖掘艺术馆及博物馆的文化内涵，让藏品生动地展演其中的故事；打造一支优秀的交响乐团，拥有自己的代表作品和高端的演出品牌；让舌尖上的"杭帮菜"牢牢地抓住世界的味蕾。事实上，这八大板块相当于杭州未来驰名中外的八张名

片，每一张名片都承载着杭州作为世界名城的未来之重任，最终应当做到，任选一张名片皆能让世人联想到独特韵味、别样精彩的杭州。总之，应努力让市民在世界名城建设中成长，在成长中孕育国际化的文明素养，真正开创城市公共文明建设和市民文明素养培育的"杭州模式"。

分项指数报告

> ⟫

2018年杭州市民公共文明指数
调查主评问卷分析报告

  主评问卷主要调查杭州市民对自我文明行为的主观评价，其得出的主评指数是杭州市民公共文明综合指数的重要组成部分。2018年主评指标体系分别由公共卫生、公共秩序、公共交往、公共观赏、公益服务、网络文明、国际礼仪文明7个二级指标和47个三级指标构成。相比2017年，2018年主评指标体系减少了3个三级指标，具体为二级指标公共卫生的"把垃圾扔进垃圾箱"，以及二级指标公共秩序的"上下台阶时主动靠右行走"和"驾车在斑马线前礼让行人"，增加了1个三级指标，即二级指标公共秩序的"共享汽车按规定停放"。本次调查涵盖杭州市十城区，包括上城区、下城区、江干区、拱墅区、西湖区、滨江区、萧山区、余杭区、富阳区和临安区。深入翰墨香林苑、和家园、裘婆新村、世茂之西湖、龙湖滟澜山、桃花源、万马伊顿庄园、万科公望等50个市民生活小区以及公交车站、广场、地铁站、图书馆、购物中心等公共场所。调查的对象为16岁及以上的杭州市民（包括杭州市十城区居民、城郊农民和外来务工人员，未包括在杭外籍人士）。共发放问卷4500份，回收问卷4312份，问卷回收率和问卷有效率分别为98.5%和100%。

一 样本基本情况分析

受访者区域分布情况：上城区有效问卷442份，占十城区总有效问卷的10.25%（以下若无特别说明，均指有效问卷）；下城区432份，占10.02%；江干区423份，占9.81%；拱墅区438份，占10.16%；西湖区435份，占10.09%；滨江区425份，占9.86%；萧山区428份，占9.93%；余杭区427份，占9.90%；富阳区430份，占9.97%；临安区432份，占10.02%（见图1）。

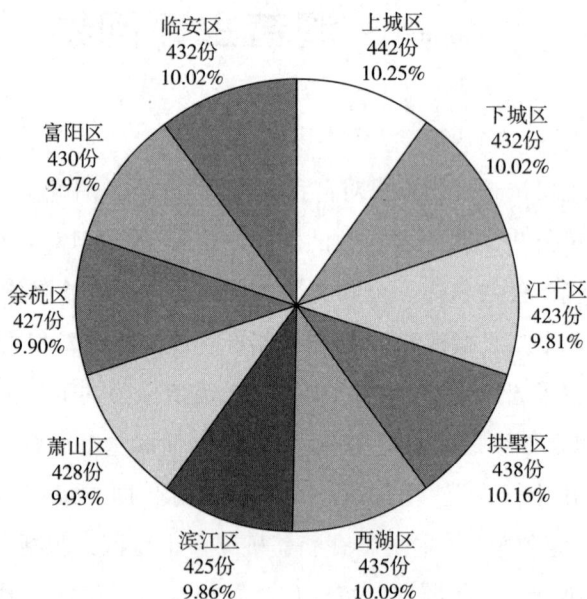

图1 受访者区域分布情况

受访者性别分布情况：男性2063人，占47.84%；女性2249人，占52.16%（见图2）。

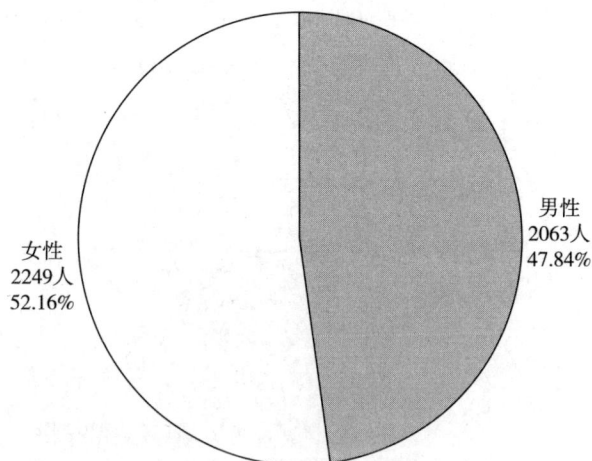

图2 受访者性别分布情况

受访者年龄分布情况：16～24 岁 1385 人，占 32.12%；25～34 岁 1509 人，占 35.00%；35～44 岁 949 人，占 22.01%；45～54 岁 335 人，占 7.77%；55～64 岁 101 人，占 2.34%；65 岁及以上 33 人，占 0.77%（见图3）。

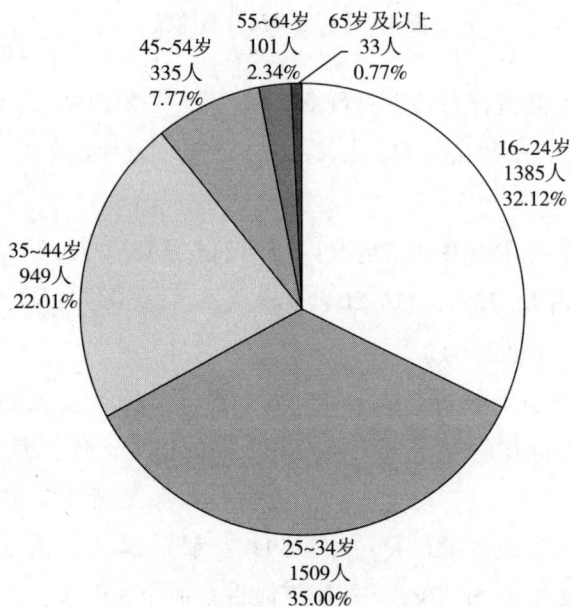

图3 受访者年龄分布情况

受访者学历分布情况：小学及以下166人，占3.85%；初中353人，占8.19%；高中/中专713人，占16.54%；大专702人，占16.28%；本科1953人，占45.29%；研究生及以上425人，占9.86%（见图4）。

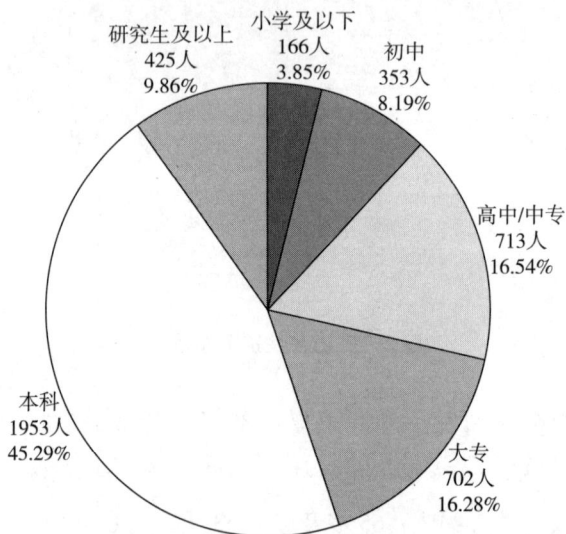

图4 受访者学历分布情况

受访者政治面貌分布情况：群众2205人，占51.14%；共青团员1307人，占30.31%；中共党员718人，占16.65%；民主党派82人，占1.90%（见图5）。

受访者在杭居住年限分布情况：5年及以下1557人，占36.11%；6～10年721人，占16.72%；11～20年823人，占19.09%；21年及以上1211人，占28.08%（见图6）。

受访者职业分布情况：农、林、牧、渔等类似行业劳动者91人，占2.11%；国企中高层管理者105人，占2.44%；党、政、事业机关领导干部67人，占1.55%；工人、工厂（或企业）务工者327人，占7.58%；党、政、司法机关职员116人，占2.69%；军人24人，占0.56%；企业、公司职员910人，占21.10%；个体户或自营业主505人，占11.71%；私企老板、中高层管理者201人，占4.66%；自由职业者264人，占6.12%；

民主党派
82人
1.90%

中共党员
718人
16.65%

群众
2205人
51.14%

共青团员
1307人
30.31%

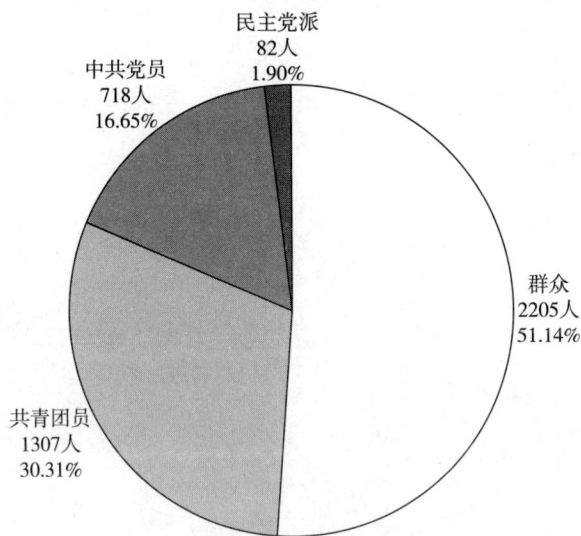

图5 受访者政治面貌分布情况

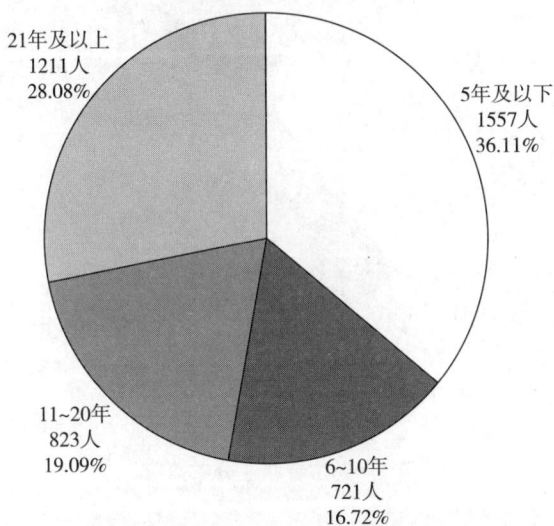

21年及以上
1211人
28.08%

5年及以下
1557人
36.11%

11~20年
823人
19.09%

6~10年
721人
16.72%

图6 受访者在杭居住年限分布情况

在校学生991人，占22.98%；医疗工作者100人，占2.32%；教师（中小幼）147人，占3.41%；大学教师、学者、研究人员90人，占2.09%；新闻媒体工作者 46 人，占 1.07%；律师及相关行业人员 29 人，占 0.67%；文化演艺人员 40 人，占 0.93%；非政府组织工作人员 18 人，占 0.42%；工、青、妇、团等群众组织部门人员 22 人，占 0.51%；无业人员 86 人，占 1.99%；其他 133 人，占 3.08%（见图 7）。

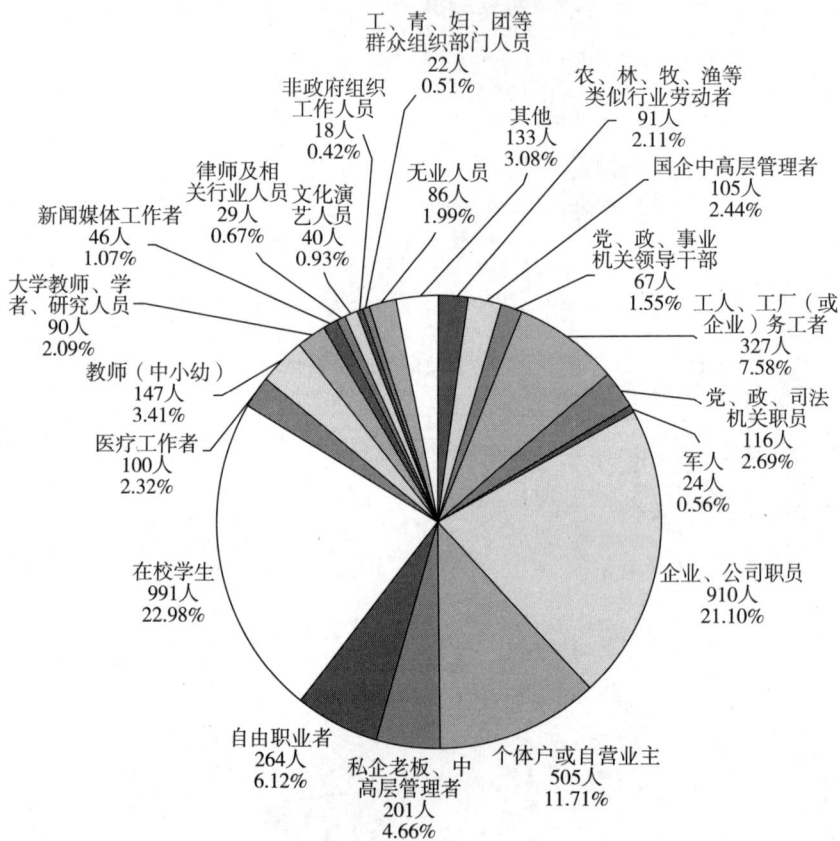

图 7　受访者职业分布情况

受访者户籍类型分布情况：杭州户籍 2201 人，占 51.04%；外地户籍 2111 人，占 48.96%。其中，杭州城镇 1540 人，占 35.71%；杭州农村 661 人，占 15.33%；外地城镇 1244 人，占 28.85%；外地农村 867 人，占 20.11%（见图 8）。根据统计情况，调查对象中杭州户籍人口和外地户籍人口基本各占半数。其中，杭州市民以城镇户籍为主；杭州农村人口在不同城区的比例差距较小，比例最低的西湖区为9.20%，富阳区的比例最高，达到20.47%；外地户籍人口中的农村人口比例要高于杭州户籍人口中的农村人口比例。

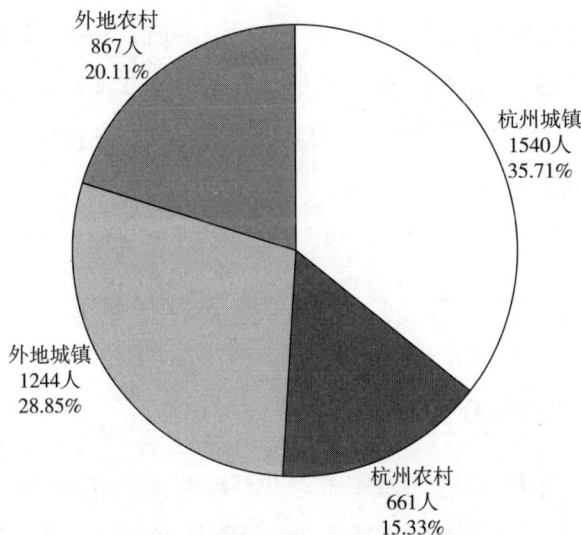

图8 受访者户籍类型分布情况

　　本次调查中，杭州市十城区发放问卷的数量相当。样本中受访者性别比例大致相当，其中16～34岁的受访者所占比例较大，总计2894人，占受访者总人数的67.12%。此年龄段人群作为城市建设发展的中坚力量和潜在力量，是杭州市区流动性较大的一个群体，一般情况下能够在多种场合和地点较为客观地评价市民的公共文明行为。样本中初中至本科学历的受访者总计3721人，占受访者总人数的86.29%，其中群体数量最大的本科学历受访者总计1953人，占受访者总人数的45.29%，从而保证了受访者对问卷问题的正确理解。受访者职业覆盖面广，使得统计结果具有可参照性。

　　样本中在杭居住年限为21年及以上的有1211人，占受访者总人数的28.08%；在杭居住年限为5年及以下的有1557人，占受访者总人数的

36.11%。以上两类人数总计2768人，占受访者总人数的64.19%。可以看出，受访者的人数比例以在杭居住年限为5年及以下的"新杭州人"最高，其次为在杭居住年限为21年及以上的长期定居者，其中不少为数代"生于斯长于斯"的本地市民，他们是杭州城市公共文明的承载者和建设者，其主观评论可以反映出杭州市民的整体文明素养。

从本次调查的样本总量构成情况来看，抽样设计和样本量设定科学有效，问卷统计结果可以真实地反映2018年杭州市民对公共文明行为的自我评价状况，可以作为杭州市深化文明城市建设、加快城市国际化、建设世界名城的重要参考。

二 市民公共文明自我评价情况

（一）总体情况分析

2018年杭州市民公共文明主评指数仍然参照公共卫生、公共秩序、公共交往、公共观赏、公益服务、网络文明、国际礼仪文明7个二级指标，由47个重新调整的三级指标组成。问卷调查统计结果显示，2018年杭州市民公共文明主评指数为88.35，其中公共卫生89.46、公共秩序90.01、公共交往88.96、公共观赏89.69、公益服务82.19、网络文明89.49、国际礼仪文明87.47（见图9）。与2017年的88.54、2016年的88.17、2015年的88.70、2014年的90.33相比，2018年杭州市民公共文明主评指数呈现相对稳定的态势。

（二）三级指标数据分析

总的来看，47个三级指标所涵盖的公共行为是从公共文明的各个层次全面细致地考察和评价杭州市民公共文明行为的表现及特点的，各行为指标紧密相连，共同构成了一个完整的公共文明测评体系。

1. 公共卫生方面

统计结果显示，2018年杭州市民在公共卫生方面的主评指数为89.46，

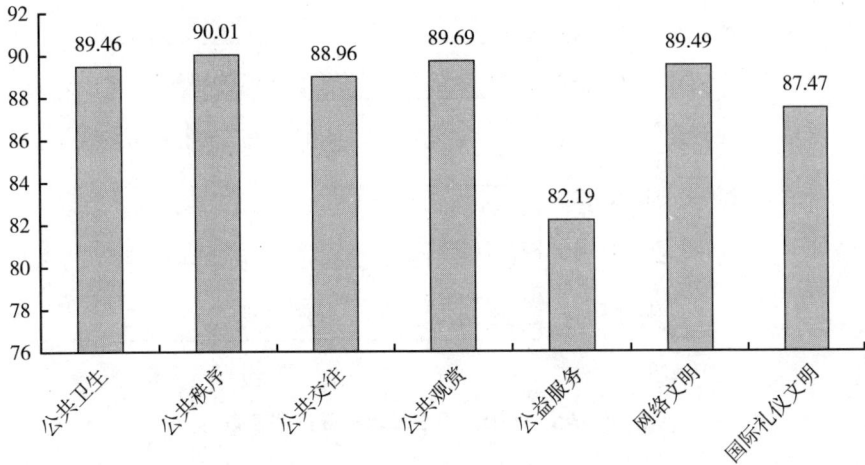

图9　2018年公共文明二级指标主评指数

接近2017年的90.15。该主评指数主要通过对6个三级指标测评得出，这6个三级指标的主评指数分别为"垃圾分类投放"85.54、"不随地吐痰、便溺"90.08、"不在设有禁烟标志的公共场所抽烟"91.44、"打喷嚏时，有所遮掩"89.71、"遛宠物时，主动清理其排泄物"88.94、"不乱张贴小广告、不乱涂写"91.06（见图10）。其中，主评指数较高的是"不在设有禁烟标志的公共场所抽烟"和"不乱张贴小广告、不乱涂写"，分别为91.44和91.06；主评指数最低的是"垃圾分类投放"，为85.54。除了2015年未设"不乱张贴小广告、不乱涂写"这一主评指标外，2014～2018年主评指数较高的指标均为以上两个，具有一贯性。2017年"把垃圾扔进垃圾箱"的主评指数高达92.29，2018年这一指标未纳入主评指标体系。2018年主评指数最低的是"垃圾分类投放"，与2014年以来所有年度最低指数保持一致。

主评指数较高的是"不在设有禁烟标志的公共场所抽烟"和"不乱张贴小广告、不乱涂写"，这或许与这两个指标不仅受到道德约束，而且受到法律法规限制和处罚有关。根据《城市市容和环境卫生管理条例》等相关法律法规，针对"乱张贴小广告、乱涂写"可处以50元以上1000元以下罚款。根据《公共场所卫生管理条例》等有关规定，对在禁止吸烟范围内

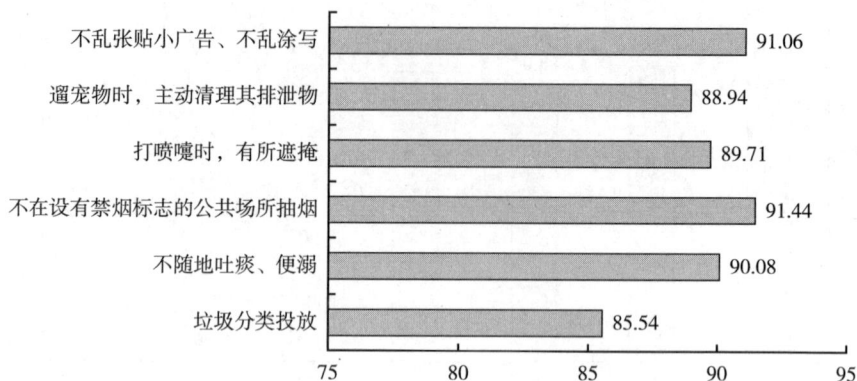

图10　2018年公共卫生三级指标主评指数

吸烟者，经警告仍不听劝阻的个人可处以 20 元罚款，对在禁止吸烟范围内吸烟者不加以制止的单位可处以 500 元罚款。

　　作为公共卫生文明素养最基本的"把垃圾扔进垃圾箱"指标，2018 年未纳入主评指标体系。主要是考虑到该项行为在 2017 年的主评指数最高，绝大多数市民可以自觉做到"把垃圾扔进垃圾箱"，即使身边没有垃圾箱也可以自觉拿在手中，直到发现垃圾箱再把垃圾丢进去，而不会随地乱丢。杭州作为全国文明城市，一方面，杭州具有高度健全的公共卫生基础设施，垃圾箱分布广泛，设置合理，非常方便市民"把垃圾扔进垃圾箱"；另一方面，经过杭州市政府多年的宣传推广，维护公共卫生环境已经成为市民日常的行为准则并内化为道德规范。

　　"垃圾分类投放"的主评指数连续五年最低。杭州在 2000 年成为全国首批 8 个垃圾分类处理试点城市之一，早在 2010 年就开始全面推行垃圾分类工作。多年来，不管是相关法律法规的制定，还是标准的出台，杭州市都走在全国前列。杭州市在"垃圾分类投放"的配套设施和宣传上下了很大功夫，改变了人们的环保观念，得到了市民的普遍支持和理解，实际操作层面也取得了一定的效果，但并没有从根本上解决问题。

　　2. 公共秩序方面

　　统计结果显示，2018 年杭州市民在公共秩序方面的主评指数为 90.01，与2017年的90.21非常接近。该主评指数主要通过对11个三级指标测评得出，其中新增指标"共享汽车按规定停放"，将指标"共享单车不乱停、乱放"修改为"共享单车按规定停放"，删除"上下台阶时主动靠右行走"和"驾车在斑马线前礼让行人"2个指标。这11个三级指标的主评指数分别为"乘坐公交时有序排队上下车"90.98、"乘坐地铁时有序排队上下车"91.06、"遵守'一米线'外等候的规定"90.43、"不在公共场所大声喧哗"89.34、"行人不乱穿马路、乱闯红灯、乱翻栏杆"89.72、"共享单车按规定停放"88.94、"共享汽车按规定停放"89.79、"在地面标示的规定区域内停车"90.28、"非机动车不闯红灯、不走机动车道"90.57、"遛宠物时，注意把宠物拴好"89.09、"乘坐电梯时先出后进"89.94（见图11）。

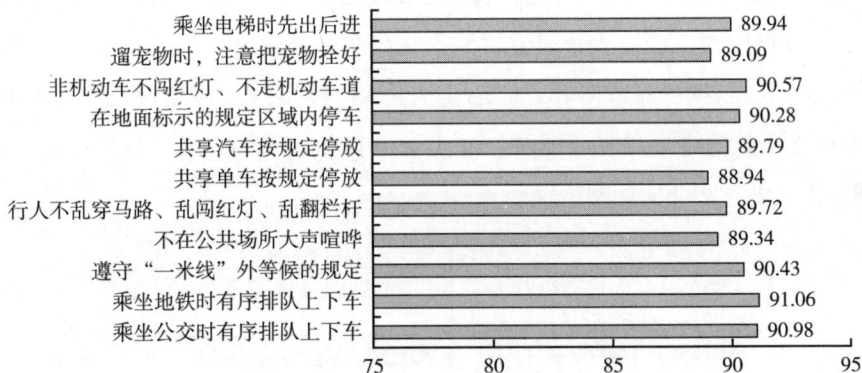

指标	指数
乘坐电梯时先出后进	89.94
遛宠物时，注意把宠物拴好	89.09
非机动车不闯红灯、不走机动车道	90.57
在地面标示的规定区域内停车	90.28
共享汽车按规定停放	89.79
共享单车按规定停放	88.94
行人不乱穿马路、乱闯红灯、乱翻栏杆	89.72
不在公共场所大声喧哗	89.34
遵守"一米线"外等候的规定	90.43
乘坐地铁时有序排队上下车	91.06
乘坐公交时有序排队上下车	90.98

图11 2018年公共秩序三级指标主评指数

其中，主评指数最高的是"乘坐地铁时有序排队上下车"，取代了2017年的"乘坐公交时有序排队上下车"，表明市民逐渐熟悉地铁乘坐要求并做到有序乘坐；主评指数最低的是"共享单车按规定停放"，与2017年相同。其余9个指标的主评指数得分情况都较为接近。

需要重视的是，2018年公共秩序各项指标的主评指数明显降低。其中，"乘坐公交时有序排队上下车""不在公共场所大声喧哗""共享单车按规定停放"3个指标的主评指数相较于2017年降低值超过1，这一数值看起来并不低。公共秩序方面是作为国际旅游城市的杭州一贯突出的长处，杭州市在公共秩序方面所取得的成绩应该延续下来。

此外，"不在公共场所大声喧哗"和"共享单车按规定停放"也是主评指数降低较多的三级指标。其中，后者由于共享单车推出时间较短以及经营模式的原因，在现实中存在的问题较多。杭州是中国城市共享单车的发源地，在此行业快速发展、便民的同时，管理政策未能及时跟上，导致共享单车乱停乱放的现象非常突出。杭州市也在全国率先推广"杭州公共自行车交通系统"，尽管这一系统在使用范围和便捷性上还有很大的提升空间，但井然有序。对于这两种单车系统，有很多值得思考的问题留给杭州的学者和管理者。

3. 公共交往方面

统计结果显示，2018年杭州市民在公共交往方面的主评指数为88.96，略低于2017年的89.19。该主评指数主要通过对5个三级指标测评得出，这5个三级指标的主评指数分别为"与人交流时面带微笑，态度和蔼"89.31、"交谈时不大声喧哗"88.48、"陌生人问路时，耐心、详细解答"89.06、"主动给予外地游客方便或帮助"88.07、"能给老、弱、病、残、孕及怀抱婴儿者让座"89.85（见图12）。

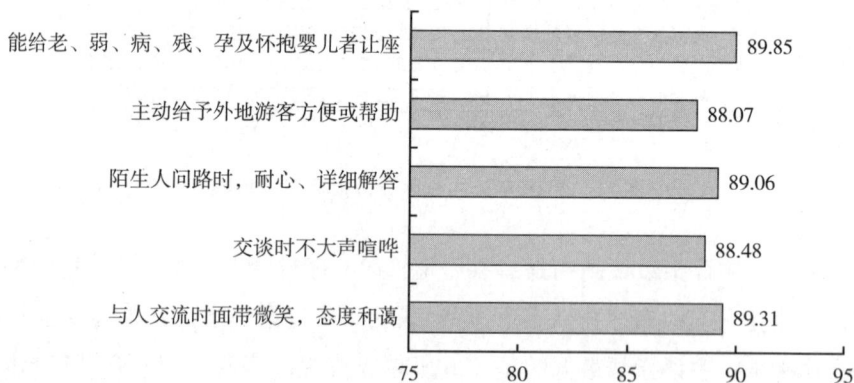

图12　2018年公共交往三级指标主评指数

其中，主评指数最高的是"能给老、弱、病、残、孕及怀抱婴儿者让座"，这是日常生活中最能体现人文关爱的公共交往行为，反映了杭州市民较高的文明素养水平；主评指数最低的是"主动给予外地游客方便或帮助",该行为需考虑的现实问题较多,具有一定的复杂性,更多时候可以从相关部门的服务中得到解决,并非居民生活中的常态,这一指标虽然在公共交往方面的5个三级指标中主评指数最低,但仍处于"较好"水平。

市民在公共交往方面表现出的公德素质,是现代文明社会中人与人交往的基础,也是衡量一个城市公民素质的重要标准。杭州是文明城市、国际知名的旅游城市,市民始终以欢迎的姿态和亲和的态度,文明礼貌地同他人交往,无论是熟人还是陌生人,无论是本地人还是外地人,不分职业、年龄,不论贫富贵贱,均一视同仁,尽其所能为他人提供帮助,展示了杭州市民在公共交往方面大度、宽容、文明的形象,让来杭者感受到了城市的宽容、尊重、愉悦与和谐。

4. 公共观赏方面

统计结果显示,2018年杭州市民在公共观赏方面的主评指数为89.69,接近2017年的90.21。该主评指数主要通过对7个三级指标测评得出,这7个三级指标的主评指数分别为"按时入场、退场"90.31、"在入口处,主动配合做好安检工作"90.63、"手机关机或调为静音、振动"88.81、"在影剧院内,安静观赏,不交头接耳、不随意走动"88.49、"观赏时,适时给予掌声鼓励"88.58、"不谩骂、起哄或围攻裁判员、运动员或其他工作人员"90.26、"不在观众席向演出或比赛场地投掷杂物"90.76(见图13)。

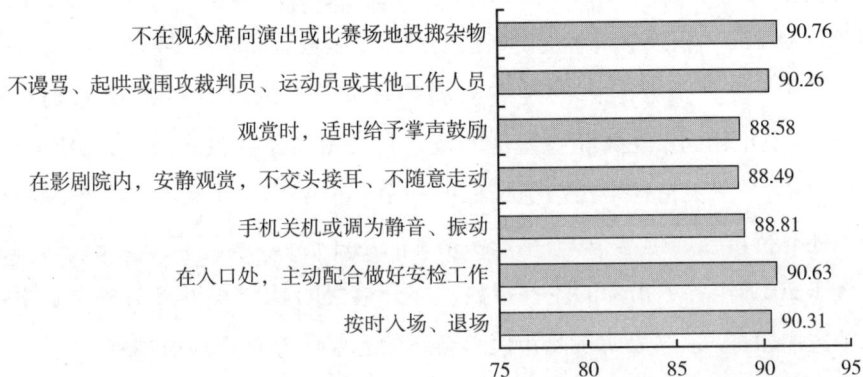

图13 2018年公共观赏三级指标主评指数

公共观赏方面的7个行为表现中，主评指数较高的是"不在观众席向演出或比赛场地投掷杂物"和"在入口处，主动配合做好安检工作"，主评指数最低的是"在影剧院内，安静观赏，不交头接耳、不随意走动"。杭州的文体市场非常成熟，每年市民不用出城就可以观赏到各种精彩纷呈的文艺演出、艺术展览以及高水平的体育竞技赛事等。市民在观赏的基本要求方面已经形成了文明共识并积极实践，但是也有一些行为有待改进。最典型的就是在影剧院等需要安静的公共场所有交头接耳、随意走动的现象。不仅如此，在图书馆、博物馆、艺术馆、科技馆等公益性文化场所，无视场所基本要求，随意走动说话、带孩子嬉戏打闹、对艺术品开闪光灯拍照等行为也时有发生，需要通过持续深入的宣传教育来改变这种现象。需要说明的是，在公共观赏的三级指标中，尚未列入市民在以上公益性公共文化场所中对公共文明行为的调查取样。

5. 公益服务方面

统计结果显示，2018年杭州市民在公益服务方面的主评指数为82.19，与2017年的81.63相比有所提升，但总体上看主评指数仍然是7个二级指标中最低的。该主评指数主要通过对6个三级指标测评得出，这6个三级指标的主评指数分别为"参加献血、捐助等公益活动"83.99、"只要条件允许，愿意作为志愿者提供服务"84.72、"积极参加公益知识讲座，向他人宣传公益知识"81.93、"鼓励身边的人参与公益服务"80.55、"自发做些公益服务"79.88、"积极参与各类赛事活动的志愿服务"82.07（见图14）。

其中，主评指数最高的是"只要条件允许，愿意作为志愿者提供服务"，与上年相同；主评指数最低的是"自发做些公益服务"，与上年一样，仍然是47个三级指标中指数值最低的一个，说明市民主动参与公益服务的意识还有待增强，但与2017年该项指标的主评指数76.35相比已有所提高。相较于2017年各项指标的主评指数，提升最快的是"积极参与各类赛事活动的志愿服务"，这表明杭州市民对赛事的志愿服务意识显著增强。

2018年杭州市民在公益服务方面的主评指数在杭州公共文明七个方面中相对较低。相较于2017年，2018年公益服务方面各三级指标的主评指数

积极参与各类赛事活动的志愿服务　　　82.07

自发做些公益服务　　　79.88

鼓励身边的人参与公益服务　　　80.55

积极参加公益知识讲座，向他人宣传公益知识　　　81.93

只要条件允许，愿意作为志愿者提供服务　　　84.72

参加献血、捐助等公益活动　　　83.99

75　　　80　　　85　　　90

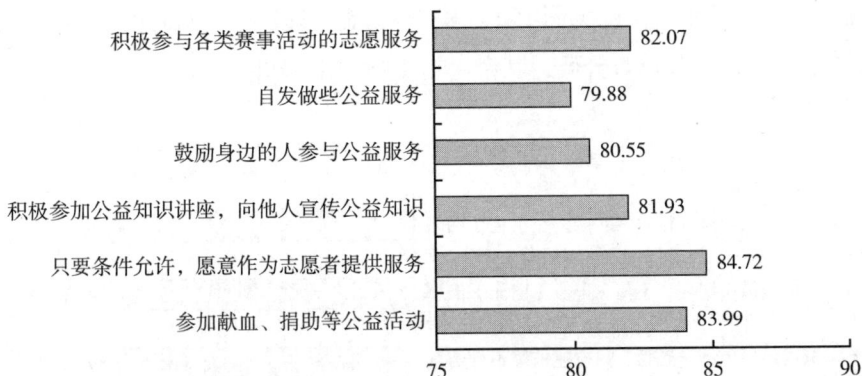

图14　2018年公益服务三级指标主评指数

普遍得到提升。虽然目前我国对"公益服务"的具体含义尚未达成一致，但是约定俗成的共识有两条：一是对政府而言，为居民提供尽可能多的免费的公共资源和公共服务；二是对居民个人而言，在本职工作之外义务帮助他人、服务社会的行为。2016年G20杭州峰会招募了大量的志愿者，很多市民希望为峰会的召开贡献自己的力量，公益服务理念在杭州得到广泛宣传。因此，2016年杭州市民在公益服务方面的主评指数相对较高。参与各种社会公益活动的主体仍为年轻人，特别是在校大学生，如每年的乌镇互联网大会都要招募大量大学生志愿者。杭州各街道社区也按照文明城市建设的要求组织了志愿者队伍，但是效果不一。相比较而言，学生群体以外的市民参与公益服务的时间有限，获取消息的途径也有限，参与活动的主动性尚待提高，而提高市民参与活动主动性的最重要的方式是加深其对公益服务的认识。

6. 网络文明方面

统计结果显示，2018年杭州市民在网络文明方面的主评指数为89.49，与2017年的89.43相近，均为7个二级指标中主评指数相对较高的。该主评指数主要通过对5个三级指标测评得出，这5个三级指标的主评指数分别为"文明用语，不谩骂、攻击他人"90.11、"不浏览或传播色情、暴力、封建迷信等不良信息"89.98、"不听信或散布谣言，不传播虚假（欺诈）信息"89.91、"能合理安排上网时间，不沉迷于网络"87.21、"不窥探、传播他人隐私"90.24（见图15）。其中，"能合理安排上网时间，不沉迷于网络"的主评指数相对较低，其余4个指标的主评指数均较高。

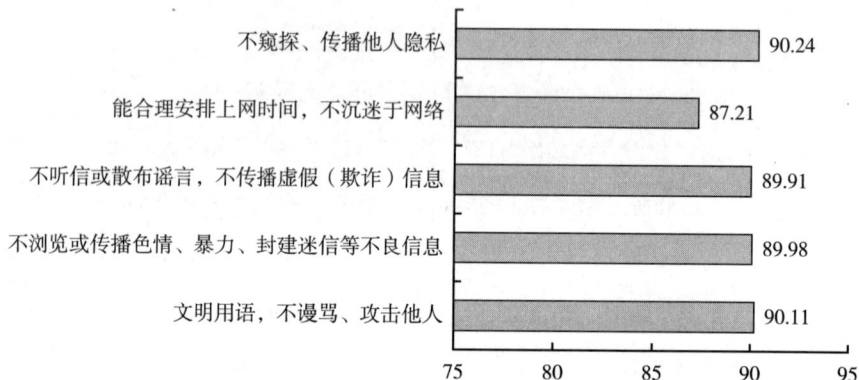

图15　2018年网络文明三级指标主评指数

2018年，第五届世界互联网大会在浙江乌镇发布的《世界互联网发展报告2018》和《中国互联网发展报告2018》表明，截至2017年底，网民数量已达7.72亿人。现实社会的各种问题以及人们的情感和观念，通过网络和各种终端转化为数字化的符号，从而形成了前所未有的庞大的、复杂的新型人际关系。数字化和虚拟化的网络社会并不能脱离现实社会而存在，而是在网络中丰富化的延伸。

在电子商务方面杭州走在全国前列，已经成为以"互联网＋"为特征的创新型城市。与此同时，网络时代使得传统社会群体和文化的界限日益模糊。社会生活的变迁深刻影响了人们的公共文明观念，造成各种个人行为的失范现象。高度文明的现代化城市离不开良好的网络文明。这不仅需要新的不同于过去的伦理道德，而且需要杭州市政府以新的思维方式去引领。

"能合理安排上网时间，不沉迷于网络"是网络文明三级指标中主评指数最低的指标，这完全符合人们的现实认识。不仅仅是杭州市，几乎所有的国内城市都受到互联网和网络电脑游戏的很大影响。在互联网时代，沉迷于网络是一个普遍的社会现象，对于青少年来说尤其如此。在网络文明的5个三级指标中，主评指数最低的"能合理安排上网时间，不沉迷于网络"仅为87.21。青少年沉迷于网络且成瘾已经成为国际化的难题，而防止和改变这种局面还有很多工作要做。对于以互联网为城市名片和发展驱动力的杭州来说，更需要在这方面走在全国乃至全世界的前列。只有这样城市才能持续发展，在发展的同时又不失去网络的绿色环保和未来的接班人。

"不听信或散布谣言，不传播虚假（欺诈）信息"是主评指数和客评指数差距最大的一个指标，这与人们对谣言的定义相符合。值得注意的是，该指标的主评指数和客评指数差距在中年群体中最小，而在少年和老年群体中较大，说明中青年群体对信息的接受、鉴别和认知能力较强，而少年和老年群体在这方面的能力可能较弱，对谣言判断的自我认知能力也较弱。

7. 国际礼仪文明方面

统计结果显示，2018年杭州市民在国际礼仪文明方面的主评指数为87.47，略高于2017年的87.23。该主评指数主要通过对7个三级指标测评得出，这7个三级指标的主评指数分别为"在外籍人士面前，能自觉维护国家及杭州的形象与声誉"90.00、"能热情友善对待外籍人士，并愿为其提供力所能及的帮助与服务"89.07、"不随意询问有关他人隐私问题（如年龄、家庭、收入等）"88.72、"能积极主动学习外语，并在与外籍人士交流时使用外语"84.06、"积极学习了解并遵循国际通行的礼仪规范"85.53、"参加正式涉外活动时，能着正装出席"86.88、"尊重外籍人士的习俗禁忌"88.03（见图16）。

其中，"积极学习了解并遵循国际通行的礼仪规范"和"尊重外籍人士的习俗禁忌"的主评指数相比2017年明显攀升，表明杭州市民的眼界日益国际化，对国际礼仪规范和外国习俗禁忌的了解有所加深。"能积极主动学习外语，并在与外籍人士交流时使用外语"的主评指数在2018年也有所上升，这说明杭州市普通市民对使用外语进行交流的重视，同时其水准也在持续提高。自2016年9月召开G20杭州峰会以来，杭州在国内外的知名度进一步得到提升。2018年世界互联网大会在浙江的召开，以及互联网产业在杭州的蓬勃发展，都使杭州与建成国际化世界名城的距离更近一步。改革开放和国际视野下的杭州，需更加重视文化交流并与国际接轨。国际礼仪文明

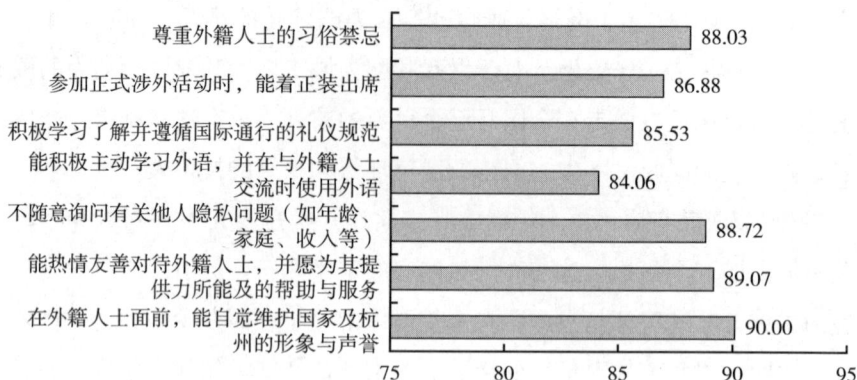

图16　2018年国际礼仪文明三级指标主评指数

已经成为杭州公共文明不可或缺的组成部分，这既是杭州市城市发展的结果，也是未来实现更快发展的内在动力。

8.三级指标比较分析

将47个三级指标的主评指数进行比较（见图17）可知，2018年杭州市民自我评价较高的10项公共文明行为的指数值都在90以上，其中指数值最高的是"不在设有禁烟标志的公共场所抽烟"（见图18）；自我评价较低的10项公共文明行为的分布相对集中，含1项公共卫生行为、3项国际礼仪文明行为，而公益服务方面的6个三级指标均在列，其中指数值最低的是"自发做些公益服务"（见图19）。2018年杭州市民自我评价三级指标指数值与2017年在很大范围上有重叠。这些数据所反映的市民主观认识上的文明素质问题，是未来杭州公共文明建设需要下大力气解决的重点问题。

（三）不同群体样本的比较分析

与2017年一样，基于成本收益原则，为了有侧重地对不同群体的公共文明行为进行规范，课题组将受访者按性别、年龄、学历、政治面貌、户籍类型、在杭居住年限等类型进行划分，并将其主评指数进行比较，分析不同类型群体的行为差异，以使提出的政策建议更具实效性和可操作性。

指标	数值
不在设有禁烟标志的公共场所抽烟	91.44
乘坐地铁时有序排队上下车	91.06
不乱张贴小广告、不乱涂写	91.06
乘坐公交时有序排队上下车	90.98
不在观众席向演出或比赛场地投掷杂物	90.76
在入口处，主动配合做好安检工作	90.63
非机动车不闯红灯、不走机动车道	90.57
遵守"一米线"外等候的规定	90.43
按时入场、退场	90.31
在地面标示的规定区域内停车	90.28
不谩骂、起哄或围攻裁判员、运动员或其他工作人员	90.26
不窥探、传播他人隐私	90.24
文明用语，不谩骂、攻击他人	90.11
不随地吐痰、便溺	90.08
在外籍人士面前，能自觉维护国家及杭州的形象与声誉	90.00
不浏览或传播色情、暴力、封建迷信等不良信息	89.98
乘坐电梯时先出后进	89.94
不听信或散布谣言，不传播虚假（欺诈）信息	89.91
能给老、弱、病、残、孕及怀抱婴儿者让座	89.85
共享汽车按规定停放	89.79
行人不乱穿马路、乱闯红灯、乱翻栏杆	89.72
打喷嚏时，有所遮掩	89.71
不在公共场所大声喧哗	89.34
与人交流时面带微笑，态度和蔼	89.31
遛宠物时，注意把宠物拴好	89.09
能热情友善对待外籍人士，并愿为其提供力所能及的帮助与服务	89.07
陌生人问路时，耐心、详细解答	89.06
共享单车按规定停放	88.94
遛宠物时，主动清理其排泄物	88.94
手机关机或调为静音、振动	88.81
不随意询问有关他人隐私问题（如年龄、家庭、收入等）	88.72
观赏时，适时给予掌声鼓励	88.58
在影剧院内，安静观赏，不交头接耳、不随意走动	88.49
交谈时不大声喧哗	88.48
主动给予外地游客方便或帮助	88.07
尊重外籍人士的习俗禁忌	88.03
能合理安排上网时间，不沉迷于网络	87.21
参加正式涉外活动时，能着正装出席	86.88
垃圾分类投放	85.54
积极学习了解并遵循国际通行的礼仪规范	85.53
只要条件允许，愿意作为志愿者提供服务	84.72
能积极主动学习外语，并在与外籍人士交流时使用外语	84.06
参加献血、捐助等公益活动	83.99
积极参与各类赛事活动的志愿服务	82.07
积极参加公益知识讲座，向他人宣传公益知识	81.93
鼓励身边的人参与公益服务	80.55
自发做些公益服务	79.88

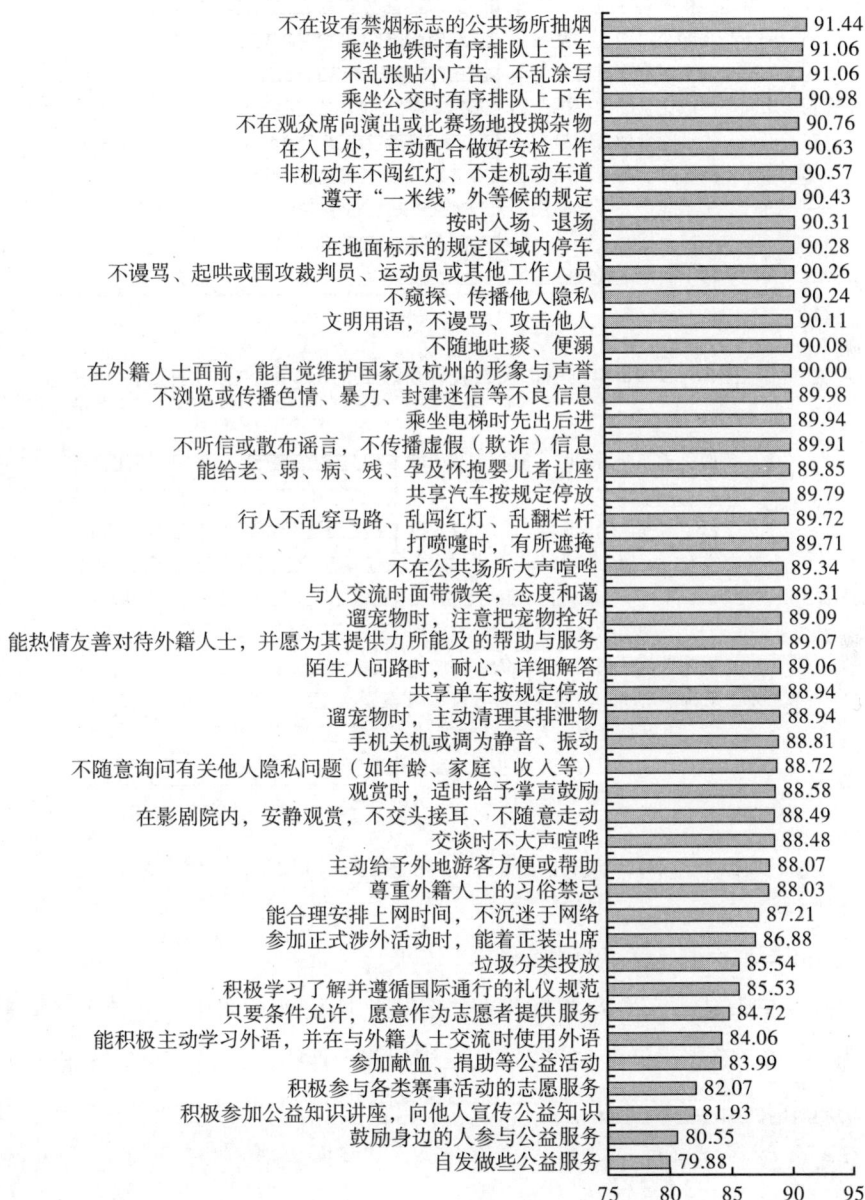

图17 2018年三级指标主评指数

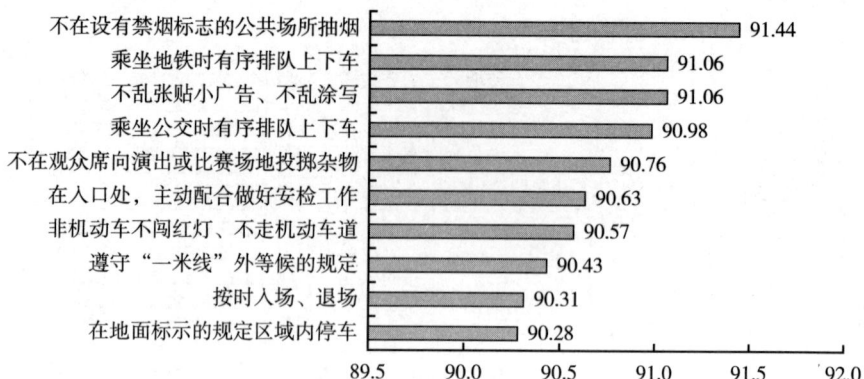

图18 2018 年杭州市民自我评价较高的 10 项公共文明行为

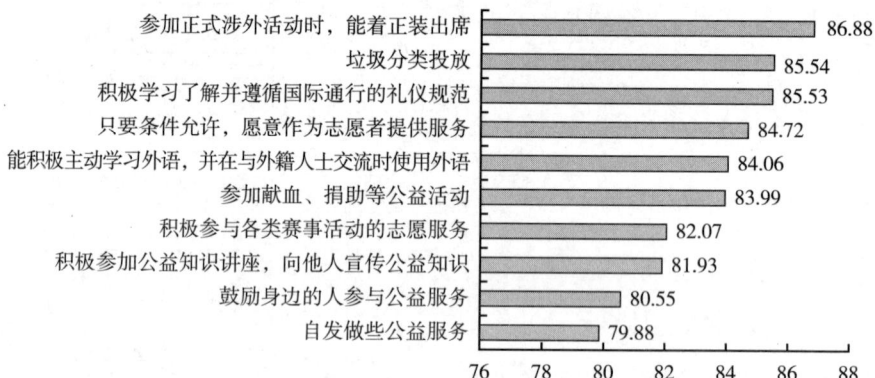

图19 2018 年杭州市民自我评价较低的 10 项公共文明行为

1. 不同性别群体样本的比较分析

统计结果显示，2018 年杭州市民公共文明主评指数中，女性的主评指数为 88.70，高于男性的 87.97；从二级指标主评指数来看，除公益服务外，受访者中女性的各项主评指数都略高于男性（见图20）。这与 2017 年的比较结果一致。

具体到 47 个三级指标中，女性在"垃圾分类投放""积极参加公益知识讲座，向他人宣传公益知识""积极参与各类赛事活动的志愿服务""参加献血、捐助等公益活动"4 个三级指标的主评指数略低于男性，差值最大

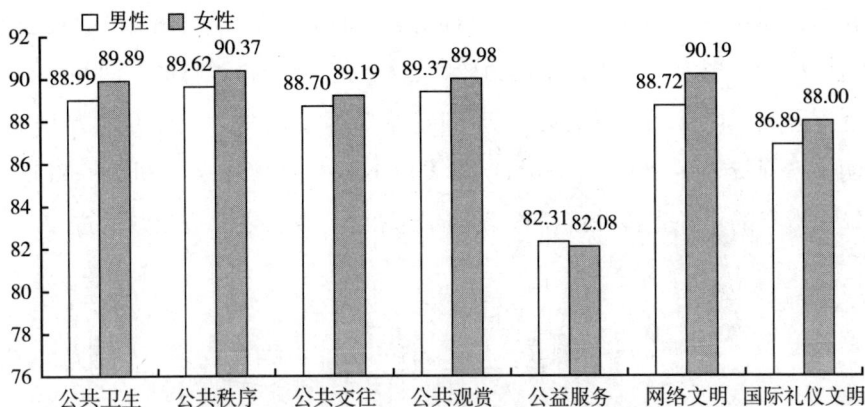

图20 2018 年不同性别群体二级指标主评指数

的行为是"参加献血、捐助等公益活动",达到 1.08。另外,女性在"交谈时不大声喧哗"的三级指标主评指数与男性持平。其余 42 个三级指标的主评指数女性都高于男性,其中差值在 1 以上的指标有 17 个,差值最大的行为是"不浏览或传播色情、暴力、封建迷信等不良信息""不听信或散布谣言,不传播虚假(欺诈)信息",均达到 1.69。2017 年差值最大的指标"不随地吐痰、便溺"已经缩小到 1.50。这表明,总体来看女性更注重公共文明行为或自己在公共场合的形象。

2. 不同年龄群体样本的比较分析

处于不同人生阶段的市民,其知识积累、社会经验、收入状况不同,在待人接物的习惯和自我评价观念上也存在差别。对不同年龄群体公共文明主评指数的比较分析,有助于我们根据年龄认知的特点,有的放矢地制定建设公共文明的方法、制度和途径。

从不同年龄群体公共文明主评指数看,随着年龄的增长,主评指数总体呈波动趋势。其中,16～24 岁群体的主评指数最高,达到 89.27;其次是65 岁及以上群体,主评指数为 88.18;而 45～54 岁群体的主评指数最低,为 86.82。从二级指标看,16～24 岁群体和 65 岁及以上群体在公共卫生、公共秩序、公共交往、公共观赏、网络文明、国际礼仪文明方面的自我评价均较高，而45～54岁群体在这些方面的自我评价较低（见图21）。这或许与这一群体在现实工作生活中压力较大，同时在接受再教育的时间和精力上都受到限制，以及对自身的关注度普遍较低有关。另外，或许也跟杭州市推动的一系列青年活动有关。杭州市团委以G20杭州峰会为契机，一直致力于加强青年的对外宣传并推动青年走向国际化，取得了卓有成效的进展。

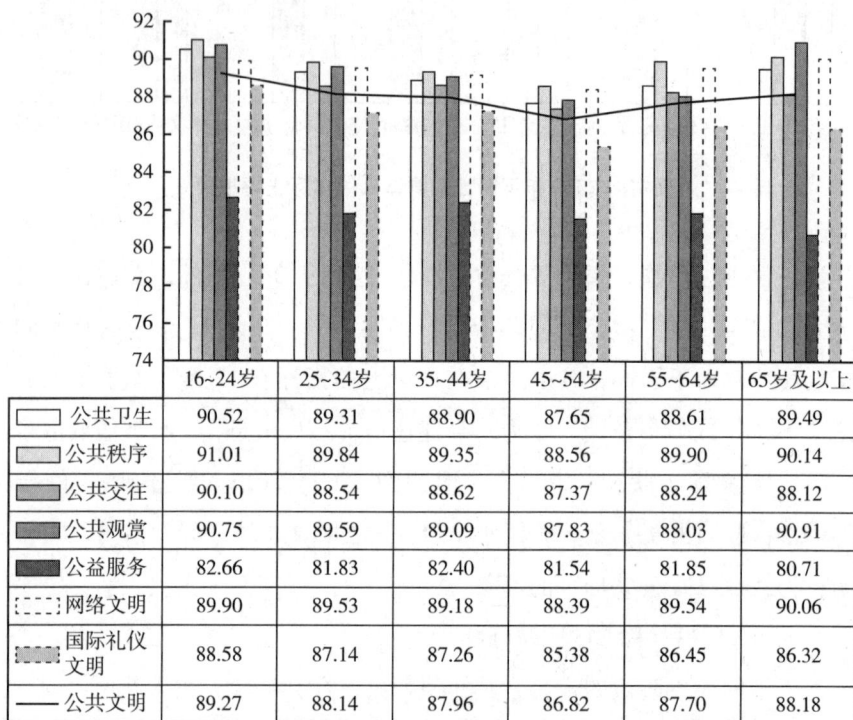

	16~24岁	25~34岁	35~44岁	45~54岁	55~64岁	65岁及以上
公共卫生	90.52	89.31	88.90	87.65	88.61	89.49
公共秩序	91.01	89.84	89.35	88.56	89.90	90.14
公共交往	90.10	88.54	88.62	87.37	88.24	88.12
公共观赏	90.75	89.59	89.09	87.83	88.03	90.91
公益服务	82.66	81.83	82.40	81.54	81.85	80.71
网络文明	89.90	89.53	89.18	88.39	89.54	90.06
国际礼仪文明	88.58	87.14	87.26	85.38	86.45	86.32
公共文明	89.27	88.14	87.96	86.82	87.70	88.18

图21　2018年不同年龄群体公共文明主评指数及二级指标主评指数比较

在公共观赏和网络文明的自我评价中，65岁及以上群体的自我评价较高，这可能与这一群体对互联网的依赖性较低，在公共场合更注重个人形象的稳重性格有关。在对公益服务的自我评价中，16～24岁群体和35～44岁群体的自我评价较高，主评指数分别达到82.66和82.40，这可能与这一群体容易接受新事物，同时更有改造社会的热情有关。这个年龄也是工作或学习相对稳定的人生阶段，会更加关注自身之外的各种社会事务。而2017年公益服务方面则是业余时间更多的 65 岁及以上群体的主评指数最高，其次是 55~64 岁群体。

3. 不同学历群体样本的比较分析

不同学历的杭州市民具有不同的知识储备，同时学校环境和学校教育会对人的思想观念、品德行为造成潜移默化的影响。因此，我们对不同学历群体的主评指数进行比较分析，以寻找学历与公共文明行为之间的关联。但是因问卷并不涉及对受访者家庭生活环境、工作环境等方面的调查，此调查结果也仅有一定的参考价值。

从不同学历群体公共文明主评指数看，随着学历的提升，主评指数总体呈上升趋势。其中，小学及以下学历群体的主评指数最低，为 86.40；而本科、研究生及以上学历群体的主评指数较高，均达到 89 以上（见图 22）。二级指标主评指数的分布趋势和公共文明主评指数基本一致。这一方面反映

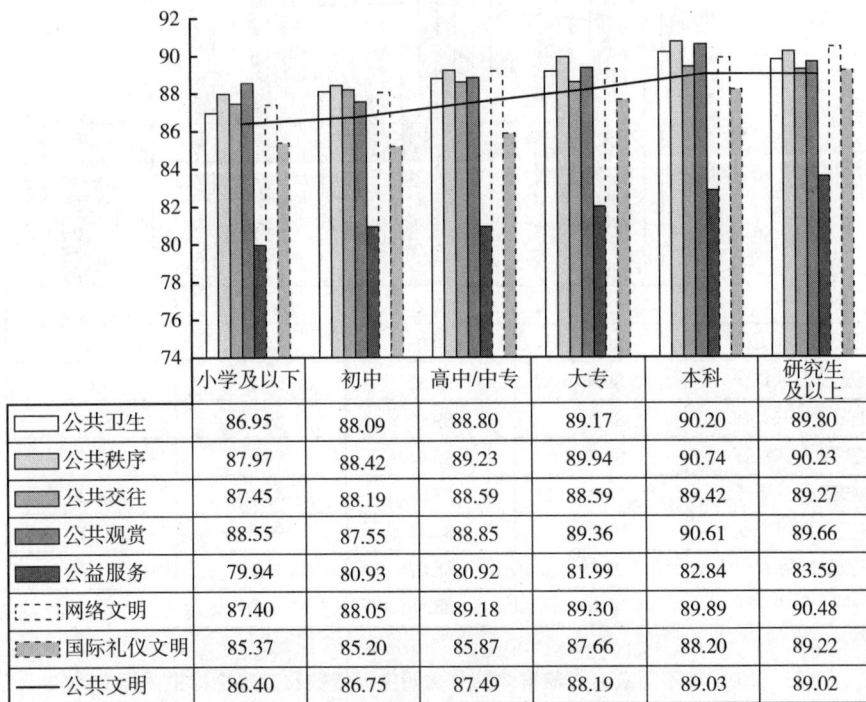

	小学及以下	初中	高中/中专	大专	本科	研究生及以上
公共卫生	86.95	88.09	88.80	89.17	90.20	89.80
公共秩序	87.97	88.42	89.23	89.94	90.74	90.23
公共交往	87.45	88.19	88.59	88.59	89.42	89.27
公共观赏	88.55	87.55	88.85	89.36	90.61	89.66
公益服务	79.94	80.93	80.92	81.99	82.84	83.59
网络文明	87.40	88.05	89.18	89.30	89.89	90.48
国际礼仪文明	85.37	85.20	85.87	87.66	88.20	89.22
公共文明	86.40	86.75	87.49	88.19	89.03	89.02

图 22　2018 年不同学历群体公共文明主评指数及二级指标主评指数比较

出教育对培养市民公共文明素养和意识的重要性；另一方面也提醒我们在城市公共文明建设过程中，除了在学校进行宣传和组织活动外，还要多举办适合低学历群体的相关宣传教育活动。

4. 不同政治面貌群体样本的比较分析

一般认为，不同政治面貌的市民，其知识素养、道德修为、理想信念都会有所不同。从不同政治面貌群体公共文明主评指数看，共青团员、中共党员、群众的主评指数较高，分别为88.98、88.83和88.03；民主党派的主评指数略低，为82.63。二级指标主评指数的分布趋势和公共文明主评指数基本一致（见图23）。

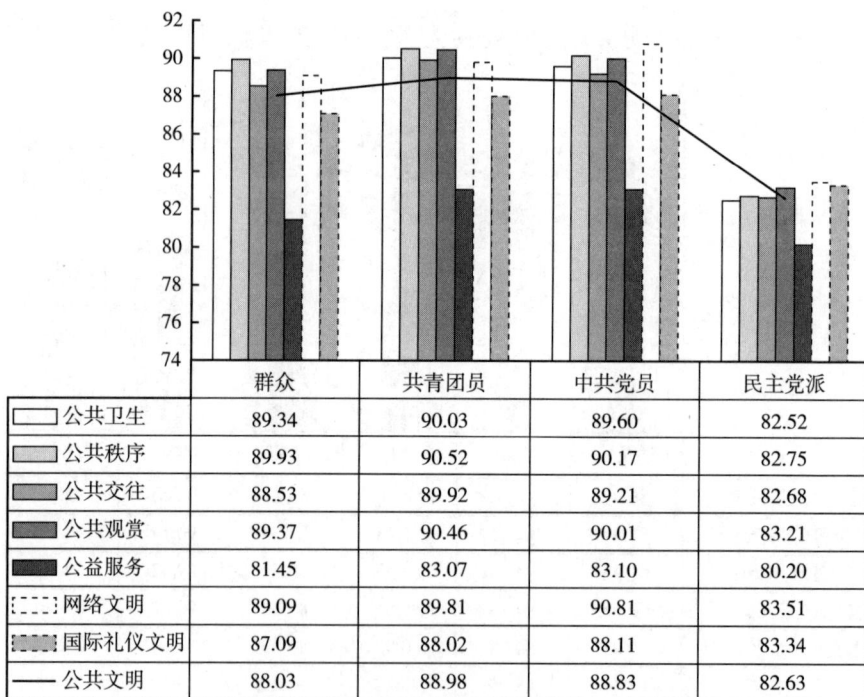

	群众	共青团员	中共党员	民主党派
公共卫生	89.34	90.03	89.60	82.52
公共秩序	89.93	90.52	90.17	82.75
公共交往	88.53	89.92	89.21	82.68
公共观赏	89.37	90.46	90.01	83.21
公益服务	81.45	83.07	83.10	80.20
网络文明	89.09	89.81	90.81	83.51
国际礼仪文明	87.09	88.02	88.11	83.34
公共文明	88.03	88.98	88.83	82.63

图 23　2018 年不同政治面貌群体公共文明主评指数及二级指标主评指数比较

5. 不同户籍类型和在杭居住年限群体样本的比较分析

通过对不同户籍类型（包括杭州城镇、杭州农村、外地城镇、外地农村）群体的主评指数进行比较分析可以发现，成长环境、在杭居住年限会影响市民对自身公共文明行为的主观评价。其中，杭州城镇户籍群体的主评指数略高于外地城镇户籍群体，分别为 89.00 和 88.50；杭州农村户籍群体的主评指数则恰好相反，略低于外地农村户籍群体，分别为 87.15 和 87.90，均低于城镇户籍群体（见图 24）。杭州农村户籍群体的主评指数连续三年都是最低的，这说明杭州农村居民尽管在杭居住年限较长，但对自身在公共文明方面的主观评价并不高。从另一个侧面来看，外来农村人口受到的影响较大。不管从哪个方面来看，都是值得研究的问题。

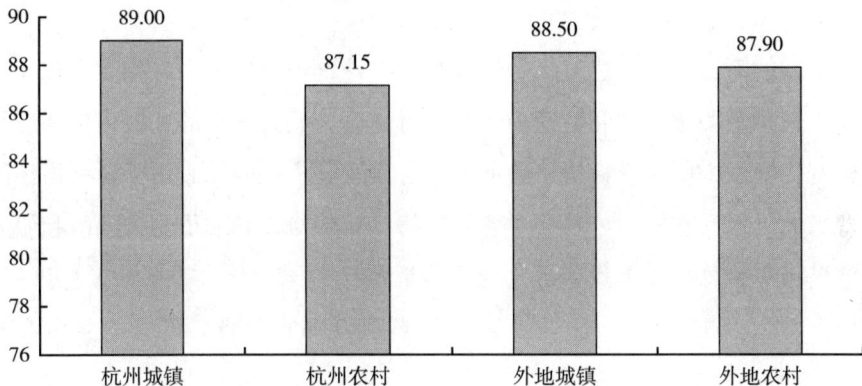

图 24　2018 年不同户籍类型群体主评指数比较

通过分析不同在杭居住年限群体的主评指数可以发现，在杭居住年限为 5 年及以下的群体主评指数最高，为 88.91；在杭居住年限为 11～20 年和 6～10 年的群体主评指数也较高，分别为 88.80 和 88.06；主评指数最低的是在杭居住年限为 21 年及以上的群体，为 87.50（见图 25）。

三　历年主评指数比较分析

2018 年是杭州市民公共文明指数调查的第五个年头，也是 G20 杭州峰

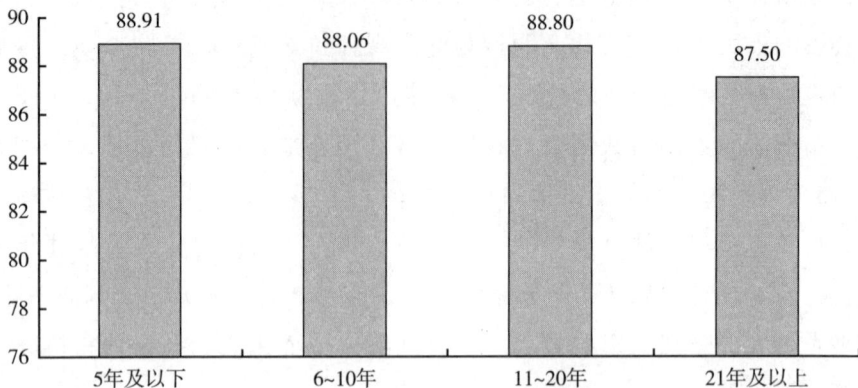

图25　2018年不同在杭居住年限群体主评指数比较

会结束后的第二年。经过五年的持续观测，课题组掌握了大量的数据和文字资料，记录了关于问卷和访谈的研究心得体会。调查数据的二级指标和三级指标变化细微，便于进行历年数据的综合比较分析。因此，历年各项指标的主评指数可以反映杭州公共文明建设的特点和趋势，有助于相关部门和研究单位进行经验总结并查找不足之处，为杭州打造国际化世界名城提供助力。2017年8月，杭州顺利通过了三年一次的文明城市复评，延续"全国文明城市"的荣誉称号。

（一）历年各级指标主评指数比较分析

统计结果显示，2018年杭州市民公共文明主评指数为88.35，与2017年的88.54、2016年的88.17、2015年的88.70相比逐渐趋于稳定，但低于2014年的90.33。2016~2018年杭州市民公共文明主评指数相对平稳，二级指标主评指数也呈现同样的趋势（见图26）。2018年与2017年相比，公益服务、网络文明、国际礼仪文明3个二级指标的主评指数有所提升，说明杭州市通过举办一系列国际级别的会议和活动后，在新型社会关系和国际意识的公共文明方面略有进步；其他4个二级指标的主评指数变化不大，公共卫生的主评指数有明显降低，这说明在最基本的公共文明素养方面还需要继续重视。2016 年的公益服务主评指数为历年最高，这或许与 G20 杭州峰会的召开有关。五年来，杭州市民公共文明的主要短板在于公益活动。总体看，杭州市民公共文明主评指数趋向平稳，这表明杭州市公共文明建设在变动中逐渐走向成熟稳定，也表明进一步推进公共文明建设需要全社会的共同努力。

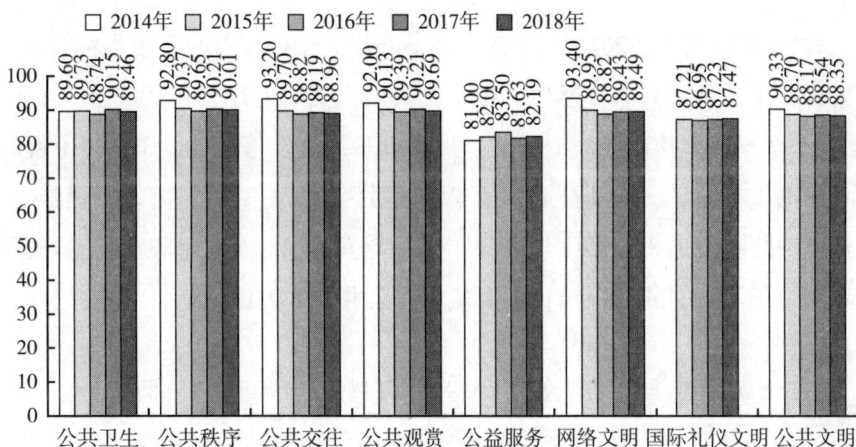

图 26　2014～2018 年杭州市民公共文明主评指数与二级指标主评指数比较

2014～2017 年三级指标主评指数的比较分析，可参见"2017 年杭州市民公共文明指数调查主评问卷分析报告"。这里仅对 2018 年与 2017 年进行比较，主评指数上升值大于等于 1 的三级指标有 4 个，分别为"参加献血、捐助等公益活动"1.06、"积极参与各类赛事活动的志愿服务"1.27、"不窥探、传播他人隐私"1.18、"积极学习了解并遵循国际通行的礼仪规范"1.07（见表 1）。综合来看，2018 年杭州市民在公益服务、网络文明、国际礼仪文明等方面的主评指数提升较大。新增指标"共享汽车按规定停放"没有比较，但是 89.79 的主评指数相对较高，要高于"共享单车按规定停放"（88.94），这可能与二者在使用和管理等方面的性质差异有关。

表1 2018年与2017年相比主评指数上升值大于等于1的三级指标

序号	三级指标	2017年	2018年	上升值
1	参加献血、捐助等公益活动	82.93	83.99	1.06
2	积极参与各类赛事活动的志愿服务	80.80	82.07	1.27
3	不窥探、传播他人隐私	89.06	90.24	1.18
4	积极学习了解并遵循国际通行的礼仪规范	84.46	85.53	1.07

与2017年相比，2018年主评指数下降值大于等于1的三级指标有6个，分别为"不随地吐痰、便溺"1.22、"乘坐公交时有序排队上下车"1.07、"不在公共场所大声喧哗"1.06、"共享单车按规定停放"2.31、"不谩骂、起哄或围攻裁判员、运动员或其他工作人员"1.07、"在外籍人士面前，能自觉维护国家及杭州的形象与声誉"1.03（见表2）。综合来看，主评指数下降值大于等于1的三级指标主要集中在公共秩序方面。

表2 2018年与2017年相比主评指数下降值大于等于1的三级指标

序号	三级指标	2017年	2018年	下降值
1	不随地吐痰、便溺	91.30	90.08	1.22
2	乘坐公交时有序排队上下车	92.05	90.98	1.07
3	不在公共场所大声喧哗	90.40	89.34	1.06
4	共享单车按规定停放	91.25	88.94	2.31
5	不谩骂、起哄或围攻裁判员、运动员或其他工作人员	91.33	90.26	1.07
6	在外籍人士面前，能自觉维护国家及杭州的形象与声誉	91.03	90.00	1.03

（二）历年各级指标主评指数比较所反映的问题

通过对大量调查问卷和座谈意见的汇总分析，从主观认识上看，2018年杭州市民公共文明行为存在的问题主要集中在公益服务、垃圾分类、国际礼仪文明等方面，具体如下：①公益服务，有助于提高杭州市民生活品质，也有利于杭州发展成为国际著名旅游城市和会议城市、东西方文化国际交流城市、"互联网＋"创新创业中心；②垃圾分类，有助于杭州进一步深化文明城市建设，最终建成"国内最清洁城市"，这也是作为首批全国垃圾分类试点城市之一必须解决的问题；③国际礼仪文明，有助于拓宽市民的国际视野，促进其熟悉国际通用的礼仪规范，普及掌握日常、旅行和商务会议等外语基本用语，对提升杭州城市品牌和国际形象都具有长远的意义。外来流动人口可以通过在本地生活、旅行和接受宣传教育等方式，尽快熟悉杭州公共文明行为规范，从而了解和融入杭州文化，达到共同促进公共文明发展的目的。

根据2018年的数据统计以及历年数据的比较分析可以发现，2014～2018年杭州市民公共文明二级指标的主评指数总体趋向稳定，具体三级指标主评指数略有升降，但变化不大。经过政府各部门的长期治理，以及市民意识的逐渐增强，历年问题较为突出的方面取得了明显的进步，尤其是垃圾分类、公益服务这两个一贯较为薄弱的方面持续取得了进步，但进一步提升也遇到了瓶颈，这说明通过实施政策法规、制度规范以及宣传引导、改善基础设施等方式和途径，无法快速有效地提升杭州文明城市建设的公益服务水平，也无法解决垃圾分类的现实难题。未来需要在总结经验和深入研究的基础上，针对现实情况采用新的技术和管理措施，用科学治理的手段加以推进，真正解决发展中国家普遍存在的这个全国性难题。同时，需要注意的是，在过去一直具有优势的公共秩序方面，主评指数相较于上年反而下降最大，在下降值大于等于1的6个三级指标中，有3个属于公共秩序方面。

四 对策建议

（一）"以创新驱动"和"以人为本"，谱写杭州市公共文明的新篇章

杭州市自2011年首次荣获"全国文明城市"称号以来，已三度蝉联该荣誉称号。近年来，杭州市一直致力于提升市民的公共文明素养，打造中国最文明城市。如今，西子湖畔的美丽杭城正努力打造精神文明的新名片，通过改善市民的文明行为和提升市民的道德素养，将自身塑造为一个富有人文

关怀的城市。

"以创新驱动"体现了人类智慧的力量,特别是人类文明进入工业革命时代之后,已成为现代社会发展的最大驱动力。

随着我国经济发展进入新常态,杭州市在供给侧结构性改革的大背景下进一步转变经济增长方式,增长动力由要素驱动、投资驱动向创新驱动转变,依托"一带一路"建设和"中国制造2025"等重大机遇,积极开拓经济发展的新空间,努力将杭州市打造成为探求经济创新增长方式的一个样本。

"以人为本"是马克思主义终极价值的当代形态,是人类所有文明发展的趋势,也是政府满足城市发展复杂需求的共同抓手。

杭州市在保持和提升历史文化资源、旅游休闲资源以及互联网科技、科教事业等现有优势的基础上,着力建设国际重要的旅游休闲中心、国际电子商务中心、国际会议重要目的地、区域金融中心、高技术产业基地和文化创意中心。这对杭州市民的公共文明素养提出了更高的要求,需要将更开阔的国际视野和传统文化精神结合起来。市民是城市的真正主体,只有真正理解并做到"以人为本",杭州市才能赢来美好的未来。

2014~2018年历时五年的杭州市民公共文明主评指数调查分析,尤其是最新的统计表明,杭州市民在公共文明方面已经达到较高水平,特别是在公共卫生、公共秩序、公共观赏和网络文明方面的水平较高,但在具体的垃圾分类和参与公益服务方面还存在一些问题,有待改进。总体来看,杭州市民公共文明水平总体上趋于稳定的态势,特别是在国际礼仪文明、公益服务、网络文明这三个与杭州市规划发展目标紧密相连的精神文明方面,已经取得了缓慢而持续的进步,这项工作只要紧抓不放,在未来一定可以厚积薄发,取得更大的进步。

(二)综合治理,解决垃圾分类难题

"垃圾分类投放"是国内各城市所面临的普遍难题。五年的调查统计表明,杭州市的垃圾分类尽管取得了缓慢而持续的进步,甚至相较于很多城市有不少领先的地方，但仍是公共文明建设的一个突出难题。市民对此反应也较为强烈，作为一个国际化旅游城市和新兴科技工业城市，杭州必须尽快解决这个影响未来绿色环保生活的关键问题。虽然杭州市针对垃圾分类出台了一系列改进办法，增加了相应的配套设施，进行了广泛的宣传推广，但是整体效果仍不理想。

据报道，市民人均每天制造接近一公斤生活垃圾。所以，尽管杭州市垃圾箱分布广泛，但由于人口密集和生活垃圾制造量巨大，居民区内的垃圾箱和垃圾收集站在晚上经常爆满。一些小区的废旧电池等投放设施破损，未能及时修理或替换，居民只能将有毒垃圾混杂在一起。由于缺乏专用垃圾处理车，因此在运输环节常常出现将分类的垃圾混置处理的情况。分类垃圾的无害化和循环处理需要复杂技术，是影响垃圾分类的关键环节。同时，相关体制机制和法规建设也要跟上，还需要做到相关部门之间的充分协调。

习近平总书记在庆祝改革开放40周年大会上指出，"行之力则知愈进，知之深则行愈达"。这既是高瞻远瞩的经验总结，也是殷切的期待。剩下的都是难啃的"硬骨头"，面临突出问题和实质性障碍，思考才能更加深入，工作才能取得更大进步。

建立体系化的治理对策，需要考虑以下几个方面的问题。第一，不同试点城市尽快配合建立生活垃圾科学化的分类标准，引导居民进行垃圾分类。第二，建立惩罚和奖励并行的制度，通过各种倒逼机制，将解决问题的最后一环推进到家庭和个人。加强宣传引导和示范带动，充分发挥基层和党员的示范作用。第三，垃圾分类需要长期养成的良好习惯，需要加强环保意识教育。第四，积极学习借鉴国内外城市成熟的垃圾分类经验，如可以采取每周七天投放、收取固定类型垃圾的方法等。在借鉴国内外城市成功经验的同时，也要结合本国的国情。要考虑工作生活规律和餐饮习惯的不同等因素，如欧美国家更多使用半成品的食物和净菜。对于垃圾分类而言，发达国家和地区在监管方面主要考察市民公共文明素养水平并借助法律法规手段，而发展中国家则需要借助更多手段。第五，相关机制的建设。"垃圾分类投放"要从实处着手。从个人垃圾的分类投放到最终的环保处理，各环节都需要在技术和管理上进行设计。通过行政和市场的手段配置相关资源,让更多企业能够加入垃圾分类、回收、运输和处理等各环节。第六,通过技术创新,加快相关设施建设的进程,注重生态和环境保护,提升规模化循环利用和无害化处理能力。政府部门需持续投入人力、物力和财力,采用先进的技术和手段,充分发挥杭州在互联网领域的引领作用,借助"互联网+"技术手段来提高垃圾分类和监督的效率。第七,从文化上进行引领,"垃圾分类工作就是新时尚",应着力增强居民垃圾分类意识,使垃圾分类成为"新时尚"。

市民之所以不能坚持垃圾分类,主要与配套设施缺乏及体制机制不够完善有关,还有部分市民缺乏垃圾分类的知识和意识,街道社区也缺乏随时能够提供指导的人员。可以借鉴其他城市的经验,如2018年上海市在微信公众号上线的"生活垃圾怎么分"微信工具,只需输入物品名称,就可查询所对应的垃圾投放类型,利用系统还可自主学习和收集相关词汇。

习近平总书记强调,"改革关头勇者胜"。只要"勇"往直前,善于"总结经验",就能"乘势而上"。垃圾分类投放要靠市民、管理方和监管部门等多方的相互配合。如果坚持加强宣传教育,让市民掌握充分的垃圾分类处理知识,提升市民的垃圾分类意识,由管理方提供先进技术予以支持,并能严格执行相关的奖惩规定,同时监管部门发挥最大效能,一定可以实现良性互动发展。相信更多市民会自觉行动起来,将杭州打造成为首先解决垃圾分类问题的文明城市。

(三)增强公民意识,引导市民积极主动参与公益活动

"自发做些公益服务"在47个三级指标中主评指数最低,这反映了杭州市民参与公益服务的意识和积极性有待进一步提升。

公益活动已经成为一个社会的文明指标,也是现代社会衡量人类文明和城市发展水准的重要指标。公益活动对构建和谐社会具有重要意义,可以作为政府和市场服务的补充,也是市民文明素养和公民意识的表现形式之一。公益活动在一定程度上契合"为人民服务"的宗旨,因此也成为政府的公益事业。

未来，可以通过加强宣传教育，利用杭州市的文化影响力，激发人们将对家园的爱转化为实际行动，使其认识到通过社会公益活动这样点点滴滴的"小事"可以做出改变社会面貌的大事。着重从学生和老年群体入手，通过他们影响家庭和社会，积极参与公益服务、捐助活动或其他志愿者活动，进而影响亲朋好友。

以更开放的心态，推动公益事业发展。例如，可以尝试将公益与商业、文化融合，从而吸引更多力量参与进来，助力杭州市特色文化的推广。中国儒商文化主张"以义取利"，这有助于构建和谐社会和推动中国特色社会主义精神文明建设。

努力让市民把参与公益活动当作一种新的生活方式，鼓励他们参加环保和文化宣传类型的公益活动。政府可通过自身的影响力积极参与、宣传或引领公益活动，提供行政或法律上的帮助，甚至直接组建各类组织，为市民参与公益服务提供机会和便利，发挥志愿者协会的作用，帮助市民认识公益、走近公益。同时，采取各种新型的社会公益模式，努力将有特色的志愿者和公益服务打造成杭州公共文明的一张新名片。

（四）拓宽市民的国际眼界，掌握国际礼仪文明知识

国际礼仪文明相较于公益服务的主评指数略高，但与杭州作为国际著名旅游文化城市的地位并不完全相称。杭州市显然不满足于一般文明城市的建设目标，在培养市民传统的生活礼仪文明素养之外，杭州作为未来重要的国际化城市，还需要注重相应的市民礼仪文明。

打造国际化城市，要求市民积极主动学习外语，做到可以与外籍人士进行基本的交流。"能积极主动学习外语，并在与外籍人士交流时使用外语"的主评指数在2018年有所提升，不再是最低的指标，说明杭州普通市民使用外语进行交流的能力和自信程度都在提高，但与其他指标相比，还有较大的提升空间。政府可以在本市举办的各类国际活动中，增加英语标识的应用，提高熟练使用外语的志愿者人数比例，在电视、广播、报纸、网络等媒体上利用新闻报道和各类生活及娱乐节目，宣传和传播国际规范常识，使这

些国际礼仪知识以潜移默化的方式进入人们的头脑，进而转化为日常生活的观念，成为持久的文化的一部分。

积极学习了解并遵循国际通行的礼仪规范。杭州拟打造国际会议目的地，市民在参加正式涉外活动时，如各类国际会议、会展和赛事，应着正装出席，便于进行充分的沟通，提供得体的服务和有效的帮助。事实上也是如此，一些市民之所以没有协助国际友人，原因并非不愿意，而是不熟悉国际通行的礼仪规范，除此之外还有语言沟通问题。

（五）综合治理、协同并进，共建文明杭州

社会精神文明所表现出来的城市公共文明具有系统性的特征，城市公共文明的建设，需要在科学思想的指导下，依靠全社会的力量共同完成。习近平新时代中国特色社会主义思想是解决当代中国前途命运问题的科学理论指引。

对于政府部门来说，要深刻理解习近平总书记提出的治国理政新理念，做到"立治有体，施治有序"，引领全社会各种力量包括民间组织，共同参与到公共文明建设中来。

正所谓"博观而约取，厚积而薄发"。我们有理由相信，在2018年取得持续进步之后，在新的征程上，杭州市在推动经济发展的同时，公共文明建设必将取得新的突破。

2018年杭州市民公共文明指数
调查客评问卷分析报告

客评是指受访者基于观察者的视角，对身边其他市民的公共文明表现所做出的恰当性评价。这种以第三方身份为导向性的评判，能够真实地反映市民公共文明的举止状况。所获取的客评指数与主评指数相互参照，能够全面综合地呈现杭州市民公共文明综合指数调查的信度和效度。2018年的客评指标体系与往年调查所用指标体系基本保持一致，即由公共卫生、公共秩序、公共交往、公共观赏、公益服务、网络文明、国际礼仪文明7个二级指标和47个三级指标构成。本次调查涵盖杭州市十城区，包括上城区、下城区、江干区、拱墅区、西湖区、滨江区、萧山区、余杭区、富阳区和临安区。深入宣徐弄、之江铭楼、裴婆新村、世茂之西湖、都市阳光广场、桃花源、万马伊顿庄园、万科公望等50个市民生活小区以及公交车站、广场、地铁站、图书馆、购物中心等公共场所。调查的对象为16岁及以上的杭州居民（包括杭州市十城区市民、城郊农民和外来务工人员，未包括在杭外籍人士）。共发放问卷4500份，回收问卷4312份，问卷回收率和问卷有效率分别为95.8%和100%。

一　样本基本情况分析

本次问卷调查的规模较大，覆盖面较广，深入性也较强。

受访者区域分布情况：上城区有效问卷442份，占十城区总有效问卷的10.25%（以下若无特别说明，均指有效问卷）；下城区432份，占10.02%；江干区423份，占9.81%；拱墅区438份，占10.16%；西湖区

435份，占10.09%；滨江区425份，占9.86%；萧山区428份，占9.93%；余杭区427份，占9.90%；富阳区430份，占9.97%；临安区432份，占10.02%（见图1）。

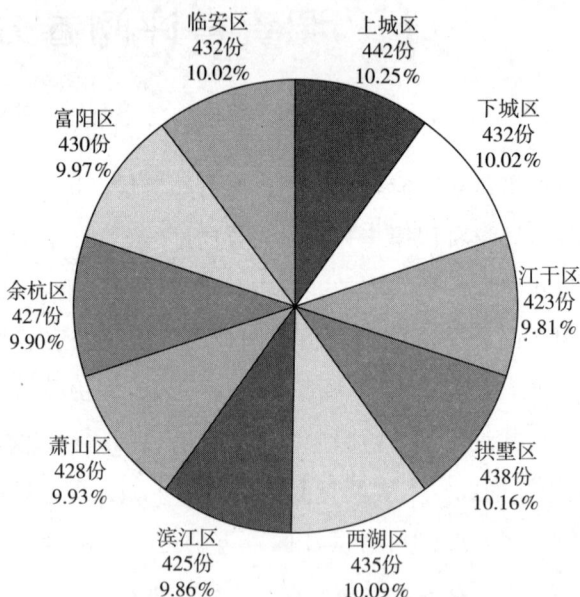

图1　受访者区域分布情况

受访者性别分布情况：男性2063人，占47.84%；女性2249人，占52.16%（见图2）。

受访者年龄分布情况：16～24岁1385人，占32.12%；25～34岁1509人，占35.00%；35～44岁949人，占22.01%；45～54岁335人，占7.77%；55～64岁101人，占2.34%；65岁及以上33人，占0.77%（见图3）。

受访者学历分布情况：小学及以下166人，占3.85%；初中353人，占8.19%；高中/中专713人，占16.54%；大专702人，占16.28%；本科1953人，占45.29%；研究生及以上425人，占9.86%（见图4）。

受访者政治面貌分布情况：群众2205人，占51.14%；共青团员1307

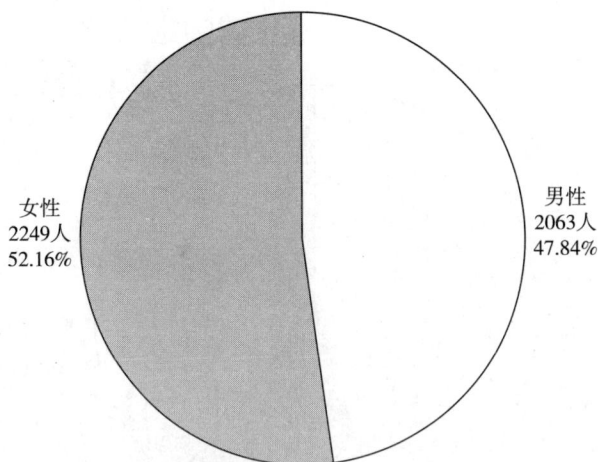

图2 受访者性别分布情况

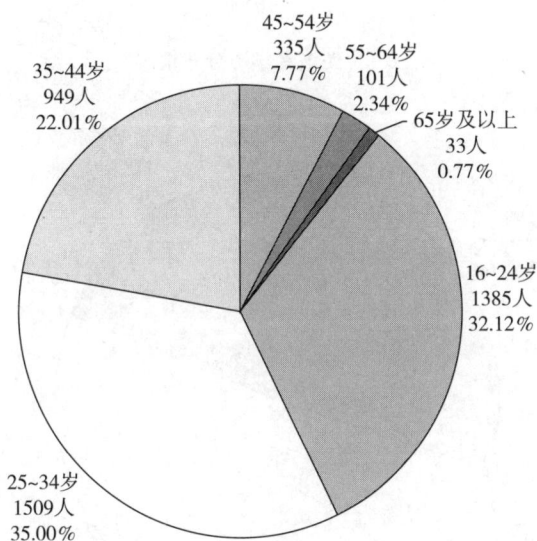

图3 受访者年龄分布情况

人，占30. 31%；中共党员718 人，占16. 65%；民主党派82 人，占1. 90%（见图5）。

受访者在杭居住年限分布情况：5 年及以下1557 人，占36. 11%；6 ~

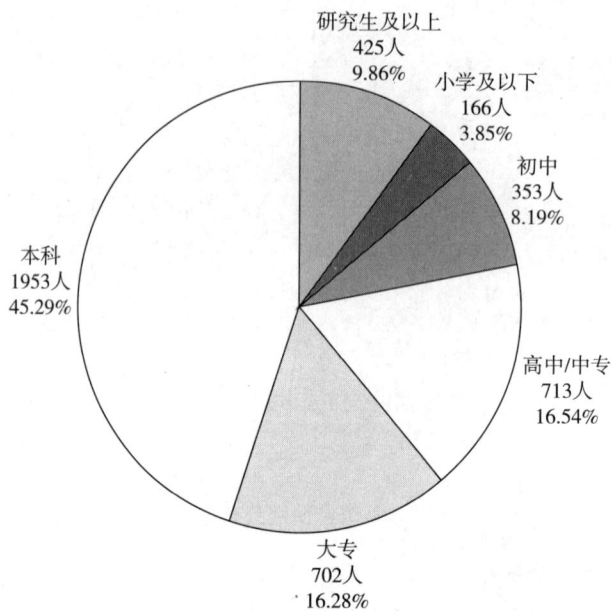

研究生及以上
425人
9.86%

小学及以下
166人
3.85%

初中
353人
8.19%

本科
1953人
45.29%

高中/中专
713人
16.54%

大专
702人
16.28%

图4 受访者学历分布情况

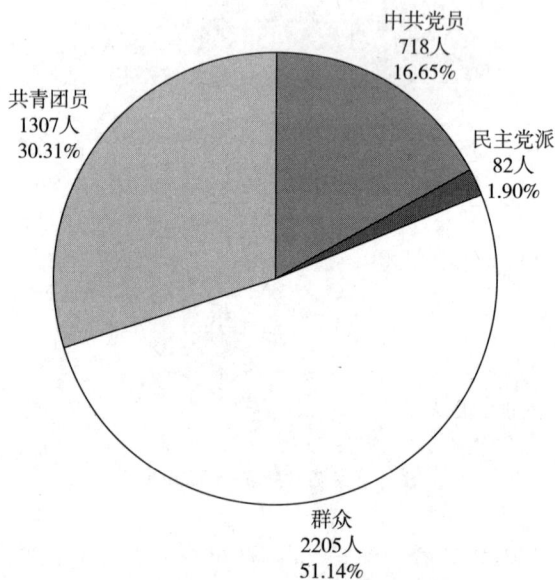

中共党员
718人
16.65%

共青团员
1307人
30.31%

民主党派
82人
1.90%

群众
2205人
51.14%

图5 受访者政治面貌分布情况

10 年 721 人,占 16.72%;11~20 年 823 人,占 19.09%;21 年及以上 1211 人,占 28.08%(见图 6)。

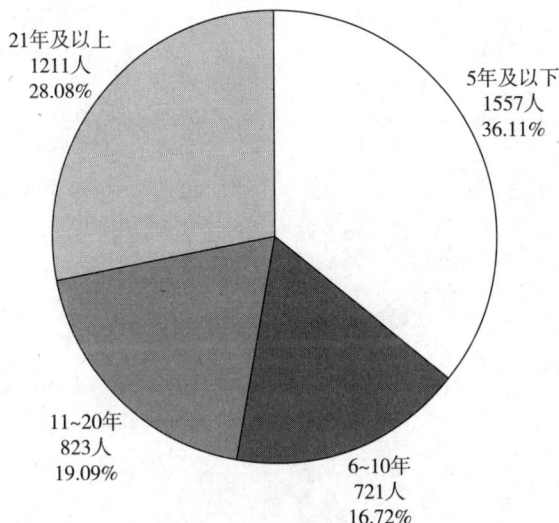

图 6 受访者在杭居住年限分布情况

受访者职业分布情况:农、林、牧、渔等类似行业劳动者 91 人,占 2.11%;国企中高层管理者 105 人,占 2.44%;党、政、事业机关领导干部 67 人,占 1.55%;工人、工厂(或企业)务工者 327 人,占 7.58%;党、政、司法机关职员 116 人,占 2.69%;军人 24 人,占 0.56%;企业、公司职员 910 人,占 21.10%;个体户或自营业主 505 人,占 11.71%;私企老板、中高层管理者 201 人,占 4.66%;自由职业者 264 人,占 6.12%;在校学生 991 人,占 22.98%;医疗工作者 100 人,占 2.32%;教师(中小幼)147 人,占 3.41%;大学教师、学者、研究人员 90 人,占 2.09%;新闻媒体工作者 46 人,占 1.07%;律师及相关行业人员 29 人,占 0.67%;文化演艺人员 40 人,占 0.93%;非政府组织工作人员 18 人,占 0.42%;工、青、妇、团等群众组织部门人员 22 人,占 0.51%;无业人员 86 人,占 1.99%;其他 133 人,占 3.08%(见图 7)。

受访者户籍类型分布情况:杭州户籍 2201 人,占 51.04%;外地户籍

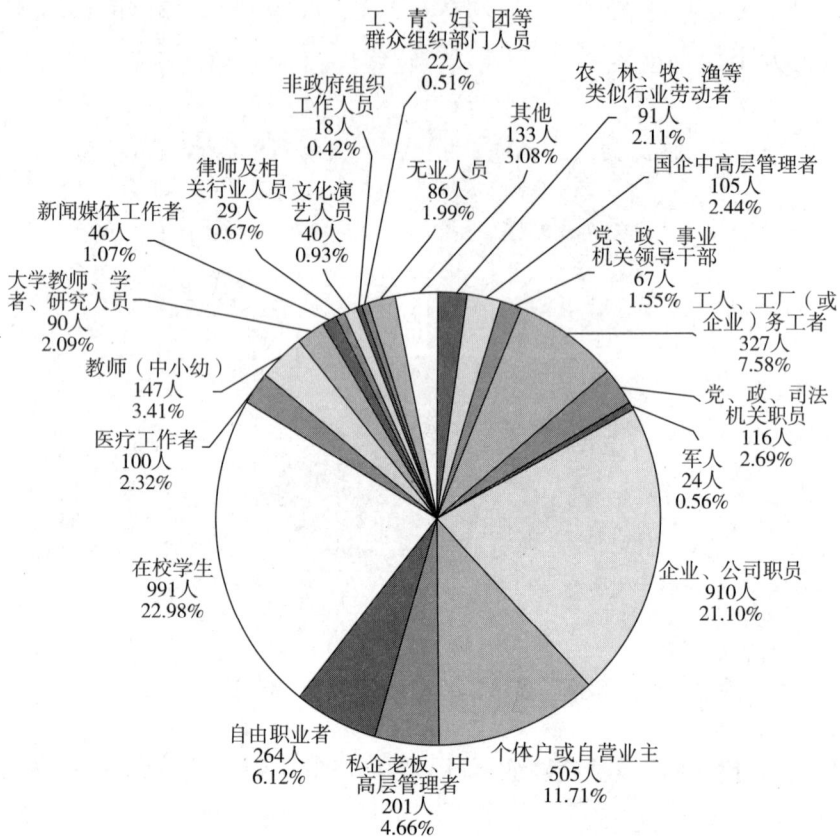

图 7 受访者职业分布情况

2111 人，占 48.96% 。其中，杭州城镇 1540 人，占 35.71%；杭州农村 661 人，占 15.33%；外地城镇 1244 人，占 28.85%；外地农村 867 人，占 20.11%（见图 8）。

在此次调查中，调查问卷的发放数量与杭州市各城区的人口数量比例基本一致。从回收的有效问卷来看，受访者的总体样本特征有以下几点需要说明：首先是性别比例大致相当；其次是 16～24 岁和 25～34 岁两个年龄段的受访者所占比重较大，总计 2894 人，占受访者总人数的 67.12%。这主要是考虑到这两个年龄段的群体在城市生活中相对比较活跃，他们往往对不同时间段与多种场合中的公共文明行为有较丰富的感受。在学历层次

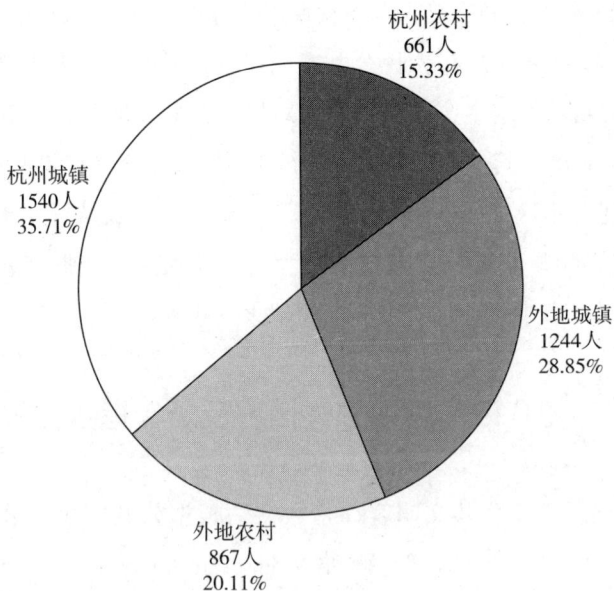

图8 受访者户籍类型分布情况

上，高中/中专、大专和本科学历的受访者总计3368人，占受访者总人数的78.11%。这些群体的识别判断能力相对较强，对公共文明有一定程度的理解和把握。

在杭居住年限方面，以在杭居住年限为5年及以下和21年及以上者数量较多，分别为1557人和1211人，占受访者总人数的36.11%和28.08%。这主要考虑的是，在杭居住年限为5年及以下的初来者往往将杭州与原先居住的地区做比较，其感受通常比较敏锐。而对于在杭居住年限为21年及以上群体而言，他们是杭州城市公共文明的见证者和传承者，也是杭州城市精神和风貌的代表。就受访者的职业而言，其职业覆盖面比较广，尤其以在校学生、企业、公司职员，个体户或自营业主，自由职业者的数量较多，囊括了三次产业的各类人群，从而保证了问卷结果的可靠性与稳健性。

户籍方面，所属杭州城镇和外地城镇的受访者人数占据较大比例，数量分别为1540人和1244人，占受访者总人数的35.71%和28.85%。而农村户籍人口比例较小，杭州农村和外地农村户籍的受访者总计1528人，仅占受访者总人数的35.44%。这一状况与本次调查研究的目的有密切关系。由于此次问卷调查内容主要聚焦城市市民公共文明指数，目的在于客观真实地反映杭州市民公共文明素养水平，而城镇人口对城市公共文明的认知和理解程度较高，因此他们对周围其他人公共文明素养的判断和评价具有积极的参照意义。

综上所述，本次调查所选取的样本科学有效，问卷统计结果能够真实有效地反映2018年杭州市民公共文明行为的客评状况，数据结果可以作为杭州市提升文明城市水准、加快世界名城建设的重要参考。

二 2018年客评总体情况及历年指数比较

2018年杭州市民公共文明客评指数评估根据公共卫生、公共秩序、公共交往、公共观赏、公益服务、网络文明、国际礼仪文明7个二级指标和47个三级指标进行问卷设计和调查。课题组将受访者对周围其他人公共文明行为的评价结果作为主要衡量依据。统计结果显示，2018年杭州市民公共文明客评指数为82.22。根据课题组设定的"好""较好""一般""较差""差"的五级制标准，这一数据结果表明，2018年受访者认为身边其他市民在公共文明方面的总体表现处于"较好"水平。

（一）2014～2018年杭州市民公共文明客评指数比较

相较于2017年的82.06、2016年的82.27、2015年的80.97、2014年的79.16，2018年杭州市民公共文明客评指数总体呈现稳中有升的态势。对比2017年的数据，2018年杭州市民公共文明客评指数上升了0.16，这反映在公共卫生、公共秩序、公益服务3个二级指标的客评指数均比2017年有所上升。与2016年相比，2018年杭州市民公共文明客评指数下降了0.05，主要反映在国际礼仪文明和公益服务等方面的指数值略有回落，这应该与2016年G20杭州峰会的举办有一定的关系。与2015年、2014年相比，2018年杭州市民公共文明客评指数上升较多，分别为1.25和3.06（见图9）。这一结果表明，杭州市近年来的城市文明建设取得了较大的成效。

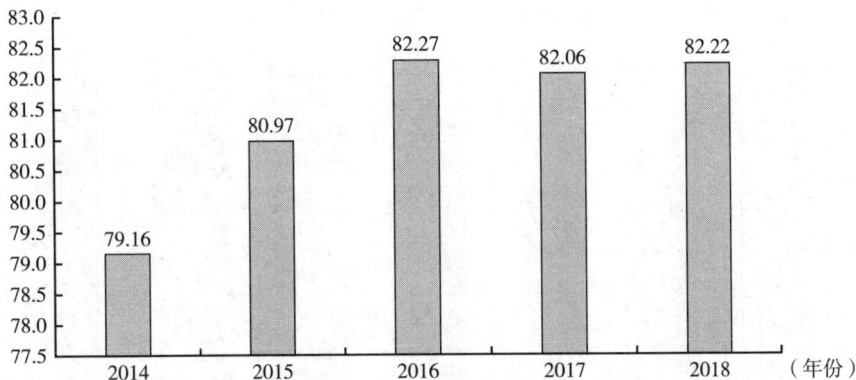

图9 2014~2018年杭州市民公共文明客评指数比较

（二）2014~2018年二级指标客评指数比较

调查统计结果显示，2018年7个二级指标的客评指数分别为：公共卫生80.33、公共秩序81.68、公共交往84.17、公共观赏84.26、公益服务79.78、网络文明81.83、国际礼仪文明83.61。在公共卫生方面，客评指数呈现逐年上升的趋势，2018年比2014年高出5.43。在公共交往、公共观赏、网络文明和国际礼仪文明四个方面，2018年的客评指数与2016年基本持平，但均略低于2017年的指数值。值得注意的是，公共秩序和公益服务的客评指数则呈现轻微起伏的态势（见图10）。

（三）2014~2018年三级指标客评指数比较

2014~2018年三级指标客评指数的变化反映的是城市公共文明的具体状况，有助于相关单位和部门认识到工作的努力方向，并有针对性地采取改进措施。为了便于理解，课题组分别对2018年与2017年、2016年三级指标客评指数差值大于等于1的公共文明行为展开分析。在2018年与2017年三级指标客评指数比较中，有13个差值大于等于1的指标。其中，正向值有10个，负向值有3个。正向上升排在前5位的指标分别为"垃圾分类投放"3.75、"积极参与各类赛事活动的志愿服务"2.02、"不在设有禁烟标志的公共场

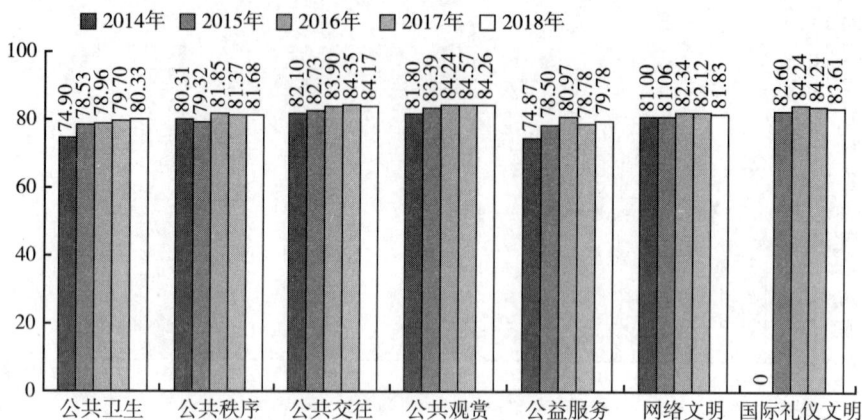

图10　2014～2018年二级指标客评指数比较

注：2014年未设"国际礼仪文明"指标。

所抽烟"1.53、"积极参加公益知识讲座，向他人宣传公益知识"1.46、"不乱张贴小广告、不乱涂写"1.44。而负向回落的3个指标分别为"共享单车按规定停放"-6.96、"不随意询问有关他人隐私问题（如年龄、家庭、收入等）"-2.31、"与人交流时面带微笑，态度和蔼"-1.09（见表1）。

表1　2018年与2017年三级指标客评指数比较

序号	三级指标	2018年	2017年	2018年与2017年差值
1	垃圾分类投放	78.66	74.91	3.75
2	不随地吐痰、便溺	82.55	81.31	1.24
3	不在设有禁烟标志的公共场所抽烟	81.85	80.32	1.53
4	遛宠物时，主动清理其排泄物	78.01	76.69	1.32
5	不乱张贴小广告、不乱涂写	80.32	78.88	1.44
6	共享单车按规定停放	78.30	85.26	-6.96
7	遛宠物时，注意把宠物拴好	80.83	79.50	1.33
8	乘坐电梯时先出后进	83.40	82.39	1.01
9	与人交流时面带微笑，态度和蔼	84.42	85.51	-1.09
10	积极参加公益知识讲座，向他人宣传公益知识	79.36	77.90	1.46
11	自发做些公益服务	77.51	76.35	1.16
12	积极参与各类赛事活动的志愿服务	79.44	77.42	2.02
13	不随意询问有关他人隐私问题（如年龄、家庭、收入等）	84.38	86.69	-2.31

在 2018 年与 2016 年三级指标客评指数比较中，有 16 个差值大于等于 1 的指标。其中，正向值有 8 个，负向值也有 8 个。正向上升排在前 5 位的指标分别为"垃圾分类投放"3.97、"不乱张贴小广告、不乱涂写"2.97、"不随地吐痰、便溺"2.56、"不在设有禁烟标志的公共场所抽烟"1.88、"遛宠物时，主动清理其排泄物"1.63。而负向回落排在前 3 位的指标分别为"共享单车按规定停放"-5.57、"积极参与各类赛事活动的志愿服务"-3.19、"能积极主动学习外语，并在与外籍人士交流时使用外语"-2.14（见表 2）。

表 2   2018 年与 2016 年三级指标客评指数比较

序号	三级指标	2018 年	2016 年	2018 年与 2016 年差值
1	垃圾分类投放	78.66	74.69	3.97
2	不随地吐痰、便溺	82.55	79.99	2.56
3	不在设有禁烟标志的公共场所抽烟	81.85	79.97	1.88
4	打喷嚏时，有所遮掩	80.62	79.33	1.29
5	遛宠物时，主动清理其排泄物	78.01	76.38	1.63
6	不乱张贴小广告、不乱涂写	80.32	77.35	2.97
7	共享单车按规定停放	78.30	83.87	-5.57
8	在影剧院内，安静观赏，不交头接耳、不随意走动	81.46	82.65	-1.19
9	不谩骂、起哄或围攻裁判员、运动员或其他工作人员	85.76	84.73	1.03
10	不在观众席向演出或比赛场地投掷杂物	86.11	85.02	1.09
11	积极参加公益知识讲座，向他人宣传公益知识	79.36	80.59	-1.23
12	鼓励身边的人参与公益服务	78.14	79.60	-1.46
13	自发做些公益服务	77.51	79.13	-1.62
14	积极参与各类赛事活动的志愿服务	79.44	82.63	-3.19
15	能合理安排上网时间，不沉迷于网络	78.56	80.61	-2.05
16	能积极主动学习外语，并在与外籍人士交流时使用外语	79.90	82.04	-2.14

由此可见，2016～2018 年，"垃圾分类投放""不在设有禁烟标志的公共场所抽烟""不乱张贴小广告、不乱涂写"等行为有了较大的改善。相对而言，"共享单车按规定停放"的客评指数则呈先升后降态势。综合而言，2018 年杭州市民在公共卫生、公共交往、公共观赏等方面的客评指数提升较大。

三 2018年三级指标客评指数分析

整个调查问卷涵盖城市公共文明行为的 47 个三级指标，能够比较全面细致地考察和评价杭州市民在不同时间段和不同场合中的公共文明行为表现。而且，每个行为指标都有具体的目标指向性，各个指标之间亦具有内部逻辑的关联性。这些三级指标共同构成了一个完整的城市公共文明测评体系，切实保证了本次调查的可靠性和有效性。

（一）公共卫生方面

公共卫生指标主要用于测量杭州市民在公共场合表现出的卫生行为与习惯。统计分析结果显示，2018 年杭州市民在公共卫生方面的客评指数为80.33，比 2017 年、2016 年和 2015 年分别高出 0.63、1.37 和 1.80，呈现逐年上升的良好态势。6 个三级指标的客评指数分别为"垃圾分类投放"78.66、"不随地吐痰、便溺"82.55、"不在设有禁烟标志的公共场所抽烟"81.85、"打喷嚏时，有所遮掩"80.62、"遛宠物时，主动清理其排泄物"78.01、"不乱张贴小广告、不乱涂写"80.32。其中，客评指数最高的是"不随地吐痰、便溺"，最低的是"遛宠物时，主动清理其排泄物"（见图 11）。

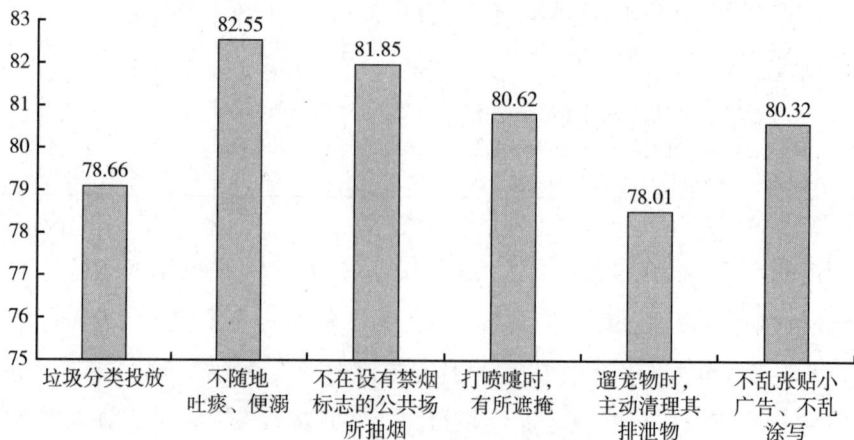

图11 2018 年公共卫生三级指标客评指数

作为全国文明旅游城市，杭州在城市公共环境卫生方面的治理力度不断加大，有效改善了城市公共卫生状况。在近几年的宣传、教育和引导下，市民的公共卫生习惯普遍得到了较大的改善。特别是市民随地吐痰和便溺的现象大幅减少，市民对吸烟场合较为注意，绝大多数人不会在设有禁烟标志的公共场所有吸烟行为。然而，在"垃圾分类投放"指标上，客评指数连续几年都排在较低位，始终徘徊在"一般"等级。通过访谈和座谈会，课题组了解到尽管市民对垃圾分类表示支持，但限于分类知识与投放标准存在一定差距，甚至产生一些观念上的偏差，导致垃圾笼统丢弃或类别错投的现象时有发生。另外，保洁部门在处理垃圾时的混装方式，在一定程度上削弱了市民进行垃圾分类的积极性。同样，"遛宠物时，主动清理其排泄物"的客评指数也较低，停留在"一般"的等级阶段。事实上，宠物能陪伴主人，主人也应对其宠物的行为负责，包括自觉清理宠物排泄物。然而，很多主人却以麻烦、脏或其他人也不处理等为借口而不去清理宠物排泄物，究其原因主要是主人对文明饲养宠物的意识比较薄弱，清理宠物排泄物的习惯尚没有养成。

（二）公共秩序方面

公共秩序指标主要用于测量杭州市民在公共场合对秩序和规则的遵守情况。统计分析结果显示，2018年杭州市民在公共秩序方面的客评指数为81.68，相较于2017年的81.37上升了0.31，比2016年的81.85回落了0.17。这一指标客评指数的起伏与2016年G20杭州峰会的举办有一定的关联。在具体的三级指标中，课题组发现，"乘坐地铁时有序排队上下车""乘坐公交时有序排队上下车""乘坐电梯时先出后进"3个指标的客评指数排在前3位，分别为84.01、83.51和83.40。这表明市民在乘坐公共交通和电梯时，能够保持良好的秩序，体现了较好的城市公共生活素养与精神面貌。而"共享单车按规定停放""不在公共场所大声喧哗""遛宠物时，注意把宠物拴好"3个指标的客评指数较低，分别为78.30、80.03和80.83（见图12）。尤其是"共享单车按规定停放"的客评指数在整个公共秩序体系中最低，仅仅处在"一般"的等级。其余指标的客评指数与往年基本持平，均处在"较好"水平。

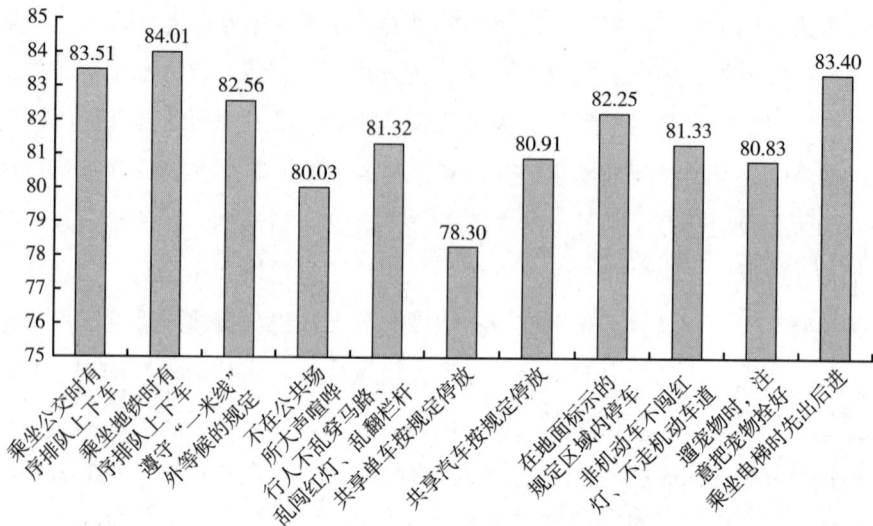

图12　2018 年公共秩序三级指标客评指数

　　数据分析表明，杭州市民在乘坐公共交通和电梯时能够发扬先人后己的风格，自觉维护公共秩序，几乎杜绝了蜂拥而上、彼此推搡等不文明的现象，体现了广大市民对自我的约束和对他人的尊重。同样，"遵守'一米线'外等候的规定""在地面标示的规定区域内停车""非机动车不闯红灯、不走机动车道""行人不乱穿马路、乱闯红灯、乱翻栏杆""共享汽车按规定停放"5 个指标，均处于"较好"等级之上。这一结果表明，杭州市民对城市公共秩序方面的规章制度表现出较高的认同度，并予以自觉遵守和积极维护。然而，"共享单车按规定停放""不在公共场所大声喧哗""遛宠物时，注意把宠物拴好"3 个指标的客评指数却不容乐观。这说明少数市民在这三个方面的自律意识有待增强，尤其以"共享单车按规定停放"为最。事实上，共享单车的市场准入一方面的确方便了市民的短途出行；另一方面则对相关部门的管理节奏和水准提出了挑战，以致滋生共享单车乱停乱放的现象。

（三）公共交往方面

　　对杭州市民公共交往指标的客评主要测量五个方面的行为表现。统计分析结果显示，2018年杭州市民在公共交往方面的客评指数为84.17，相较于2017年的84.35回落了0.18，比2016年的83.90和2015年的82.73分别上升了0.27和1.44。从总体趋势上看，杭州市民在公共交往方面的客评指数呈现平稳的态势。其中，"能给老、弱、病、残、孕及怀抱婴儿者让座"的客评指数最高，为85.59；其次是"陌生人问路时，耐心、详细解答"和"与人交流时面带微笑，态度和蔼"，客评指数均为84.42；"主动给予外地游客方便或帮助"的客评指数为83.68；"交谈时不大声喧哗"的客评指数最低，为82.72（见图13）。

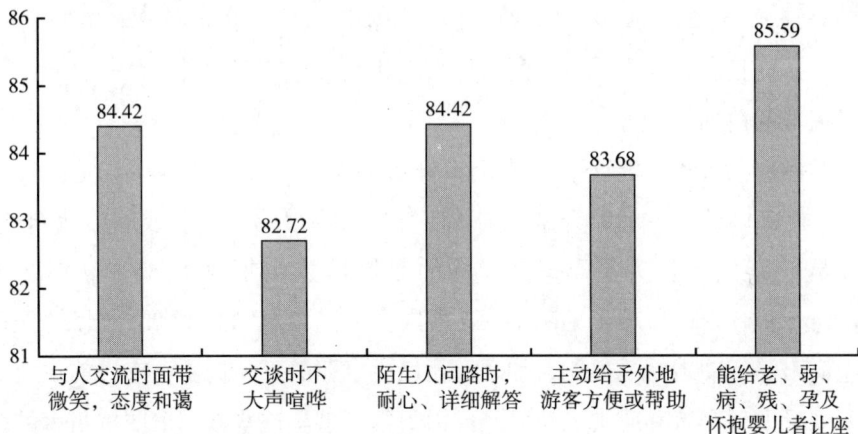

图13　2018年公共交往三级指标客评指数

这些统计分析表明，杭州市民对待需要帮助的人群持有积极而热情的态度，特别是对老、弱、病、残、孕及怀抱婴儿者。同时，对于外地游客或陌生人也拥有较好的包容心态，能够做到态度和蔼，耐心、详细解答外来人员的问题，并愿意力所能及地为外地游客提供必要的帮助和服务。这一表现与杭州作为多年的文明旅游城市所树立的良好形象有密切关系。

值得注意的是，在公共交往方面的5个三级指标中，"交谈时不大声喧哗"的客评指数相对较低，与公共秩序方面的"不在公共场所大声喧哗"的客评指数相当，这表现出杭州市民与他人交谈时的坦率和爽快，但也可能对周围其他人造成影响，与城市公共文明存在一定程度的不协调。不过，公共交往方面的客评指数连续几年均处在7个二级指标的前列，展现了杭州市民在公共场合与他人交往时比较热情与文明。

（四）公共观赏方面

公共观赏指标主要考察杭州市民在观赛、观影等过程中所表现的文明素养情况。统计分析结果显示，2018年杭州市民在公共观赏方面的客评指数为84.26，为7个二级指标中最高的。相较于2017年的84.57、2016年的84.24和2015年的83.39，2018年公共观赏方面的客评指数表现出一些起伏，分别为-0.31、0.02和0.87，但波动幅度较小，依旧处在"较好"等级之上。而且与公共交往方面的客评指数相当，连续四年处于7个二级指标客评指数的前列。

具体的三级指标客评指数如下："不在观众席向演出或比赛场地投掷杂物""在入口处，主动配合做好安检工作""不谩骂、起哄或围攻裁判员、运动员或其他工作人员"3个指标的客评指数均超过了85，分别达到86.11、85.81和85.76（见图14）。事实上，随着社会的发展，国际赛事、大型演出等活动走向平民化，加之杭州民生事业的不断进步，市民前往演出场所观看大型赛事和欣赏表演已经成为平常之事。这些数据表明杭州市民在公共观赏过程中对演员、工作人员以及其他观众等表现出应有的尊重。

而"观赏时，适时给予掌声鼓励""手机关机或调为静音、振动""在影剧院内，安静观赏，不交头接耳、不随意走动"3个指标的客评指数相对较低，分别为83.84、81.85和81.46。这些指标的客评指数排名靠后说明少数市民在公共观赏过程中的个人意识较强，自我约束力存在一定的欠缺。有关方面需要持续地对公共观赏秩序和规则进行宣传，让每一个市民都能够接受和认同正确的观赏文化，使之内化于心，外化于行。同时，市民自身也应当加强自律性的培养，努力成为公共观赏活动中举止文明的践行者。

（五）公益服务方面

公益服务指标主要针对杭州市民参与城市公益活动时的行为表现，其评

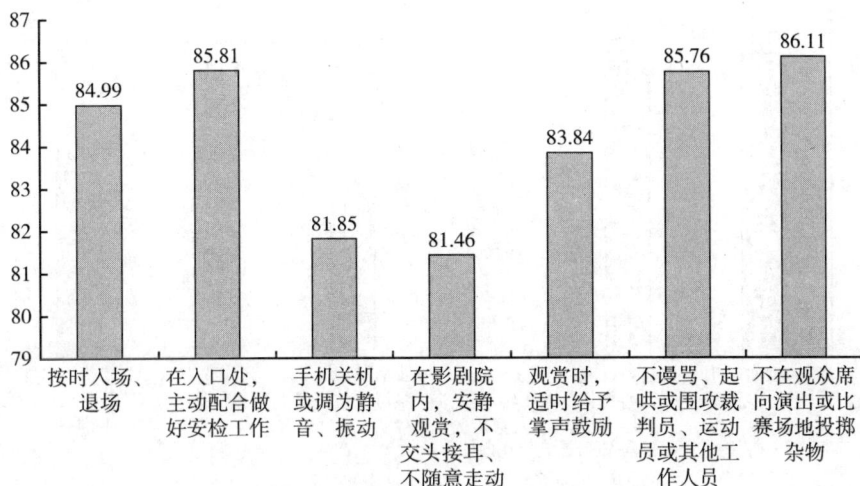

图14　2018年公共观赏三级指标客评指数

价指标主要参考六个方面的内容。统计分析结果显示，2018年杭州市民在公益服务方面的客评指数为79.78，为2018年二级指标中客评指数最低的。尽管客评指数处于"一般"的等级，但与2017年的78.78、2015年的78.50相比，分别高出1.00和1.28，比2016年的80.97则低了1.19。如果排除2016年G20杭州峰会的因素，那么杭州市民在公益服务方面的客评指数则呈现持续上升的态势。

　　具体而言，"参加献血、捐助等公益活动"和"只要条件允许，愿意作为志愿者提供服务"2个指标的客评指数分别为82.22和82.02，处于该指标体系中的前两位，属于"较好"的等级层次。"积极参与各类赛事活动的志愿服务"和"积极参加公益知识讲座，向他人宣传公益知识"2个指标的客评指数分别为79.44和79.36，处于该指标体系中的中等水平，被划分为"一般"等级。而位于末位的"鼓励身边的人参与公益服务"和"自发做些公益服务"2个指标的客评指数分别为78.14和77.51，在47个三级指标中也是处于最后几位，这表明市民主动参与公益服务的意识还有待增强（见图15）。

　　综观公益服务三级指标客评指数，课题组发现，近年来杭州市民参与公益服务的表现有向好趋势，譬如参加献血、捐助活动的市民不断涌现，而且

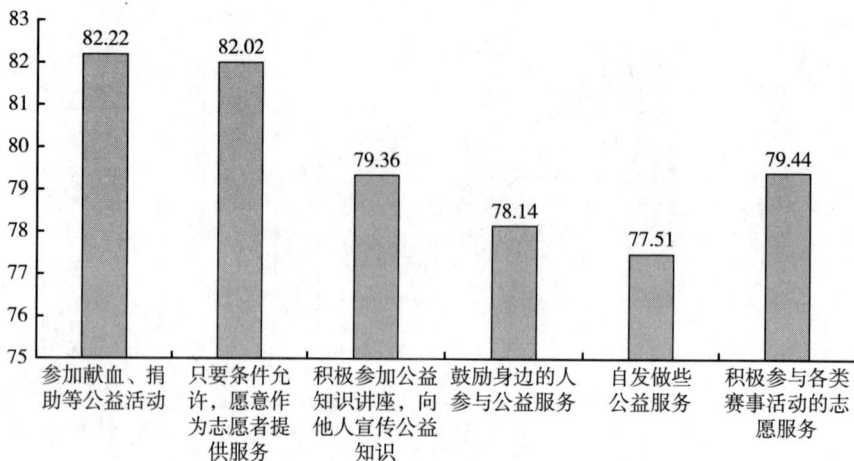

图15　2018年公益服务三级指标客评指数

他们也乐于在条件许可的情况下作为志愿者参与公益服务，贡献自己的力量。这一结果离不开杭州市近年来开展的公益服务理念的倡导和传播，以及G20杭州峰会与乌镇互联网大会等主要活动的实践驱动。然而，处于客评指数末位的"鼓励身边的人参与公益服务"和"自发做些公益服务"2个指标需要予以必要关注。其实，这两个指标都与参与公益服务有关，而且具有一定的内在关联性。一些市民对"公益"二字的理解或许过于局限，认为政府主导的大型项目并冠以公益名目等实践活动才属于公益活动，而排除了发生在身边的"助人自助""乐于助人"的义工行为，以致对参与公益服务产生理解上的偏差和行为上的不认可，最终影响了指标的统计结果。当然，参与时间受限、公益活动信息缺失，以及自身能力不足等种种因素，也会影响市民积极参与公益服务的行为选择。

（六）网络文明方面

随着智慧型城市建设的不断深入，杭州市民的网络使用率在全国处于领先水平。结合这一背景，问卷设计针对市民网络文明展开调查。网络文明指标涵盖"文明用语，不谩骂、攻击他人""不浏览或传播色情、暴力、封建迷信等不良信息""不听信或散布谣言，不传播虚假（欺诈）信息""能合理安排上网时间，不沉迷于网络""不窥探、传播他人隐私"5个三级指标。统计分析结果显示，2018年杭州市民在网络文明方面的客评指数为81.83。这一结果低于2017年的82.12和2016年的82.34，客评指数连续两年呈现下行的趋势。

具体的三级指标客评指数如下："不浏览或传播色情、暴力、封建迷信等不良信息"82.96、"不窥探、传播他人隐私"82.92、"文明用语，不谩骂、攻击他人"82.89、"不听信或散布谣言，不传播虚假（欺诈）信息"81.81、"能合理安排上网时间，不沉迷于网络"78.56（见图16）。除了最后一个指标位于"一般"的等级，其余各个指标均处于"较好"的层次。这深刻地反映了作为全国互联网最发达的城市之一，杭州市的网络文明建设和治理取得了较大的成就，从另一个侧面也折射出杭州城市公共文明良好的精神风貌和开放包容的改革姿态。

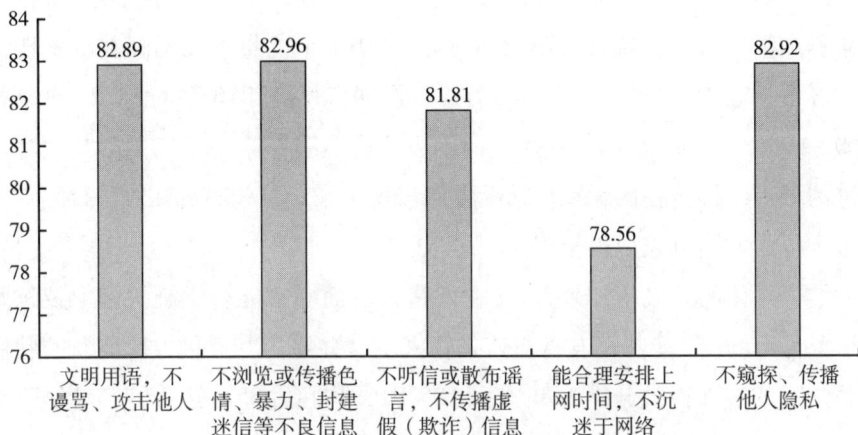

图16　2018年网络文明三级指标客评指数

然而，成绩斐然并不代表问题减少。2018年，在网络文明的5个三级指标中，除了"不窥探、传播他人隐私"的客评指数比2017年上升了0.88，其余4个指标的客评指数均出现了下降。"不浏览或传播色情、暴力、封建迷信等不良信息""文明用语，不谩骂、攻击他人""不听信或散布谣言，不传播虚假（欺诈）信息""能合理安排上网时间，不沉迷于网络"4个指标的客评指数相较于2017年分别回落了0.33、0.81、0.68和0.52。目前，借助网络平台的特点，窥视他人隐私、传播不良信息、攻击他人、散布谣言等问题已成为虚拟社会中的一大弊病。尤其是当下一些年轻人不能合理安排上网时间，常常沉迷于网络，这一结果的出现并不意外。事实上，使用网络成瘾问题，尤其是青少年网瘾是全国乃至全球共同面临的社会挑战。针对以上各种网络文明的问题，作为网络发展的领跑城市，杭州应当在网络文明建设和治理创新层面承担更多的责任，这些问题也是杭州在建设高度国际化的智慧型城市过程中必然面对的问题。

（七）国际礼仪文明方面

作为世界名城的软环境建设项目之一，国际礼仪文明的培养被杭州市提上了新的高度。因此，国际礼仪文明也是本次杭州市民公共文明指数调查的重点。该指标由7个三级指标组成，主要考察杭州市民在国际礼仪方面的文明素养和举止行为。统计分析结果显示，2018年杭州市民国际礼仪文明方面的客评指数为83.61，相较于2017年的84.21和2016年的84.24分别低0.60和0.63，但仍处于"较好"的等级。这表明作为一个向国际化大都市迈进的城市，杭州在国际礼仪文明方面表现不俗，杭州市民在对待外籍人士的举止行为方面也表现得合理妥当。

结合具体的三级指标来看，"在外籍人士面前，能自觉维护国家及杭州的形象与声誉""能热情友善对待外籍人士，并愿为其提供力所能及的帮助与服务"的客评指数分别为86.97和85.91，均超过85，达到了"较好"等级。而且这两个指标的客评指数在47个三级指标中排在前3位，表明杭州市民不仅能够在外籍人士面前展现国家与杭州美好的一面，而且愿意为他们提供必要的帮助，体现了杭州市民兼容并蓄的开放心态和真挚的爱国情怀。同时，在"不随意询问有关他人隐私问题（如年龄、家庭、收入等）"（84.38）、"尊重外籍人士的习俗禁忌"（84.04）、"参加正式涉外活动时，能着正装出席"（82.73）、"积极学习了解并遵循国际通行的礼仪规范"（81.36）等指标上也表现良好，尤其是对外籍人士的隐私和禁忌等话题能够注意回避，同时也能主动学习掌握国际礼仪规范（见图17）。这些指标的客评指数进一步表明，杭州市民已经熟悉了对外交往的国际礼仪，并注意自身的外交举止。

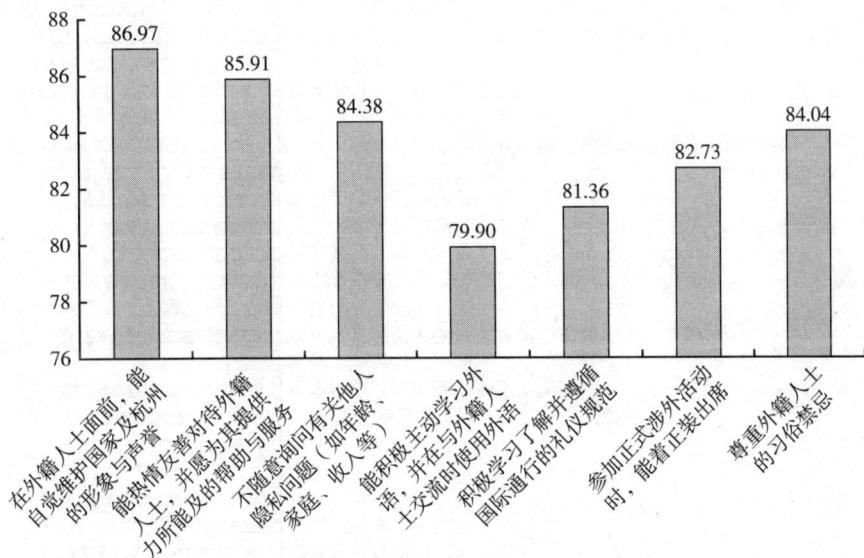

图 17　2018 年国际礼仪文明三级指标客评指数

在加强自身外语学习方面，"能积极主动学习外语，并在与外籍人士交流时使用外语"的客评指数相较于其他几个指标的客评指数略有差距，这一结果在调查组的预料范围之内。毕竟对于普通人而言，受不同因素的影响，学习和掌握一门外语有很大的难度。但从国际化大都市的建设角度来看，对于普通市民而言，应当加强对一些日常生活常用外语的学习和掌握，诸如涉及打招呼、购物、问路、旅游、乘坐公共交通等方面的内容。而对于从事涉外业务和服务的相关人士来说，外语应当成为其必备的交流工具。

（八）三级指标总体比较

以上结果是根据二级指标分类对三级指标展开的统计分析，接下来将结合 47 个三级指标的客评指数进行排序汇总分析（见图 18），以便为

项目	数值
在外籍人士面前，能自觉维护国家及杭州的形象与声誉	86.97
不在观众席向演出或比赛场地投掷杂物	86.11
能热情友善对待外籍人士，并愿为其提供力所能及的帮助与服务	85.91
在入口处，主动配合做好安检工作	85.81
不谩骂、起哄或围攻裁判员、运动员或其他工作人员	85.76
能给老、弱、病、残、孕及怀抱婴儿者让座	85.59
按时入场、退场	84.99
陌生人问路时，耐心、详细解答	84.42
与人交流时面带微笑，态度和蔼	84.42
不随意询问有关他人隐私问题（如年龄、家庭、收入等）	84.38
尊重外籍人士的习俗禁忌	84.04
乘坐地铁时有序排队上下车	84.01
观赏时，适时给予掌声鼓励	83.84
主动给予外地游客方便或帮助	83.68
乘坐公交时有序排队上下车	83.51
乘坐电梯时先出后进	83.40
不浏览或传播色情、暴力、封建迷信等不良信息	82.96
不窥探、传播他人隐私	82.92
文明用语，不谩骂、攻击他人	82.89
参加正式涉外活动时，能着正装出席	82.73
交谈时不大声喧哗	82.72
遵守"一米线"外等候的规定	82.56
不随地吐痰、便溺	82.55
在地面标示的规定区域内停车	82.25
参加献血、捐助等公益活动	82.22
只要条件允许，愿意作为志愿者提供服务	82.02
不在设有禁烟标志的公共场所抽烟	81.85
手机关机或调为静音、振动	81.85
不听信或散布谣言，不传播虚假（欺诈）信息	81.81
在影剧院内，安静观赏，不交头接耳、不随意走动	81.46
积极学习了解并遵循国际通行的礼仪规范	81.36
非机动车不闯红灯、不走机动车道	81.33
行人不乱穿马路、乱闯红灯、乱翻栏杆	81.32
共享汽车按规定停放	80.91
遛宠物时，注意把宠物拴好	80.83
打喷嚏时，有所遮掩	80.62
不乱张贴小广告、不乱涂写	80.32
不在公共场所大声喧哗	80.03
能积极主动学习外语，并在与外籍人士交流时使用外语	79.90
积极参与各类赛事活动的志愿服务	79.44
积极参加公益知识讲座，向他人宣传公益知识	79.36
垃圾分类投放	78.66
能合理安排上网时间，不沉迷于网络	78.56
共享单车按规定停放	78.30
鼓励身边的人参与公益服务	78.14
遛宠物时，主动清理其排泄物	78.01
自发做些公益服务	77.51

图 18　2018 年三级指标客评指数

下一年的工作提供指导。根据 47 个三级指标客评指数排名，2018 年客评指数较高的 10 项公共文明行为主要与遵守文明规则、友善对待他人相关（见图 19）。

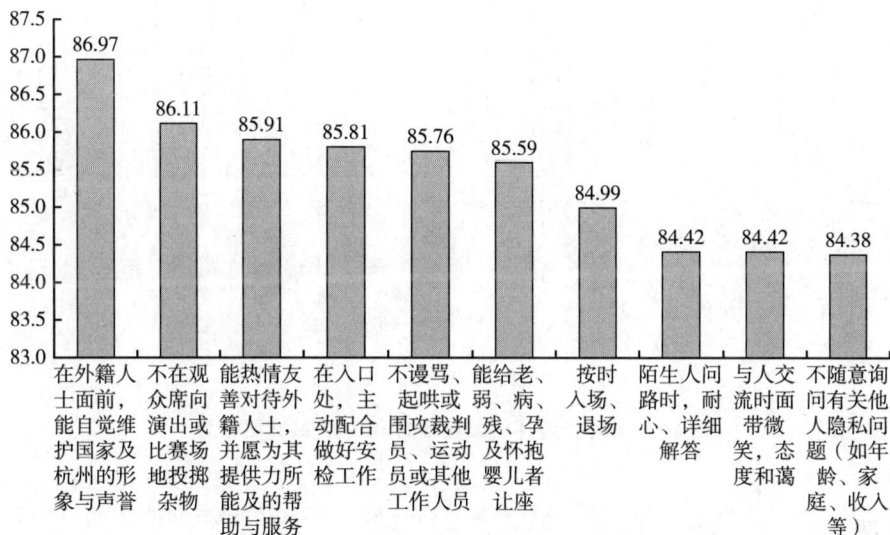

图 19　2018 年客评指数较高的 10 项公共文明行为

2018 年客评指数较低的 10 项公共文明行为主要涉及公益服务、公共卫生、公共秩序等方面，基本上与市民的自我要求、自我约束有关（见图 20）。具体而言，一些市民在清理宠物排泄物、垃圾分类投放、共享单车停放等方面问题较多，而且在公益事业的志愿服务方面也需要加强宣传与引导。这些数据结果所呈现的问题，是杭州市公共文明建设需要着力解决的重点问题。

四　2018年不同群体样本指标交叉分析

为了有针对性地开展城市公共文明建设，课题组对受访者群体的不同类型，包括性别、年龄、学历、政治面貌、户籍类型和在杭居住年限等展开二

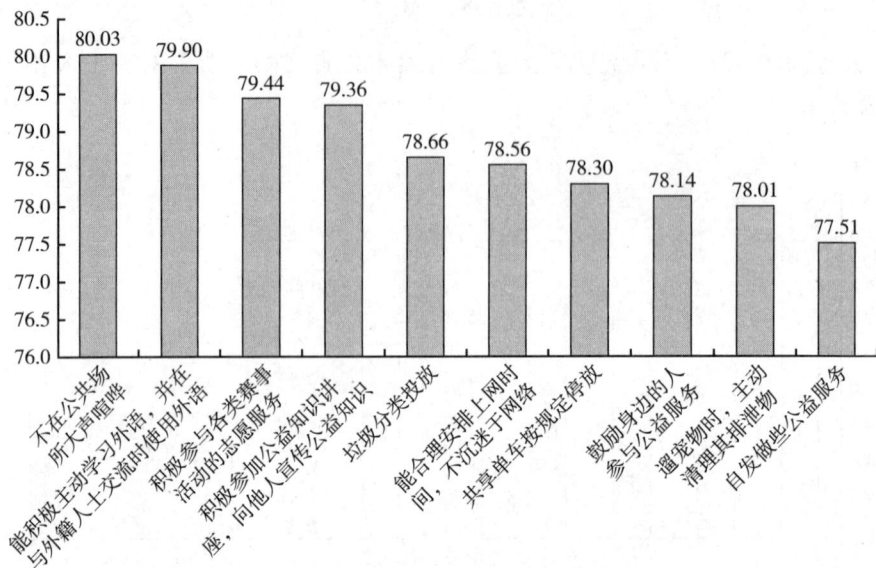

图20　2018 年客评指数较低的 10 项公共文明行为

级指标的交叉分析，并结合客评指数进行比较，关注不同类型群体的行为差异，以期为后续的公共文明建设提供必要的实证支撑与目标靶向。

（一）不同性别群体样本的比较分析

对不同性别群体样本的比较分析，可以为后续政策的实施提供依据。统计结果显示，2018 年杭州市民公共文明客评指数中，男性的客评指数为82.75，比女性（81.73）高出 1.02。从各项二级指标的客评指数来看，男性的客评指数均高于女性（见图21）。

从三级指标看，女性有 13 个指标的客评指数比男性高（见图22）。例如，在国际礼仪文明方面的 7 个三级指标中，女性的客评指数均高于男性。这说明在对外形象和交往方面，女性比男性更加注重礼仪。在公共观赏方面的"观赏时，适时给予掌声鼓励""不谩骂、起哄或围攻裁判员、运动员或其他工作人员""不在观众席向演出或比赛场地投掷杂物" 3 个三级指标和网络文明方面的"不浏览或传播色情、暴力、封建迷信等不良信息""不窥探、传播他人隐

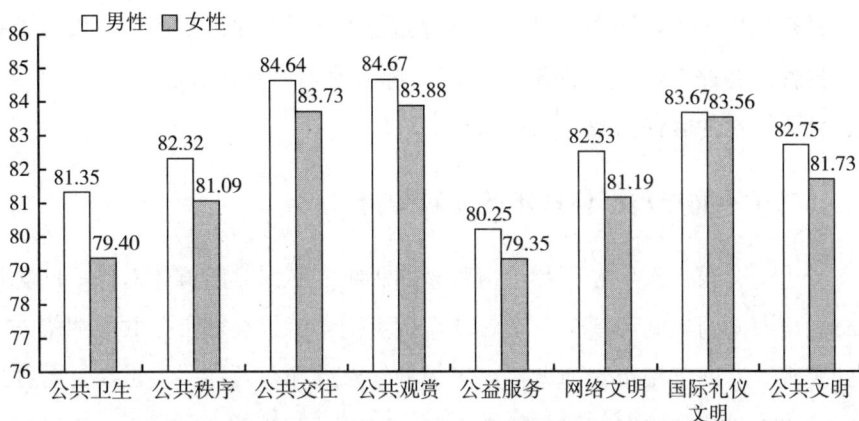

图21　2018年不同性别群体公共文明客评指数及二级指标客评指数比较

私" 2个指标中，女性均比男性更加注意举止的自律性。相反，根据数据统计结果，在公共卫生、公共秩序（除"在地面标示的规定区域内停车"）、公共交往、

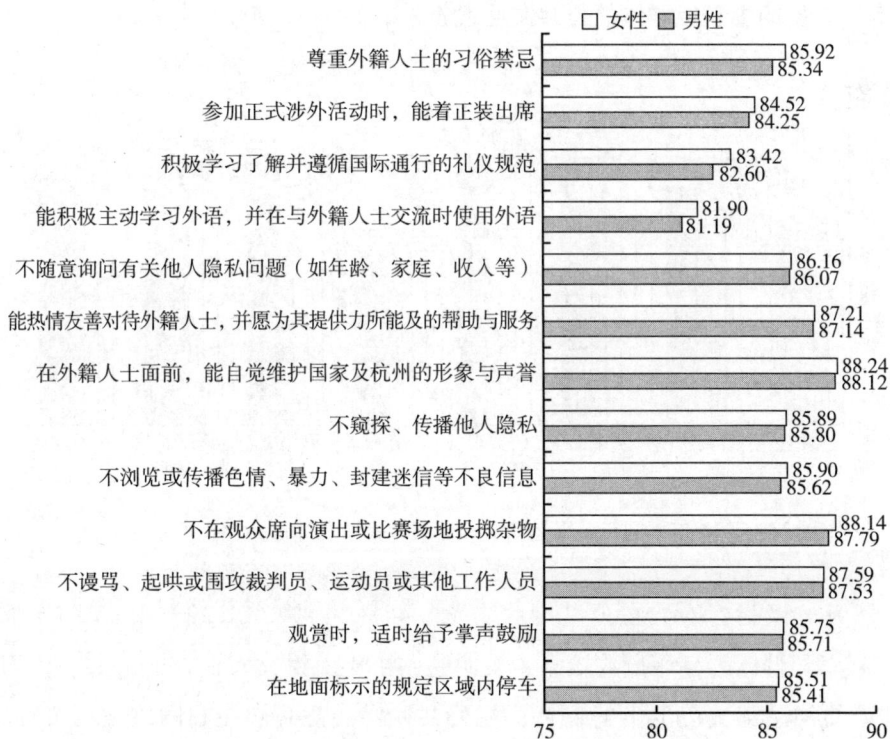

图22　2018年三级指标中女性客评指数高于男性的指标

公益服务方面的三级指标中，男性的客评指数均高于女性，尤其是垃圾分类投放，男性的客评指数比女性高出2.31。综合来看，在城市公共文明素养方面，杭州男性的客评指数比女性略高。

（二）不同年龄群体样本的比较分析

受出生背景、人生经历和价值观念的影响，不同年龄群体对同一问题往往会做出不同的判断和评价。了解和掌握不同年龄组在城市公共文明素养方面的表现，有助于城市管理者提高工作的针对性和实效性。根据统计数据结果，杭州市民公共文明客评指数中，55～64岁、16～24岁和45～54岁群体的客评指数排名较靠前，分别为82.99、82.78和82.49；而65岁及以上（82.02）、35～44岁（81.85）和25～34岁（81.83）群体的客评指数排名则较靠后（见图23）。总的来说，16～24岁的青少年群体与45～54岁、55～64岁的中老年群体的公共文明素养较高。

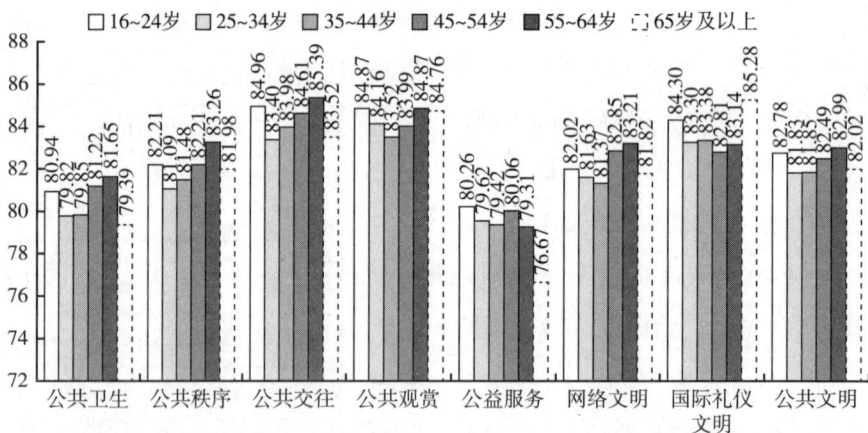

图23　2018年不同年龄群体公共文明客评指数及二级指标客评指数比较

从二级指标看，在公共卫生方面，45～54岁（81.22）和55～64岁（81.65）群体的客评指数较高，表明这两个年龄组具有良好的公共卫生习惯，更加注意城市卫生的保持。在公共秩序、公共交往和网络文明方面，16～24岁、45～54岁和55～64岁群体相较于其他群体而言，客评指数较高，排名较靠前。在公共观赏方面，16~24岁、55~64岁和65岁及以上群体的客评指数较高，排名在其他年龄群体之前。在公益服务方面，16~24岁和45~54岁群体的客评指数较高。在国际礼仪文明方面，16~24岁和65岁及以上群体的客评指数较高，表明这两个群体在对待外籍人士的态度上相对积极和热情，在行为举止上更加得体。

（三）不同学历群体样本的比较分析

学历在一定程度上代表着对人类文明知识的了解与掌握程度，不同学历群体对城市公共文明的认识、领会和践行存在差异。课题组根据不同学历设计了这部分的问卷，以期考察不同学历群体的城市公共文明素养情况。调查统计数据显示，关于杭州市民公共文明客评指数，小学及以下（83.60）学历群体处于最高水平，其余依次为初中（82.52）、大专（82.18）、本科（82.18）、高中/中专（82.09）和研究生及以上（81.89）学历群体。该客评指数表明，学历与公共文明素养水平并非呈正相关关系，即样本群体的学历越高，不代表其公共文明素养水平就越高；而学历低的样本群体，其公共文明素养水平不一定就低。

从具体的二级指标看，在公共卫生、公共秩序、公共交往、公共观赏、公益服务、网络文明以及国际礼仪文明七个方面，除了国际礼仪文明之外，小学及以下学历群体的客评指数均超过了其他学历群体。初中学历群体在七个方面的客评指数均处于中游水平。大专和本科学历群体在七个方面的客评指数不相上下。值得注意的是，高中/中专学历群体在七个方面均处于落后水平。而研究生及以上学历群体在七个方面的表现也相对一般，客评指数并没有预期得那么高（见图24）。由此可见，在城市公共文明培养与创建工作中，相关部门不能有唯学历是瞻的刻板思维。

（四）不同政治面貌群体样本的比较分析

政治面貌是一个人所属的政治派别，代表了个体的政治身份和价值倾向。不同政治面貌群体所展现的道德情操、理想信念和文明举止等存在一定

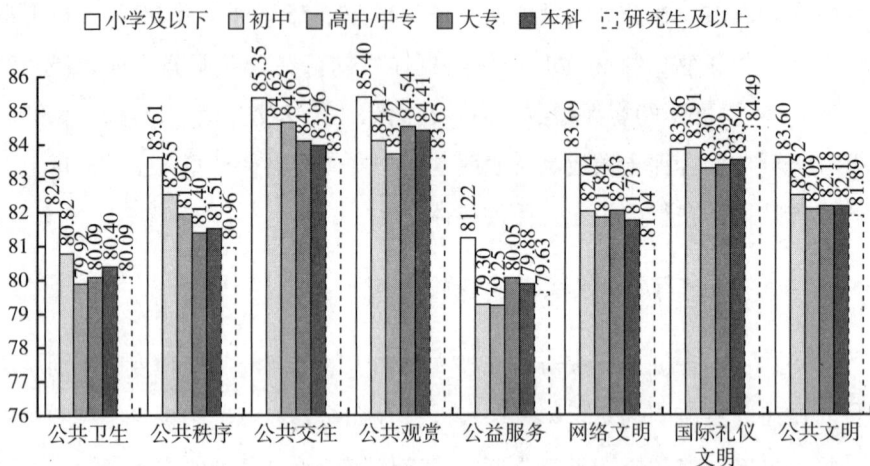

图 24　2018 年不同学历群体公共文明客评指数及二级指标客评指数比较

的差别。统计数据显示，就本次城市公共文明指数调查而言，在群众、共青团员、中共党员和民主党派四个群体中，公共文明客评指数最高的群体是共青团员（82.63），接下来依次为民主党派（82.45）、中共党员（82.37）和群众（81.91）。在具体的二级指标中，中共党员群体在网络文明方面的客评指数呈现较高水平，达到 82.78，在其他方面均处于中游水平。相比之下，民主党派群体在公共卫生、公共交往方面的客评指数处于第一位，但在公共观赏和网络文明方面的客评指数则处于末位。对于作为接班人的共青团员群体而言，在公共秩序、国际礼仪文明方面的客评指数处于首位。相比之下，群众群体在各项二级指标中的客评指数均不占优势，处于较低的水平（见图 25）。因此，在城市公共文明建设过程中，相关部门应有针对性地对不同群体进行宣传、教育与引导。

（五）不同户籍类型和在杭居住年限群体样本的比较分析

户籍类型是个体作为国家公民资格和身份的分类。居住年限代表了个体在该地区的居住时间，是个体产生地方认同感的必要条件。户籍类型和居住年限在地域空间上具有一定的相容性，因而课题组将两者合并进行讨论，以展现不同户籍类型和在杭居住年限群体在城市公共文明素养方面的客观表

图例:□ 群众　▨ 共青团员　▨ 中共党员　■ 民主党派

	公共卫生	公共秩序	公共交往	公共观赏	公益服务	网络文明	国际礼仪	公共文明文明
群众	79.91	81.37	83.75	84.30	79.20	81.43	83.46	81.91
共青团员	80.75	82.12	84.78	84.26	80.69	82.07	83.95	82.63
中共党员	80.67	81.82	84.23	84.29	79.73	82.78	83.43	82.37
民主党派	82.32	81.62	84.98	82.75	81.46	80.63	83.94	82.45

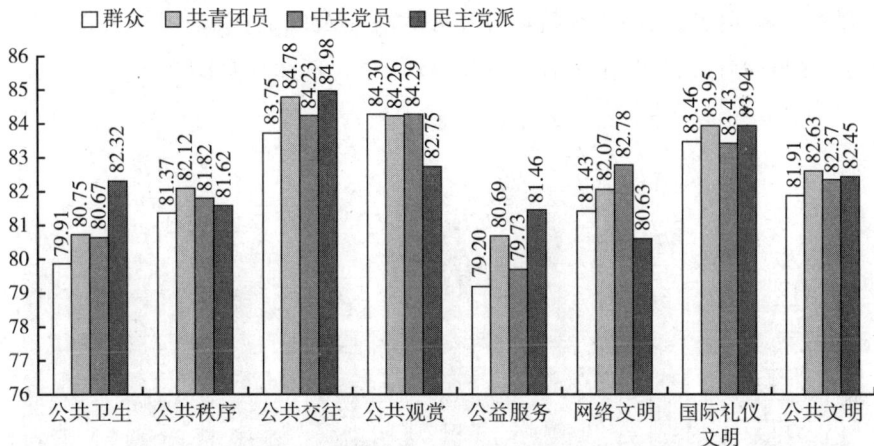

图25　2018年不同政治面貌群体公共文明客评指数及二级指标客评指数比较

现。不同户籍类型群体的公共文明客评指数显示，杭州城镇户籍（82.63）群体的客评指数高于杭州农村户籍（82.46）群体，杭州农村户籍群体的客评指数高于外地城镇户籍（82.16）群体，也高于外地农村户籍（81.39）群体（见图26）。

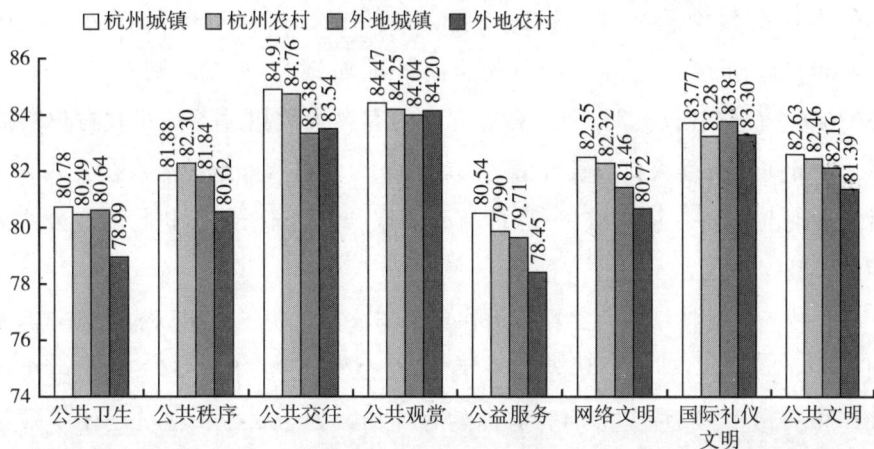

图例:□ 杭州城镇　▨ 杭州农村　▨ 外地城镇　■ 外地农村

	公共卫生	公共秩序	公共交往	公共观赏	公益服务	网络文明	国际礼仪	公共文明文明
杭州城镇	80.78	81.88	84.91	84.47	80.54	82.55	83.77	82.63
杭州农村	80.49	82.30	84.76	84.25	79.90	82.32	83.28	82.46
外地城镇	80.64	81.84	83.38	84.04	79.71	81.46	83.81	82.16
外地农村	78.99	80.62	83.54	84.20	78.45	80.72	83.30	81.39

图26　2018年不同户籍类型群体公共文明客评指数及二级指标客评指数比较

从在杭居住年限看，在杭居住年限为11～20年（82.91）群体的公共文明客评指数高于21年及以上（82.41）群体，在杭居住年限为21年及以上群体的客评指数又高于在杭居住年限为 5 年及以下（82.00）群体，处在最末位的是在杭居住年限为 6 ~ 10 年（81.57）群体（见图27）。

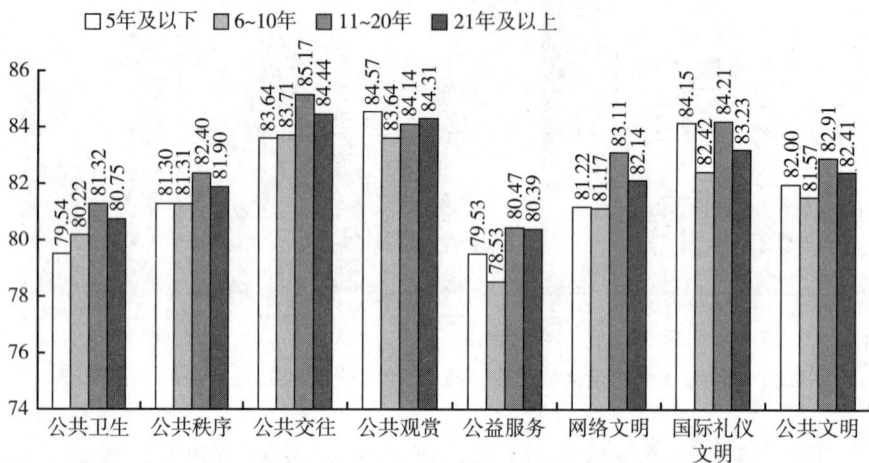

图27　2018 年不同在杭居住年限群体公共文明客评指数及二级指标客评指数比较

　　结合二级指标看，杭州城镇户籍群体在公共卫生（80.78）、公共交往（84.91）、公共观赏（84.47）、公益服务（80.54）、网络文明（82.55）方面的客评指数均居首位。相比之下，杭州农村户籍群体只在公共秩序（82.30）方面的客评指数居首位。而外地城镇户籍群体则在公共卫生（80.64）、国际礼仪文明（83.81）方面的客评指数超过了杭州农村户籍群体。由此可见，受人口成长环境的影响，来自农村和外地的人口在公共文明行为表现上处于一定的劣势，因此有必要重点对这部分人群进行城市公共文明的普及工作。

　　相较于户籍类型而言，在杭居住年限与公共文明二级指标的交叉分析表明，在杭居住年限为 5 年及以下群体在公共卫生（79.54）、公共秩序（81.30）、公共交往（83.64）方面的客评指数处于末位，在杭居住年限为 6 ~ 10 年群体在公共观赏（83.64）、公益服务（78.53）、网络文明（81.17）、国际礼仪文明（82.42）方面的客评指数处于末位。相比之下，在杭居住年限为 11 ~ 20 年群体在公共卫生（81.32）、公共秩序（82.40）、公共交往（85.17）、公益服务（80.47）、网络文明（83.11）和国际礼仪文明

（84.21）六个方面的客评指数均处于首位，而在杭居住年限为21年及以上群体在各个方面的客评指数始终处在中游偏上水平。

综观不同户籍类型和在杭居住年限群体样本交叉分析，课题组认为外地农村户籍和在杭居住年限为10年之内的群体在本次调查中的表现不是特别理想。因此，在后续的公共文明建设工作中，这部分群体的公共文明素养仍需要持续关注。

五　基本结论与对策建议

（一）基本结论

公共文明是现代城市生活的显著特征之一，体现了市民在公共场所所呈现的精神面貌和行为举止。作为衡量一座城市文明水平的基本方法，公共文明指标的测评不仅有助于提升杭州城市综合文明水平，而且有助于推动杭州公共文明环境的创建。

1. 问卷调查数据结果总结

2018年的调查问卷包括7个二级指标和47个三级指标。除少数指标做了调整之外，基本与往年的问卷一致。问卷内容覆盖公共卫生、公共秩序、公共交往、公共观赏、公益服务、网络文明和国际礼仪文明等方面，全面深入地对城市公共文明做出测评。此次调查覆盖杭州市十城区，受访对象为16岁及以上的杭州居民。共发放问卷4500份，回收问卷4312份，问卷回收率和问卷有效率分别为95.8%和100%。

根据统计结果，公共卫生、公共秩序方面的客评指数连续几年表现突出，公益服务方面的客评指数较2017年有明显的提升。值得注意的是，公共交往、公共观赏、网络文明和国际礼仪文明方面的客评指数略有回落，但仍保持在"较好"的等级范围之内。三级指标客评指数总体较为平稳。在47个三级指标中，有38个指标的客评指数高于80，达到了"较好"的等级水准，占全部指标的80.9%。但仍有9个指标的客评指数为77~80，这些指标主要包括"自发做些公益服务""遛宠物时，主动清理其排泄物""共享单车按规定停放""能积极主动学习外语，并在与外籍人士交流时使用外语"等。尽管如此，分析结果仍显示，公共场所中的各种不文明现象得到了进一步的改善，如"垃圾分类投放""遛宠物时，主动清理其排泄物""自发做些公益服务"等。

总体而言，2018年杭州市民的绝大多数文明习惯和素养得以继续保持，少数不文明举止逐步得到了遏制。杭州市民公共文明客评指数达到了"较好"的等级层次，并有望保持继续上升的良好态势。

2. 各级指标客评指数所反映的问题

通过各级指标呈现的客评指数，并结合现场观测与群众座谈会，课题组认为，尽管有相当数量的公共文明指标的客评指数逐年提高，市民的公共文明行为正在得到改善，但是仍存在一些问题，主要表现在公共卫生、公共秩序、公益服务等方面。

公共卫生方面。尽管垃圾分类已经成为杭州市民的共识，但仍旧没有养成垃圾分类的习惯，常常将垃圾随便丢弃。同时，市民在遛宠物时，往往不注意主动清理其排泄物，在一定程度上对城市环境造成了破坏，影响了整个市容市貌。

公共秩序方面。公共秩序方面比较突出的问题是共享单车的停放存在混乱无序的现象。事实上，共享单车在杭州市的全面普及，的确给市民的出行带来了极大的便利。然而，使用共享单车者随意停放，致使城市的街道、小区等显得杂乱无序。

公益服务方面。"自发做些公益服务""鼓励身边的人参与公益服务""积极参加公益知识讲座，向他人宣传公益知识""积极参与各类赛事活动的志愿服务"等指标的客评指数相对较低。这在一定程度上表明杭州市民对公益服务的参与没有达到预期的状态，需要在志愿者文化和精神普及方面给予更多的投入、宣传和引导。

随着杭州城市品位的不断提升，越来越多的外来人口来到杭州旅游、工作、学习和生活。在社会交往与融入过程中，他们的行为举止往往与城市公共文明存在一定差距，需要进行有效的规范和引导。同时，要积极培养他们对杭州这座城市的认同感，让他们与杭州市民共同肩负起维护城市公共文明的重任。

（二）对策建议

1. 加强宣传普及，增强市民维护城市文明的自觉性

当前杭州正在加速推进城市化，利益格局深刻变动，社会结构深刻调整，社会流动加快，城市环境、交通压力增大。在这一背景下，普及公共文明礼仪知识，特别是《杭州市文明行为促进条例》，显得尤为重要。市民在很多时候做出不符合社会和公众预期的文明行为，是因为不了解文明城市创建的基本内容，对相关制度规定不甚清楚，因此应加强宣传教育。要创新宣传普及形式，不能仅仅停留在传统的说教以及口号式的宣传上，要以真实、贴切、简单、幽默的方式打造一个文明引导视觉化的空间场域，使市民在视听愉悦中自觉接受文明的教化，反思不文明行为与问题，最终实现广大市民对不文明行为的认知和判断，坚决抵制不文明行为，积极宣传市民公共文明行为，形成一个公共文明的良好空间场域。

发挥道德"润物无声"的感染作用。运用各种网络新媒体，加大典型宣传引导和负面典型曝光力度，开展丰富多彩的道德教育宣传和实践活动，倡导"奉献、友爱、互助、进步"的时代新风尚，引导青少年提升思想道德品质，将参与感转化为社会责任感，成为时代先锋。加强对"最美杭州人""杭州好人""美德少年"等品牌的宣传推广，扩大示范作用。

2. 促进志愿服务发展，培养市民的公共精神和公益意识

行胜于言，参加公益服务最能反映一个人的文明程度和文明素质。在现代城市社会中，志愿精神、志愿服务等公益行为最能体现公共精神和公共参与。2016年G20杭州峰会期间，"小青荷"志愿者、"武林大妈"等社会群体让人印象深刻。我们应该认真总结这些好的经验和做法，在全社会倡导公益精神和公益行为，关键是要建设好现代社会组织体系和完善现代社区治理体制。

现代社会组织属于社会第三部门，不同于权力主导的政府科层系统，也不同于资本主导的市场企业，是人们基于共同的利益、兴趣爱好、新社会价值等自愿结成的社会联合体，强调非营利性和公益性。在此意义上，现代社会组织所依赖的并非熟人社会，而是个体的新的社会关系形态。绝大多数社会组织以追求社会公益和社会福利为目标，个体认同组织目标并参与其中，本身就能够弘扬志愿服务精神，提升公共文明行为。尤为重要的是，个体通过参与社会组织能够加强与陌生人的互动，扩大自己的生活半径，在实践中逐渐形成具有普遍约束力的规范，即普遍主义规则。

作为沿海发达地区，近年来杭州社会组织取得了长足进步，为市民参与城市社会治理和服务提供了重要的中介力量。但是，社会组织的良好发展业态还没有完全形成。可以说，下一步的关键在于社会组织发展要实现从注重数量规模向注重提质增效转变。一方面，要增强社会组织的独立性和自主性，引导贴近基层社会，做好监督管理，减少过程干预；另一方面，要分门别类地制定扶持政策，形成政府部门、枢纽型社会组织和其他直接提供服务类社会组织之间的良性互动关系，形成完整的社会组织产业链条。

当前杭州正在按照中央和省委、市委决策部署，按照"去四化""增三性"的要求深化群团改革，工、青、妇等群团组织要充分激活原有组织体系网络，通过加大购买社会组织服务力度，为"草根"社会组织提供资金、人才、管理、技术等方面的服务和支持，成为"草根"社会组织的"娘家"。

单位制解体之后，社区成为城市居民新的生活重心。如何动员广大社区居民参与社区治理、构建社区秩序、提供社区公共产品是当前需要迫切关注的问题。在行政资源和社会资源逐渐下沉到社区的大背景下，关键在于激活社区力量，弥补行政手段的不足。

一是要通过举办社区文体活动构建新型邻里关系和吸纳社会资本。在社区一般存在居民固定参与其中的文娱活动，居委会、物业和业委会要充分发挥作用，给予这些活动资金、场地、组织等多方面的帮助。通过频繁的互动，社区居民形成了新的共同体（邻里空间），增强了居民之间的信任和对社区的归属感，进而就会乐于自发参与社区管理和公益服务。

二是要通过自然人、法人和其他组织捐赠的财产组建社区基金会，为社区管理和服务提供资源，以增强社区活动的可持续性。社区基金主要用于资助公益项目、发展社区教育、培育社区组织、优化社区服务、倡导社区成员参与社会治理。

三是要以社区为本，引入专业社会工作人才，构建具有杭州地域特色的社区社会工作模式。社会善治离不开社区、社会组织与社工的联动发展。社会工作作为一种助人自助的职业已经得到认可并广泛推广，现在很多社区都有标配的社区工作者。与个案工作、团体工作相比，社区工作是更加适合中国国情的社会工作专业方法。弱势群体在更多时候会内求于自己的关系网络，很少会主动向专业社会工作机构、社会组织和政府提出诉求。这就要求在人的生活重心由单位转入社区之后，社会工作者要以社区为本，在充分了解社区生态的基础上，发现居民需求，进而灵活地将团体社会工作和个案社会工作引入进来。社区—团体—个人，或许是专业社会工作本土化的基本路径。

四是要发挥社区积极分子的带头引领作用。能人治理是中国社会治理的一大特色，他们乐善好施，不计个人得失，把帮助别人和追求社会福利最大化作为人生乐趣。在乡村振兴大背景下，社会各界越来越认识到乡贤在农村社区治理和发展中的重要作用。同样，在城市社区也有积极分子。他们热衷于公益事业，关心社区发展，是真善美的虔诚信仰者和实践者，具有很强的感染力和引领力，往往能够起到带动作用。要充分调动他们参与社区管理和服务的积极性，将其打造成社区的志愿者品牌。

3. 加强监督管理，强化市民文明的硬性约束

文明靠市民自觉，更要靠道德引领和法治规范。坚持依法治国和以德治国相结合，既要以法治承载道德理念，又要将实践中广泛认同、较为成熟、可操作性强的道德要求及时上升为法律规范，将文明言行举止纳入法治化轨道，引导全社会崇德向善，顺势成为新时代抓好精神文明建设，涵盖教育引导、实践养成、制度保障，将社会主义核心价值观融入社会发展各方面，并

引导全体人民自觉践行的"立柱架梁"之举。

作为浙江省首次将文明行为规范列入地方性法规的探索，《杭州市文明行为促进条例》因在 G20 杭州峰会召开之际实施而备受瞩目。该条例共 8 章 40 条，立足杭州现代化城市建设实际，既提出了非常具体的市民文明行为基本规范（如不随地吐痰、主动让座、使用楼梯与自动扶梯时靠右侧上下、不在城市公共交通工具内饮食等），又建立健全了鼓励、表彰文明行为长效机制（如对于无偿献血、捐献器官的行为，给予其本人、亲属在医疗救助方面的优先优惠待遇）与创新不文明行为处罚机制（如将有关处罚决定作为当事人个人信用信息予以记录），等等。这些方面的规定必将有力地促进杭州市民文明素养的提升和推动文明城市的创建。

法规制度的生命力在于执行，贯彻执行法规制度关键在于真抓，靠的是严管。因此，当前要让《杭州市文明行为促进条例》的力量充分释放、落细落实，常态性评估乃至诊断该条例在各级各部门的执行情况至关重要。唯此，方能立治有体、施治有序，提升法规制度的整体效应。

4. 抓住重点区域，完善公共设施，助推提升公共文明水平

从现场观测情况来看，市民公共文明行为与观测场所、公共设施完善程度具有密切的相关性。市民不文明行为的发生与城市基础设施不完善、公共设施缺失、规划设计不够人性化、城市管理粗放有关。要在医院、地铁、公交站、交通路口、农贸市场等主要公共场所加强志愿引导和监督管理，设立警示牌，制定相关条例和制度，将不文明行为消灭在萌芽状态。要定期组织公安、质检、卫生、消防、工商、文化等部门的志愿者现场讲解疾病与陋习、文明与健康、安全与文明驾乘、网络文明与心理健康等知识并开展便民活动。

要在人流密集的场所提高公共设施设置的科学性、合理性，使公共设施的设置更人性化，这样有助于市民遵守公共秩序，促成公共文明水平的整体提升。

2018年杭州市民公共文明指数调查外籍人士评价报告

　　把杭州建设成为世界名城，是习近平总书记对杭州的殷切期望，也是杭州城市发展的内在要求。为建设世界名城，提升城市国际化水平、城市竞争力和影响力，2016 年 7 月，中共杭州市委在十一届十一次全会上审议通过了《关于全面提升杭州城市国际化水平的若干意见》，提出杭州面对举办 2016 年 G20 峰会和 2022 年亚运会等重大机遇，杭州城市国际化发展进入重要"窗口期"，明确树立了全面提升杭州城市国际化水平"三步走"的目标；着力打造具有全球影响力的"互联网＋"创新创业中心、国际会议目的地城市、国际重要的旅游休闲中心、东方文化国际交流重要城市等。在这一系列举措的推动下，杭州城市国际化建设取得了巨大的成绩。2016 年 9 月，G20 杭州峰会的成功召开，使得杭州成为举世瞩目的城市，越来越多的国际友人开始了解杭州、关注杭州、喜欢杭州、住在杭州。2018 年 12 月，第 14 届世界短池游泳锦标赛在杭州开幕，人们再一次把目光集中到杭州，杭州的国际影响力不断提升。

　　为了进一步推进杭州城市的国际化发展，浙江省第十三届人民代表大会常务委员会第三次会议于 2018 年 5 月 31 日批准了《杭州市城市国际化促进条例》（以下简称《条例》），这是杭州实施城市国际化的重要战略部署。《条例》明确提出城市国际化的目标是，发挥和增强创新活力之城、历史文化名城、生态文明之都、东方品质之城的优势，建设具有全球影响力的"互联网＋"创新创业中心、国际会议目的地城市、国际重要的旅游休闲中心、东方文化国际交流重要城市，形成一流生态宜居环境、亚太地区重要国际门户枢纽、现代城市治理体系、区域协同发展新格局。《条例》还规定每年的 9 月 5 日为 "杭州国际日"。在向国际化城市迈进过程中,市民公共文明素养的提升是一个不可忽视的任务,市民公共文明素养中国际意识的增强是城市国际化建设的重要组成部分。

在新一轮城市国际化的推进过程中,政府层面大力支持,按照《条例》要求,杭州专门设立了城市国际化推进工作委员会,推动城市国际化有序发展。杭州的国际化建设,如承接重大国际会议、举办国际博览会、承办重大国际体育赛事等,均需要杭州市民的积极支持、参与和配合,杭州要提升知名度、成为世界名城,市民也需遵守现代公共文明的普遍性规则。因此,杭州市民公共文明素养的提升是杭州城市国际化建设的重要内容。杭州市民的文明状况,直接影响着杭州呈现在世界人民面前的风貌,是杭州融入世界的关键因素。

随着杭州文明程度的提升和城市国际化建设的不断推进,越来越多的外籍人士来到杭州、喜欢上杭州、居住在杭州。这些生活在杭州的外籍人士来自世界各地,有着不同的文化背景和风俗习惯,部分人群有着国际化的视野和独特的个人感受,相较于杭州市民来说,他们像一面镜子,折射出杭州在国际化推进过程中的成绩和不足。考察外籍人士如何看待杭州市民公共文明素养的状况,有助于我们从外部检视杭州市民在公共文明方面的优势与不足。考察外籍人士在杭州的表现,一方面能够使其发挥示范引领的作用,成为杭州迈向国际化的有力助推器;另一方面能够从侧面反映杭州在公共文明行为方面所形成的习惯、文化,甚至制度的建设工作是否到位。另外,G20 杭州峰会的成功举办为杭州提供了向全世界展示自己独特文化的机会,也激发了杭州向国际化都市迈进的雄心。2018 年 12 月,第 14 届世界短池游泳锦标赛的成功举办,更好地检验了杭州在举办国际赛事方面的能力和经验,进一步向世界展示了杭州的城市名片。通过问卷采集外籍人士的想法,可以深层次地了解杭州与世界一流国际化大都市的真实差距和存在的优势,从而加以改善和发扬,向真正的国际化大都市迈进,打造独特韵味、别样精彩的世界名城。

一 样本情况分析

课题组面向在杭居住半年以上的外籍人士发放问卷 500 份，回收问卷 500 份，全部为有效问卷，问卷回收率和问卷有效率均为 100%。问卷调查的对象来自埃塞俄比亚、澳大利亚、德国、俄罗斯、刚果（金）、韩国、加拿大、加纳、美国、日本、坦桑尼亚、乌干达、乌兹别克斯坦、印度尼西亚、英国、赞比亚、津巴布韦、法国、新加坡、斯里兰卡、泰国、西班牙、意大利、印度、瑞士等 63 个国家和地区，其中在杭居住年限为 0.5～1 年（含）的占比为 42.00%，1～3 年（含）的占比为 30.60%，3～5 年（含）的占比为 17.80%，5～10 年（含）的占比为 5.00%，10 年以上的占比为 4.60%（见表 1 和图 1）。此次问卷调查的对象以在杭高校外国留学生以及在杭任教的外籍教师为主体，以在杭从事其他工作的外籍人士以及一些外籍游客为补充。此次问卷调查的单位主要有浙江大学、浙江科技学院、杭州师范大学、浙江外国语学院、浙江工业大学等高校，还有新东方语言培训学校和一些外资企业。在开展问卷调查的同时，课题组于 2018 年 12 月邀请了长期在杭州生活的来自古巴、美国、澳大利亚等国家的外籍教师，在浙江科技学院对他们进行了有针对性的面对面访谈调查。访谈的主要内容是根据他们平时观测的结果，对自身和杭州市民在公共卫生、公共秩序、公共交往、公共观赏、公益服务、网络文明、国际礼仪文明七个方面的公共文明行为表现进行评价。同时，针对杭州市民公共文明方面存在的问题，请其提出相应的改进方案和对策建议。基于对上述 500 份问卷的统计分析以及与外籍人士的一对一访谈，课题组形成了此调查报告。

表1 外籍人士在杭居住年限分布情况

单位：份，%

居住年限	问卷数	占比	居住年限	问卷数	占比
0.5～1 年（含）	210	42.00	5～10 年（含）	25	5.00
1～3 年（含）	153	30.60	10 年以上	23	4.60
3～5 年（含）	89	17.80	合计	500	100

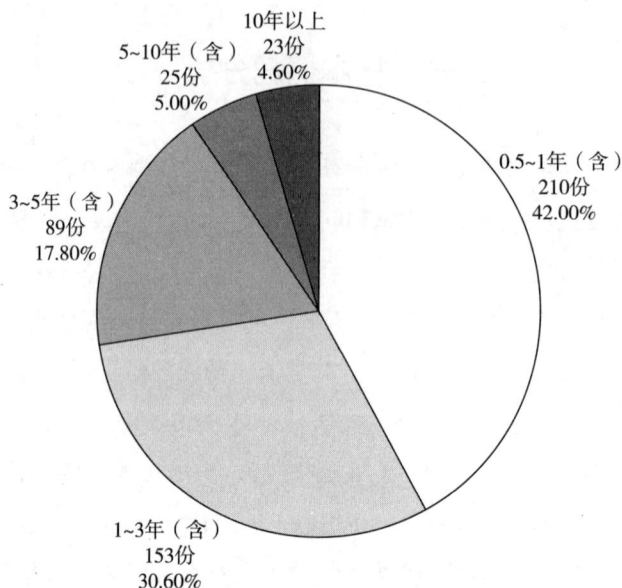

图1　外籍人士在杭居住年限分布情况

二　外籍人士2018年与2014~2017年的评价指数比较

（一）一级指标

外籍人士对杭州市民公共文明行为的评价情况由综合评价指数来反映。综合评价指数由客评指数和主评指数构成，其中客评指数占综合评价指数的60%，主评指数占综合评价指数的40%。客评指数由外籍人士对他人在公共文明行为方面的评价构成，主评指数由外籍人士对自身在公共文明行为方面的评价构成。数据统计显示，2018年外籍人士对杭州市民公共文明行为的综合评价指数为73.97，比2017年的84.56下降了10.59（见表2、表3）。由此可见，在过去的一年里，外籍人士对自身以及杭州市民的公共文明水平都持肯定态度，但评分有所下滑，这从侧面反映出2018年杭州市民以及外籍人士的公共文明水平与2017年、2016年相比有一定幅度的下降。其中，外籍人士对杭州市民公共文明行为的客评指数下降较多，由 2016 年的 84.33 下降到 2017 年的 82.28，继而下降到 2018 年的 70.07，2018 年分别比 2016 年和 2017 年下降了 14.26 和 12.21。这说明在外籍人士看来，2018 年杭州市民公共文明水平比 2017 年、2016 年有一定幅度下降。这或许与 2016 年 G20 杭州峰会的召开有关，杭州市民积极支持这一盛会，并在公共行为方面约束自我，展现文明形象。而在 2017 年、2018 年，这种自我约束有所放松，这种现象应引起注意，促使有关部门思考建立提升市民公共文明水平的长效机制。这是一个较为显著的原因，具体原因仍需进一步调查。但总的来说，2018 年公共文明综合评价指数与 2015 年基本持平，与 2014 年相比仍有较大幅度提升。从 2014~2018 年的整体趋势来看，杭州市民公共文明综合评价指数在上升中有波动，2018 年有一定幅度的下降。这说明 G20 杭州峰会前后杭州市委、市政府的重视，以及杭州市文明办的倡导，使峰会期间的治理措施对杭州市民公共文明行为产生了显著的影响，并且对外籍人士也产生了积极的引导作用。2018 年杭州市民公共文明主评指数和客评指数有一定幅度下降，说明市民公共文明素养的提升不是一个简单的直线上升过程，其间会有波动，需要政府在公共文明行为规范方面加以引导，同时市民也要持续不断地学习和践行文明行为，不能因为公共文明素养一时提高了就放松对自我的约束。

表2　2014~2018 年外籍人士对公共文明一级指标评价指数对比

指数	2014 年	2015 年	2016 年	2017 年	2018 年
客评指数	65.34	70.56	84.33	82.28	70.07
主评指数	82.75	80.49	85.49	87.98	79.81
综合评价指数	72.26	74.53	84.79	84.56	73.97

表3　2014~2018 年外籍人士对公共文明一级指标评价指数差值比较

指数	差值			
	2018 年与 2017 年	2018 年与 2016 年	2018 年与 2015 年	2018 年与 2014 年
客评指数	-12.21	-14.26	-0.49	4.73
主评指数	-8.17	-5.68	-0.68	-2.94
综合评价指数	-10.59	-10.82	-0.56	1.71

（二）二级指标

从表4的数据可以看出，2018年外籍人士对杭州市民公共文明行为的评价呈现以下几种情况。第一，2018年外籍人士对杭州市民公共文明二级指标的客评指数普遍低于2017年和2016年，接近于2015年，总体高于2014年。其中，与2017年相比差值最大的是公共卫生方面，达到14.70；其次是公共秩序方面，为13.59；接下来是公共交往方面，为13.08。第二，2018年外籍人士对杭州市民公共文明二级指标的主评指数高于客评指数。这一特点与2014~2017年的总体趋势相同。主评是外籍人士对自身行为的评价，客评则是外籍人士对杭州市民的评价，这说明在外籍人士看来，杭州市民的总体文明情况与他们之间存在差距。这主要是因为人们往往对自我更信任和认可，对自我要求更低而对他人要求更高，这几乎可以说是人之本性。外籍人士同样无法摆脱这一人之本性的影响，因此他们对自我的评价也要普遍高些。当然，这其中既有平均受教育程度的不同，也不乏文化因素。第三，与2017年和2016年相比，2018年外籍人士的客评指数有了一定幅度的下降。从整体趋势上看，杭州市民的公共文明水平从稳步提升到有了一定幅度的下降，说明提高文明程度比较困难，而且可能会经历一定程度的波动。第四，在2018年的各项评价中，总体来看公共卫生方面的评价指数略低，这也是2014~2017年的共同特点。在消费社会和快节奏的现代化生活中，公共卫生的保持相对较难，需要全体市民的积极参与。

表4　2014~2018年外籍人士对公共文明二级指标评价指数比较

二级指标	客评指数			主评指数			综合评价指数		
	2014年	2018年	2018年与2014年差值	2014年	2018年	2018年与2014年差值	2014年	2018年	2018年与2014年差值
公共卫生	55.20	65.61	10.41	80.38	79.27	-1.11	65.27	71.07	5.80
公共秩序	58.48	68.33	9.85	85.18	79.89	-5.29	69.16	72.95	3.79
公共交往	66.72	70.57	3.85	86.96	82.02	-4.94	74.82	75.15	0.33
公共观赏	68.40	72.65	4.25	86.10	82.73	-3.37	75.48	76.70	1.22

续表

二级指标	客评指数			主评指数			综合评价指数		
	2014年	2018年	2018年与2014年差值	2014年	2018年	2018年与2014年差值	2014年	2018年	2018年与2014年差值
公益服务	66.28	70.64	4.36	71.16	71.79	0.63	68.23	71.09	2.86
网络文明	72.26	72.02	-0.24	86.74	81.74	-5.00	78.05	75.91	-2.14
国际礼仪文明	—	71.83	—	—	81.19	—	—	75.57	—
公共文明	65.34	70.07	4.73	82.75	79.81	-2.94	72.26	73.97	1.71

二级指标	客评指数			主评指数			综合评价指数		
	2015年	2018年	2018年与2015年差值	2015年	2018年	2018年与2015年差值	2015年	2018年	2018年与2015年差值
公共卫生	63.86	65.61	1.75	81.66	79.27	-2.39	70.98	71.07	0.09
公共秩序	68.37	68.33	-0.04	82.70	79.89	-2.81	74.10	72.95	-1.15
公共交往	68.89	70.57	1.68	82.36	82.02	-0.34	74.28	75.15	0.87
公共观赏	75.44	72.65	-2.79	85.14	82.73	-2.41	79.32	76.70	-2.62
公益服务	71.42	70.64	-0.78	67.98	71.79	3.81	70.05	71.09	1.04
网络文明	72.93	72.02	-0.91	82.28	81.74	-0.54	76.67	75.91	-0.76
国际礼仪文明	73.02	71.83	-1.19	81.32	81.19	-0.13	76.34	75.57	-0.77
公共文明	70.56	70.07	-0.49	80.49	79.81	-0.68	74.53	73.97	-0.56

二级指标	客评指数			主评指数			综合评价指数		
	2016年	2018年	2018年与2016年差值	2016年	2018年	2018年与2016年差值	2016年	2018年	2018年与2016年差值
公共卫生	83.53	65.61	-17.92	85.64	79.27	-6.37	84.37	71.07	-13.30
公共秩序	84.03	68.33	-15.70	85.17	79.89	-5.28	84.49	72.95	-11.54
公共交往	84.59	70.57	-14.02	86.11	82.02	-4.09	85.20	75.15	-10.05
公共观赏	84.96	72.65	-12.31	86.02	82.73	-3.29	85.38	76.70	-8.68
公益服务	84.73	70.64	-14.09	84.65	71.79	-12.86	84.70	71.09	-13.61
网络文明	84.50	72.02	-12.48	85.31	81.74	-3.57	84.82	75.91	-8.91
国际礼仪文明	84.31	71.83	-12.48	85.74	81.19	-4.55	84.88	75.57	-9.31
公共文明	84.33	70.07	-14.26	85.49	79.81	-5.68	84.79	73.97	-10.82

二级指标	客评指数			主评指数			综合评价指数		
	2017年	2018年	2018年与2017年差值	2017年	2018年	2018年与2017年差值	2017年	2018年	2018年与2017年差值
公共卫生	80.31	65.61	-14.70	88.86	79.27	-9.59	83.73	71.07	-12.66
公共秩序	81.92	68.33	-13.59	88.40	79.89	-8.51	84.51	72.95	-11.56
公共交往	83.65	70.57	-13.08	89.05	82.02	-7.03	85.81	75.15	-10.66

续表

二级指标	客评指数			主评指数			综合评价指数		
	2017年	2018年	2018年与2017年差值	2017年	2018年	2018年与2017年差值	2017年	2018年	2018年与2017年差值
公共观赏	83.90	72.65	−11.25	89.05	82.73	−6.32	85.96	76.70	−9.26
公益服务	82.10	70.64	−11.46	85.54	71.79	−13.75	83.47	71.09	−12.38
网络文明	82.36	72.02	−10.34	87.98	81.74	−6.24	84.61	75.91	−8.70
国际礼仪文明	82.37	71.83	−10.54	86.61	81.19	−5.42	84.07	75.57	−8.50
公共文明	82.28	70.07	−12.21	87.98	79.81	−8.17	84.56	73.97	−10.59

三 2018年外籍人士对公共文明行为的评价分析

（一）总体情况分析

1. 综合评价指数分析

从杭州市民公共文明 7 个二级指标的综合评价指数来看，外籍人士对 2018 年杭州市民在公共文明方面的表现评价较为乐观，二级指标综合评价指数为 71~77。与 2017 年相比，7 个二级指标的综合评价指数有所下降，但在以下方面也表现出了稳定性：公共观赏和网络文明方面一如既往，整体表现较好，综合评价指数分别为 76.70 和 75.91；其次是国际礼仪文明和公共交往方面，综合评价指数分别为 75.57 和 75.15；公共秩序方面的表现差强人意，综合评价指数为 72.95；表现不尽如人意的是公共卫生和公益服务方面，综合评价指数分别为 71.07 和 71.09（见图2）。

2. 客评指数分析

通过数据分析得知，2018 年外籍人士认为杭州市民公共文明行为表现较为平淡，在公共观赏、网络文明、国际文明礼仪、公益服务和公共交往方面的表现稍好，客评指数均在 70 以上；而在公共卫生和公共秩序方面的客评指数较低，分别为 65.61 和 68.33（见图3）。

3. 主评指数分析

从问卷调查结果来看，2018 年外籍人士对自身公共文明行为的表现

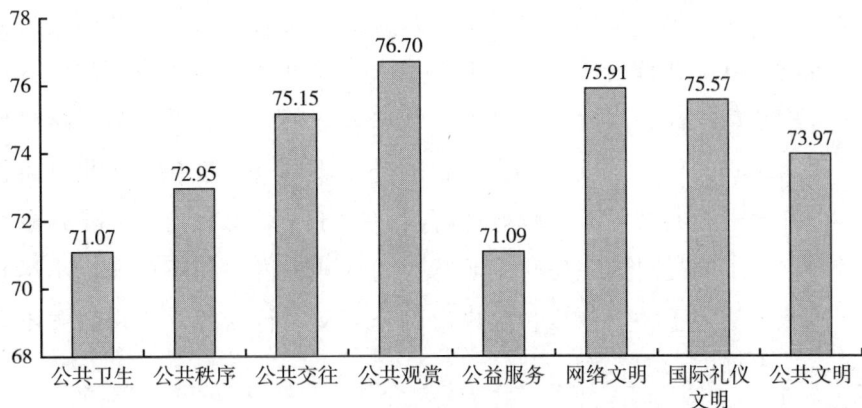

图2　2018年外籍人士关于杭州市民公共文明及二级指标的综合评价指数

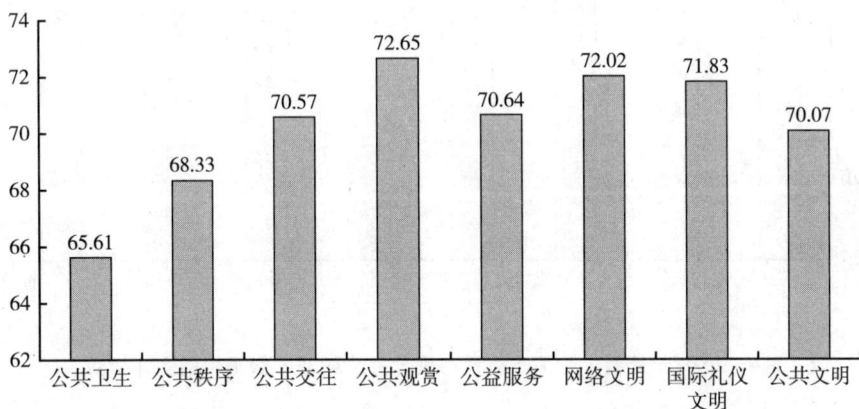

图3　2018年外籍人士关于杭州市民公共文明及二级指标的客评指数

较为满意，主评指数为79.81。从具体的二级指标来看，外籍人士对自身在公共观赏、公共交往、网络文明和国际文明礼仪方面的评价较高，主评指数分别为82.73、82.02、81.74和81.19，均超过81；外籍人士对自身在公共秩序和公共卫生方面的表现也较为满意，主评指数分别为79.89和79.27；对自身在公益服务方面的表现，外籍人士最不满意，主评指数仅为71.79（见图4）。通过对以上数据的分析，我们可以看出外籍人士的公共文明属于中等偏上水平。市民的公共文明行为与其受教育程度呈正相关，也就是说，市民的受教育程度越高，其公共文明行为总体表现就越好。在杭居住半年以上的绝大多数外籍人士为留学生，其受教育程度普遍较高，因此他们一般表现出较好的公共文明素养。接受课题组采访调查的任教于杭州各大高校的外籍教师，其教育、文化背景优良，同样属于公共文明素养较好的群体。鉴于受教育程度、文化背景和生活习俗的不同，对同一公共文明行为的认知程度和判断标准也不尽相同，因此外籍人士关于自身和杭州市民公共文明行为的评价指数并不具备唯一参考性。

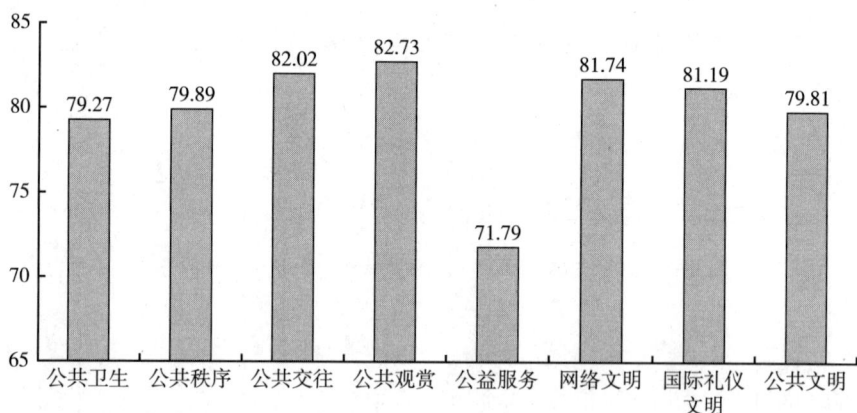

图4 2018年外籍人士关于杭州市民公共文明及二级指标的主评指数

（二）三级指标数据分析

1. 公共卫生方面

（1）综合评价指数分析

数据统计显示，2018年外籍人士对杭州市民在公共卫生方面的综合评价指数为71.07，较2016～2017年有大幅下降，与2015年的70.98基本持平。三级指标中综合评价指数最高的是"不乱张贴小广告、不乱涂写"，为74.54；其次是"垃圾分类投放""打喷嚏时，有所遮掩""遛宠物时，主动清理其排泄物"3个指标，综合评价指数分别为72.70、70.90和70.71；

"不在设有禁烟标志的公共场所抽烟"和"不随地吐痰、便溺"的综合评价指数较低,分别为69.94和67.66(见表5)。

表5 2018年外籍人士对公共卫生三级指标评价指数

二级指标	三级指标	客评指数	主评指数	综合评价指数
公共卫生	垃圾分类投放	69.36	77.72	72.70
	不随地吐痰、便溺	60.84	77.88	67.66
	不在设有禁烟标志的公共场所抽烟	63.20	80.04	69.94
	打喷嚏时,有所遮掩	64.24	80.88	70.90
	遛宠物时,主动清理其排泄物	65.32	78.80	70.71
	不乱张贴小广告、不乱涂写	70.72	80.28	74.54

(2)客评指数分析

从表5中可以看出,2018年外籍人士对杭州市民公共卫生方面的评价相对不太乐观。其中,对"不乱张贴小广告、不乱涂写"的评价最高,但客评指数也仅为70.72;其次是"垃圾分类投放",客评指数为69.36;位于第三梯队的"遛宠物时,主动清理其排泄物""打喷嚏时,有所遮掩""不在设有禁烟标志的公共场所抽烟"3个指标的客评指数分别为65.32、64.24、63.20;而排在最末位的"不随地吐痰、便溺"的客评指数仅为60.84。

(3)主评指数分析

2018年外籍人士对自身在公共卫生方面的表现较为满意,主评指数为79.27,并且6个三级指标的主评指数均高于客评指数,其中"打喷嚏时,有所遮掩"的主评指数最高,为80.88,其他5个指标的主评指数也均在77以上,均远远高于客评指数。

2018年外籍人士对杭州市民公共卫生方面的客评指数为65.61,其中"不乱张贴小广告、不乱涂写"的客评指数最高,为70.72,这说明杭州市民在维护公共场所形象方面有较强的意识,也能够付诸实践,同时也表明杭州市政府在维护公共场所形象方面管理到位,相关部门人员也付出了努力,因此在外籍人士看来杭州市民在"不乱张贴小广告、不乱涂写"方面表现还是不错的。"垃圾分类投放"的客评指数排在第二位,这说明杭州市开展的垃圾分类工作卓有成效,"垃圾分类"意识已经深入民心,其作为解决"垃圾围城"问题的基本思路,也逐步在杭州市得到落实。2015年杭州市人大常委会审议通过的《杭州市生活垃圾管理条例》规定,如果没有按照规定进行垃圾分类,可能被处以50元以上200元以下罚款。该条例从政策上规范、培养了杭州市民分类投放垃圾的习惯。杭州公共卫生方面的基础设施也较为完善,各个小区都设有不同颜色的标有"厨余垃圾""其他垃圾""可回收物""有害垃圾"的垃圾箱,以促进市民养成垃圾分类的好习惯。2018年杭州市区推进生活垃圾分类收集处置工作协调小组继续推进落实《杭州市深化推进生活垃圾分类工作实施方案》的文件精神,对各区生活垃圾分类工作情况开展了专项检查,并按照2018年度治废考核细则进行计分,持续强化政府推动、社会发动和市场培育,积极开展"垃圾不落地、杭州更美丽"主题活动,加快推进生活垃圾强制分类全覆盖,建立健全垃圾分类投放、分类收集、分类运输、分类处理体系,深化推进全市生活垃圾分类工作,着力改善城乡人居环境、提升居民生活品质。

2. 公共秩序方面

(1) 综合评价指数分析

外籍人士对杭州市民在公共秩序方面的文明素养评价,主要体现在十一个方面的具体行为表现。综合来看,2018年外籍人士对杭州市民在公共秩序方面的综合评价指数为72.95。具体来看,除"不在公共场所大声喧哗"(69.23)、"共享单车按规定停放"(71.67)、"共享汽车按规定停放"(72.18)、"乘坐地铁时有序排队上下车"(72.43)4个指标外,其余各个指标的综合评价指数都高于73,其中"乘坐电梯时先出后进"的综合评价指数为74.64,客评指数为70.56,主评指数为80.76(见表6)。

表6　2018年外籍人士对公共秩序三级指标评价指数

二级指标	三级指标	客评指数	主评指数	综合评价指数
公共秩序	乘坐公交时有序排队上下车	70.04	80.40	74.18
	乘坐地铁时有序排队上下车	66.80	80.88	72.43
	遵守"一米线"外等候的规定	68.04	83.29	74.15
	不在公共场所大声喧哗	61.52	80.80	69.23
	行人不乱穿马路、乱闯红灯、乱翻栏杆	68.68	79.76	73.11
	共享单车按规定停放	67.08	78.56	71.67
	共享汽车按规定停放	68.44	77.80	72.18
	在地面标示的规定区域内停车	70.60	79.16	74.02
	非机动车不闯红灯、不走机动车道	68.80	79.40	73.04
	遛宠物时,注意把宠物拴好	71.08	77.92	73.82
	乘坐电梯时先出后进	70.56	80.76	74.64

（2）客评指数分析

数据统计显示,2018年外籍人士对杭州市民在公共秩序方面的客评指数为68.33,这说明外籍人士对杭州市民在公共秩序方面的表现总体评价一般。在具体十一个方面的行为表现中,所有指标的客评指数均超过60。其中,"乘坐公交时有序排队上下车"（70.04）、"在地面标示的规定区域内停车"（70.60）、"遛宠物时,注意把宠物拴好"（71.08）和"乘坐电梯时先出后进"（70.56）4个指标的客评指数高于70;其余7个指标的客评指数均低于70,具体为"乘坐地铁时有序排队上下车"66.80、"遵守'一米线'外等候的规定"68.04、"行人不乱穿马路、乱闯红灯、乱翻栏杆"68.68、"共享单车按规定停放"67.08、"共享汽车按规定停放"68.44、"非机动车不闯红灯、不走机动车道"68.80,"不在公共场所大声喧哗"的客评指数最低,仅为61.52。

（3）主评指数分析

2018年外籍人士对自身在公共秩序方面的主评指数为78.89,且所有指标的主评指数均高于综合评价指数。其中,对自身评价最高的是"遵守'一米线'外等候的规定",主评指数为83.29;对自身评价最低的是"共

107

享汽车按规定停放",主评指数为77.80。

在公共秩序方面的各项三级指标中,"遵守'一米线'外等候的规定""乘坐公交时有序排队上下车"等指标的主评指数都比较高,这一结果与各相关部门的共同努力有关。每月的1日和11日,是杭州公交排队上车宣传日,自2016年开展这个活动以来,在杭州各城区的150多个公交首末站和3000余个中途站,排队上下车正逐渐成为市民的习惯。每月的这两天,公交宣传志愿者与杭州市公交集团的文明乘客劝导员一起,都会到公交站点对乘客进行文明乘车劝导。自2018年4月起,在杭州市文明委的统一部署和协调下,杭州市城投集团联合杭州市直机关工委、杭州银行共同举行"请排队上车,为杭城添彩"大型公交文明劝导志愿服务活动,将倡导"文明排队上车"推向新的高潮。

3. 公共交往方面

(1)综合评价指数分析

外籍人士对杭州市民在公共交往方面的文明素养评价主要看其在五个方面的具体行为表现。2018年外籍人士对杭州市民公共交往方面的综合评价指数为75.15,这说明外籍人士对杭州市民在公共交往方面的文明素养比较认可。具体来看,"陌生人问路时,耐心、详细解答"的综合评价指数最高,为77.04;其次是"与人交流时面带微笑,态度和蔼"77.00、"主动给予外地游客方便或帮助"75.80、"能给老、弱、病、残、孕及怀抱婴儿者让座"74.43;综合评价指数最低的是"交谈时不大声喧哗",客评指数仅为71.46(见表7)。

表7　2018年外籍人士对公共交往三级指标评价指数

二级指标	三级指标	客评指数	主评指数	综合评价指数
公共交往	与人交流时面带微笑,态度和蔼	72.12	84.32	77.00
	交谈时不大声喧哗	65.56	80.32	71.46
	陌生人问路时,耐心、详细解答	72.96	83.16	77.04
	主动给予外地游客方便或帮助	72.68	80.48	75.80
	能给老、弱、病、残、孕及怀抱婴儿者让座	69.52	81.80	74.43

（2）客评指数分析

数据统计显示，2018年外籍人士对杭州市民在公共交往方面的文明素养总体评价一般，客评指数为70.57。其中，"陌生人问路时，耐心、详细解答"的客评指数最高，为72.96；客评指数最低的是"交谈时不大声喧哗"，仅为65.56；其余3个指标的客评指数分别为"与人交流时面带微笑，态度和蔼"72.12、"主动给予外地游客方便或帮助"72.68、"能给老、弱、病、残、孕及怀抱婴儿者让座"69.52。

（3）主评指数分析

2018年外籍人士对自身在公共交往方面的文明素养评价较高，主评指数为82.02。其中，"与人交流时面带微笑，态度和蔼"和"陌生人问路时，耐心、详细解答"两个指标的主评指数较高，分别为84.32和83.16。由此可以看出，外籍人士比较重视公共交往，比较在意与人交流时的态度和帮助陌生人的行为。主评指数最低的是"交谈时不大声喧哗"，为80.32。

外籍人士对杭州市民在"交谈时不大声喧哗"方面的行为评价最低，原因可能有四个：一是杭州方言本身的断句方式和语气；二是杭州人说话时沉浸于自己的措辞，不太顾及周围其他人；三是大多数人对个人私密情况不太敏感，不注意区分公共场合和私人场合；四是文化背景不同，造成人们对"喧哗"的感受不同。

4. 公共观赏方面

（1）综合评价指数分析

广义的公共观赏除了在电影院、剧院内观看电影或戏剧外，还包括在公园观赏花卉，在美术馆欣赏美术作品等。本报告涉及的公共观赏主要是指市民在电影院或剧院内的观赏行为。2018年外籍人士对杭州市民在公共观赏方面的综合评价指数为76.70，在各项指标中排第一位。具体来看，各项行为的综合评价指数都比较高，为75~79。其中，"在入口处，主动配合做好安检工作"的综合评价指数最高，为78.29；综合评价指数最低的是"手机关机或调为静音、振动"，为75.09（见表8）。

表8　2018年外籍人士对公共观赏三级指标评价指数

二级指标	三级指标	客评指数	主评指数	综合评价指数
公共观赏	按时入场、退场	73.91	82.60	77.39
	在入口处，主动配合做好安检工作	74.83	83.52	78.29
	手机关机或调为静音、振动	70.82	81.48	75.09
	在影剧院内，安静观赏，不交头接耳、不随意走动	70.58	82.20	75.25
	观赏时，适时给予掌声鼓励	72.10	82.88	76.42
	不谩骂、起哄或围攻裁判员、运动员或其他工作人员	73.31	83.12	77.28
	不在观众席向演出或比赛场地投掷杂物	73.03	83.28	77.18

（2）客评指数分析

对杭州市民在公共观赏方面的文明素养评价，主要看其在七个方面的具体行为表现。数据统计显示，2018年外籍人士对杭州市民在公共观赏方面的文明素养总体评价较高，客评指数为72.65，在所有二级指标的客评指数中位列第一。其中，"在入口处，主动配合做好安检工作"的客评指数最高，为74.83，其余各项指标的客评指数都在70以上。日常经验表明，前往电影院或剧院观看电影或戏剧的大多数市民具有一定的消费能力且受教育程度较高，这意味着这些市民大多能遵守"在入口处，主动配合做好安检工作"这一基本的公共观赏行为规范。同时，看电影的大多是年轻人，受家庭、学校、社会的多重教育影响和国民公共文明氛围的持续熏陶，因此在公共观赏方面的文明素养正逐步提升。

（3）主评指数分析

2018年外籍人士对自身在公共观赏方面的文明素养总体评价较高，主评指数达到82.73，在所有二级指标的主评指数中居首位。各项指标的主评指数均在81以上，其中"在入口处，主动配合做好安检工作"在所有二级指标的主评指数中排第一位，为83.52。外籍人士对自身在公共观赏方面的主评指数较高的主要原因是外籍人士更倾向于直接表达自己的感受和赞美之情，而且保证安全运营一直是世界各国法律所强调的，外籍人士对此十分重视，认为主动配合安检不仅是自身素质的体现，而且能够保护自身安全。

5. 公益服务方面

（1）综合评价指数分析

公益服务是社会中的一股暖流，也是一道亮丽的风景线。此次调查主要了解杭州市民在"参加献血、捐助等公益活动""只要条件允许，愿意作为志愿者提供服务""积极参加公益知识讲座，向他人宣传公益知识""鼓励身边的人参与公益服务""自发做些公益服务""积极参与各类赛事活动的志愿服务"六个方面的具体行为表现。数据统计显示，在外籍人士看来，2018 年杭州市民在公益服务方面的综合评价指数为71.09，在各项二级指标综合评价指数中较低。具体来看，各项指标的综合评价指数为 70～72。其中，综合评价指数最高的是"积极参加公益知识讲座，向他人宣传公益知识"，为71.84；综合评价指数最低的是"积极参与各类赛事活动的志愿服务"，为70.34（见表9）。

表9　2018年外籍人士对公益服务三级指标评价指数

二级指标	三级指标	客评指数	主评指数	综合评价指数
公益服务	参加献血、捐助等公益活动	72.34	69.48	71.17
	只要条件允许,愿意作为志愿者提供服务	70.22	71.76	70.81
	积极参加公益知识讲座,向他人宣传公益知识	70.86	73.36	71.84
	鼓励身边的人参与公益服务	70.42	72.26	71.14
	自发做些公益服务	69.82	73.28	71.21
	积极参与各类赛事活动的志愿服务	70.18	70.56	70.34

（2）客评指数分析

2018 年外籍人士对杭州市民在公益服务方面的客评指数为70.64。具体来看，外籍人士认为杭州市民在"参加献血、捐助等公益活动"方面做得比较好，该项行为的客评指数为72.34，居所有客评指数之首。

（3）主评指数分析

2018 年外籍人士对自身在公益服务方面的主评指数为71.79，虽然在各项二级指标的主评指数中最低，但是高于公益服务的客评指数70.64。在 2015～

2016 年的评价中，公益服务方面是客评指数高于主评指数，2017 年出现了主评指数高于客评指数的情况，2018 年连续第二年主评指数高于客评指数，这说明越来越多的外籍人士参与到公益服务事业当中，原因有以下几点：一是很多外籍人士参与公益服务的意识较强；二是杭州市不同种类、不同层次的公益项目丰富，宣传也比较到位，覆盖面广，已经形成了良好的社会公益氛围，这种氛围有利于外籍人士更多地参与到公益服务中；三是随着外籍人士在中国居住时间的延长，杭州公益事务的国际化程度也越来越高，使这些外籍人士有更多的机会和渠道获取相关的公益服务信息，并最终参与到公益事业中。

志愿者，是杭州一道亮丽的风景线。无论是在各种重大国际会议、赛事上，还是在小区里、街道上，都能见到他们的身影。他们的存在，给广大市民带来了许多便利与温暖。除了自发的志愿活动以外，杭州志愿者的组织形式也越来越成熟与多样化。2018 年 10 月 28 日，杭州市志愿者工作指导中心举办了首届"杭州市志愿服务文化节"，以纪念改革开放 40 周年，并庆祝杭州志愿服务 25 周年。同时，以 2018 年第 14 届世界短池游泳锦标赛志愿服务行为启动为契机，树立了志愿服务"国际化"风向标，推动志愿服务文化的积累和沉淀，进一步扩大志愿服务的社会影响力，为实现 2022 年杭州亚运会"全民志愿"目标打下了坚实基础。

6. 网络文明方面

（1）综合评价指数分析

外籍人士对杭州市民在网络文明方面的文明素养评价，主要看其在五个方面的具体行为表现，即"文明用语，不谩骂、攻击他人""不浏览或传播色情、暴力、封建迷信等不良信息""不听信或散布谣言，不传播虚假（欺诈）信息""能合理安排上网时间，不沉迷于网络""不窥探、传播他人隐私"（见表 10）。2018 年外籍人士对杭州市民在网络文明方面的综合评价指数为 75.91，比 2017 年的 84.61 有所下降。综合来看，杭州市民的主要问题在于不能合理安排上网时间，沉迷于网络。绝大部分市民能够做到在网络上"文明用语，不谩骂、攻击他人"，也基本能够甄别网上信息，做到"不浏览或传播色情、暴力、封建迷信等不良信息"。

表10　2018年外籍人士对网络文明三级指标评价指数

二级指标	三级指标	客评指数	主评指数	综合评价指数
网络文明	文明用语,不谩骂、攻击他人	72.72	83.00	76.83
	不浏览或传播色情、暴力、封建迷信等不良信息	73.28	81.56	76.59
	不听信或散布谣言,不传播虚假(欺诈)信息	71.72	81.80	75.75
	能合理安排上网时间,不沉迷于网络	70.80	80.56	74.70
	不窥探、传播他人隐私	71.60	81.76	75.66

（2）客评指数分析

2018年外籍人士对杭州市民在网络文明方面的客评指数为72.02,各项三级指标的客评指数为70～74。其中,客评指数最低的指标与综合评价指数相同,均为"能合理安排上网时间,不沉迷于网络",客评指数为70.80。

（3）主评指数分析

对自身在网络文明方面的表现,外籍人士的评价还是比较高的,主评指数为81.74。尤其是在"文明用语,不谩骂、攻击他人"方面的评价最高,主评指数为83.00。通过对比他评与自评的结果分析可以发现,外籍人士对自身在网络文明方面的表现较为自信,5项行为的主评指数都比客评指数高。可见,杭州市民在网络文明方面还有很大的提升空间。杭州市民在使用网络时,要注意控制上网时间,做到诚实负责,不散布虚假信息,不浏览不健康页面,文明用语,努力维护国人的形象,共创美好的网络家园。

近年来,杭州市在推动网络文明建设方面也做了很多努力。早在2009年,杭州市就发布了《杭州市文明办网、文明上网倡议书》。2012年,杭州市组建了网络文明志愿者队伍,各方合力,共同推动网络文明建设。一是内部发力,夯实工作基础,充分运用网站、微博等新媒体,加强教育引导,带动网民养成健康上网的习惯。二是外部借力,整合社会资源,加强与各专业单位的紧密协作,拓展宣传的广度与深度,引导网民自觉抵制不文明的网络行为。三是形成合力,提升服务水平,为网络文明提供坚实的后勤保障。2015年3月18日，杭州市网络文明志愿行动启动仪式在杭州师范大学仓前校区举行，共青团浙江省委副书记朱斌宣布杭州市网络文明志愿行动启动并发表讲话。杭州市委宣传部部委、市委外宣办（市网信办）常务副主任周晔为杭州市网络文明志愿者总队授旗，为杭州市网络文明志愿者工作室授牌，杭州师范大学党委副书记张志军致辞。共青团杭州市委副书记马利阳主持仪式并做动员部署。仪式结束后，还举行了全市网络文明志愿者首场培训。这些活动和志愿者的行动，有助于推动杭州市民成为清朗网络空间的践行者，共同创造、维护网络文明。

2018年9月，以"互联网＋公益"为特色的"暖城杭州·99公益日"活动启动，温暖与善良，在线上线下广泛传播。"暖城杭州·99公益日"活动的启动，标志着第十届（2018）杭州网络文化季系列活动正式拉开序幕。杭州网络文化季由杭州市委宣传部、市网信办联合省、市有关单位及中央、省、市网络媒体共同举办。2018年9～11月，杭州网络文化季先后开展12项系列主题宣传活动和网络文化活动，充分利用线上线下互动、微视频、H5页面、直播快闪、动漫动画、网络文学创作等多种表现手段，为打造展示新时代中国特色社会主义的重要窗口、加快建设独特韵味、别样精彩的世界名城营造了良好的网上舆论环境。

7. 国际礼仪文明方面

（1）综合评价指数分析

外籍人士对杭州市民在国际礼仪方面的文明素养评价，主要看其在七个方面的具体行为表现。数据统计显示，2018年外籍人士对杭州市民在国际礼仪文明方面的综合评价指数为75.57。具体来看，各项行为的综合评价指数为74～79。其中，"在外籍人士面前，能自觉维护国家及杭州的形象与声誉"和"能热情友善对待外籍人士，并愿为其提供力所能及的帮助与服务"两个指标的综合评价指数较高，分别为78.83和76.86（见表11）。

表11   2018年外籍人士对国际礼仪文明三级指标评价指数

二级指标	三级指标	客评指数	主评指数	综合评价指数
国际礼仪文明	在外籍人士面前,能自觉维护国家及杭州的形象与声誉	78.16	79.84	78.83
	能热情友善对待外籍人士,并愿为其提供力所能及的帮助与服务	73.20	82.36	76.86
	不随意询问有关他人隐私问题(如年龄、家庭、收入等)	70.60	79.48	74.15
	能积极主动学习外语,并在与外籍人士交流时使用外语	70.32	81.60	74.83
	积极学习了解并遵循国际通行的礼仪规范	69.44	81.68	74.34
	参加正式涉外活动时,能着正装出席	70.72	80.56	74.66
	尊重外籍人士的习俗禁忌	70.36	82.84	75.35

（2）客评指数分析

数据统计显示,2018年外籍人士对杭州市民在国际礼仪文明方面的客评指数为71.83,评分一般,由此可见外籍人士对杭州市民在国际礼仪文明方面的行为表现不是特别满意。其中,"在外籍人士面前,能自觉维护国家及杭州的形象与声誉"的客评指数最高,为78.16;"积极学习了解并遵循国际通行的礼仪规范"的客评指数最低,仅为69.44。

（3）主评指数分析

2018年外籍人士对自身在国际礼仪文明方面的主评指数为81.19,在各项二级指标的主评指数中排名较靠前。其中,"尊重外籍人士的习俗禁忌"的主评指数最高,为82.84;其次是"能热情友善对待外籍人士,并愿为其提供力所能及的帮助与服务",主评指数为82.36;接下来是"积极学习了解并遵循国际通行的礼仪规范""能积极主动学习外语,并在与外籍人士交流时使用外语""参加正式涉外活动时,能着正装出席"3个指标,主评指数分别为81.68、81.60和80.56;"在外籍人士面前,能自觉维护国家及杭州的形象与声誉"和"不随意询问有关他人隐私问题(如年龄、家庭、收入等)"两个指标的主评指数较低,分别为79.84和79.48。国际礼仪文明各方面的主评指数均高于客评指数。

（三）2018年外籍人士评价较高的10项公共文明行为

1. 2018年外籍人士综合评价较高的10项公共文明行为

表12的数据表明，2018年外籍人士综合评价较高的公共文明行为集中于公共观赏、网络文明、国际礼仪文明和公共交往方面，这说明在外籍人士看来，杭州市民在公共文明的多个方面都有值得肯定之处，发展较为均衡。

表12 2018年外籍人士综合评价较高的10项公共文明行为

排序	公共文明行为	综合评价指数
1	在外籍人士面前,能自觉维护国家及杭州的形象与声誉	78.83
2	在入口处,主动配合做好安检工作	78.29
3	按时入场、退场	77.39
4	不谩骂、起哄或围攻裁判员、运动员或其他工作人员	77.28
5	不在观众席向演出或比赛场地投掷杂物	77.18
6	陌生人问路时,耐心、详细解答	77.04
7	与人交流时面带微笑,态度和蔼	77.00
8	能热情友善对待外籍人士,并愿为其提供力所能及的帮助与服务	76.86
9	文明用语,不谩骂、攻击他人	76.83
10	不浏览或传播色情、暴力、封建迷信等不良信息	76.59

2. 2018年外籍人士对自身评价较高的10项公共文明行为

从表13可以看出，2018年外籍人士对自身评价较高的10项公共文明行为集中于公共观赏、公共交往、公共秩序、网络文明和国际礼仪文明方面，这说明外籍人士对公共文明行为的各个层面都较为关注。

表13 2018年外籍人士对自身评价较高的10项公共文明行为

排序	公共文明行为	主评指数
1	与人交流时面带微笑,态度和蔼	84.32
2	在入口处,主动配合做好安检工作	83.52
3	遵守"一米线"外等候的规定	83.29
4	不在观众席向演出或比赛场地投掷杂物	83.28
5	陌生人问路时,耐心、详细解答	83.16

排序	公共文明行为	主评指数
6	不谩骂、起哄或围攻裁判员、运动员或其他工作人员	83.12
7	文明用语,不谩骂、攻击他人	83.00
8	观赏时,适时给予掌声鼓励	82.88
9	尊重外籍人士的习俗禁忌	82.84
10	按时入场、退场	82.60

3. 2018年外籍人士对杭州市民评价较高的10项公共文明行为

从表14可以看出,2018年外籍人士对杭州市民评价较高的10项公共文明行为集中于公共观赏、公共交往、网络文明和国际礼仪文明方面,这说明在杭州市政府、杭州市文明办以及广大市民的共同努力下,杭州市民公共文明素养提升的效果在各个层面都得到了体现。

表14　2018年外籍人士对杭州市民评价较高的10项公共文明行为

排序	公共文明行为	客评指数
1	在外籍人士面前,能自觉维护国家及杭州的形象与声誉	78.16
2	在入口处,主动配合做好安检工作	74.83
3	按时入场、退场	73.91
4	不谩骂、起哄或围攻裁判员、运动员或其他工作人员	73.31
5	不浏览或传播色情、暴力、封建迷信等不良信息	73.28
6	能热情友善对待外籍人士,并愿为其提供力所能及的帮助与服务	73.20
7	不在观众席向演出或比赛场地投掷杂物	73.03
8	陌生人问路时,耐心、详细解答	72.96
9	文明用语,不谩骂、攻击他人	72.72
10	主动给予外地游客方便或帮助	72.68

四　认知调查

2016年G20杭州峰会的召开,使杭州城市国际化跃升了一个台阶;2018年第14届世界短池游泳锦标赛在杭州的成功举办,检验了杭州迈向国际化进程中举办国际性大型体育赛事的能力；而 2022 年将要在杭州举办的亚运会无疑将给杭州带来一次历史性的机遇，同时也是一次全面提升城市国际化的重大契机。G20 杭州峰会后经过两年的努力，杭州市民在公共文明方面有了大幅度提升。2018 年 5 月 31 日，《杭州市城市国际化促进条例》经浙江省第十三届人民代表大会常务委员会第三次会议批准，并于 2018 年 8 月 1 日起施行，为此，杭州市专门成立了城市国际化推进工作委员会，这些举措是促进杭州城市国际化发展的重要推动力量。杭州市政府的这些努力，对杭州市民的公共文明行为产生了重大影响。

（一）近年来杭州市民国际意识的提升情况

在"您认为近年来杭州市民国际意识的提升情况如何"的认知调查中，超过 50% 的外籍人士认为杭州市民的国际意识有很大或较大提升，其中 19.40% 的外籍人士认为杭州市民的国际意识"有很大提升，符合城市国际化要求"，31.80% 的外籍人士认为"有较大提升，但与建设世界名城的要求还有较大差距"。选择"有一定提升"的人数比例为 22.80%，选择"提升不大"的人数比例为 12.80%，另有 13.20% 的人选择"不清楚"（见表 15）。总体来看，外籍人士认为杭州市民国际意识的提升值得肯定，但是总体提升幅度较上一年略有下降，这一方面说明杭州市在 G20 峰会前后在提升影响力和国际化方面做了大量的工作，而且一些工作已经见到了成效，有了大幅度的提升，要在此基础上进一步提升，提升幅度可能会减小；另一方面说明需要把工作做得更细，杭州仍需为实现建设世界名城的目标继续努力奋斗。

表 15　近年来杭州市民国际意识的提升情况

问题	认知选项	频数	百分比（%）
您认为近年来杭州市民国际意识的提升情况如何？	有很大提升,符合城市国际化要求	97	19.40
	有较大提升,但与建设世界名城的要求还有较大差距	159	31.80
	有一定提升	114	22.80
	提升不大	64	12.80
	不清楚	66	13.20
	合　计	500	100

（二）《关于全面提升杭州城市国际化水平的若干意见》施行以来杭州提升最快的方面

在"自2016年杭州施行《关于全面提升杭州城市国际化水平的若干意见》以来，您认为杭州在哪个方面提升最快"的认知调查中，外籍人士普遍认为"'互联网＋'创新创业中心""国际会议目的地城市""国际重要的旅游休闲中心""东方文化国际交流重要城市"是杭州提升最快的方面，选择的人数比例分别为28.60%、28.60%、27.00%、15.80%（见表16）。

表16　《关于全面提升杭州城市国际化水平的若干意见》
施行以来杭州提升最快的方面

问题	认知选项	频数	百分比（%）
自2016年杭州施行《关于全面提升杭州城市国际化水平的若干意见》以来，您认为杭州在哪个方面提升最快？	"互联网＋"创新创业中心	143	28.60
	国际会议目的地城市	143	28.60
	国际重要的旅游休闲中心	135	27.00
	东方文化国际交流重要城市	79	15.80
	合　计	500	100

（三）影响和促进杭州市民国际意识提升的主要因素

在"您认为影响和促进杭州市民国际意识提升的主要因素有哪些"的认知调查中，外籍人士普遍认为"城市基础设施的改善""高等教育的发展""《杭州市城市国际化促进条例》的颁布与实施""城市治理水平的提升""城市品牌形象的提升"是影响和促进杭州市民国际意识提升的主要因素，选择人数比例分别为47.40%、40.20%、35.60%、31.80%、30.20%。其余选项的认知调查结果分别为"精致、和谐、大气、开放的城市精神"26.80%、"杭州国际知名度的提升"24.20%、"世界级赛事与会议活动的举办"14.80%（见表17）。以上认知调研结果表明，杭州市政府在城市基础设施的改善、高等教育的发展、《杭州市城市国际化促进条例》的颁布与实施、城市治理水平的提升、城市品牌形象的提升等方面所做的努力，对杭州市民国际意识的提升作用较大。

表17　影响和促进杭州市民国际意识提升的主要因素

问题	认知选项	频数	百分比（%）
您认为影响和促进杭州市民国际意识提升的主要因素有哪些？	城市基础设施的改善	237	47.40
	《杭州市城市国际化促进条例》的颁布与实施	178	35.60
	高等教育的发展	201	40.20
	城市治理水平的提升	159	31.80
	城市品牌形象的提升	151	30.20
	精致、和谐、大气、开放的城市精神	134	26.80
	世界级赛事与会议活动的举办	74	14.80
	杭州国际知名度的提升	121	24.20
	其他	0	0

（四）是否知道《杭州市城市国际化促进条例》

在"您知道《杭州市城市国际化促进条例》吗"的认知调查中，接近半数的外籍人士表示"非常清楚"和"知道一些"，具体人数比例为49.60%，其中超过20%的外籍人士表示"非常清楚"，具体人数比例为20.20%；29.00%的外籍人士表示"不是很清楚"，21.40%的外籍人士表示"不知道"（见表18）。这说明《杭州市城市国际化促进条例》的颁发、宣传与实施工作取得了一定成效，但是其普及范围和普及程度还有一定的不足，需要随着宣传工作的开展及时跟进，让外籍人士能够普遍知晓和理解。

表18　是否知道《杭州市城市国际化促进条例》

问题	认知选项	频数	百分比（%）
您知道《杭州市城市国际化促进条例》吗？	非常清楚	101	20.20
	知道一些	147	29.40
	不是很清楚	145	29.00
	不知道	107	21.40
	合　计	500	100

（五）是否会主动上前为有困难的外籍人士提供帮助以及外籍人士打招呼或者寻求帮助时如何回应

在"如果看到外籍人士有困难，您会主动上前提供帮助吗"的认知调查中，超过半数的外籍人士认为杭州市民会主动提供帮助，说明杭州市民的文明程度比较高，愿意主动向他人伸出援助之手。23.80%的外籍人士认为杭州市民可能认为自己外语不好，不够自信，不一定会主动提供帮助，这说明杭州要向国际化迈进还需要提升市民的外语水平，以匹配国际化城市的发展步伐。14.80%的外籍人士认为杭州市民会选择"不会，不关我的事"，这说明仍有少部分人不能积极主动地给予外籍人士帮助，政府还需要对市民做进一步的引导，培养市民的国际意识。只有6.80%的外籍人士认为杭州市民会选择"没碰到过外籍人士"，这说明杭州市民与外籍人士往来较频繁，绝大部分杭州市民都接触或碰到过外籍人士，从另一个侧面也说明杭州市对外籍人士的吸引力非常强（见表19）。

表19 是否会主动上前为有困难的外籍人士提供帮助

问题	认知选项	频数	百分比（%）
如果看到外籍人士有困难，您会主动上前提供帮助吗？	一定会，因为外语好，且了解国际规则	273	54.60
	不一定，外语不好	119	23.80
	不会，不关我的事	74	14.80
	没碰到过外籍人士	34	6.80
合　计		500	100

在"当外籍人士向您打招呼或者寻求帮助时，您通常会怎么做"的认知调查中，超过半数的外籍人士认为杭州市民会"积极回应，并适当聊天"，这说明杭州市民对外籍人士的接纳程度非常高，并把外籍人士当作普通人对待，双方之间有良好的回应和很自然的沟通交流。23.60%的外籍人士认为杭州市民会"简单回应，不多交谈"，与表19对比来看，说明回应少的这部分人可能是外语水平较差，无法达到与外籍人士进一步沟通交流的程度，因此只好简单回应，这从另一个侧面也反映出提高市民的外语水平对提升杭州城市国际化水平的必要性。分别有6.60%和2.80%的外籍人士认为杭州市民"从未给予回应或帮助，不关我的事""没有碰到过这种事"，这部分人极少，但是也反映出杭州市民在回应外籍人士的求助方面存在需要改进的地方，这需要政府提供更好的机制，鼓励和促进市民给予外籍人士帮助和回应（见表20）。

表20 外籍人士打招呼或者寻求帮助时如何回应

问题	认知选项	频数	百分比（%）
当外籍人士向您打招呼或者寻求帮助时，您通常会怎么做？	积极回应，并适当聊天	257	51.40
	简单回应，不多交谈	118	23.60
	不回应，外语不好	78	15.60
	从未给予回应或帮助，不关我的事	33	6.60
	没有碰到过这种事	14	2.80
	合　计	500	100

（六）提升杭州市民国际意识的主要途径

在外籍人士看来，"加强城市外语环境的建设"和"加强城市国际化定位的宣传"是提升杭州市民国际意识的最主要途径，选择这两项的人数比例分别为40.60%和37.80%。其次是"打造更多的国际化社区""加强青少年的国际意识教育""加强国际商务城市的建设""承办更多的国际赛事和会议"，分别有36.60%、33.80%、32.20%和27.20%的外籍人士选择（见表21）。当然，在外籍人士看来，"加强对《杭州市城市国际化促进条例》的普法宣传"和"加强国际人才的引进"对杭州市民国际意识的提升作用相对较小。

表21 提升杭州市民国际意识的主要途径

问题	认知选项	频数	百分比（%）
您认为提升杭州市民国际意识的主要途径有哪些？	打造更多的国际化社区	183	36.60
	加强城市国际化定位的宣传	189	37.80
	加强城市外语环境的建设	203	40.60
	加强国际商务城市的建设	161	32.20
	加强青少年的国际意识教育	169	33.80
	承办更多的国际赛事和会议	136	27.20
	加强对《杭州市城市国际化促进条例》的普法宣传	96	19.20
	加强国际人才的引进	118	23.60

（七）《杭州市城市国际化促进条例》中最在意的措施

在"《杭州市城市国际化促进条例》规定的促进城市国际化的措施中，您最在意的是哪些"的认知调查中，支持率最高的一项为"公共服务国际化，为国际人才提供优质服务"，有45.60%的外籍人士选择了此项。这说明在外籍人士看来，他们希望享受到更多的公共服务，有些公共服务不够国际化，在外籍人士生活所涉及的领域可能没有专门的国际化服务，杭州还需要在公共服务的国际化方面做更多的工作，为国际人才提供更优质的服务。此外，其他选项的占比分别为"城市环境国际化，公共信息使用国际通用标识"43.20%、"产业国际化，营造国际创新创业生态环境"40.20%、"文化国际交流融合，提高居民对外交流能力"37.00%（见表22）。这些认知调查的结果表明，在促进城市国际化方面，杭州除了在创业环境、标识标牌国际通用等方面加以改进外，还需要市民提高与外籍人士的交流和沟通能力。这些方面又是相互影响和促进的，假如从外在方面改善硬件环境，有了外在的一些措施，市民生活在其中也能感受到提高对外交流能力的必要性，同时也会通过耳濡目染，提高对外交流和沟通的能力。

表22　《杭州市城市国际化促进条例》中最在意的措施

问题	认知选项	频数	百分比（%）
《杭州市城市国际化促进条例》规定的促进城市国际化的措施中，您最在意的是哪些？	产业国际化,营造国际创新创业生态环境	201	40.20
	城市环境国际化,公共信息使用国际通用标识	216	43.20
	公共服务国际化,为国际人才提供优质服务	228	45.60
	文化国际交流融合,提高居民对外交流能力	185	37.00

（八）对当前生活的总体满意度和对在杭生活的幸福感

在"您对当前生活的总体满意度如何"的认知调查中，有近80%的外籍人士表示"非常满意"和"满意"，其中选择"非常满意"的占

28.80%，选择"满意"的占49.60%，这说明绝大多数外籍人士已经适应和融入杭州的生活，这也从另一个侧面说明杭州是一个宜居、开放、包容的城市，外籍人士对其在杭州的居住和生活状态比较满意。但是，我们也注意到，有极少部分外籍人士选择了"不满意"或者"非常不满意"，这也是我们不能忽略的群体，说明杭州在某些方面还需要改进，应该为外籍人士提供更优质的国际化服务（见表23）。

表23 对当前生活的总体满意度

问题	认知选项	频数	百分比（%）
您对当前生活的总体满意度如何？	非常满意	144	28.80
	满意	248	49.60
	一般	87	17.40
	不满意	17	3.40
	非常不满意	4	0.80
合　计		500	100

在"您觉得自己生活得幸福吗"的认知调查中，超过60%的外籍人士觉得"非常幸福"和"幸福"，其中选择"非常幸福"的占26.80%，选择"幸福"的占39.20%，说明在杭生活的外籍人士的幸福感普遍较高，这虽然是个人的主观感受，但也从另一个侧面反映了杭州是一个幸福感较高的城市。还有29.60%的外籍人士选择了"一般"，3.80%的外籍人士选择了"不幸福"，0.60%的外籍人士选择了"很不幸福"（见表24）。这表明需要对这部分幸福感"一般""不幸福""很不幸福"的外籍人士进行进一步的调查和分析，探讨影响其幸福感的因素，为杭州持续改进国际化服务提供参考。

表24 对在杭生活的幸福感

问题	认知选项	频数	百分比（%）
您觉得自己生活幸福吗？	非常幸福	134	26.80
	幸福	196	39.20
	一般	148	29.60
	不幸福	19	3.80
	很不幸福	3	0.60
合　计		500	100

五　进一步提升杭州市民公共文明素养的若干建议

公共文明是一个城市软环境与硬环境的集中体现和升华，现代化、国际化城市的一个核心标志就是拥有公共文明。客观来讲，近年来杭州在硬件方面的发展有目共睹，作为浙江这个经济强省的省会，杭州已经率先迈入发达城市的行列，同时也是国际化互联网公司阿里巴巴和网易所在地，杭州的很多硬件设施已经赶上甚至超过了国际发达城市和地区。但是市民公共文明素养还有很大的进步空间，公共文明之于国际化城市打造的重要意义无须多言，公共文明既反映了市民较高的公共道德水准，又体现了该社会公共法规的健全程度，还标志着一个城市公共管理的完善程度。而国际化创新型城市的创建，归根到底是人的现代化和国际化，只有全面提升市民公共文明素养，才能为杭州打造与世界名城相媲美的"生活品质之城"、创建国际化创新型城市提供有力的人力资源支撑。基于问卷调查和座谈会上外籍人士的反馈、建议以及互动交流，课题组认为杭州可从以下几个方面着手，进一步提升市民的公共文明素养。

（一）加强城市名片的宣传和推广，在全社会营造开放、包容的国际化环境

公共文明是一项系统工程，涵盖公共管理和人们社会生活的方方面面，市民素质的提升受制于多方面的因素，不能一蹴而就。公共文明建设的推动者要以政府为主导，通过行政、法律等手段规范市民的公共行为，推动公共文明建设。

对打造与世界名城相媲美的"生活品质之城"、创建国际化创新型城市的宣传推广，需要进一步从实践层面加以落实。

一是纸质宣传品的提供。可以大量印发介绍杭州衣食住行的公益宣传手册，最好是中英双语，放置于公共场所（如地铁、公交、商场、宾馆等）便于拿取的位置，供外籍人士索取、阅览。在这方面可以借鉴中国香港、新

加坡、日本等国家和地区的做法。比如中国香港地区在尽可能多的公共场所摆放了可供阅览的、详细的城市指南，这种指南涵盖衣食住行的各个方面，上面印有多种文字，有繁体中文、简体中文、英文等，在细节方面做得非常到位，初次到香港的外地人感到非常方便和实用。在社会氛围的营造方面，党政部门应牵头开展文明行为动员活动，向市民发出国际文明礼仪倡议书，发放国际会议或者赛事宣传手册、礼仪读本、简单外语会话手册等，面向市民开设相关礼仪学习课程，提高市民公共文明水平和国际素养，营造面向国际化的浓厚的社会氛围，充分展示杭州的国际形象，提升杭州的国际知名度和美誉度。

二是动态的广电媒体宣传推广。充分利用新媒体广泛宣传和培育市民的国际意识。在新媒体时代，人们的出行交往与手机密不可分，可以考虑把公益宣传嵌入新媒体的传播中。在国内宣传方面，鉴于杭州的许多媒体有自己的 App，杭州市政府文明办可以设立专门的 App 和微信公众号，提供衣食住行各方面的信息，在其中嵌入关于提升杭州国际化水平的宣传信息。同时，把市民与外籍人士沟通和交流的场景做成一些小视频，在公共场所和新媒体上播放，鼓励市民与外籍人士友好相处，在力所能及的范围内为外籍人士提供帮助与服务。此外，还可以将国际化交流所需的外语学习尤其是英语学习在宣传片中呈现，英语作为全球通用性语言，在国际交流中具有很重要的作用，因此在全社会倡导国际化的双语交流十分必要。在国际宣传方面，杭州市政府可以在国际主流社交媒体上设立账号，使用以英语为主的外语对杭州的城市形象进行多方面的展示，并拍摄能展现杭州古城文化底蕴与"互联网＋创新"双重魅力的宣传大片，在各大国际社交媒体投放，为世人了解杭州提供便捷的渠道。

三是社区公共场所的宣传推广。通过街道办事处和民间组织联合发动，甚至在必要的时候采取以民间团体推动为主的方式，对公民进行国际礼仪文明、国际意识以及遵纪守法等方面的宣传教育，以求更接地气、更具认同、更有实效。鼓励市民学习国际先进理念，自觉用国际眼光审视自己的文明行为，不断提升杭州市民的国际文明素养。

（二）从制度层面培育市民的国际意识

国家软实力不仅是一个国家在国际竞争中的重要支撑力量，而且是一种竞争性资源。对于一个城市而言，其软实力也成为提升城市影响力、国际竞争力和未来发展潜力的重要支持性资源。一个城市的公共文明程度就是一个城市的名片，是衡量城市影响力、国际竞争力的重要指标，是城市的软实力。这种软实力的形成需要长期的培育过程，不仅需要政府的宣传推广，而且要在制度层面有所作为，引领社会营造良好的国际化氛围。

首先，在法律法规的制定及实施方面加强管理，作为公共文明规范的保障。具体来讲，市民道德素质的提升不能光靠政府命令式的教育或者口号式的号召，还要积极引导市民形成良好的公共道德素质，提升市民的整体价值观念。对违反公共文明规范的行为进行惩处规诫，加强政府各个部门间的协同合作，同时动员社会力量进行监督、举报、纠正，即要求政府提升对各种资源进行整合管理的能力。参考中国香港、新加坡、日本等国家和地区的经验，加大对公共场合不文明现象的处罚力度，通过制定严格的法律法规和执行严厉的处罚手段来规范市民的公共道德行为，这些都要求政府提高执行力，真正起到塑造国际化公共文明形象的作用。

其次，集思广益，鼓励市民参与决策，制定畅通而有效的全民参与机制。在推进城市现代化和国际化的进程中，广大市民是城市的主人翁，也是公共文明的主要载体，如果相关政策法规得不到市民的认同，就很难执行下去。只有市民直接参与和管理，才能培育其城市归属感、认同感和现代感，才能有效地整合与利用城市的各种资源。国际文明城市的经验表明，政府要想在城市文明规范管理中发挥有效的作用，就要将"人"作为其政策制定的出发点和归宿点，比如新加坡政府就成立了民间调查机构——民情联系组，专门负责与民众进行沟通，鼓励民众参与并发表意见，最后将民意评价整理成报告反馈给政府相关部门。这些也是课题组正在做的工作，努力做好政府与民众之间沟通的桥梁和媒介，综合各层次市民群体的意见，充分了解市民对城市公共文明建设的合理诉求和对已有政策法规的建议，做好分析研究并传达到政府层面。一项科学的决策首先要能够正确反映民众的意愿，政府方面也应当提供便于市民参与的利益表达渠道，建立公共参与的协商机制，加强对市民建议和意见的回应，增强市民对政府政策的认同和公共参与的信心，真正培育现代化市民社会所需的公共参与意愿与能力。

最后，提升公共服务国际化水平。外籍人士在一个城市居住涉及衣食住行的方方面面，政府要在尽可能多的层面为外籍人士提供更快捷、更有针对性的服务。杭州市应大力发展国际教育，引进国外知名教育机构来杭参与办学，推进外籍人员子弟学校的建设，使外籍人员子女教育得到有效保障。推进医疗领域的国际化合作，积极引进国际性医疗机构，建立与国际医疗专家的远程会诊系统，完善国际医疗服务结算体系。比如在就医方面推出能为外籍人士提供英文服务的定点医院，方便外籍人士在就医时的沟通和治疗。在医院、保险、法院、银行、社区等部门建设统一的能提供外文翻译服务的窗口，建立完善多语种平台，组建长效性外语志愿服务团队。建立健全外文咨询、信息提供、生活设施和公共服务体系，实施国际化标识改造工程，规范城市公共场所标语标识，在一些涉外的机构、领域率先提出国际化的规范要求和标准，构建相关指标体系，如在银行、饭店、医院、公共交通等公共场所，国际化的标识（中文、英文或其他语言的对照）程度如何、是否有专门的英文翻译援助、是否有专门的宣传人员和志愿人员等。杭州市民可以在学习和实践中逐渐形成自觉、自发的行为规范，营造整个社会的国际化文明氛围。

（三）以产业化带动国际化

城市的发展离不开人才，尤其是高端人才的参与，杭州可以将产业发展和人才引进作为提高城市国际化文明素养的重要途径。

首先，以产业发展为导向大力引进高端人才，提升杭州市民整体的国际文明素养。以杭州国家自主创新示范区建设为契机，落实"互联网＋"战略，深入实施数字经济"一号工程"，着力发展信息技术产业与智慧经济，深度融入全球化的经济浪潮中参与竞争，这就需要大力吸引国际研发机构、知名创业孵化器以及顶级创业导师团队落户，深化人才发展战略改革，建立健全海外人才信息库，加强专业人才队伍建设，大力引进国际英才。通过高端人才的引进，推动杭州产业转型升级，从而带动杭州市民提升道德文明素养。此外，应加强与浙江大学、中国美术学院、浙江工业大学、浙江科技学院等在杭高校的战略合作，充分发挥高校在国际人才培养、国际科技创新合作与国际学术交流等方面的优势。

其次，通过高端人才引进与产业转型升级，提高杭州市民国际文明素养培育的主动性。在推动杭州产业发展的同时，利用现代产业对就业人员综合素质要求高、需具备国际化视野等条件，引入大量高素质人才在杭就业落户，从而促使现有的城市从业人员转变既有观念，提升国际化文明素养。积极组织本地人员赴海外培训、学习，主动参与国际交流活动，加大培育本地人才国际化的力度。例如，人力资源和社会保障部门可结合各类职业、技能和创业培训，为培训人员提供国际规则体系、国际文明礼仪等方面的国际化课程，在提高参训人员职业技能以适应产业转型发展的同时，逐步提升杭州市民的国际化文明素养。要像推动产业转型升级那样，采用多种激励机制，对科学、健康、合理的生活方式予以引导，鼓励市民向国际发达城市和地区的市民学习，自觉用国际眼光审视自己的日常行为，培养高尚的生活情操，提升生命价值，构建与国际名城相适应的现代生活方式。

2018年杭州市民公共文明指数调查国际礼仪文明报告

为进一步推进杭州市文明城市建设，加快建设独特韵味、别样精彩的世界名城，以崭新的面貌迎接2022年亚运会，杭州市文明办、杭州市社会科学院启动了2018年杭州市民公共文明指数调查。本次调查的对象分布广泛，涵盖多个层次、多个领域的在杭居民。

调查区域主要涉及杭州市十城区（包括上城区、下城区、江干区、拱墅区、西湖区、滨江区、萧山区、余杭区、富阳区和临安区）的翰墨香林苑、和家园、裘婆新村、朝晖新村、龙湖滟澜山、桃花源、闸弄口新村、大塘新村等50个市民生活小区以及公交车站、广场、地铁站、图书馆、购物中心等公共场所。共发放问卷4500份，回收问卷4312份，问卷回收率和问卷有效率分别为95.8%和100%。结合各城区的人口数量及其构成特点，对各城区的问卷发放总量做了综合权衡。

一 样本基本情况分析

受访者区域分布情况：上城区有效问卷442份，占十城区总有效问卷的10.25%（以下若无特别说明，均指有效问卷）；下城区432份，占10.02%；江干区423份，占9.81%；拱墅区438份，占10.16%；西湖区435份，占10.09%；滨江区425份，占9.86%；萧山区428份，占9.93%；余杭区427份，占9.90%；富阳区430份，占9.97%；临安区432份，占10.02%（见图1）。

受访者性别分布情况：男性2063人，占47.84%；女性2249人，占52.16%（见图2）。可见，女性略多于男性。

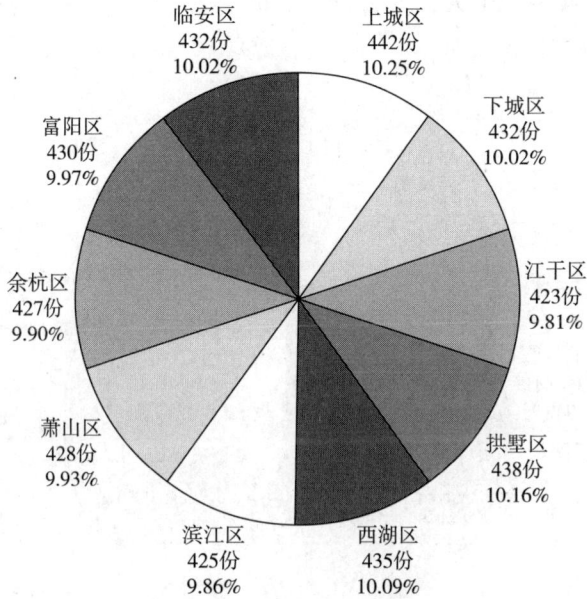

临安区
432份
10.02%

上城区
442份
10.25%

下城区
432份
10.02%

富阳区
430份
9.97%

江干区
423份
9.81%

余杭区
427份
9.90%

萧山区
428份
9.93%

拱墅区
438份
10.16%

滨江区
425份
9.86%

西湖区
435份
10.09%

图1 受访者区域分布情况

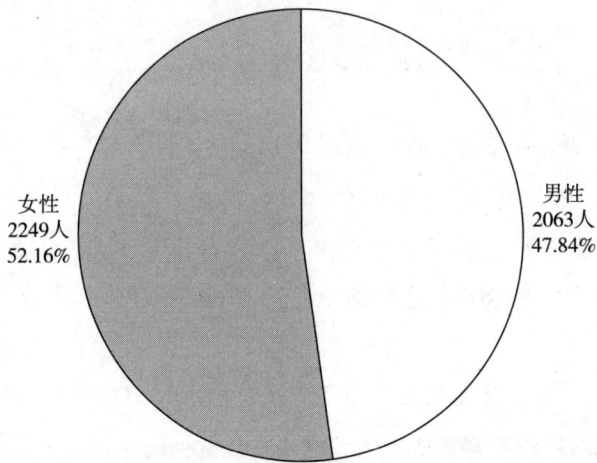

女性
2249人
52.16%

男性
2063人
47.84%

图2 受访者性别分布情况

受访者年龄分布情况：16~24岁1385人，占32.12%；25~34岁1509人，占35.00%；35~44岁949人，占22.01%；45~54岁335人，占

7.77%；55～64岁101人，占2.34%；65岁及以上33人，占0.77%（见图3）。

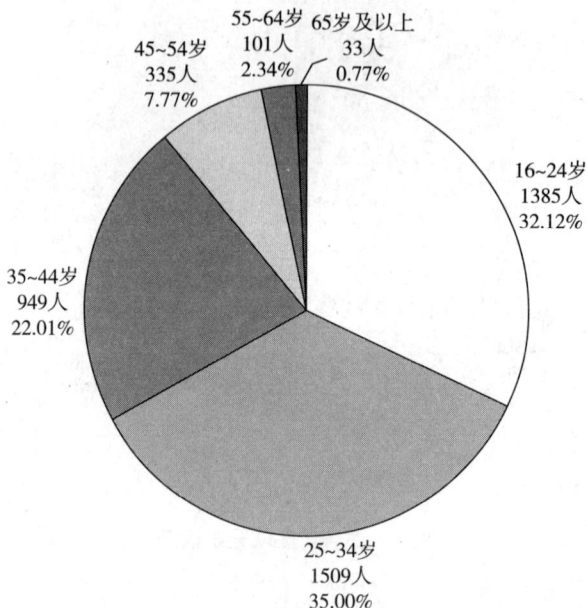

图3 受访者年龄分布情况

受访者学历分布情况：小学及以下166人，占3.85%；初中353人，占8.19%；高中/中专713人，占16.54%；大专702人，占16.28%；本科1953人，占45.29%；研究生及以上425人，占9.86%（见图4）。可见，受访者学历分布比较合理，主要集中在初中到研究生及以上这个区间，累计占96%左右。

受访者政治面貌分布情况：群众2205人，占51.14%；共青团员1307人，占30.31%；中共党员718人，占16.65%；民主党派82人，占1.90%（见图5）。

受访者在杭居住年限分布情况：5年及以下1557人，占36.11%；6～10年721人，占16.72%；11～20年823人，占19.09%；21年及以上1211人，占28.08%（见图6）。可见，大多数受访者在杭居住年限比较长，已

研究生及以上
425人
9.86%

小学及以下
166人
3.85%

初中
353人
8.19%

高中/中专
713人
16.54%

本科
1953人
45.29%

大专
702人
16.28%

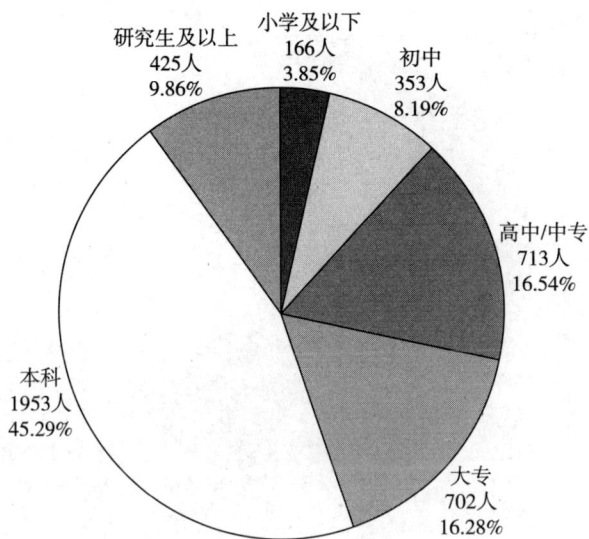

图4 受访者学历分布情况

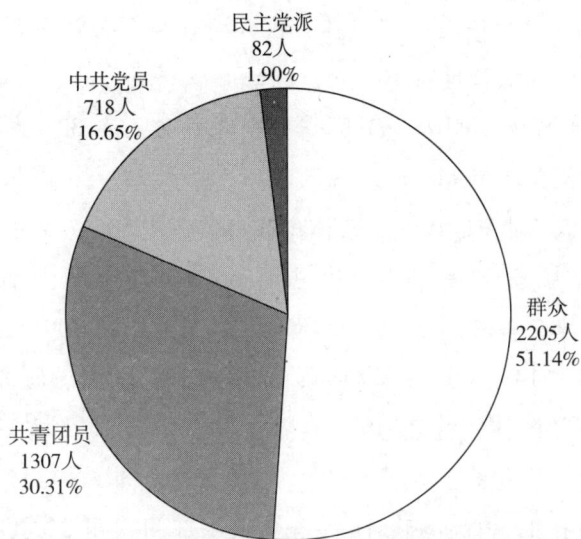

民主党派
82人
1.90%

中共党员
718人
16.65%

群众
2205人
51.14%

共青团员
1307人
30.31%

图5 受访者政治面貌分布情况

经融入这个城市之中，且多数为在杭州成长的市民，甚至为数代在杭州居住的市民，他们的行为可以反映出杭州市民的整体文明素养。

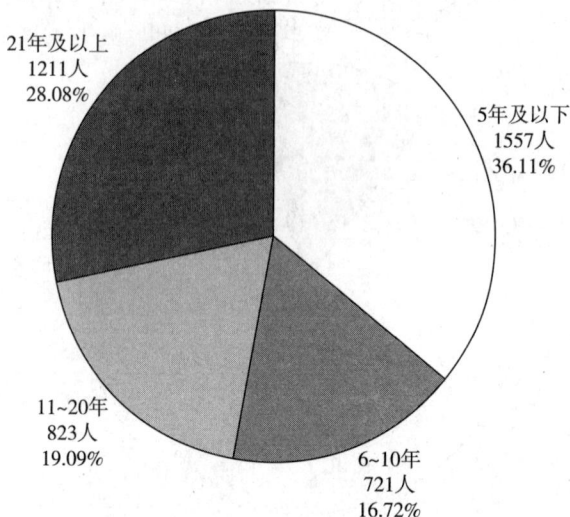

图6 受访者在杭居住年限分布情况

受访者职业分布情况：农、林、牧、渔等类似行业劳动者91人，占2.11%；国企中高层管理者105人，占2.44%；党、政、事业机关领导干部67人，占1.55%；工人、工厂（或企业）务工者327人，占7.58%；党、政、司法机关职员116人，占2.69%；军人24人，占0.56%；企业、公司职员910人，占21.10%；个体户或自营业主505人，占11.71%；私企老板、中高层管理者201人，占4.66%；自由职业者264人，占6.12%；在校学生991人，占22.98%；医疗工作者100人，占2.32%；教师（中小幼）147人，占3.41%；大学教师、学者、研究人员90人，占2.09%；新闻媒体工作者46人，占1.07%；律师及相关行业人员29人，占0.67%；文化演艺人员40人，占0.93%；非政府组织工作人员18人，占0.42%；工、青、妇、团等群众组织部门人员22人，占0.51%；无业人员86人，占1.99%；其他133人，占3.08%（见图7）。可见，本次问卷调查的受访者职业分布也较为合理。此外，有两点需要说明：第一，杭州市十城区居民基本以城镇户籍为主，仅萧山区、余杭区、富阳区和临安区还存在一定数量的农村户籍人口，因此农、林、牧、渔等类似行业劳动者调查仅针对萧山区、余杭区、富阳区和临安区，所占比例自然也较低；第二，在问卷调查过程中发现，许多街边店面的营业人员将自己划归"其他"人员行列。

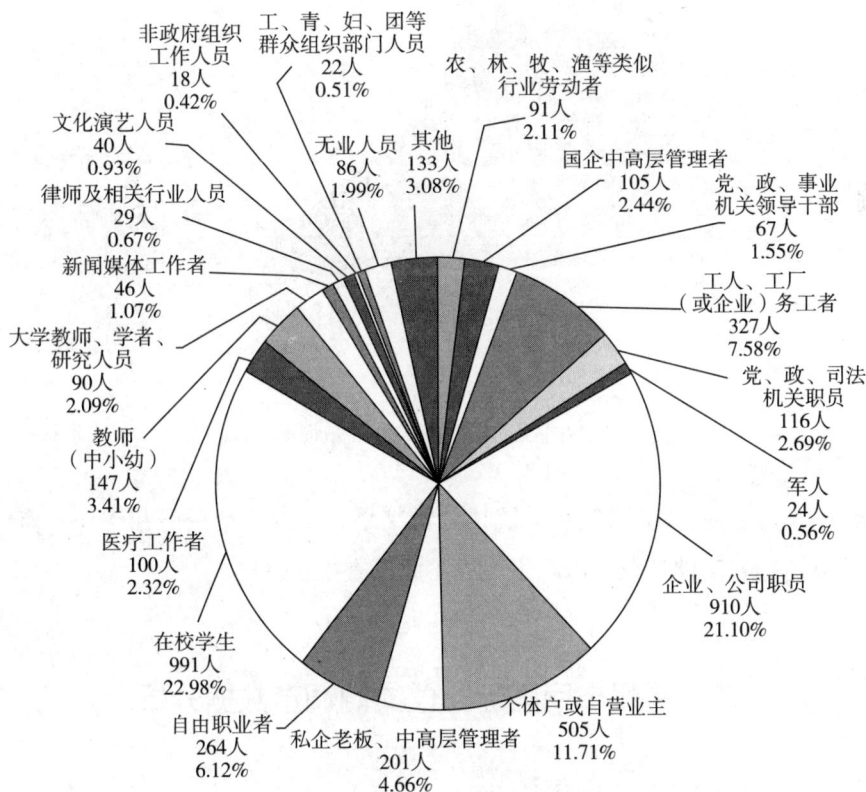

图7 受访者职业分布情况

受访者户籍类型分布情况：杭州户籍2201人，占51.04%；外地户籍2111人，占48.96%。其中，杭州城镇1540人，占35.71%；杭州农村661人，占15.33%；外地城镇1244人，占28.85%；外地农村867人，占20.11%（见图8）。可见，本次问卷调查的受访者户籍类型分布也较为合理。

135

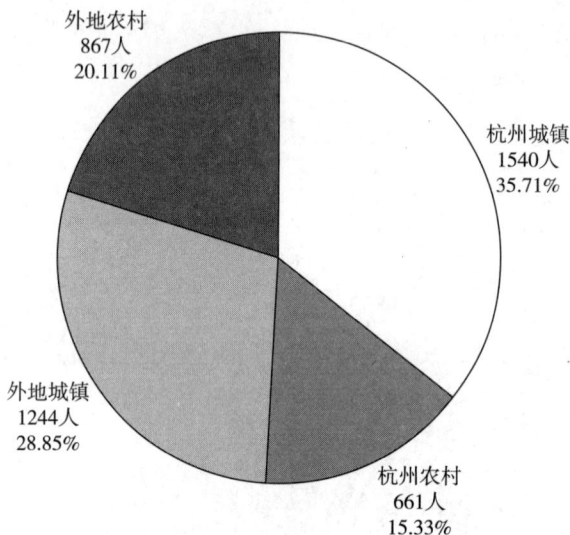

图 8　受访者户籍类型分布情况

　　基于对上述 4312 份问卷的统计分析结果，以及实地调研和访谈、座谈所形成的综合反馈情况，课题组形成了此调查报告。

二　杭州市民国际礼仪文明调查数据分析

（一）国际礼仪文明指标设置

　　国际礼仪文明调查共设置了 7 个具体指标，分别为"在外籍人士面前，能自觉维护国家及杭州的形象与声誉""能热情友善对待外籍人士，并愿为其提供力所能及的帮助与服务""不随意询问有关他人隐私问题（如年龄、家庭、收入等）""能积极主动学习外语，并在与外籍人士交流时使用外语""积极学习了解并遵循国际通行的礼仪规范""参加正式涉外活动时，能着正装出席""尊重外籍人士的习俗禁忌"，以量化分析杭州市民的国际礼仪文明状况（见表1）。

表1　杭州市民国际礼仪文明指标设置

二级指标	三级指标
国际礼仪文明	在外籍人士面前,能自觉维护国家及杭州的形象与声誉
	能热情友善对待外籍人士,并愿为其提供力所能及的帮助与服务
	不随意询问有关他人隐私问题(如年龄、家庭、收入等)
	能积极主动学习外语,并在与外籍人士交流时使用外语
	积极学习了解并遵循国际通行的礼仪规范
	参加正式涉外活动时,能着正装出席
	尊重外籍人士的习俗禁忌

（二）2015～2018年杭州市民国际礼仪文明指数比较分析

1. 2015～2018年杭州市民国际礼仪文明综合评价指数、客评指数、主评指数比较分析

2018年杭州市民国际礼仪文明综合评价指数为85.16，2015～2018年综合评价指数总体呈现上升趋势，且高于杭州市民公共文明综合评价指数（见图9）。这表明杭州市民国际礼仪文明综合评价指数处于"较好"水平，体现了近年来杭州市积极推进城市国际化建设工作，市民国际礼仪文明素养提升工作取得了较好成果。但值得注意的是，杭州市民国际礼仪文明综合评价指数在2016年、2017年连续两年上升的情况下，2018年呈现下降趋势，且回落到2016年之前的水平。这说明2016年G20杭州峰会带来的对市民国际礼仪文明素养提升的效应进一步减弱，提升市民国际礼仪文明素养是一个长期的过程，需要大家进行持之以恒的努力。

2018年杭州市民国际礼仪文明客评指数为83.61，连续两年下降，但高于2015年的82.60，这表明杭州市民期待他人的国际礼仪文明素养有进一步的提升（见图10）。

2018年杭州市民国际礼仪文明主评指数为87.47，连续两年上升，为四年来最高，比2015年的87.21还高出0.26，这表明杭州市民对自身国际礼仪文明素养给予的评价呈现稳步上升的态势。

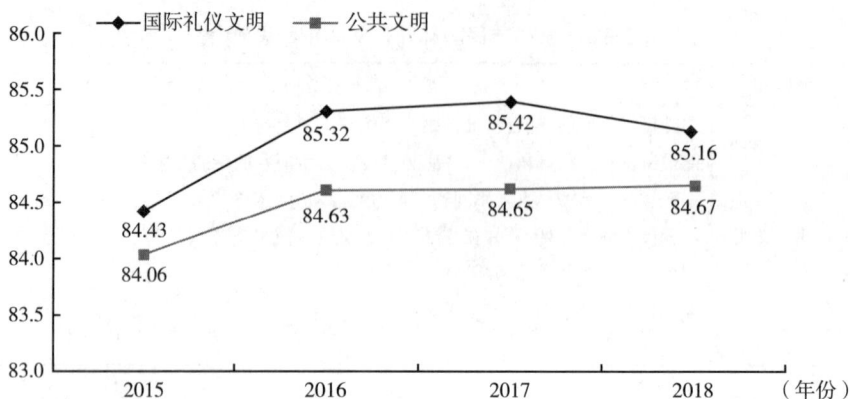

图9　2015～2018年杭州市民国际礼仪文明与公共文明综合评价指数比较

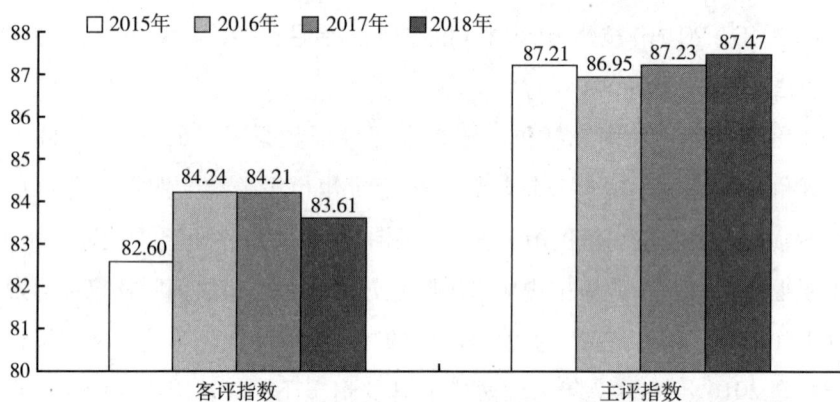

图10　2015～2018年国际礼仪文明客评指数与主评指数比较

2. 2015～2018年杭州市民国际礼仪文明三级指标综合评价指数比较分析

对2015～2018年所设立的三级指标进行比较，发现"在外籍人士面前，能自觉维护国家及杭州的形象与声誉""能热情友善对待外籍人士，并愿为其提供力所能及的帮助与服务""能积极主动学习外语，并在与外籍人士交流时使用外语"3个指标的综合评价指数呈现先升后降趋势，但仍高于2015年。其中，"能积极主动学习外语，并在与外籍人士交流时使用外语"的综合评价指数下降幅度较大，从最高点2016年的83.21下降到2018年的81.56，下降了1.65，与2015年的水平相当（见图11）。这表明在2016年中共杭州市委出台的《关于全面提升杭州城市国际化水平的若干意见》的指导下，以及随着 G20 杭州峰会的召开，杭州市民的主人翁意识和国际化理念得到了有效提升，但峰会效应并未持续扩大，可见还需把峰会的各种好做法、好经验转化为长效机制，形成可学可用的经验，全面应用于强化市民国际化理念、提升市民国际礼仪文明素养中。

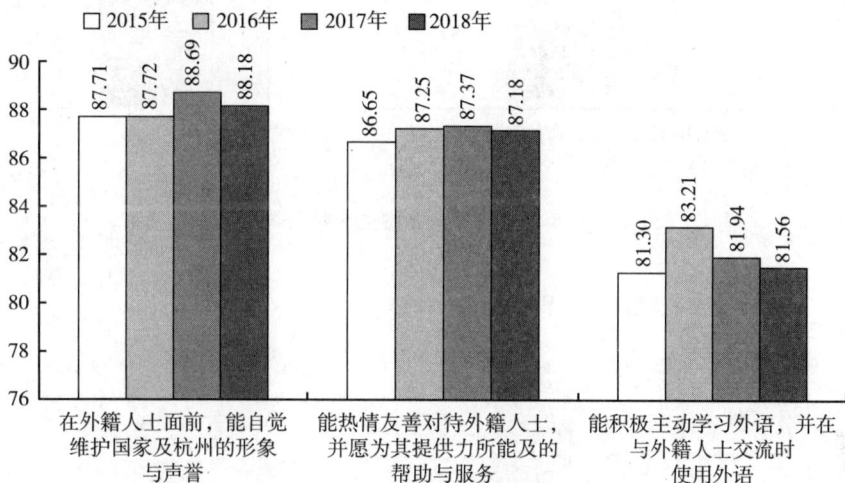

图11　2015～2018 年综合评价指数先升后降的三级指标

调查显示，"不随意询问有关他人隐私问题（如年龄、家庭、收入等）"和"参加正式涉外活动时，能着正装出席"两个指标的综合评价指数在2016 年略微下降，在 2017 年有所回升，在 2018 年再次下降。其中，"不随意询问有关他人隐私问题（如年龄、家庭、收入等）"指标起落较明显，2018 年回落到低于 2015 年的 86. 19（见图12）。这表明 G20 杭州峰会后杭州市民开始以国际礼仪规范要求自己，为建设独特韵味、别样精彩的世界名城贡献力量，但并未形成自觉意识，所以随着峰会的远离又回归原点，可见这两个指标受外部环境的影响较大，还需形成内在的动力机制。

调查还显示，"积极学习了解并遵循国际通行的礼仪规范"的综合评价指数呈现先升后降再升的趋势，忽上忽下，起伏比较大（见图13）。这表明杭州市民在学习了解并遵循国际通行的礼仪规范方面不太稳定。

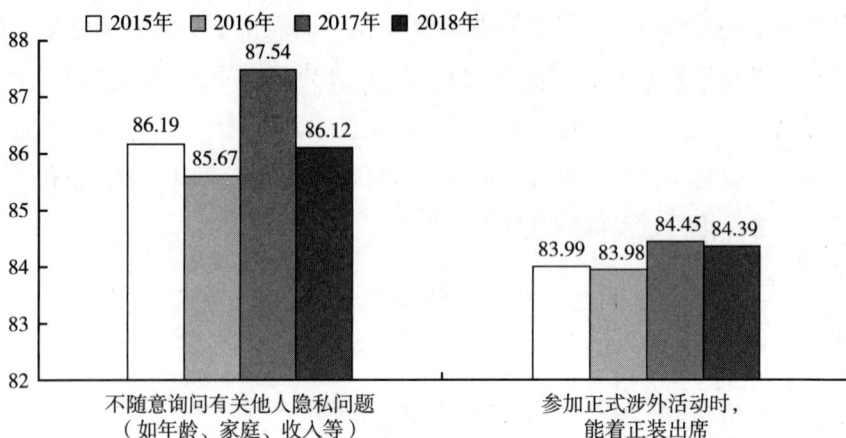

图12　2015～2018年综合评价指数先降后升再降的三级指标

图13　2015～2018年综合评价指数先升后降再升的三级指标

数据表明，"尊重外籍人士的习俗禁忌"（该指标的设立始于2016年）的综合评价指数在2017年有所下降，但在2018年有轻微回升（见图14）。这表明杭州市民"尊重外籍人士的习俗禁忌"的意识在G20杭州峰会后仍旧比较弱。

3. 2015～2018年杭州市民国际礼仪文明三级指标客评指数比较分析

对比2015～2018年所设立的三级指标，发现"在外籍人士面前，能自觉维护国家及杭州的形象与声誉""不随意询问有关他人隐私问题（如年龄、家庭、收入等）""参加正式涉外活动时，能着正装出席""能热情友善

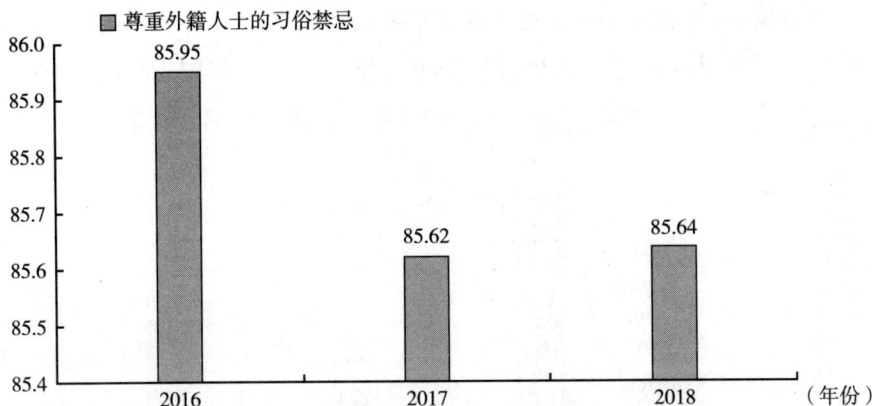

图14　2016~2018年综合评价指数先降后升的三级指标

对待外籍人士，并愿为其提供力所能及的帮助与服务""能积极主动学习外语，并在与外籍人士交流时使用外语"5个指标的客评指数呈现先升后降趋势，但仍高于2015年。其中，"不随意询问有关他人隐私问题（如年龄、家庭、收入等）"的客评指数在2018年下降幅度最大，从2017年的86.69下降到2018年的84.38，下降了2.31（见图15）。该指标客评指数的下降说明杭州市民的尊重意识没有得到认可。

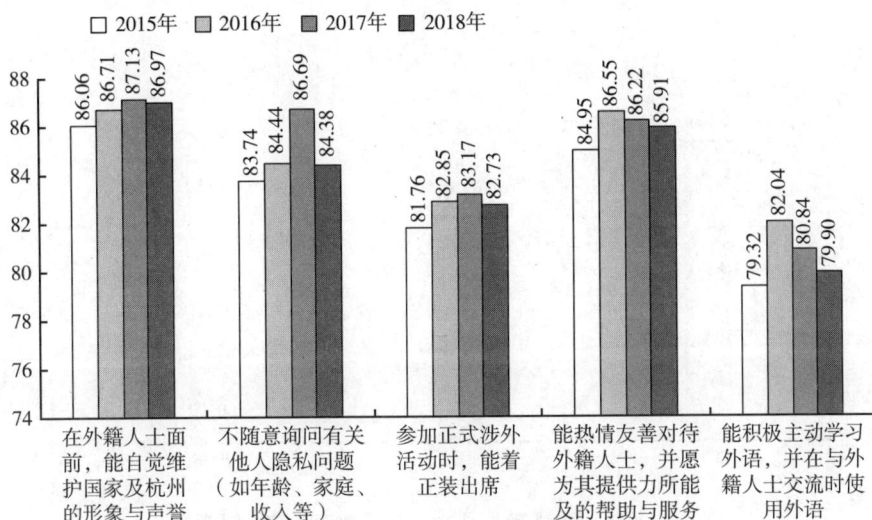

图15　2015~2018年客评指数先升后降的三级指标

调查显示，"积极学习了解并遵循国际通行的礼仪规范"的客评指数在2015～2018年呈现先升后降再升的趋势，起落明显（见图16）。这表明杭州市民对学习了解并遵循国际通行的礼仪规范的认可度不太稳定。

图16　2015～2018年客评指数先升后降再升的三级指标

数据显示，"尊重外籍人士的习俗禁忌"的客评指数在2016～2018年呈递减趋势（见图17）。这表明杭州市民对他人"尊重外籍人士的习俗禁忌"的认可度持续下降。

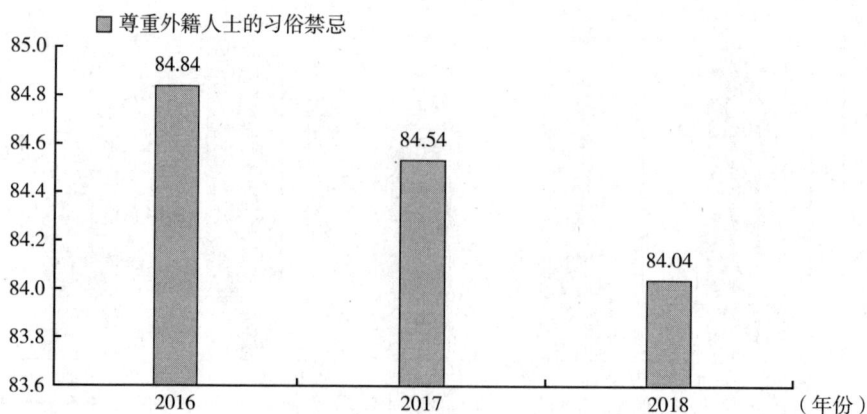

图17　2016～2018年客评指数呈递减趋势的三级指标

4. 2015～2018年杭州市民国际礼仪文明三级指标主评指数比较分析

数据显示，"在外籍人士面前，能自觉维护国家及杭州的形象与声誉""能热情友善对待外籍人士，并愿为其提供力所能及的帮助与服务""不随意询问有关他人隐私问题（如年龄、家庭、收入等）"3个指标的主评指数在2016年有所下降，在2017年又有所回升，在2018年再次下降。其中，"在外籍人士面前，能自觉维护国家及杭州的形象与声誉"的主评指数在2018年下降较明显，比2017年下降了1.03（见图18）。这表明杭州市民在自身国际礼仪文明方面的改进还不够。"能积极主动学习外语，并在与外籍人士交流时使用外语"和"积极学习了解并遵循国际通行的礼仪规范"两个指标的主评指数呈现先升后降再升的趋势，尤其是2018年"积极学习了解并遵循国际通行的礼仪规范"的主评指数升幅明显，较2017年上升了1.07，为四年来的最高值（见图19）。这表明在杭州加快建设独特韵味、别样精彩的世界名城的号召与推动下，市民学习使用外语及了解遵循国际礼仪规范越来越积极。

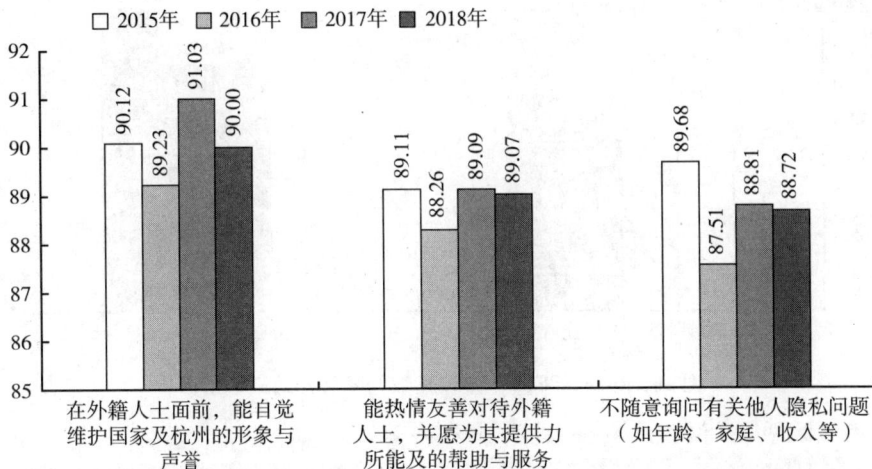

图18 2015～2018年主评指数先降后升再降的三级指标

数据显示，"参加正式涉外活动时，能着正装出席"和"尊重外籍人士的习俗禁忌"两个指标的主评指数呈现先降后升的趋势，且均在2018年达

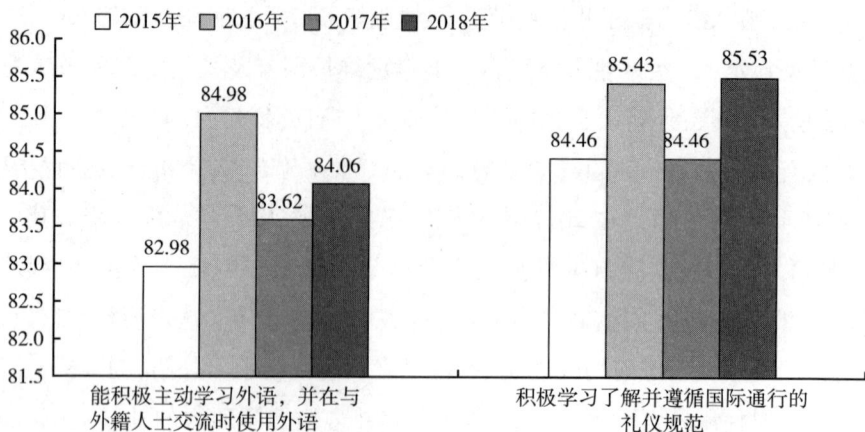

图19 2015~2018年主评指数先升后降再升的三级指标

到四年来的最高值（见图20）。这表明杭州市民对自身在涉外礼仪方面的提升是肯定的、有信心的。

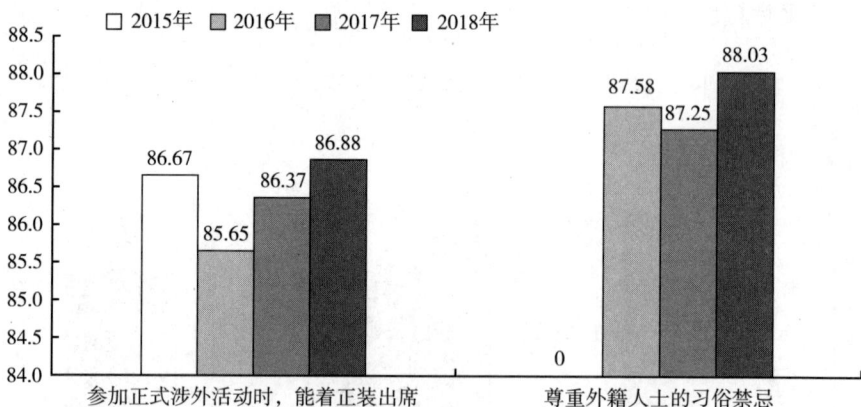

图20 2015~2018年主评指数先降后升的三级指标

注：2015年未设"尊重外籍人士的习俗禁忌"指标。

（三）2015~2018年外籍人士国际礼仪文明指数比较分析

2018年外籍人士国际礼仪文明客评指数、主评指数、综合评价指数均大幅下降，且低于2015年，总体呈现下降态势，这表明G20杭州峰会对杭州市民国际礼仪的提升效应基本消失。下降幅度最大的是国际礼仪文明客评指数，由 2017 年的 82.37 下降至 2018 年的 71.83，下降了 10.54，这表明外籍人士期待杭州市民的国际礼仪文明素养有大幅提升。其次是国际礼仪文明综合评价指数，由 2017 年的 84.07 下降至 2018 年的 75.57，下降了 8.50，这表明外籍人士对杭州市民国际礼仪文明素养的认可度下降（见图 21）。

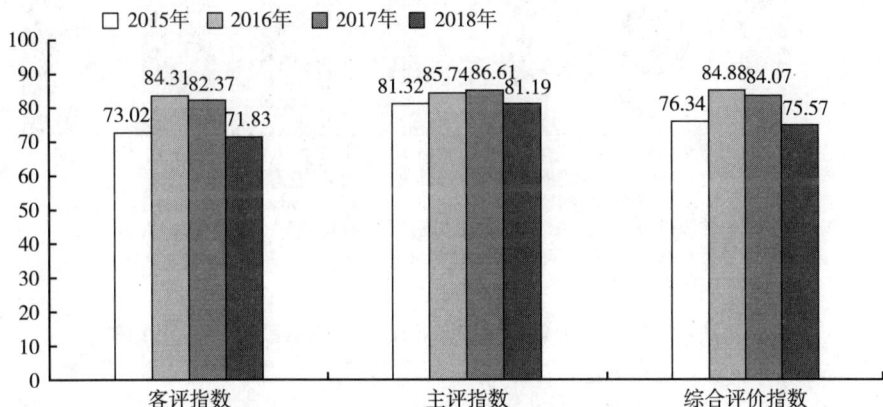

图 21　2015～2018 年外籍人士国际礼仪文明指数比较

对比 2015～2018 年外籍人士国际礼仪文明三级指标，发现与 2017 年相比，2018 年 7 个三级指标的客评指数、主评指数、综合评价指数均下降，且绝大部分低于 2015 年。其中，客评指数下降幅度最大，2018 年 7 个三级指标的客评指数分别较 2017 年下降了 7.17、9.68、9.57、10.68、11.98、11.49、13.22，"能积极主动学习外语，并在与外籍人士交流时使用外语""积极学习了解并遵循国际通行的礼仪规范""参加正式涉外活动时，能着正装出席""尊重外籍人士的习俗禁忌" 4 个指标的客评指数下降较多，同时这 4 个指标也是 7 个三级指标中客评指数较低的（见图 22）。课题组通过对外籍人士进行个案访谈发现，多数外籍人士认为杭州市民的国际化意识和能力还不够，所以往往不了解更谈不上遵循国际通行的礼仪规范，也不懂如何尊重外籍人士的习俗禁忌。同时，他们认为文化差异、缺乏沟通和自身对城市的融入不足也可能会产生判断的偏差。

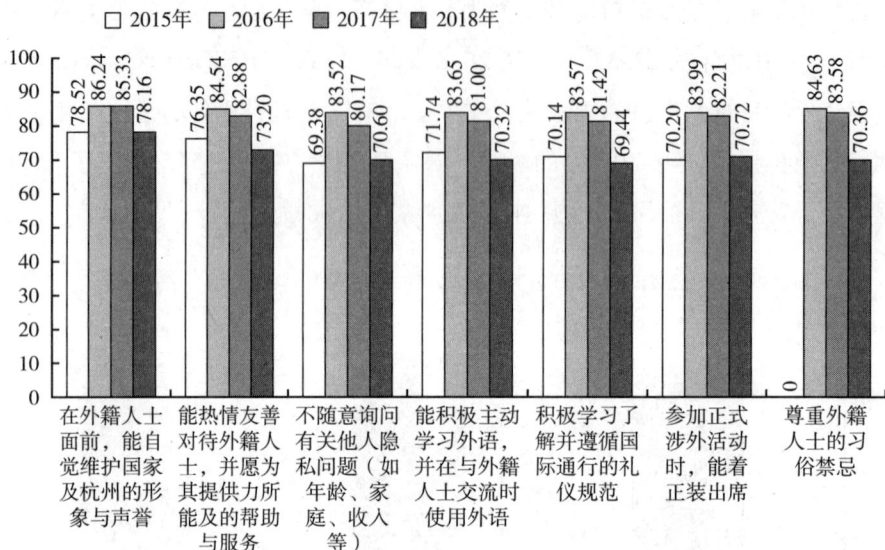

图22　2015～2018年外籍人士国际礼仪文明三级指标客评指数比较

注：2015年未设"尊重外籍人士的习俗禁忌"指标。

三　受访者类型交叉分析

为进一步分析杭州市民国际礼仪文明指数情况，我们对受访者所在区域、性别、年龄、学历、政治面貌、在杭居住年限、职业、户籍类型等进行交叉分析，以期发现一些规律性的现象。

（一）受访者所在区域交叉分析

不同区域的受访者对杭州市民国际礼仪文明方面的评价差异性比较显著。表2显示，从二级指标看，临安区的客评指数和综合评价指数最高，西湖区的综合评价指数次之。临安区自设区以来首次被纳入评价范围，只有一年的数据，因此难以做出明确的判断。西湖区是省会机关聚集区、著名的文教区和国家级园区集聚区，辖区人员通常具备良好的文明素养。因此，西湖区的国际礼仪文明指数相对较高也在情理之中。

表2 2018年受访者所在区域交叉分析情况

	指　标	上城区	下城区	江干区	拱墅区	西湖区	滨江区	萧山区	余杭区	富阳区	临安区
二级指标	客评指数	83.79	83.45	82.51	82.42	84.24	83.95	82.72	84.13	83.81	85.11
	主评指数	86.68	85.10	86.08	87.23	89.84	88.25	87.64	87.45	87.25	89.17
	综合评价指数	84.94	84.11	83.94	84.35	86.48	85.67	84.69	85.46	85.19	86.73
三级指标	在外籍人士面前,能自觉维护国家及杭州的形象与声誉	89.65	86.79	85.47	88.11	89.88	87.53	88.64	88.25	87.24	90.18
	能热情友善对待外籍人士,并愿为其提供力所能及的帮助与服务	87.20	86.11	86.13	86.58	88.44	87.74	87.29	87.52	86.42	88.32
	不随意询问有关他人隐私问题(如年龄、家庭、收入等)	85.52	84.25	85.09	86.62	87.75	86.92	84.52	86.86	85.94	87.68
	能积极主动学习外语,并在与外籍人士交流时使用外语	81.17	80.21	79.04	79.74	82.61	82.49	80.89	82.65	83.42	83.43
	积极学习了解并遵循国际通行的礼仪规范	82.23	82.44	81.96	80.71	84.54	84.22	81.74	83.33	84.39	84.78
	参加正式涉外活动时,能着正装出席	83.53	84.27	84.12	83.35	85.12	85.22	84.13	83.33	84.45	86.40
	尊重外籍人士的习俗禁忌	85.31	84.70	85.78	85.31	87.03	85.55	85.64	86.27	84.46	86.35

调查数据显示,江干区、西湖区、滨江区、萧山区、余杭区、富阳区6个区的国际礼仪文明综合评价指数高于其公共文明综合评价指数,比较明显的是西湖区、滨江区、萧山区、余杭区,分别高出1.62、1.26、1.33、0.79。上城区、下城区、拱墅区、临安区4个区的国际礼仪文明综合评价指数则低于其公共文明综合评价指数(见图23)。这表明,与公共文明素养相比,杭州大部分地区市民的国际礼仪文明素养还是较高的。

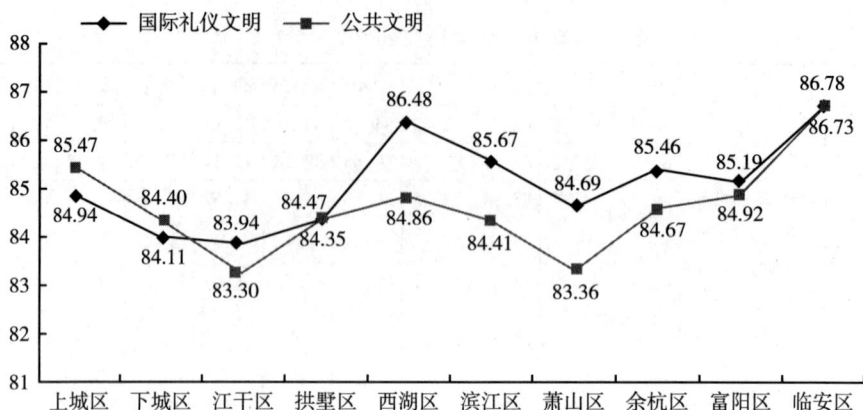

图23 2018年不同区域受访者国际礼仪文明与公共文明综合评价指数比较

（二）受访者性别交叉分析

调查数据显示，总体而言，2018年女性在国际礼仪文明方面的主评指数和综合评价指数都高于男性，分别达到88.00和85.34，女性的主评情况明显好于男性（见表3）。调查发现，女性评价更感性，男性评价则更理性，要求相对严格。调查数据还显示，2015～2018年女性的主评指数和综合评价指数都高于男性（见图24）。

表3 2018年受访者性别交叉分析情况

	指 标	男性	女性
二级指标	客评指数	83.67	83.56
	主评指数	86.89	88.00
	综合评价指数	84.96	85.34
三级指标	在外籍人士面前,能自觉维护国家及杭州的形象与声誉	88.12	88.24
	能热情友善对待外籍人士,并愿为其提供力所能及的帮助与服务	87.14	87.21
	不随意询问有关他人隐私问题(如年龄、家庭、收入等)	86.07	86.16
	能积极主动学习外语,并在与外籍人士交流时使用外语	81.19	81.90
	积极学习了解并遵循国际通行的礼仪规范	82.60	83.42
	参加正式涉外活动时,能着正装出席	84.25	84.52
	尊重外籍人士的习俗禁忌	85.34	85.92

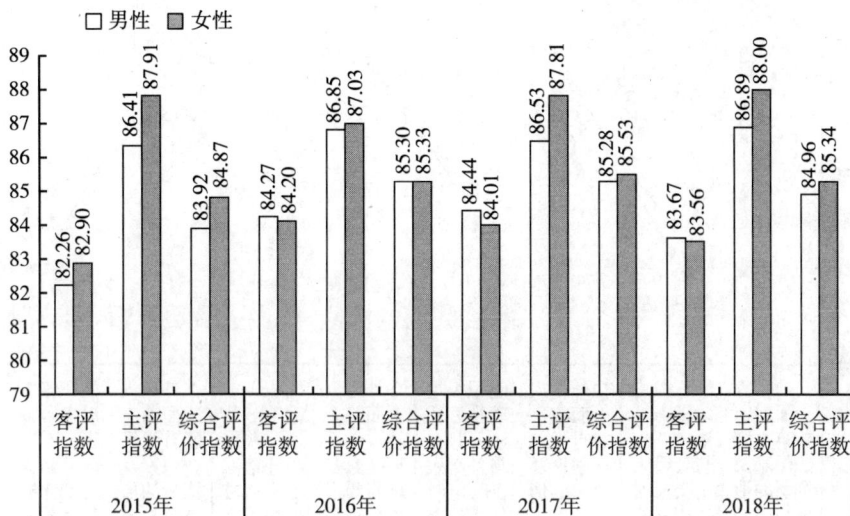

图24　2015～2018年不同性别受访者国际礼仪文明指数比较

研究发现，男性与女性在国际礼仪文明三级指标的调查中存在共性，如在"能热情友善对待外籍人士，并愿为其提供力所能及的帮助与服务""不随意询问有关他人隐私问题（如年龄、家庭、收入等）"两个指标中，男性与女性所表现出来的差异较小；在"能积极主动学习外语，并在与外籍人士交流时使用外语""积极学习了解并遵循国际通行的礼仪规范""尊重外籍人士的习俗禁忌"3个指标中，男性与女性所表现出来的差异较大。数据表明，2015～2018年，在"在外籍人士面前，能自觉维护国家及杭州的形象与声誉"这个指标中，男性与女性所表现出来的差异较小；而在"能积极主动学习外语，并在与外籍人士交流时使用外语"这个指标中，男性与女性所表现出来的差异则较大（见图25）。

（三）受访者年龄交叉分析

根据调查，我们发现受访者的年龄与国际礼仪文明指数之间存在一定的

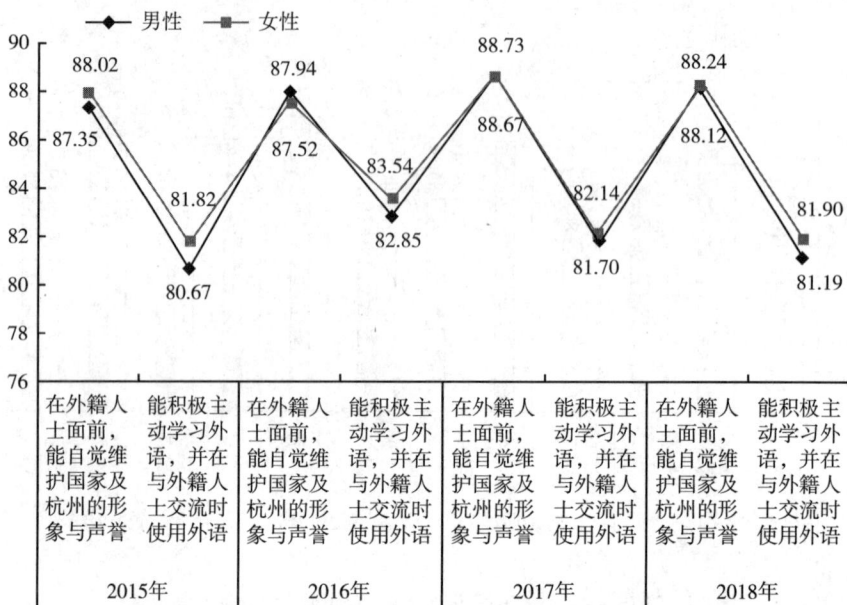

图25　2015～2018年不同性别受访者国际礼仪文明相关三级指标综合评价指数比较

相关性。总体而言，受访者年龄越小，国际礼仪文明指数就越高；反之，受访者年龄越大，国际礼仪文明指数就越低（见表4和图26）。最符合这一趋势的就是主评指数，随着受访者年龄的增长，主评指数总体呈下降趋势。通常而言，受访者年龄越小，越容易接受新生事物和适应外界变化，而16～24岁的受访者大多是学生，或者来杭务工的青年，所以这个年龄段的受访者的国际礼仪文明指数相对较高。值得注意的是，年龄越大（55岁及以上）的受访者，也更有时间和热情关注国际礼仪文明，因此国际礼仪文明指数也相对较高。

对比2015～2018年不同年龄段受访者的国际礼仪文明综合评价指数可以发现，16～24岁的受访者国际礼仪文明素养最高也最稳定，25～34岁的受访者变化不大，35～44岁、45～54岁、55～64岁、65岁及以上的受访者进步较快，其中65岁及以上的受访者进步最稳定也是进步最快的，综合评价指数由2015年的83.78上升至2018年的85.70，提升了1.92（见图27）。

这表明杭州市加快建设独特韵味、别样精彩的世界名城的举措取得了一定成效。

表4　2018年受访者年龄交叉分析情况

指标		16～24岁	25～34岁	35～44岁	45～54岁	55～64岁	65岁及以上
二级指标	客评指数	84.30	83.30	83.38	82.81	83.14	85.28
	主评指数	88.58	87.14	87.26	85.38	86.45	86.32
	综合评价指数	86.01	84.84	84.93	83.84	84.46	85.70
三级指标	在外籍人士面前,能自觉维护国家及杭州的形象与声誉	89.16	87.98	87.58	87.13	86.77	88.61
	能热情友善对待外籍人士,并愿为其提供力所能及的帮助与服务	87.79	87.24	86.87	85.36	86.77	86.91
	不随意询问有关他人隐私问题（如年龄、家庭、收入等）	86.76	85.74	86.35	84.97	84.71	85.58
	能积极主动学习外语,并在与外籍人士交流时使用外语	82.70	81.30	80.94	80.45	79.60	81.45
	积极学习了解并遵循国际通行的礼仪规范	84.29	82.25	82.68	81.44	85.03	85.58
	参加正式涉外活动时,能着正装出席	84.91	84.10	84.38	83.93	83.17	84.61
	尊重外籍人士的习俗禁忌	86.50	85.26	85.71	83.61	85.19	87.15

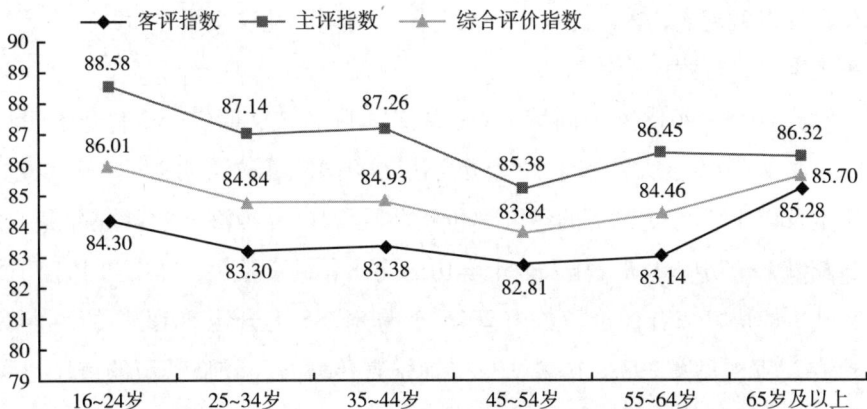

图26　2018年不同年龄受访者国际礼仪文明指数比较

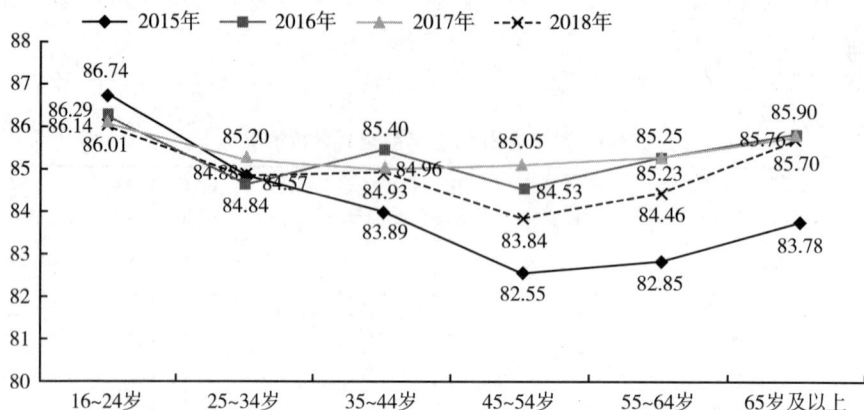

图27 2015～2018年不同年龄受访者国际礼仪文明综合评价指数比较

（四）受访者学历交叉分析

调查数据显示，受访者的学历与国际礼仪文明指数之间存在一定的关联。就二级指标主评指数而言，总体来看，受访者的学历越高，主评指数就越高，如研究生及以上学历受访者的主评指数达到89.22（见表5和图28）。尤为显著的是，在7个三级指标中，综合评价指数最高的均是研究生及以上学历的受访者。出现这种情况的原因是，学历越高，对国际礼仪文明方面的知识掌握得就越多，国际化视野更为开阔，对国际礼仪文明方面的行为感知也更为准确，自我评价就越高。

对比2015～2018年不同学历受访者的国际礼仪文明综合评价指数可以发现，高中/中专、大专和本科学历受访者的国际礼仪文明素养比较稳定，研究生及以上学历受访者的综合评价指数在2016～2018年连续三年最高，小学及以下、初中和研究生及以上学历的受访者进步较快，其中初中学历受访者进步最快，综合评价指数由2015年的81.85上升至2018年的84.42，提升了2.57（见图29）。这表明只要加强宣传教育，较低学历的市民也可大幅提升国际礼仪文明素养。

表5　2018年受访者学历交叉分析情况

	指　标	小学及以下	初中	高中/中专	大专	本科	研究生及以上
二级指标	客评指数	83.86	83.91	83.30	83.39	83.54	84.49
	主评指数	85.37	85.20	85.87	87.66	88.20	89.22
	综合评价指数	84.46	84.42	84.33	85.10	85.40	86.38
三级指标	在外籍人士面前,能自觉维护国家及杭州的形象与声誉	87.08	86.90	87.71	87.91	88.65	88.78
	能热情友善对待外籍人士,并愿为其提供力所能及的帮助与服务	86.48	86.05	86.54	86.67	87.54	88.62
	不随意询问有关他人隐私问题(如年龄、家庭、收入等)	85.04	85.62	85.54	85.83	86.28	87.63
	能积极主动学习外语,并在与外籍人士交流时使用外语	81.93	80.50	79.94	81.78	81.80	83.57
	积极学习了解并遵循国际通行的礼仪规范	83.83	83.23	81.91	83.00	83.05	84.36
	参加正式涉外活动时,能着正装出席	82.77	83.67	83.76	84.72	84.60	85.18
	尊重外籍人士的习俗禁忌	84.10	85.00	84.90	85.80	85.90	86.53

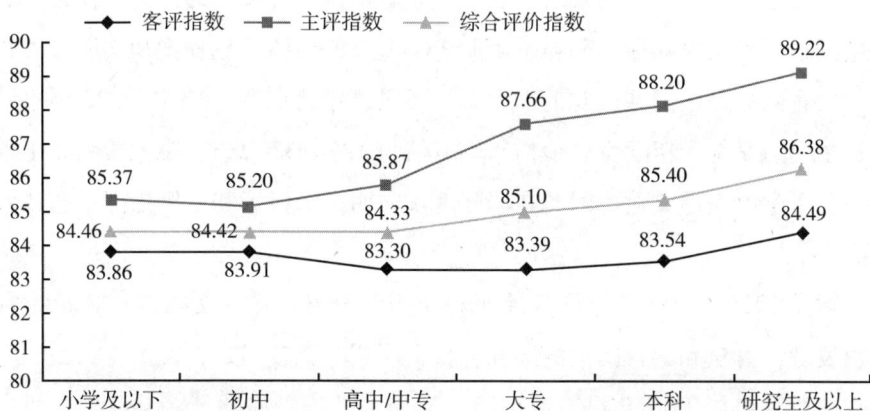

图28　2018年不同学历受访者国际礼仪文明指数比较

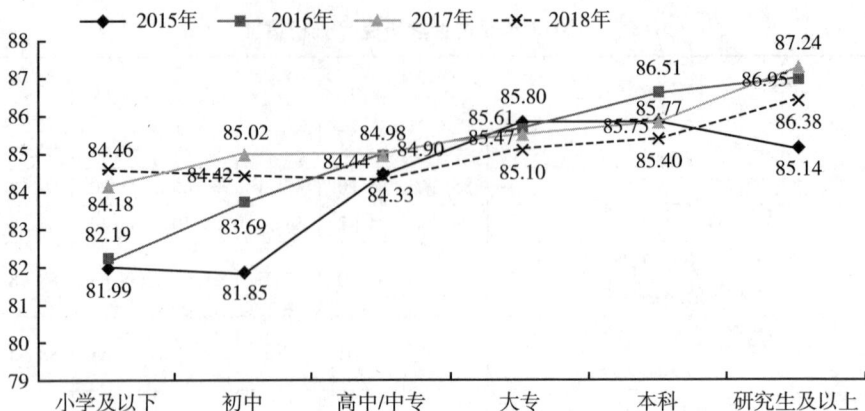

图29　2015～2018年不同学历受访者国际礼仪文明综合评价指数比较

（五）受访者政治面貌交叉分析

受访者的政治面貌与国际礼仪文明指数之间也存在一定的相关性。总体而言，共青团员和中共党员的二级指标指数值较高，民主党派的二级指标指数值较低，群众的二级指标指数值居中（见表6和图30）。中国共产党代表着中国先进社会生产力的发展要求，代表着中国先进文化的前进方向，代表着中国最广大人民的根本利益，因此中共党员的整体文化程度和文明素养较高。共青团员是中国共产党的助手和后备军，年龄在14周岁以上28周岁以下，主要力量是青年学生，他们年轻有活力，学习能力强，愿意接受新生事物，善于学习先进文化，因此在国际礼仪文明二级指标和三级指标中指数值较高。

对比2015～2018年不同政治面貌受访者的国际礼仪文明综合评价指数可以发现，群众和共青团员的国际礼仪文明素养比较稳定，民主党派的国际礼仪文明素养在2018年虽有所下降，但仍是进步最快的，综合评价指数由2015年的80.80上升至2018年的83.70，提升了2.90（见图31）。这表明民主党派只要意识到国际礼仪文明的重要性，这个群体的高层次、强学习能力非常有助于其提升国际礼仪文明素养。

表6　2018年受访者政治面貌交叉分析情况

	指　　标	群众	共青团员	中共党员	民主党派
二级指标	客评指数	83.46	83.95	83.43	83.94
	主评指数	87.09	88.02	88.11	83.34
	综合评价指数	84.91	85.58	85.30	83.70
三级指标	在外籍人士面前,能自觉维护国家及杭州的形象与声誉	87.79	88.68	88.70	86.39
	能热情友善对待外籍人士,并愿为其提供力所能及的帮助与服务	87.20	87.25	87.26	84.59
	不随意询问有关他人隐私问题(如年龄、家庭、收入等)	85.90	86.23	86.71	84.88
	能积极主动学习外语,并在与外籍人士交流时使用外语	81.21	81.93	81.83	82.78
	积极学习了解并遵循国际通行的礼仪规范	82.78	83.46	82.89	84.10
	参加正式涉外活动时,能着正装出席	84.11	85.17	84.07	82.29
	尊重外籍人士的习俗禁忌	85.40	86.31	85.68	80.88

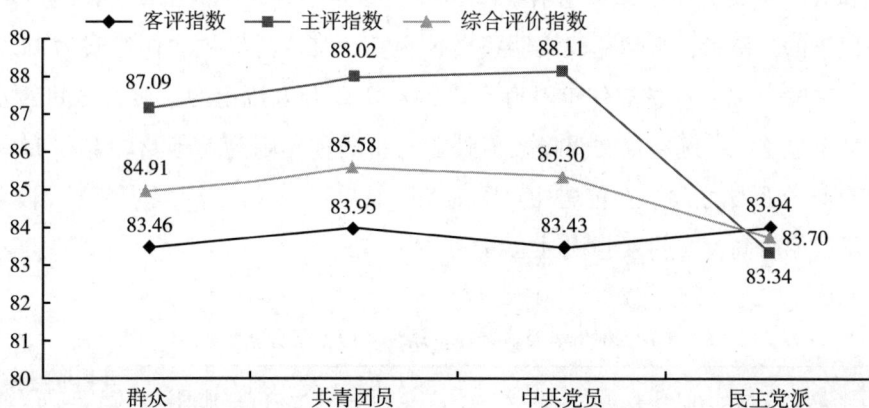

图30　2018年不同政治面貌受访者国际礼仪文明指数比较

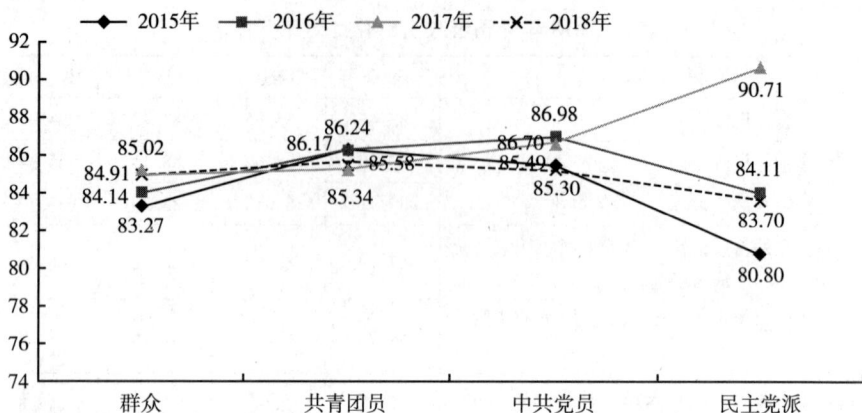

图31　2015~2018年不同政治面貌受访者国际礼仪文明综合评价指数比较

（六）受访者在杭居住年限交叉分析

数据显示，受访者在杭居住年限与国际礼仪文明指数之间存在一定关联。总体而言，随着受访者在杭居住年限的增加，国际礼仪文明指数呈现下降趋势，但在杭居住年限为11~20年的受访者的国际礼仪文明指数呈现上升趋势（见表7和图32）。由图32可知，总体来看，在杭居住年限为5年及以下的受访者，国际礼仪文明指数值最高；其次是在杭居住年限为11~20年的受访者；在杭居住年限为6~10年和21年及以上的受访者之间的差异性不显著，国际礼仪文明指数值处于在杭居住年限为5年及以下和11~20年两个群体之间。在杭居住年限为5年及以下的受访者大多是新杭州人，学历普遍较高，文明素养相对也高。

表7　2018年受访者在杭居住年限交叉分析情况

指　　标		5年及以下	6~10年	11~20年	21年及以上
二级指标	客评指数	84.15	82.42	84.21	83.23
	主评指数	88.29	86.66	88.00	86.54
	综合评价指数	85.81	84.11	85.73	84.55

续表

指 标		5年及以下	6～10年	11～20年	21年及以上
三级指标	在外籍人士面前，能自觉维护国家及杭州的形象与声誉	88.89	87.81	88.52	87.26
	能热情友善对待外籍人士，并愿为其提供力所能及的帮助与服务	87.81	86.75	87.68	86.28
	不随意询问有关他人隐私问题（如年龄、家庭、收入等）	86.73	85.07	86.74	85.53
	能积极主动学习外语，并在与外籍人士交流时使用外语	81.68	80.53	82.80	81.19
	积极学习了解并遵循国际通行的礼仪规范	83.47	81.26	83.73	83.05
	参加正式涉外活动时，能着正装出席	85.30	82.59	84.98	83.89
	尊重外籍人士的习俗禁忌	86.79	84.79	85.64	84.65

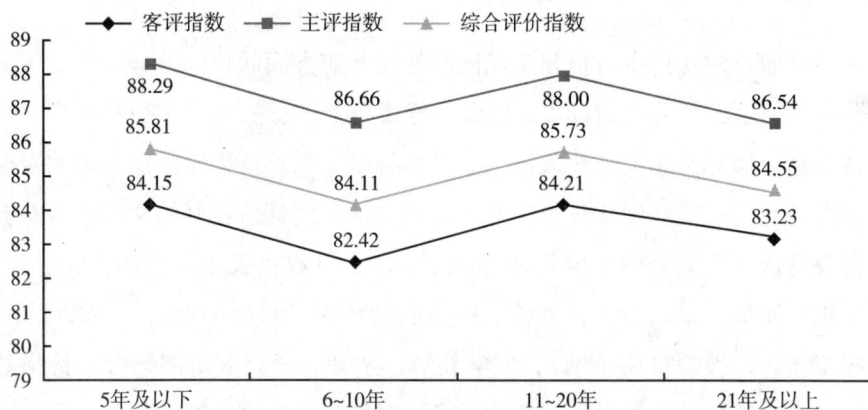

图32 2018年不同在杭居住年限受访者国际礼仪文明指数比较

对比2015～2018年不同在杭居住年限受访者的国际礼仪文明综合评价指数可以发现，在杭居住年限为5年及以下的受访者进步最大，综合评价指数由2015年的84.64上升至2018年的85.81，提升了1.17；其次是在杭居住年限为21年及以上的受访者，综合评价指数由2015年的83.89上升至2018年的84.55，提升了0.66。综合评价指数下降比较大的则是在杭居住年限为6～10年的受访者，与2015年相比下降了0.26（见图33）。

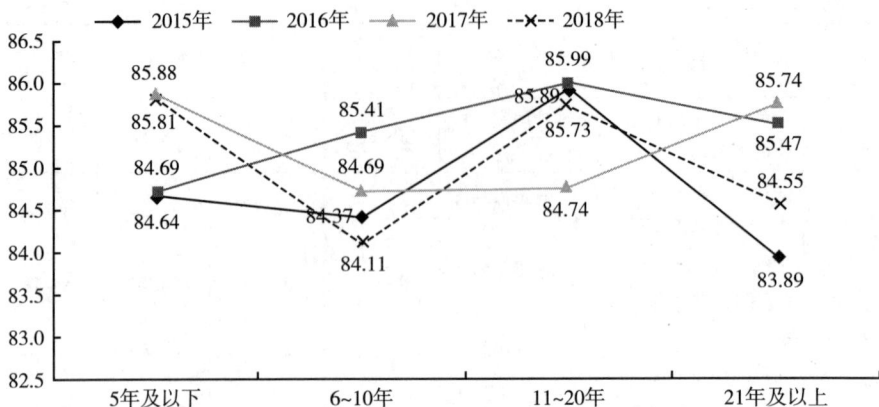

图33　2015～2018年不同在杭居住年限受访者国际礼仪文明综合评价指数比较

（七）受访者职业交叉分析

不同职业的受访者对杭州市民国际礼仪文明方面的评价差异性也比较显著。表8显示，从二级指标看，律师及相关行业人员的客评指数和综合评价指数最高，律师及相关行业人员一般是本科以上且具备一定法律知识的专业从业人员，对规范规则比较了解并严格遵守，自然具备良好的文明素养并被社会普遍认可。国企中高层管理者，党、政、事业机关领导干部，党、政、司法机关职员，军人，私企老板、中高层管理者，自由职业者，在校学生，医疗工作者，教师（中小幼），大学教师、学者、研究人员的综合评价指数也比较高，这几类人员由于职业的要求，对国际礼仪文明有一定的了解，他们的国际礼仪文明指数相对较高也在情理之中。而农、林、牧、渔等类似行业劳动者，非政府组织工作人员及其他人员的综合评价指数则较低，这类行业准入门槛低，从业者学历一般偏低，工作中也鲜有接触国际礼仪文明等相关知识，他们的国际礼仪文明素养自然较低。

由于受访者职业分类在2018年重新调整过，由往年的11类细分为21类，因而无法对这几年受访者职业的相关数据进行比较分析，特此说明。

表8　2018年受访者职业交叉分析情况

指标 二级指标	农、林、牧、渔等类似行业劳动者	国企中高层管理者	党、政、事业机关领导干部	工人、工厂（或企业）务工者	党、政、司法机关职员	军人	企业、公司职员	个体户或自营业主	私企老板、中高层管理者	自由职业者	在校学生	医疗工作者	教师（中小幼）	大学教师、学者、研究人员	新闻媒体工作者	律师及相关行业人员	文化演艺人员	非政府组织工作人员	工、青、妇、团等群众组织部门人员	无业人员	其他
客评指数	82.42	85.01	85.46	82.57	83.77	85.24	83.20	82.09	85.66	84.56	84.55	84.34	83.38	83.43	83.85	89.75	82.36	83.65	82.60	83.92	79.98
主评指数	82.07	88.60	87.33	85.36	88.10	86.67	87.76	85.54	89.20	88.30	89.32	88.29	88.75	89.84	85.96	89.75	83.21	80.00	83.90	85.71	82.86
综合评价指数	82.28	86.44	86.21	83.69	85.50	85.81	85.03	83.47	87.07	86.05	86.46	85.92	85.53	85.99	84.70	89.75	82.70	82.19	83.12	84.64	81.13

（八）受访者户籍类型交叉分析

统计数据分析表明，不同户籍类型受访者国际礼仪文明指数的差异性显著。总体而言，杭州城镇户籍受访者的国际礼仪文明指数最高，其次是外地城镇户籍受访者，再次是外地农村户籍受访者，最低的是杭州农村户籍受访者（见表9和图34）。

表9　2018年受访者户籍类型交叉分析情况

	指　　标	杭州城镇	杭州农村	外地城镇	外地农村
二级指标	客评指数	83.77	83.28	83.81	83.30
	主评指数	87.97	86.25	87.88	86.91
	综合评价指数	85.45	84.47	85.44	84.75
三级指标	在外籍人士面前,能自觉维护国家及杭州的形象与声誉	88.62	87.27	88.44	87.73
	能热情友善对待外籍人士,并愿为其提供力所能及的帮助与服务	87.37	86.50	87.29	87.19
	不随意询问有关他人隐私问题(如年龄、家庭、收入等)	86.50	85.77	86.31	85.42
	能积极主动学习外语,并在与外籍人士交流时使用外语	81.98	80.73	81.91	80.97
	积极学习了解并遵循国际通行的礼仪规范	83.57	82.22	83.13	82.54
	参加正式涉外活动时,能着正装出席	84.69	84.01	84.63	83.80
	尊重外籍人士的习俗禁忌	85.43	84.78	86.39	85.57

在 G20 杭州峰会效应的影响下，杭州市委、市政府加快推进杭州城市国际化战略，相关部门如杭州市精神文明建设委员会办公室为此做了大量工作，向全市人民发出倡议，争当文明市民，共建生态优越、文化昌盛、经济繁荣、市民文明的美丽杭州。调查结果也显示，杭州市民以及生活居住在杭州的人们在国际礼仪文明方面的总体水平都很高，这与人们对自身的要求以及相关部门的努力是分不开的。

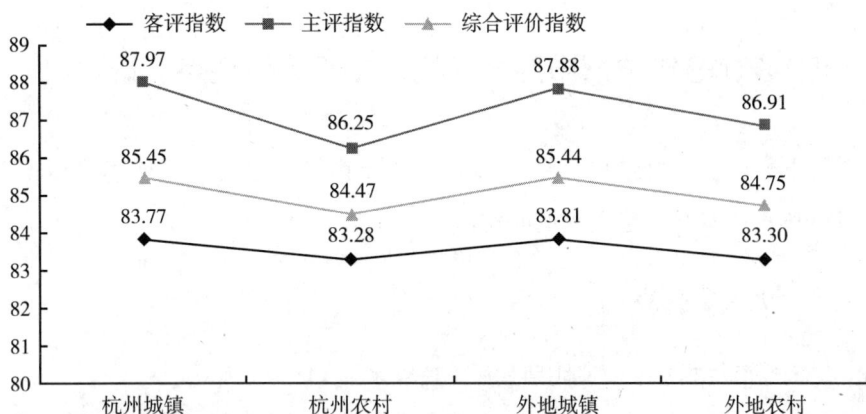

图34 2018年不同户籍类型受访者国际礼仪文明指数比较

对比2015~2018年不同户籍类型受访者的国际礼仪文明综合评价指数可以发现，杭州城镇户籍受访者的指数值一直最高，而杭州农村户籍受访者的指数值进展不大。令人欣喜的是，外地城镇户籍和外地农村户籍受访者的指数值提升明显，分别由2015年的83.47、84.13上升至2018的85.44、84.75（见图35）。这与G20杭州峰会后杭州连续三年人才净流入率位居全国第一，并吸引了大批国内外高素质人才入杭有关。

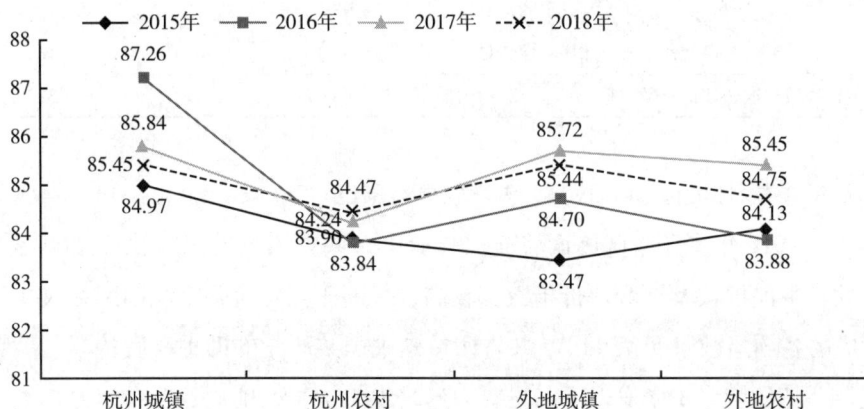

图35 2015~2018年不同户籍类型受访者国际礼仪文明综合评价指数比较

四 2018年杭州市民国际礼仪文明的新亮点、新问题

调查数据及分析结果显示，2018年杭州市民国际礼仪文明呈现以下三个亮点和六个需要引起重视的问题。

（一）三个亮点

1. 杭州市民国际礼仪文明自我评价持续走高

在2018年杭州市民国际礼仪文明综合评价指数及客评指数都下降的情况下，杭州市民国际礼仪文明主评指数依然保持上升态势，为2015~2018年的最高值，比2015年的87.21高出0.26。同时，2015~2018年杭州市民国际礼仪文明主评指数都高于综合评价指数（见表10）。这表明杭州市民对自身国际礼仪文明程度给予的评价非常高，并且呈现稳步上升的态势。

表10 2015~2018年杭州市民国际礼仪文明主评指数与综合评价指数比较

指数	2015年	2016年	2017年	2018年
主评指数	87.21	86.95	87.23	87.47
综合评价指数	84.43	85.32	85.42	85.16
主评指数与综合评价指数差值	2.78	1.63	1.81	2.31

2. 共青团员的国际礼仪文明素养较高且稳定

在2018年受访者政治面貌交叉分析中，共青团员的国际礼仪文明客评指数、主评指数及综合评价指数都较高，并高于当年杭州市民国际礼仪文明对应的各项指数（见表11）。共青团员是中国共产党的助手和后备军，年龄在14周岁以上28周岁以下，主要力量是青年学生，他们年轻有活力，学习能力强，愿意接受新生事物，善于学习先进文化，因此在国际礼仪文明二级指标和三级指标中指数值较高。

表11　2018年政治面貌为共青团员的受访者与杭州市民国际礼仪文明指数比较

类别	客评指数	主评指数	综合评价指数
共青团员	83.95	88.02	85.58
杭州市民	83.61	87.47	85.16
共青团员与杭州市民差值	0.34	0.55	0.42

3. 新杭州人的国际礼仪文明素养继续稳步提升

调查数据显示，2018年在杭居住年限为5年及以下、外地城镇户籍受访者的国际礼仪文明综合评价指数仍然高于杭州市民国际礼仪文明综合评价指数，而且这一趋势保持了两年（见图36）。总体而言，在杭居住年限为5年及以下、外地城镇户籍受访者以新杭州人居多，这与G20杭州峰会后杭州连续三年人才净流入率位居全国第一，吸引了大批国内外高素质人才入杭有关。

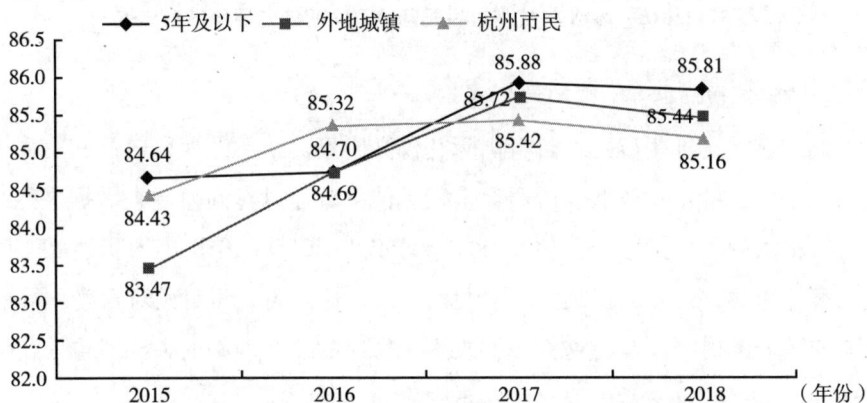

图36　2015～2018年在杭居住年限为5年及以下、外地城镇户籍
受访者与杭州市民国际礼仪文明综合评价指数比较

（二）六个需要引起重视的问题

1. 杭州市民国际礼仪文明综合评价指数2018年首次下降

杭州市民国际礼仪文明综合评价指数在2016～2017年连续两年上升的

情况下，2018 年呈现下降趋势，且回落到 2016 年之前的水平（见图 37）。这说明 2016 年 G20 杭州峰会带来的对市民国际礼仪文明素养提升的效应进一步减弱，杭州市民国际礼仪文明素养的提升进入瓶颈期，如何突破瓶颈，需要群策群力、多管齐下。

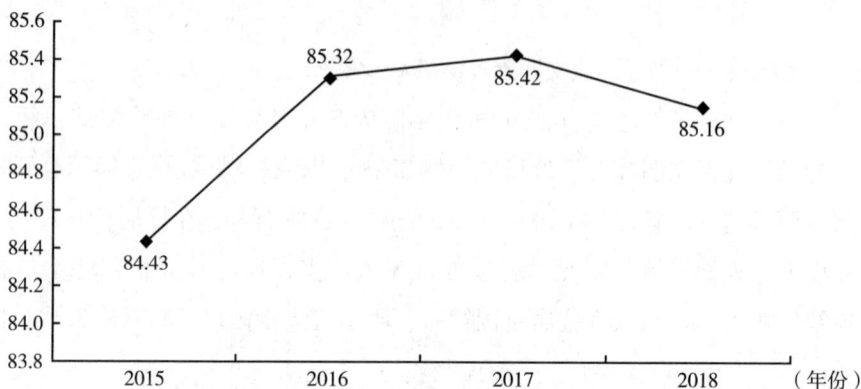

图 37　2015～2018 年杭州市民国际礼仪文明综合评价指数比较

2. 主评指数与客评指数的差距继续扩大

调查显示，杭州市民对自身国际礼仪文明素养给予的评价较高，对周围他人给予的评价相对较低。对照评价指标体系，通过对问卷调查数据进行综合分析得出的主评指数与二级指标主评指数在 2015～2018 年均明显高于对应的客评指数，且差距持续扩大（见表 12）。这表明杭州市民对自身国际礼仪文明素养的提升以及在这方面的改进是肯定的、有信心的，同时也期待周围他人的国际礼仪文明素养有进一步的提升。

表 12　2015～2018 年杭州市民国际礼仪文明指数比较

年份	客评指数	主评指数	主评指数与客评指数差值
2015	82.60	87.21	4.61
2016	84.24	86.95	2.71
2017	84.21	87.23	3.02
2018	83.61	87.47	3.86

3. 外籍人士评价继续下降

2018年外籍人士国际礼仪文明客评指数、主评指数、综合评价指数均大幅下降，较2017年分别下降了10.54、5.42、8.50，且低于2015年，总体呈现下降态势（见表13）。从三级指标客评指数看，与2017年相比，2018年7个三级指标的客评指数、主评指数、综合评价指数均下降，且绝大部分低于2015年。其中，客评指数下降幅度最大，2018年7个三级指标的客评指数分别较2017年下降了7.17、9.68、9.57、10.68、11.98、11.49、13.22，"能积极主动学习外语，并在与外籍人士交流时使用外语""积极学习了解并遵循国际通行的礼仪规范""参加正式涉外活动时，能着正装出席""尊重外籍人士的习俗禁忌"4个指标的客评指数下降较多，同时这4个指标也是7个三级指标中客评指数较低的。这要求杭州市民加强与外籍人士的沟通，逐步消除文化差异以及因自身对城市的融入不足而可能产生的判断偏差。

表13　2017～2018年外籍人士国际礼仪文明指数比较

年份	客评指数	主评指数	综合评价指数
2017	82.37	86.61	84.07
2018	71.83	81.19	75.57
2018年与2017年差值	-10.54	-5.42	-8.50

4. 弱势群体的国际礼仪文明素养依然偏低

对不同群体的国际礼仪文明综合评价指数进行比较，发现小学及以下，农、林、牧、渔等类似行业劳动者，杭州农村户籍受访者的国际礼仪文明综合评价指数较低，且在2015～2018年连续四年低于杭州市民国际礼仪文明综合评价指数（见图38）。这与弱势群体本身的知识储备、行为习惯以及政府相关部门对其关注度不够有关。

5. 民主党派的国际礼仪文明素养低于预期

2018年民主党派的国际礼仪文明综合评价指数大幅下降，由2017年的90.71下降至2018年的83.70，下降了7.01。在2018年受访者政治面貌交

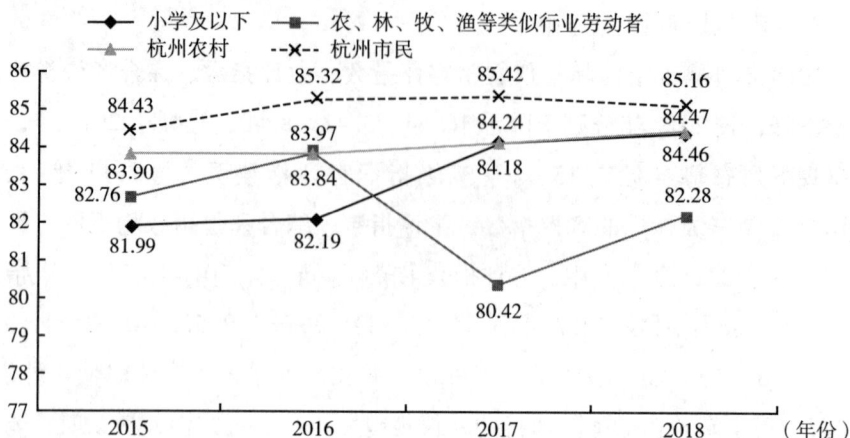

图38 2015～2018年小学及以下，农、林、牧、渔等类似行业劳动者，杭州
农村户籍受访者与杭州市民国际礼仪文明综合评价指数比较

叉分析中，民主党派的国际礼仪文明主评指数及综合评价指数最低，并明显低于当年杭州市民国际礼仪文明对应的各项指数（见表14）。同时，在受访者政治面貌交叉分析中，除2017年外，2015年、2016年、2018年民主党派的国际礼仪文明综合评价指数都是最低的。民主党派这个群体的高层次与其国际礼仪文明素养的不匹配值得深思。

表14 2018年政治面貌为民主党派的受访者与杭州市民国际礼仪文明指数比较

类别	客评指数	主评指数	综合评价指数
民主党派	83.94	83.34	83.70
杭州市民	83.61	87.47	85.16
民主党派与杭州市民差值	0.33	-4.13	-1.46

6. 杭州市民学习、使用外语的意识和能力亟待增强

调查数据显示，在杭州市民国际礼仪文明的7个三级指标中，无论是主评指数、客评指数还是综合评价指数，指数值最低的都是"能积极主动学习外语，并在与外籍人士交流时使用外语"。综合分析2015～2018年的调查情况，"能积极主动学习外语，并在与外籍人士交流时使用

外语"的综合评价指数在 2016 年有较大幅度提升，在 2017 年又有较大幅度下降，在 2018 年继续下降（见图 39）。横向来看，"能积极主动学习外语，并在与外籍人士交流时使用外语"的综合评价指数仍旧较低，依然是杭州市国际礼仪文明建设和市民国际礼仪文明素养提升中迫切需要补齐的短板。

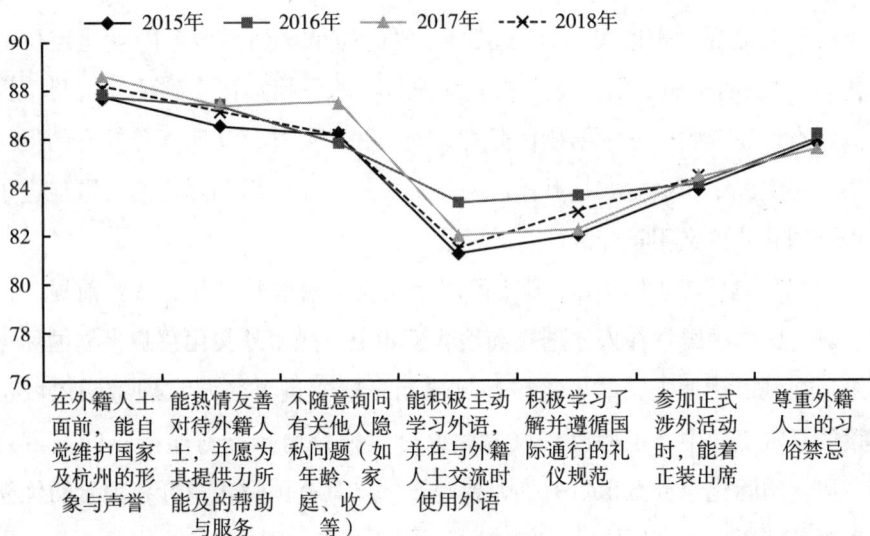

图 39　2015～2018 年杭州市民国际礼仪文明三级指标综合评价指数比较

五　对策建议

"后峰会、前亚运"时期，发挥 G20 后峰会效应，以筹办亚运会为契机，着力推动杭州市民国际礼仪文明素养进一步提升，为实现杭州从国际旅游城市向独特韵味、别样精彩的世界名城完美蜕变提供保障，是杭州的一项重大任务。综合本次调查数据分析和访谈结果，借鉴国内外名城建设经验和启示，为进一步提升杭州市民国际礼仪文明素养，提出以下对策建议。

（一）提升国际意识，强化"世界名城"理念

市民国际礼仪文明建设首先必须树立国际意识，在国际意识的指引下有效推动市民国际礼仪文明素养的提升。认知调查数据显示，当外籍人士打招呼或者寻求帮助时，只有32.68%的市民"积极回应，并适当聊天"，绝大部分市民只是"简单回应，不多交谈"或"不回应，外语不好"；62.24%的市民认为提升杭州市民国际意识的主要途径是"加强城市国际化定位的宣传"。这表明杭州的国际化定位、世界名城的目标宣传不到位，杭州市民的国际意识还较弱。必须明确国际意识对市民国际礼仪文明素养提升的促进作用，在实践中积极落实提升国际意识的举措，不断以国际化的视野促进市民提升国际礼仪文明素养。

"世界名城"理念和思维是市民国际礼仪文明素养提升的重要前提。杭州要具有国际视野，在人才选拔和培养模式上，融中外文化精髓，创国际化思维；在城市管理上，敢于打破地域限制，把"世界名城"理念融入城市建设的日常工作中，走特色兴城之路，落实独特韵味、别样精彩的城市目标，树立国际化服务意识。另外，要建设一支具有国际化视野和理念的优秀管理服务队伍，为市民国际礼仪文明建设提供组织保障和专业化服务。

（二）提高主体参与度，加强市民国际礼仪文明建设主体融入

1. 提高市民主体的参与度

调查数据显示，小学及以下，农、林、牧、渔等类似行业劳动者，杭州农村户籍及民主党派等受访者的国际礼仪文明综合评价指数较低，除了与这些群体本身的知识储备、行为习惯有关外，很大一部分原因是他们很少作为主体参与到国际礼仪文明素养提升的活动中。认知调查数据显示，61.89%的市民"不是很清楚"和"不知道"《杭州市城市国际化促进条例》。应该充分认识到，市民国际礼仪文明素养的提升离不开所有市民的参与，因此市民国际礼仪文明素养的提升要不断激发市民参与国际礼仪文明活动的热情，积极发挥相关活动对市民国际礼仪文明素养提升的有益作用。这就要求政府多领

域、多层次、多渠道开展国际礼仪文明建设活动。尤其要对国际礼仪文明素养相对较低的群体采取有针对性的措施，精心设计、多措并举、补齐短板。

2. 提高海归人员及外籍人士的参与度

海归人员及外籍人士往往具有广阔的国际化视野和先进的理念，应充分发挥他们的示范带动和引领作用，促使其成为促进杭州市民国际礼仪文明素养提升的重要力量。

3. 提高各部门、各主体的协同参与度

宣传、教育、外事、民政、旅游、市政等职能部门应积极参与其中，形成合力，共同为市民的国际礼仪文明素养提升创造条件。市文明办应主动作为，加强各部门的统筹协调，充分调动相关部门、行业的积极性，从而形成高效运转的协同体系，共促市民的国际礼仪文明素养提升。为适应杭州国际礼仪文明素养提升工作日益凸显的重要性、多元性、综合性和国际性，可以建立"杭州市国际礼仪联盟"，以联盟为桥梁和纽带建立联动工作机制，整合宣传、教育、外事、民政、旅游、市政等职能部门资源及行业力量，为进一步提升杭州市民国际礼仪文明素养发挥作用。

（三）完善城市国际化设施，营造市民国际礼仪文明建设的良好环境

在市民国际礼仪文明素养提升过程中，城市设施的国际化至关重要。政府应根据经济社会的发展实际不断优化城市设施，促进城市设施与国际贯通，同时联系国内经济社会发展的实际，促进城市设施国际化。

1. 完善公共场所中英文双语标识

城市中与生活、工作、学习、旅游、娱乐等诸多方面相关的环境中，都需配有准确的双语标识，甚至配备工作人员提供外语帮助，使不懂汉语的外国人不会因为语言障碍而给其衣食住行等带来麻烦或影响。"能积极主动学习外语，并在与外籍人士交流时使用外语"这个三级指标的指数值较低说明杭州在这方面的建设力度还不够，主要表现在以下几个方面：大量的公共服务场所、企事业单位缺少双语标识；不少配有双语的地方常常不够准确；

餐饮、交通、旅游、医院等公共服务业缺乏能够运用外语进行沟通的不同层次的国际型人才。

2. 推进国际化社区建设

国际化社区是城市国际化落到社会的小单元，具有创新活力的国际化社区能够为城市国际化提供强有力的支撑。2016 年杭州出台《关于全面提升社区建设国际化水平的实施意见》，2017 年 7 个社区成为首批杭州市国际化示范社区，截至 2018 年，杭州已建成 21 个国际化示范社区。2017 年杭州还发布了国际化社区指标体系，全面引入国际标准及先进理念和方法，以标准化助推国际化社区可持续发展。然而由于运行时间较短，模式还不是很成熟，需推进高水准、有特色、能复制、易推广的典型示范国际化社区建设。建设国际化社区，既要有新建的小区，也要有能够彰显本地区历史文化特色的市井街区老房子，鼓励和引导热爱国际交流的社区居民参与，让杭州这座国际旅游城市成为展示东方文化的窗口。为提升国际化社区建设的社会参与度，还可推出国际化社区融合项目，如"英语沙龙""杭州故事""沟通你我"等，营造国际交流和文化生活氛围，使中外居民邻里亲善融合。

3. 推进"杭州国际社区"建设

"杭州国际社区"是为在杭外籍人士搭建的安居乐业平台。杭州将构建十大国际平台，包括为在杭外国友人提供法律援助、语言培训等服务的国际服务平台；组织在杭外国人开展各项文化活动的国际文化平台；针对在杭外国人组建足球队、橄榄球队的国际体育平台；为在杭外国人提供"一站式"创业咨询服务的国际创业平台；为杭州引进国际项目、国际企业的国际合作平台；建立国际高端人才智库的国际智库平台；等等。"杭州国际社区"十大平台的运营，将吸引更多国际优秀人才以及国际优质项目进入杭州，吸引更多国际名企、名校等优质海外机构入驻杭城，加快杭州的国际化进程。当然，由于平台构建时间短，还不成熟，需高标准、高水平加快推进此项目建设。

（四）完善市民国际礼仪文明素养提升机制，加强制度建设

市民国际礼仪文明素养的提升，要完善运行体制机制，加强制度建设，

高效保障市民国际礼仪文明建设有制度可依。努力贯彻落实《关于全面提升杭州城市国际化水平的若干意见》《杭州市文明行为促进条例》《杭州市城市国际化促进条例》，推进与实施市民国际礼仪文明素养提升战略，建立和完善市民国际礼仪文明素养提升的领导机构和实施体系，推动市民国际礼仪文明素养提升按照计划要求落到实处。

与此同时，政府还要对影响市民国际礼仪文明素养提升所涉及的因素加强调研，分析判断，消除体制机制中的不利因素，建立体系完备的市民国际礼仪文明素养提升保障制度。例如，杭州虽出台了《杭州市城市国际化促进条例》，但目前仍然没有专门的针对杭州市民国际礼仪文明建设的相关制度规定，现有的制度法规在杭州市民国际礼仪文明建设方面还比较零散，发挥的作用有限。需以加快建设独特韵味、别样精彩的世界名城为契机，尽快出台杭州市民国际礼仪文明建设标准、制度规范等，努力形成杭州市民国际礼仪文明建设的制度体系。

（五）对接"世界名城"战略，抓住市民国际礼仪文明素养提升新机遇

积极对接"世界名城"战略的实施，助推市民国际礼仪文明素养提升。市民国际礼仪文明素养提升要对接"世界名城"建设，突出牵引作用，发挥"世界名城"战略的"指挥棒"作用，有效保障市民国际礼仪文明素养提升的持续深入与推进。市民国际礼仪文明素养提升要积极跟上杭州城市国际化建设步伐，在杭州城市国际化向纵深发展的背景下，以筹办亚运会为契机，积极扩大国际礼仪文明宣传，开展教育及志愿服务等活动，抢抓机遇，充分用好相关大型活动及赛事所释放的红利，学习国外先进经验，积极有效地促进市民国际礼仪文明素养提升。

（六）建立考核评价体系，保障市民国际礼仪文明建设效果

市民国际礼仪文明建设要取得成效，必须注重相关评价及考核指标体系的建立与完善，并将考核评价结果与工作考评挂钩，发挥其应有的杠杆和工

具效能。

市民国际礼仪文明考核评价体系可以从三个层面建立。一是社会评价体系。要构建一个具有鲜明荣辱导向作用的社会评价体系，通过报纸、杂志、广播、电视、网络等媒体宣传市民良好的国际礼仪文明行为及践行国际礼仪文明的优秀市民，进行正面引导。二是政府奖惩体系。要按照加快建设独特韵味、别样精彩的世界名城的目标和要求，制定国际礼仪文明奖惩细则，对于对国际礼仪文明促进工作有突出贡献的单位和个人，由政府按规定给予表彰和奖励，反之则进行惩处。三是志愿者服务评估体系。要按照杭州国际化的要求，建立国际礼仪文明志愿者服务方面的评估体系，包括对志愿服务的形式、内容、时间、质量、奖励等进行评估，发挥志愿者服务在国际礼仪文明建设中的引领作用。通过这三个层面的考核评价，可以形成良好的互动局面，鼓励和引导更多的资源加入市民国际礼仪文明建设工作之中。

2018年杭州市民公共文明指数调查认知部分分析报告

2018年，杭州市在建设独特韵味、别样精彩的世界名城的道路上继续前行。《关于全面提升杭州城市国际化水平的若干意见》施行以来，社会各界人士对杭州城市国际化水平和市民公共文明水平提升对杭州城市国际化进程和水平的影响的认知度和认同度有了较大的提升。2018年8月1日，杭州市正式施行《杭州市城市国际化促进条例》，为促进杭州城市国际化，增强杭州城市竞争力、综合实力和影响力立法。本次由杭州市文明办、杭州市社会科学院启动的2018年杭州市民公共文明指数调查中，认知部分主要是为配合杭州市打造世界名城而针对杭州市民及外来人员对《杭州市城市国际化促进条例》的实施落实、效果评价和意见建议等情况进行调查。此次调查涵盖杭州市十城区，包括上城区、下城区、江干区、拱墅区、西湖区、滨江区、萧山区、余杭区、富阳区和临安区。深入芝溪坞小区、翰墨香林苑、中山中路380号小区、和家园、景秀公寓、万科公望、宣徐弄等50个市民生活小区以及公交车站、广场、地铁站、图书馆、购物中心等公共场所。共发放问卷5000份（包含主评问卷和客评问卷），其中4500份为针对16岁及以上杭州市民（包括杭州市十城区居民、城郊农民和外来务工人员）的问卷，500份为针对在杭居住半年以上的外籍人士的问卷。4500份问卷共回收4312份，问卷回收率和问卷有效率分别为95.8%和100%。

一 样本基本情况分析

受访者区域分布情况：上城区有效问卷442份，占十城区总有效问卷的

10.25%（以下若无特别说明，均指有效问卷）；下城区 432 份，占 10.02%；江干区 423 份，占 9.81%；拱墅区 438 份，占 10.16%；西湖区 435 份，占 10.09%；滨江区 425 份，占 9.86%；萧山区 428 份，占 9.93%；余杭区 427 份，占 9.90%，富阳区 430 份，9.97%；临安区 432 份，占 10.02%（见图 1）。各城区发放问卷数量所占比例基本与其常住人口数占杭州市总人口数的比例相同。本次调查的对象分布广泛，涵盖了多个层次、多个领域的在杭居民。

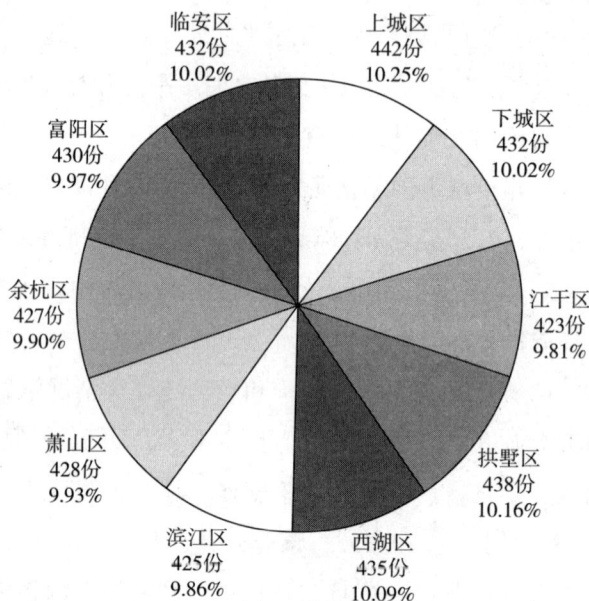

图 1　受访者区域分布情况

受访者性别分布情况：男性 2063 人，占 47.84%；女性 2249 人，占 52.16%（见图 2）。可见，女性略多于男性。

受访者年龄分布情况：16~24 岁 1385 人，占 32.12%；25~34 岁 1509 人，占 35.00%；35~44 岁 949 人，占 22.01%；45~54 岁 335 人，占 7.77%；55~64 岁 101 人，占 2.34%；65 岁及以上 33 人，占 0.77%（见图 3）。

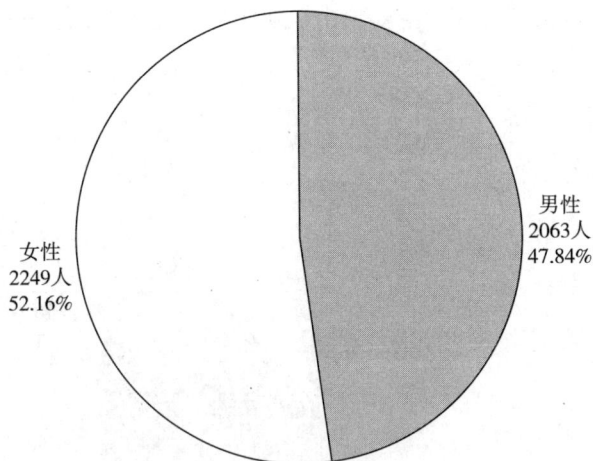

图2 受访者性别分布情况

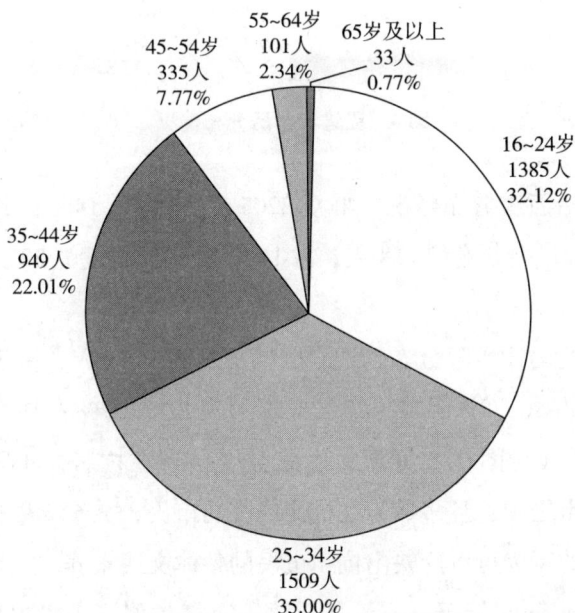

图3 受访者年龄分布情况

受访者学历分布情况：小学及以下 166 人，占 3.85%；初中 353 人，占 8.19%；高中/中专 713 人，占 16.54%；大专 702 人，占 16.28%；本科 1953 人，占 45.29%；研究生及以上 425 人，占 9.86%（见图4）。可见，受访者学历分布比较合理，主要集中在初中到研究生及以上这个区间，累计占96%左右。

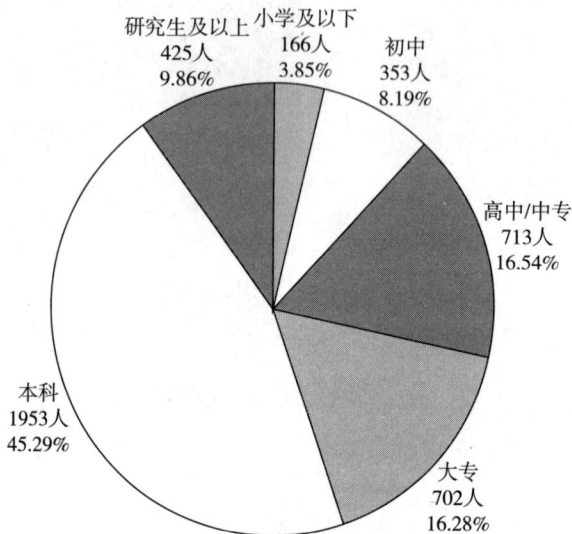

图4 受访者学历分布情况

受访者政治面貌分布情况：群众2205人，占51.14%；共青团员1307人，占30.31%；中共党员718人，占16.65%；民主党派82人，占1.90%（见图5）。

受访者在杭居住年限分布情况：5年及以下1557人，占36.11%；6~10年721人，占16.72%；11~20年823人，占19.09%；21年及以上1211人，占28.08%（见图6）。可见，大多数受访者在杭居住年限比较长，已经融入这个城市之中，且多数为在杭州成长的市民，甚至为数代在杭州居住的市民，他们的行为可以反映出杭州市民的整体文明素养。

受访者职业分布情况：农、林、牧、渔等类似行业劳动者91人，占2.11%；国企中高层管理者105人，占2.44%；党、政、事业机关领导干部67人，占1.55%；工人、工厂（或企业）务工者327人，占7.58%；党、政、司法机关职员116人，占2.69%；军人24人，占0.56%；企业、公司职员910人，占21.10%；个体户或自营业主505人，占11.71%；私

民主党派
82人
1.90%

中共党员
718人
16.65%

群众
2205人
51.14%

共青团员
1307人
30.31%

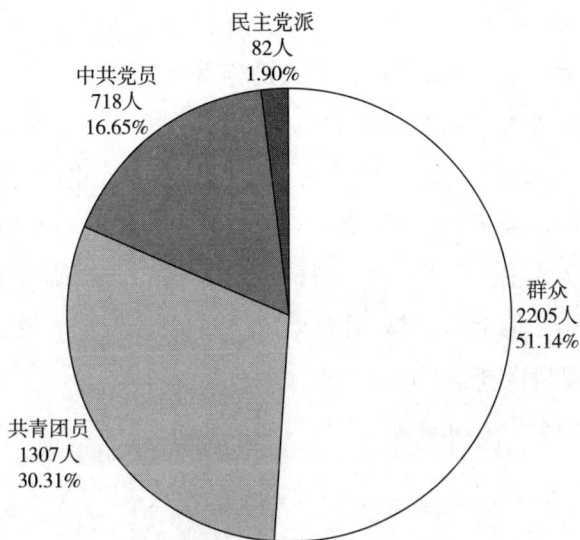

图5 受访者政治面貌分布情况

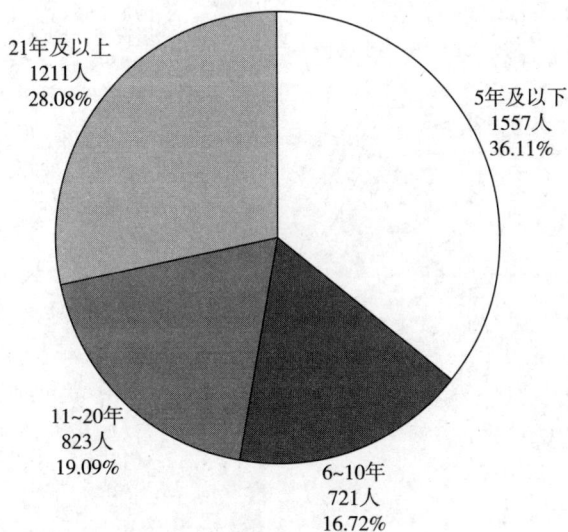

21年及以上
1211人
28.08%

5年及以下
1557人
36.11%

11~20年
823人
19.09%

6~10年
721人
16.72%

图6 受访者在杭居住年限分布情况

企老板、中高层管理者 201 人，占 4.66%；自由职业者 264 人，占 6.12%；在校学生 991 人，占 22.98%；医疗工作者 100 人，占 2.32%；教师（中小幼）147 人，占 3.41%；大学教师、学者、研究人员 90 人，占 2.09%；新闻媒体工作者46人，占1.07%；律师及相关行业人员29人，占0.67%；文化演艺人员40人，占0.93%；非政府组织工作人员18人，占0.42%；工、青、妇、团等群众组织部门人员22人，占0.51%；无业人员86人，占1.99%；其他133人，占3.08%（见图7）。可见，本次问卷调查的受访者职业分布也较为合理。此外，有两点需要说明：第一，杭州市十城区居民基本以城镇户籍为主，仅萧山区、余杭区、富阳区和临安区还存在一定数量的农村户籍人口，因此农、林、牧、渔等类似行业劳动者调查仅针对萧山区、余杭区、富阳区和临安区，所占比例自然也较低；第二，在问卷调查过程中发现，许多街边店面的营业人员将自己划归"其他"人员行列。

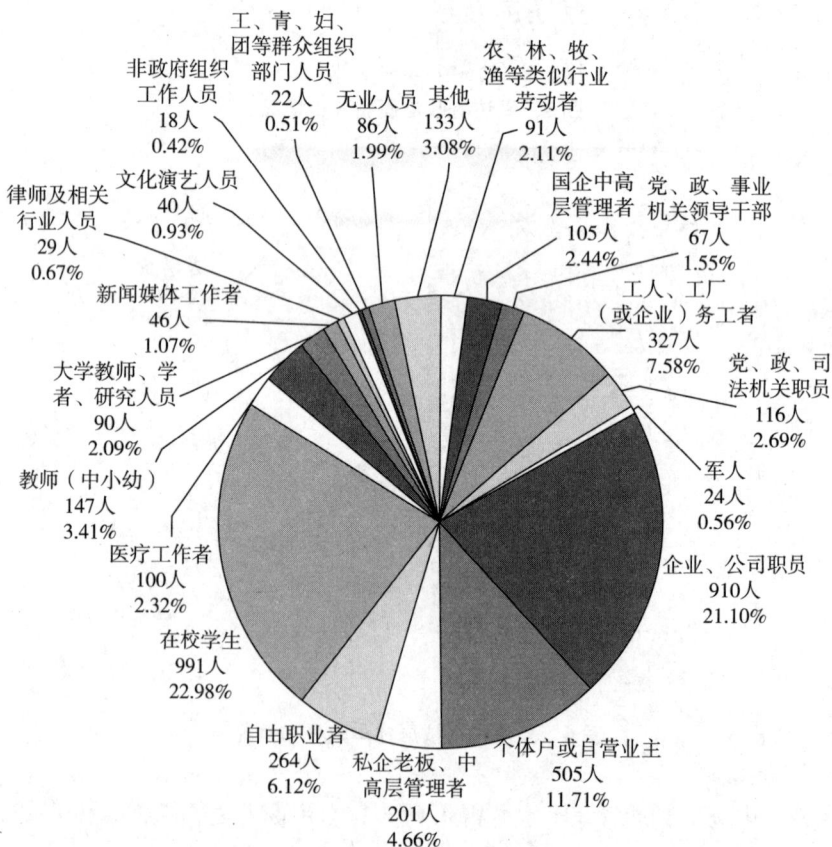

图7 受访者职业分布情况

受访者户籍类型分布情况：杭州户籍2201人，占51.04%；外地户籍2111人，占48.96%。其中，杭州城镇1540人，占35.71%；杭州农村661人，占15.33%；外地城镇1244人，占28.85%；外地农村867人，占20.11%（见图8）。可见，本次问卷调查的受访者户籍类型分布也较为合理。

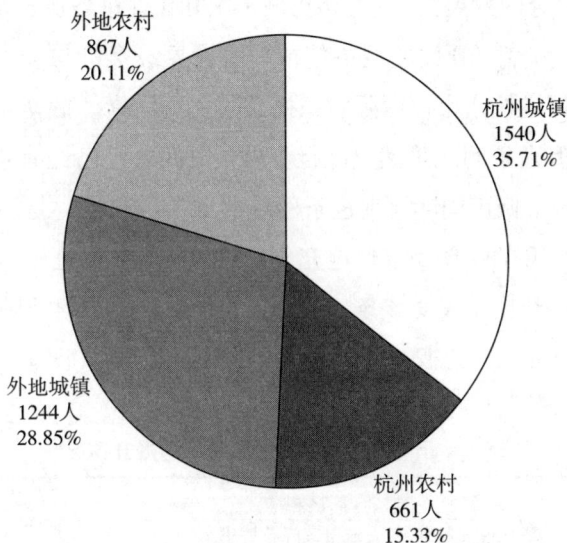

图8　受访者户籍类型分布情况

二　杭州市民认知情况调查分析

（一）分项总体情况分析

对于将杭州市建设成为独特韵味、别样精彩的世界名城的目标以及杭州市近年来提升国际化水平的情况，杭州市民总体是较为肯定和期待的。根据调查，27.30%的受访者认为近年来杭州市民的国际意识"有很大提升，符合城市国际化要求"；近半数（48.35%）的受访者认为杭州市民的国际意识"有较大提升，但与建设世界名城的要求还有较大差距"（见表1）。这就是说，超过七成的受访者对杭州市民国际意识的提升情况是比较认可的，但同时也说明大家对杭州市民国际意识提升的期待值也较高。而影响和促进杭州市民国际意识提升的主要因素是"城市基础设施的改善",即58.53%的受访者认为提升杭州市民国际意识首先是"城市基础设施的改善"。除此之外,"城市品牌形象的提升""城市治理水平的提升""杭州国际知名度的提升""高等教育的发展""《杭州市城市国际化促进条例》的颁布与实施""精致、和谐、大气、开放的城市精神""世界级赛事与会议活动的举办"等都是影响和促进杭州市民国际意识提升的主要因素。截至调查时,《杭州市城市国际化促进条例》虽然只施行了半年时间,但已经有42.00%的受访者认为"《杭州市城市国际化促进条例》的颁布与实施"是影响和促进杭州市民国际意识提升的主要因素,这充分说明该条例对促进杭州城市国际化的重要作用,也反映出市民对该条例有了一定的认知,同时反映了杭州市民的法治意识不断增强(见表2)。

表1 近年来杭州市民国际意识的提升情况

问题	认知选项	频数	百分比(%)
您认为近年来杭州市民国际意识的提升情况如何?	有很大提升,符合城市国际化要求	1177	27.30
	有较大提升,但与建设世界名城的要求还有较大差距	2085	48.35
	有一定提升	657	15.24
	提升不大	180	4.17
	不清楚	213	4.94
合　计		4312	100

表2 影响和促进杭州市民国际意识提升的主要因素

问题	认知选项	频数	百分比(%)
您认为影响和促进杭州市民国际意识提升的主要因素有哪些?	城市基础设施的改善	2524	58.53
	《杭州市城市国际化促进条例》的颁布与实施	1811	42.00
	高等教育的发展	1840	42.67
	城市治理水平的提升	2043	47.38
	城市品牌形象的提升	2518	58.40
	精致、和谐、大气、开放的城市精神	1699	39.40
	世界级赛事与会议活动的举办	1671	38.75
	杭州国际知名度的提升	1944	45.08
	其他	10	0.23

调查数据显示，"非常清楚"《杭州市城市国际化促进条例》的受访者只占7.26%，"知道一些"和"不是很清楚"的占七成多，还有19.36%的受访者"不知道"这部条例（见表3）。这说明自《杭州市城市国际化促进条例》正式施行以来，超过80%的市民知道并有所了解，但大多数市民的认知度不够，因此还需要进一步加大宣传力度，拓宽宣传渠道，提高市民的认知度与参与度。

表3   是否知道《杭州市城市国际化促进条例》

问题	认知选项	频数	百分比(%)
您知道《杭州市城市国际化促进条例》吗？	非常清楚	313	7.26
	知道一些	1330	30.84
	不是很清楚	1834	42.53
	不知道	835	19.36
	合计	4312	100

关于提升杭州市民国际意识的主要途径，调查数据显示，"加强城市国际化定位的宣传"和"加强青少年的国际意识教育"最为重要。"打造更多的国际化社区"和"加强城市外语环境的建设"对提升杭州市民国际意识也起着非常重要的作用。"加强国际商务城市的建设""加强国际人才的引进""承办更多的国际赛事和会议"也是提升杭州城市形象、打造杭州城市品牌、扩大杭州城市知名度和宣传杭州城市精神等的主要途径。虽然《杭州市城市国际化促进条例》施行时间不长，但有27.27%的受访者认为"加强对《杭州市城市国际化促进条例》的普法宣传"是提升杭州市民国际意识的主要途径（见表4）。

自2016年杭州施行《关于全面提升杭州城市国际化水平的若干意见》以来，杭州城市国际化水平不断提升。调查数据显示，进步最快且最受认可的方面是"'互联网+'创新创业中心"，得到42.72%的受访者的认可，充分反映了近年来"互联网+"创新创业中心为推动杭州发展所发挥的作用越来越明显。其次是"国际会议目的地城市"，得到30.29%的受访者的认可。另外,"国际重要的旅游休闲中心"和"东方文化国际交流重要城市"也较受认可(见表5)。

表4 提升杭州市民国际意识的主要途径

问题	认知选项	频数	百分比(%)
	打造更多的国际化社区	2051	47.56
	加强城市国际化定位的宣传	2684	62.24
	加强城市外语环境的建设	2032	47.12
您认为提升杭州市民国际意识的主要途径有哪些?	加强国际商务城市的建设	1691	39.22
	加强青少年的国际意识教育	2516	58.35
	承办更多的国际赛事和会议	1526	35.39
	加强对《杭州市城市国际化促进条例》的普法宣传	1176	27.27
	加强国际人才的引进	1564	36.27
	其他	1	0.02

表5 《关于全面提升杭州城市国际化水平的若干意见》
施行以来杭州提升最快的方面

问题	认知选项	频数	百分比(%)
自2016年杭州施行《关于全面提升杭州城市国际化水平的若干意见》以来,您认为杭州在哪个方面提升最快?	"互联网+"创新创业中心	1842	42.72
	国际会议目的地城市	1306	30.29
	国际重要的旅游休闲中心	749	17.37
	东方文化国际交流重要城市	415	9.62
	合 计	4312	100

在《杭州市城市国际化促进条例》规定的促进城市国际化的措施中,有68.51%的受访者最在意的是"城市环境国际化,公共信息使用国际通用标识",这充分反映了在城市国际化进程中,公共信息使用国际通用标识的普及度是一项重要指标。另外,"文化国际交流融合,提高居民对外交流能力""产业国际化,营造国际创新创业生态环境""公共服务国际化,为国际人才提供优质服务"也是受访者非常在意的方面(见表6)。

表6　《杭州市城市国际化促进条例》中最在意的措施

问题	认知选项	频数	百分比(%)
《杭州市城市国际化促进条例》规定的促进城市国际化的措施中,您最在意的是哪些?	产业国际化,营造国际创新创业生态环境	2149	49.84
	城市环境国际化,公共信息使用国际通用标识	2954	68.51
	公共服务国际化,为国际人才提供优质服务	2056	47.68
	文化国际交流融合,提高居民对外交流能力	2219	51.46

　　调查表明,大多数市民会主动上前为有困难的外籍人士提供帮助以及在外籍人士打招呼或者寻求帮助时做出回应,只有4.99%的市民不会主动上前为有困难的外籍人士提供帮助,只有2.90%的市民在外籍人士打招呼或者寻求帮助时从未给予回应或帮助。但是,由于受外语水平的限制,无法主动上前为有困难的外籍人士提供帮助以及在外籍人士打招呼或者寻求帮助时做出回应的比例也较高,其中因为外语不好而无法主动上前为有困难的外籍人士提供帮助的受访者达到64.70%,因为外语不好而无法在外籍人士打招呼或者寻求帮助时做出回应的受访者占8.19%(见表7、表8)。

表7　是否会主动上前为有困难的外籍人士提供帮助

问题	认知选项	频数	百分比(%)
如果看到外籍人士有困难,您会主动上前提供帮助吗?	一定会,因为外语好,且了解国际规则	1031	23.91
	不一定,外语不好	2790	64.70
	不会,不关我的事	215	4.99
	没碰到过外籍人士	276	6.40
	合　计	4312	100

表8　外籍人士打招呼或者寻求帮助时如何回应

问题	认知选项	频数	百分比(%)
当外籍人士向您打招呼或者寻求帮助时,您通常会怎么做?	积极回应,并适当聊天	1409	32.68
	简单回应,不多交谈	2067	47.94
	不回应,外语不好	353	8.19
	从未给予回应或帮助,不关我的事	125	2.90
	没有碰到过这种事	358	8.30
	合　计	4312	100

本次问卷专门针对杭州市民对当前生活的总体满意度和对在杭生活的幸福感进行了调查。调查数据显示，有近70%的受访者对当前生活总体"非常满意"和"满意"，并且感觉自己生活得"非常幸福"和"幸福"。对当前生活总体"不满意"和"非常不满意"的受访者只占4.34%，认为自己生活得"不幸福"和"很不幸福"的受访者只占3.80%（见表9、表10）。这说明大部分杭州市民对当前杭州的发展速度和发展方向比较认可，对当前的生活状态比较满意。

表9　对当前生活的总体满意度

问题	认知选项	频数	百分比（%）
您对当前生活的总体满意度如何？	非常满意	628	14.56
	满意	2308	53.53
	一般	1189	27.57
	不满意	137	3.18
	很不满意	50	1.16
	合　计	4312	100

表10　对在杭生活的幸福感

问题	认知选项	频数	百分比（%）
您觉得自己生活得幸福吗？	非常幸福	721	16.72
	幸福	2279	52.85
	一般	1148	26.62
	不幸福	104	2.41
	很不幸福	60	1.39
	合　计	4312	100

（二）受访者类型分项交叉分析

为进一步研究调查结果与受访者类型的相关性，探究影响调查结果的基本因子，课题组将受访者的性别、年龄、学历、政治面貌、在杭居住年限、职业、户籍类型与调查结果中的主要指标进行分项交叉分析。

1. 对性别的交叉分析

本次接受调查的受访者共4312人，其中男性2063人，占47.84%，女性 2249 人，占 52.16%，男女比例为 9.17：10。从调查数据看，对大部分问题的看法，男性与女性的差别不大。杭州市民大多认为，近年来杭州市民的国际意识有了很大提升；自 2016 年杭州施行《关于全面提升杭州城市国际化水平的若干意见》以来，杭州在"'互联网＋'创新创业中心""国际会议目的地城市"等方面提升较快；"城市基础设施的改善""城市品牌形象的提升""城市治理水平的提升""杭州国际知名度的提升""高等教育的发展""《杭州市城市国际化促进条例》的颁布与实施"等是影响和促进杭州市民国际意识提升的主要因素；杭州市民比较在意《杭州市城市国际化促进条例》中规定的"城市环境国际化，公共信息使用国际通用标识""文化国际交流融合，提高居民对外交流能力""产业国际化，营造国际创新创业生态环境""公共服务国际化，为国际人才提供优质服务"等促进城市国际化的措施；"加强城市国际化定位的宣传""加强青少年的国际意识教育""打造更多的国际化社区""加强城市外语环境的建设"等是提升杭州市民国际意识的主要途径。在对当前生活的总体满意度和对在杭生活的幸福感的评价中，选择"非常满意"和"满意"以及"非常幸福"和"幸福"的比例均接近七成，认为"不满意"和"非常不满意"以及"不幸福"和"很不幸福"的比例均较低。

但在以下几个问题中，性别的差别还是比较明显的。一是在《关于全面提升杭州城市国际化水平的若干意见》施行以来杭州提升最快的方面的问题中，选择"国际重要的旅游休闲中心"的男性占比低于女性较多，而选择"东方文化国际交流重要城市"的男性占比高于女性较多。在影响和促进杭州市民国际意识提升的主要因素的问题中，选择"精致、和谐、大气、开放的城市精神""世界级赛事与会议活动的举办""杭州国际知名度的提升"的男性占比低于女性较多。在提升杭州市民国际意识的主要途径的问题中，选择"加强城市外语环境的建设""加强青少年的国际意识教育""承办更多的国际赛事和会议"的男性占比低于女性较多。在《杭州市城市国际化促进条例》中最在意的措施的问题中，选择"文化国际交流融合，提高居民对外交流能力"的男性占比低于女性较多。这些结果反映了男性和女性在城市发展各个方面的参与方式、关注度和体验度存在性别上的差别。二是在是否知道《杭州市城市国际化促进条例》的问题中,选择"非常清楚"和"知道一些"的男性占比分别为52.72%和51.13%,女性占比分别为47.28%和48.87%;选择"不是很清楚"和"不知道"的男性占比分别为44.22%和48.74%,女性占比分别为55.78%和51.26%。可见,男性对新的法律法规颁布和实施的信息捕捉得更快,而女性的关注度则相对较低。三是在是否会主动上前为有困难的外籍人士提供帮助以及外籍人士打招呼或者寻求帮助时如何回应的两个问题中,选择"不一定,外语不好"的男性占比低于女性较多,选择"简单回应,不多交谈"的男性占比则低于女性较多;选择"不会,不关我的事"的男性占比高于女性较多,而选择"从未给予回应或帮助,不关我的事"的男性占比则低于女性较多。这些结果应该与男性和女性的性别特征有直接关系(见表11)。

表11 调查结果与性别交叉分析

单位:人,%

问题	认知选项	性别			
		男性		女性	
		人数	占比	人数	占比
自2016年杭州施行《关于全面提升杭州城市国际化水平的若干意见》以来,您认为杭州在哪个方面提升最快?	"互联网+"创新创业中心	869	47.18	973	52.82
	国际会议目的地城市	628	48.09	678	51.91
	国际重要的旅游休闲中心	349	46.60	400	53.40
	东方文化国际交流重要城市	217	52.29	198	47.71
您认为影响和促进杭州市民国际意识提升的主要因素有哪些?	城市基础设施的改善	1217	48.22	1307	51.78
	《杭州市城市国际化促进条例》的颁布与实施	887	48.98	924	51.02
	高等教育的发展	893	48.53	947	51.47
	城市治理水平的提升	998	48.85	1045	51.15
	城市品牌形象的提升	1217	48.33	1301	51.67
	精致、和谐、大气、开放的城市精神	777	45.73	922	54.27
	世界级赛事与会议活动的举办	779	46.62	892	53.38
	杭州国际知名度的提升	908	46.71	1036	53.29
	其他	6	60.00	4	40.00

问题	认知选项	性别			
		男性		女性	
		人数	占比	人数	占比
《杭州市城市国际化促进条例》规定的促进城市国际化的措施中,您最在意的是哪些?	产业国际化,营造国际创新创业生态环境	1049	48.81	1100	51.19
	城市环境国际化,公共信息使用国际通用标识	1404	47.53	1550	52.47
	公共服务国际化,为国际人才提供优质服务	987	48.01	1069	51.99
	文化国际交流融合,提高居民对外交流能力	1040	46.87	1179	53.13
您认为提升杭州市民国际意识的主要途径有哪些?	打造更多的国际化社区	1018	49.63	1033	50.37
	加强城市国际化定位的宣传	1317	49.07	1367	50.93
	加强城市外语环境的建设	918	45.18	1114	54.82
	加强国际商务城市的建设	824	48.73	867	51.27
	加强青少年的国际意识教育	1180	46.90	1336	53.10
	承办更多的国际赛事和会议	710	46.53	816	53.47
	加强对《杭州市城市国际化促进条例》的普法宣传	572	48.64	604	51.36
	加强国际人才的引进	749	47.89	815	52.11
	其他	0	0.00	1	100.00
您知道《杭州市城市国际化促进条例》吗?	非常清楚	165	52.72	148	47.28
	知道一些	680	51.13	650	48.87
	不是很清楚	811	44.22	1023	55.78
	不知道	407	48.74	428	51.26
如果看到外籍人士有困难,您会主动上前提供帮助吗?	一定会,因为外语好,且了解国际规则	510	49.47	521	50.53
	不一定,外语不好	1307	46.85	1483	53.15
	不会,不关我的事	120	55.81	95	44.19
	没碰到过外籍人士	126	45.65	150	54.35
当外籍人士向您打招呼或者寻求帮助时,您通常会怎么做?	积极回应,并适当聊天	677	48.05	732	51.95
	简单回应,不多交谈	950	45.96	1117	54.04
	不回应,外语不好	195	55.24	158	44.76
	从未给予回应或帮助,不关我的事	58	46.40	67	53.60
	没有碰到过这种事	183	51.12	175	48.88

2. 对年龄的交叉分析

从调查结果与年龄交叉分析可知，各年龄段的受访者都对近年来杭州市民国际意识的提升比较认可。对《关于全面提升杭州城市国际化水平的若干意见》施行以来杭州提升最快的方面、影响和促进杭州市民国际意识提升的主要因素、提升杭州市民国际意识的主要途径以及《杭州市城市国际化促进条例》中最在意的措施等问题所涉及的各个方面的选择总体比较均衡。在是否知道《杭州市城市国际化促进条例》的问题上，大部分年龄段的市民选择"不是很清楚"，这说明市民对新的法律法规颁布和实施的信息捕捉得较慢，需进一步加大宣传力度。在是否会主动上前为有困难的外籍人士提供帮助的问题上，55~64岁和65岁及以上年龄段的市民选择"没碰到过外籍人士"的比例远远高于其他年龄段，这应该与此年龄段市民的日常生活方式直接相关。在对当前生活的总体满意度和对在杭生活的幸福感的评价中，65岁及以上年龄段的市民满意度和幸福感最高，其次是55~64岁的市民，16~24岁、25~34岁、35~44岁市民的满意度和幸福感比较均衡，而45~54岁市民的满意度和幸福感相对较低，说明这个年龄段市民的生活压力最大（见表12）。

3. 对学历的交叉分析

对于问卷的大部分问题，调查结果与学历之间的数据有一定差别，但不是特别明显。总体来看，学历越高，对杭州市民国际意识提升的要求就越高。对《关于全面提升杭州城市国际化水平的若干意见》施行以来杭州提升最快的方面、影响和促进杭州市民国际意识提升的主要因素、提升杭州市民国际意识的主要途径以及《杭州市城市国际化促进条例》中最在意的措施等的认知情况和认可情况总体比较均衡。关于是否知道《杭州市城市国际化促进条例》这个问题，研究生及以上学历的受访者了解程度最高，其中选择"非常清楚"的比例约是受访者中研究生及以上学历所占比例的2倍，选择"知道一些"的比例也远远超过受访者中研究生及以上学历所占比例。在市民的具体行为方面，愿意主动上前为有困难的外籍人士提供帮助以及在外籍人士打招呼或者寻求帮助时做出回应的本科和研究生及以上学历

表12 调查结果与年龄交叉分析

单位：人，%

问题	认知选项	年龄											
		16~24岁		25~34岁		35~44岁		45~54岁		55~64岁		65岁及以上	
		人数	占比	人数	占比	人数	占比	人数	占比	人数	占比	人数	占比
您认为近年来杭州市民国际意识的提升情况如何？	有很大提升，符合城市国际化要求	416	35.34	375	31.86	253	21.50	78	6.63	39	3.31	16	1.36
	有较大提升，但与建设世界名城的要求还有较大差距	650	31.18	774	37.12	470	22.54	147	7.05	30	1.44	14	0.67
	有一定提升	208	31.66	229	34.86	139	21.16	61	9.28	19	2.89	1	0.15
	提升不大	44	24.44	63	35.00	40	22.22	26	14.44	5	2.78	2	1.11
	不清楚	67	31.46	68	31.92	47	22.07	23	10.80	8	3.76	0	0.00
自2016年杭州施行《关于全面提升杭州城市国际化水平的若干意见》以来，您认为杭州在哪个方面提升最快？	"互联网+"创新创业中心	644	34.96	624	33.88	401	21.77	112	6.08	42	2.28	19	1.03
	国际会议目的地城市	408	31.24	461	35.30	282	21.59	120	9.19	27	2.07	8	0.61
	国际重要的旅游休闲中心	194	25.90	295	39.39	175	23.36	66	8.81	15	2.00	4	0.53
	东方文化国际交流重要城市	139	33.49	129	31.08	91	21.93	37	8.92	17	4.10	2	0.48
	城市基础设施的改善	840	33.28	873	34.59	552	21.87	175	6.93	61	2.42	23	0.91
	《杭州市城市国际化促进条例》的颁布与实施	596	32.91	604	33.35	406	22.42	148	8.17	49	2.71	8	0.44
您认为影响和促进杭州市民国际意识提升的主要因素有哪些？	高等教育的发展	578	31.41	646	35.11	405	22.01	161	8.75	42	2.28	8	0.43
	城市治理水平的提升	645	31.57	728	35.63	455	22.27	154	7.54	45	2.20	16	0.78
	城市品牌形象的提升	796	31.61	912	36.22	538	21.37	195	7.74	62	2.46	15	0.60
	精致、和谐、大气、开放的城市精神	576	33.90	613	36.08	335	19.72	122	7.18	45	2.65	8	0.47
	世界级赛事与会议活动的举办	524	31.36	581	34.77	383	22.92	129	7.72	38	2.27	16	0.96
	杭州国际知名度的提升	608	31.28	713	36.68	432	22.22	144	7.41	35	1.80	12	0.62
	其他	2	20.00	6	60.00	1	10.00	1	10.00	0	0.00	0	0.00

续表

问题	认知选项	16~24岁 人数	16~24岁 占比	25~34岁 人数	25~34岁 占比	35~44岁 人数	35~44岁 占比	45~54岁 人数	45~54岁 占比	55~64岁 人数	55~64岁 占比	65岁及以上 人数	65岁及以上 占比
您知道《杭州市城市国际化促进条例》吗?	非常清楚	104	33.23	84	26.84	73	23.32	34	10.86	16	5.11	2	0.64
	知道一些	388	29.17	444	33.38	347	26.09	110	8.27	32	2.41	9	0.68
	不是很清楚	645	35.17	670	36.53	346	18.87	125	6.82	35	1.91	13	0.71
	不知道	248	29.70	311	37.25	183	21.92	66	7.90	18	2.16	9	1.08
如果看到外籍人士有困难,您会主动上前提供帮助吗?	一定会,因为外语好,且了解国际规则	337	32.69	358	34.72	223	21.63	79	7.66	28	2.72	6	0.58
	不一定,外语不好	931	33.37	995	35.66	607	21.76	187	6.70	49	1.76	21	0.75
	不会,不关我的事	46	21.40	75	34.88	53	24.65	32	14.88	8	3.72	1	0.47
	没碰到过外籍人士	71	25.72	81	29.35	66	23.91	37	13.41	16	5.80	5	1.81
当外籍人士向您打招呼或寻求帮助时,您通常会怎么做?	积极回应,并适当聊天	519	36.83	457	32.43	308	21.86	77	5.46	38	2.70	10	0.71
	简单回应,不多交谈	671	32.46	786	38.03	443	21.43	135	6.53	22	1.06	10	0.48
	不回应,外语不好	76	21.53	121	34.28	75	21.25	63	17.85	12	3.40	6	1.70
	从未给予回应或帮助,不关我的事	31	24.80	35	28.00	25	20.00	28	22.40	5	4.00	1	0.80
	没有碰到过这种事	88	24.58	110	30.73	98	27.37	32	8.94	24	6.70	6	1.68
您认为提升杭州市民国际意识的主要途径有哪些?	打造更多的国际化社区	675	32.91	689	33.59	455	22.18	168	8.19	48	2.34	16	0.78
	加强城市国际化定位的宣传	873	32.53	961	35.80	587	21.87	188	7.00	52	1.94	23	0.86
	加强城市外语环境的建设	690	33.96	687	33.81	437	21.51	156	7.68	49	2.41	13	0.64
	加强国际商务城市的建设	494	29.21	618	36.55	392	23.18	141	8.34	34	2.01	12	0.71
	加强青少年的国际意识教育	854	33.94	864	34.34	561	22.30	169	6.72	49	1.95	19	0.76
	承办更多的国际赛事和会议	510	33.42	515	33.75	345	22.61	111	7.27	36	2.36	9	0.59
	加强对《杭州市城市国际化促进条例》的普法宣传	372	31.63	392	33.33	272	23.13	108	9.18	27	2.30	5	0.43
	加强国际化人才的引进	500	31.97	555	35.49	347	22.19	121	7.74	32	2.05	9	0.58
	其他	0	0.00	1	100.00	0	0.00	0	0.00	0	0.00	0	0.00

续表

问题	认知选项	年龄											
		16~24岁		25~34岁		35~44岁		45~54岁		55~64岁		65岁及以上	
		人数	占比	人数	占比	人数	占比	人数	占比	人数	占比	人数	占比
《杭州市城市国际化促进条例》规定的促进城市国际化的措施中,您最在意的是哪些?	产业国际化,营造国际创新创业生态环境	696	32.39	710	33.04	490	22.80	174	8.10	53	2.47	26	1.21
	城市环境国际化,公共信息使用国际通用标识	955	32.33	1042	35.27	663	22.44	215	7.28	55	1.86	24	0.81
	公共服务国际化,为国际人才提供优质服务	682	33.17	712	34.63	458	22.28	148	7.20	40	1.95	16	0.78
	文化国际交流融合,提高居民对外交流能力	728	32.81	774	34.88	484	21.81	165	7.44	58	2.61	10	0.45
您对当前生活的总体满意度如何?	非常满意	218	34.71	161	25.64	136	21.66	68	10.83	33	5.25	12	1.91
	满意	764	33.10	824	35.70	487	21.10	170	7.37	47	2.04	16	0.69
	一般	348	29.27	465	39.11	282	23.72	74	6.22	15	1.26	5	0.42
	不满意	42	30.66	49	35.77	29	21.17	12	8.76	5	3.65	0	0.00
	非常不满意	13	26.00	10	20.00	15	30.00	11	22.00	1	2.00	0	0.00
您觉得自己生活得幸福吗?	非常幸福	258	35.78	185	25.66	160	22.19	69	9.57	38	5.27	11	1.53
	幸福	736	32.29	807	35.41	499	21.90	175	7.68	46	2.02	16	0.70
	一般	345	30.05	462	40.24	257	22.39	64	5.57	14	1.22	6	0.52
	不幸福	32	30.77	39	37.50	22	21.15	10	9.62	1	0.96	0	0.00
	很不幸福	14	23.33	16	26.67	11	18.33	17	28.33	2	3.33	0	0.00

的受访者所占比例较高，其中研究生及以上学历所占比例最高。在对当前生活的总体满意度和对在杭生活的幸福感方面，研究生及以上学历的受访者对当前生活总体"非常满意"的比例最高，觉得自己生活得"非常幸福"的比例也是最高的（见表13）。

4. 对政治面貌的交叉分析

从调查结果与政治面貌交叉分析可知，调查结果与政治面貌之间的数据有一定差别，但不是特别明显。共青团员中认为杭州市民国际意识"有很大提升，符合城市国际化要求"的比例较高，超过受访者中共青团员所占比例；群众中认为杭州市民国际意识"有较大提升，但与建设世界名城的要求还有较大差距"的比例最高，超过受访者中群众所占比例；民主党派中认为杭州市民国际意识"有一定提升"的比例也超过受访者中民主党派所占比例。《关于全面提升杭州城市国际化水平的若干意见》施行以来，不同政治面貌的受访者对"'互联网'＋创新创业中心""国际会议目的地城市""国际重要的旅游休闲中心""东方文化国际交流重要城市"等方面的快速提升均较认可。其中，群众和民主党派认为杭州在"国际重要的旅游休闲中心"方面提升最快，共青团员和中共党员认为杭州在"'互联网＋'创新创业中心"方面提升最快。在关于影响和促进杭州市民国际意识提升的主要因素的认知方面，群众较认可的是"城市基础设施的改善"和"城市品牌形象的提升"；共青团员较认可的是"精致、和谐、大气、开放的城市精神"和"《杭州市城市国际化促进条例》的颁布与实施"；中共党员较认可的是"世界级赛事与会议活动的举办"和"《杭州市城市国际化促进条例》的颁布与实施"；民主党派较认可的是"世界级赛事与会议活动的举办"和"高等教育的发展"，对"《杭州市城市国际化促进条例》的颁布与实施""杭州国际知名度的提升""精致、和谐、大气、开放的城市精神"的认可度也非常高。关于是否知道《杭州市城市国际化促进条例》这个问题，中共党员和民主党派选择"非常清楚"的比例均是受访者中中共党员和民主党派所占比例的2倍左右，选择"知道一些"的中共党员和民主党派的比例也远远超过受访者中中共党员和民主党派所占比例，选择"不是很清楚"和

表13 调查结果与学历交叉分析

单位：人，%

问题	认知选项	学历											
		小学及以下		初中		高中/中专		大专		本科		研究生及以上	
		人数	占比	人数	占比	人数	占比	人数	占比	人数	占比	人数	占比
您认为近年来杭州市民国际意识的提升情况如何？	有很大提升，符合城市国际化要求	56	4.76	111	9.43	227	19.29	185	15.72	480	40.78	118	10.03
	有较大提升，但与建设世界名城的要求还有较大差距	60	2.88	126	6.04	299	14.34	336	16.12	1042	49.98	222	10.65
	有一定提升	30	4.57	61	9.28	118	17.96	101	15.37	305	46.42	42	6.39
	提升不大	9	5.00	22	12.22	30	16.67	37	20.56	61	33.89	21	11.67
	不清楚	11	5.16	33	15.49	39	18.31	43	20.19	65	30.52	22	10.33
自2016年杭州施行《关于全面提升杭州城市国际化水平的若干意见》以来，您认为在哪个方面提升最快？	"互联网＋"创新创业中心	61	3.31	130	7.06	323	17.54	304	16.50	850	46.15	174	9.45
	国际会议目的地城市	51	3.91	128	9.80	180	13.78	185	14.17	620	47.47	142	10.87
	国际重要的旅游休闲中心	40	5.34	48	6.41	132	17.62	140	18.69	316	42.19	73	9.75
	东方文化国际交流重要城市	14	3.37	47	11.33	78	18.80	73	17.59	167	40.24	36	8.67
您认为影响和促进杭州市民国际意识提升的主要因素有哪些？	城市基础设施的改善	97	3.84	196	7.77	402	15.93	431	17.08	1150	45.56	248	9.83
	《杭州市城市国际化促进条例》的颁布与实施	71	3.92	153	8.45	299	16.51	293	16.18	812	44.84	183	10.10
	高等教育的发展	75	4.08	140	7.61	288	15.65	309	16.79	819	44.51	209	11.36
	城市治理水平的提升	74	3.62	125	6.12	346	16.94	336	16.45	973	47.63	189	9.25
	城市品牌形象的提升	89	3.53	160	6.35	390	15.49	433	17.20	1199	47.62	247	9.81
	精致、和谐、大气、开放的城市精神	66	3.88	141	8.30	292	17.19	310	18.25	743	43.73	147	8.65
	世界级赛事与会议活动的举办	54	3.23	120	7.18	260	15.56	248	14.84	816	48.83	173	10.35
	杭州国际知名度的提升	63	3.24	142	7.30	289	14.87	332	17.08	930	47.84	188	9.67
	其他	2	20.00	0	0.00	1	10.00	0	0.00	6	60.00	1	10.00

续表

问题	认知选项	学历											
		小学及以下		初中		高中/中专		大专		本科		研究生及以上	
		人数	占比	人数	占比	人数	占比	人数	占比	人数	占比	人数	占比
您知道《杭州市城市国际化促进条例》吗?	非常清楚	16	5.11	38	12.14	50	15.97	50	15.97	100	31.95	59	18.85
	知道一些	48	3.61	100	7.52	236	17.74	187	14.06	599	45.04	160	12.03
	不是很清楚	54	2.94	117	6.38	293	15.98	322	17.56	908	49.51	140	7.63
	不知道	48	5.75	98	11.74	134	16.05	143	17.13	346	41.44	66	7.90
如果看到外籍人士有困难,您会主动上前提供帮助吗?	一定会,因为外语好,且了解国际规则	29	2.81	65	6.30	134	13.00	119	11.54	493	47.82	191	18.53
	不一定,外语不好	102	3.66	205	7.35	474	16.99	492	17.63	1323	47.42	194	6.95
	不会,不关我的事	16	7.44	44	20.47	36	16.74	45	20.93	55	25.58	19	8.84
	没碰到过外籍人士	19	6.88	39	14.13	69	25.00	46	16.67	82	29.71	21	7.61
当外籍人士向您打招呼或者寻求帮助时,您通常会怎么做?	积极回应,并适当聊天	41	2.91	93	6.60	185	13.13	199	14.12	688	48.83	203	14.41
	简单回应,不多交谈	65	3.14	137	6.63	347	16.79	338	16.35	1019	49.30	161	7.79
	回应,外语不好	26	7.37	53	15.01	72	20.40	66	18.70	118	33.43	18	5.10
	从未给予回应或帮助,不关我的事	7	5.60	18	14.40	34	27.20	18	14.40	34	27.20	14	11.20
	没有碰到过这种事	27	7.54	52	14.53	75	20.95	81	22.63	94	26.26	29	8.10
您认为提升杭州市民国际意识的主要途径有哪些?	打造更多的国际化社区	79	3.85	156	7.61	314	15.31	344	16.77	951	46.37	207	10.09
	加强城市国际化定位的宣传	93	3.46	188	7.00	406	15.13	452	16.84	1288	47.99	257	9.58
	加强城市外语环境的建设	76	3.74	156	7.68	301	14.81	341	16.78	942	46.36	216	10.63
	加强国际商务城市的建设	58	3.43	122	7.21	269	15.91	259	15.32	802	47.43	181	10.70
	加强青少年的国际意识教育	97	3.86	180	7.15	431	17.13	430	17.09	1135	45.11	243	9.66
	承办更多的国际赛事和会议	57	3.74	114	7.47	217	14.22	254	16.64	727	47.64	157	10.29
	加强对《杭州市城市国际化促进条例》的普法宣传	45	3.83	85	7.23	216	18.37	184	15.65	526	44.73	120	10.20
	加强国际人才的引进	50	3.20	118	7.54	247	15.79	239	15.28	736	47.06	174	11.13
	其他	0	0.00	0	0.00	0	0.00	0	0.00	1	100.00	0	0.00

续表

问题	认知选项	学历											
		小学及以下		初中		高中/中专		大专		本科		研究生及以上	
		人数	占比	人数	占比	人数	占比	人数	占比	人数	占比	人数	占比
《杭州市城市国际化促进条例》规定的促进城市国际化的措施中，您最在意的是哪些？	产业国际化，营造国际创新创业生态环境	91	4.23	180	8.38	348	16.19	349	16.24	953	44.35	228	10.61
	城市环境国际化，公共信息使用国际通用标识	101	3.42	220	7.45	475	16.08	477	16.15	1383	46.82	298	10.09
	公共服务国际化，为国际人才提供优质服务	51	2.48	173	8.41	346	16.83	350	17.02	955	46.45	181	8.80
	文化国际交流融合，提高居民对外交流能力	80	3.61	175	7.89	354	15.95	366	16.49	1020	45.97	224	10.09
您对当前生活的总体满意度如何？	非常满意	41	6.53	63	10.03	104	16.56	106	16.88	232	36.94	82	13.06
	满意	66	2.86	168	7.28	356	15.42	343	14.86	1121	48.57	254	11.01
	一般	40	3.36	90	7.57	212	17.83	224	18.84	547	46.01	76	6.39
	不满意	12	8.76	15	10.95	32	23.36	24	17.52	44	32.12	10	7.30
	非常不满意	7	14.00	17	34.00	9	18.00	5	10.00	9	18.00	3	6.00
您觉得自己生活得幸福吗？	非常幸福	40	5.55	76	10.54	117	16.23	124	17.20	272	37.73	92	12.76
	幸福	84	3.69	157	6.89	372	16.32	340	14.92	1080	47.39	246	10.79
	一般	25	2.18	90	7.84	186	16.20	215	18.73	556	48.43	76	6.62
	不幸福	12	11.54	9	8.65	29	27.88	17	16.35	30	28.85	7	6.73
	很不幸福	5	8.33	21	35.00	9	15.00	6	10.00	15	25.00	4	6.67

"不知道"的群众所占比例较高。在对提升杭州市民国际意识的主要途径的认知中，共青团员、中共党员和民主党派均最看重"加强对《杭州市城市国际化促进条例》的普法宣传"，群众最看重"加强城市国际化定位的宣传"。关于《杭州市城市国际化促进条例》规定的促进城市国际化的措施这个问题，群众最在意"城市环境国际化，公共信息使用国际通用标识"，民主党派比较在意"文化国际交流融合，提高居民对外交流能力"和"产业国际化，营造国际创新创业生态环境"，共青团员和中共党员对"产业国际化，营造国际创新创业生态环境""城市环境国际化，公共信息使用国际通用标识""公共服务国际化，为国际人才提供优质服务""文化国际交流融合，提高居民对外交流能力"四个方面的在意度比较均衡。在日常生活中，愿意主动上前为有困难的外籍人士提供帮助以及在外籍人士打招呼或者寻求帮助时做出回应的比例总体较高，其中群众因为外语不好而不一定主动上前为有困难的外籍人士提供帮助的比例最高（见表14）。

5. 对在杭居住年限的交叉分析

调查结果与在杭居住年限交叉分析显示，在杭居住年限为 11～20 年的受访者认为近年来杭州市民的国际意识"有很大提升，符合城市国际化要求"的比例最高，在杭居住年限为 21 年及以上的受访者认为"有较大提升，但与建设世界名城的要求还有较大差距"的比例最高。在《关于全面提升杭州城市国际化水平的若干意见》施行以来，在杭居住年限为 5 年及以下的受访者认为杭州在"'互联网＋'创新创业中心"方面提升最快，在杭居住年限为 6～10 年的受访者认为杭州在"国际重要的旅游休闲中心"方面提升最快，在杭居住年限为 11～20 年的受访者认为杭州在"东方文化国际交流重要城市"方面提升最快，在杭居住年限为 21 年及以上的受访者认为杭州在"国际会议目的地城市"方面提升最快。关于影响和促进杭州市民国际意识提升的主要因素和提升杭州市民国际意识的主要途径这两个问题，不同在杭居住年限的受访者的选择比较均衡。关于是否知道《杭州市城市国际化促进条例》这个问题，在杭居住年限为 11～20 年和 21 年及以上的受访者选择"非常清楚"和"知道一些"的比例明显高于在杭居住年限为

表14 调查结果与政治面貌交叉分析

单位：人，%

问题	认知选项	政治面貌							
		群众		共青团员		中共党员		民主党派	
		人数	占比	人数	占比	人数	占比	人数	占比
您认为近年来杭州市民国际意识的提升情况如何？	有很大提升,符合城市国际化要求	568	48.26	377	32.03	211	17.93	21	1.78
	有较大提升,但与建设世界名城的要求还有较大差距	1130	54.20	592	28.39	341	16.35	22	1.06
	有一定提升	325	49.47	219	33.33	93	14.16	20	3.04
	提升不大	83	46.11	51	28.33	33	18.33	13	7.22
	不清楚	99	46.48	68	31.92	40	18.78	6	2.82
自2016年杭州施行《关于全面提升杭州城市国际化水平的若干意见》以来,您认为杭州在哪个方面提升最快？	"互联网+"创新创业中心	872	47.34	616	33.44	329	17.86	25	1.36
	国际会议目的地城市	705	53.98	357	27.34	223	17.08	21	1.61
	国际重要的旅游休闲中心	424	56.61	196	26.17	101	13.48	28	3.74
	东方文化交流重要城市	204	49.16	138	33.25	65	15.66	8	1.93
	城市基础设施的改善	1276	50.55	771	30.55	432	17.12	45	1.78
	《杭州市城市国际化促进条例》的颁布与实施	838	46.27	610	33.68	326	18.00	37	2.04
	高等教育的发展	891	48.42	586	31.85	319	17.34	44	2.39
您认为影响和促进杭州市民国际意识提升的主要因素有哪些？	城市治理水平的提升	1009	49.39	634	31.03	364	17.82	36	1.76
	城市品牌形象的提升	1267	50.32	785	31.18	422	16.76	44	1.75
	精致、和谐、大气、开放的城市精神	821	48.32	575	33.84	269	15.83	34	2.00
	世界级赛事与会议活动的举办	769	46.02	540	32.32	319	19.09	43	2.57
	杭州国际知名度的提升	958	49.28	610	31.38	337	17.34	39	2.01
	其他	7	70.00	3	30.00	0	0.00	0	0.00

续表

问题	认知选项	政治面貌							
		群众		共青团员		中共党员		民主党派	
		人数	占比	人数	占比	人数	占比	人数	占比
您知道《杭州市城市国际化促进条例》吗?	非常清楚	106	33.87	100	31.95	95	30.35	12	3.83
	知道一些	571	42.93	434	32.63	292	21.95	33	2.48
	不是很清楚	1024	55.83	561	30.59	225	12.27	24	1.31
	不知道	504	60.36	212	25.39	106	12.69	13	1.56
如果看到外籍人士有困难,您会主动上前提供帮助吗?	一定会,因为外语好,且了解国际规则	402	38.99	334	32.40	271	26.29	24	2.33
	不一定,外语不好	1566	56.13	834	29.89	366	13.12	24	0.86
	不会,不关我的事	106	49.30	58	26.98	25	11.63	26	12.09
	没有碰到过外籍人士	131	47.46	81	29.35	56	20.29	8	2.90
当外籍人士向您打招呼或者寻求帮助时,您通常会怎么做?	积极回应,并适当聊天	586	41.59	496	35.20	306	21.72	21	1.49
	简单回应,不多交谈	1163	56.27	594	28.74	291	14.08	19	0.92
	不回应,外语不好	194	54.96	95	26.91	51	14.45	13	3.68
	从未给予回应或帮助,不关我的事	51	40.80	35	28.00	28	22.40	11	8.80
	没有碰到过这种事	211	58.94	87	24.30	42	11.73	18	5.03
您认为提升杭州市民国际意识的主要途径有哪些?	打造更多的国际化社区	953	46.47	680	33.15	373	18.19	45	2.19
	加强城市国际化定位的宣传	1389	51.75	807	30.07	457	17.03	31	1.15
	加强城市外语环境的建设	974	47.93	649	31.94	364	17.91	45	2.21
	加强国际商务城市的建设	785	46.42	537	31.76	324	19.16	45	2.66
	加强青少年的国际意识教育	1276	50.72	783	31.12	414	16.45	43	1.71
	承办更多的国际赛事和会议	698	45.74	500	32.77	288	18.87	40	2.62
	加强对《杭州市城市国际化促进条例》的普法宣传	474	40.31	402	34.18	261	22.19	39	3.32
	加强国际人才的引进	725	46.36	509	32.54	286	18.29	44	2.81
	其他	1	100.00	0	0.00	0	0.00	0	0.00

续表

问题	认知选项	政治面貌							
		群众		共青团员		中共党员		民主党派	
		人数	占比	人数	占比	人数	占比	人数	占比
《杭州市城市国际化促进条例》规定的促进城市国际化的措施中，您最在意的是哪些？	产业国际化，营造国际创新创业生态环境	1033	48.07	695	32.34	377	17.54	44	2.05
	城市环境国际化，公共信息使用国际通用标识	1547	52.37	867	29.35	492	16.66	48	1.62
	公共服务国际化，为国际人才提供优质服务	992	48.25	673	32.73	359	17.46	32	1.56
	文化国际交流融合，提高居民对外交流能力	1076	48.49	713	32.13	381	17.17	49	2.21
您对当前生活的总体满意度如何？	非常满意	257	40.92	218	34.71	141	22.45	12	1.91
	满意	1175	50.91	703	30.46	410	17.76	20	0.87
	一般	689	57.95	338	28.43	144	12.11	18	1.51
	不满意	68	49.64	38	27.74	19	13.87	12	8.76
	非常不满意	16	32.00	10	20.00	4	8.00	20	40.00
您觉得自己生活得幸福吗？	非常幸福	285	39.53	265	36.75	157	21.78	14	1.94
	幸福	1175	51.56	685	30.06	396	17.38	23	1.01
	一般	673	58.62	323	28.14	134	11.67	18	1.57
	不幸福	52	50.00	24	23.08	16	15.38	12	11.54
	很不幸福	20	33.33	10	16.67	15	25.00	15	25.00

5年及以下和6～10年的受访者。在市民的具体行为方面，在杭居住年限为11～20年和21年及以上的受访者愿意主动上前为有困难的外籍人士提供帮助的比例偏高，在杭居住年限为6～10年和21年及以上的受访者认为不关我的事而不愿意主动上前为有困难的外籍人士提供帮助的比例也偏高；在杭居住年限为5年及以下和11～20年的受访者在外籍人士打招呼或者寻求帮助时积极回应的比例偏高（见表15）。

6. 对职业的交叉分析

将调查结果与职业交叉分析可知，不同职业间还是有一定差别的。其中，党、政、事业机关领导干部中认为杭州市民的国际意识"有很大提升，符合城市国际化要求"和"有较大提升，但与建设世界名城的要求还有较大差距"的比例较低。在校学生中认为杭州市民的国际意识"有很大提升，符合城市国际化要求"和"有较大提升，但与建设世界名城的要求还有较大差距"的比例较高。不同职业的受访者在对《关于全面提升杭州城市国际化水平的若干意见》施行以来杭州提升最快的方面的看法、对影响和促进杭州市民国际意识提升的主要因素的认知、对提升杭州市民国际意识的主要途径的认知以及《杭州市城市国际化促进条例》中最在意的措施方面略有差别，这些差别与各种职业和行业在具体工作和生活中的体验差异有关，体现了职业和行业的差异。关于是否知道《杭州市城市国际化促进条例》，农、林、牧、渔等类似行业劳动者，国企中高层管理者，党、政、事业机关领导干部，党、政、司法机关职员，军人，在校学生，大学教师、学者、研究人员，新闻媒体工作者，律师及相关行业人员，文化演艺人员，非政府组织工作人员，工、青、妇、团等群众组织部门人员以及无业人员等选择"非常清楚"的比例均超过其在受访者中所占比例，其中党、政、司法机关职员最为突出。在日常的具体行为中，愿意主动上前为有困难的外籍人士提供帮助以及在外籍人士打招呼或者寻求帮助时积极回应的受访者比例总体较高，但因为外语不好而不一定主动上前为有困难的外籍人士提供帮助的受访者比例也较高（见表16至表19）。

表15 调查结果与在杭居住年限交叉分析

单位：人，%

问题	认知选项	在杭居住年限							
		5年及以下		6~10年		11~20年		21年及以上	
		人数	占比	人数	占比	人数	占比	人数	占比
您认为近年来杭州市民国际意识的提升情况如何？	有很大提升，符合城市国际化要求	423	35.94	181	15.38	255	21.67	318	27.02
	有较大提升，但与建设世界知名城市的要求还有较大差距	747	35.83	345	16.55	364	17.46	629	30.17
	有一定提升	252	38.36	137	20.85	111	16.89	157	23.90
	提升不大	52	28.89	24	13.33	46	25.56	58	32.22
	不清楚	83	38.97	34	15.96	47	22.07	49	23.00
自2016年杭州施行《关于全面提升杭州城市国际化水平的若干意见》以来，您认为杭州在哪个方面提升最快？	"互联网+"创新创业中心	705	38.27	310	16.83	349	18.95	478	25.95
	国际会议目的地城市	447	34.23	203	15.54	251	19.22	405	31.01
	国际重要的旅游休闲中心	269	35.91	143	19.09	125	16.69	212	28.30
	东方文化国际交流重要城市	136	32.77	65	15.66	98	23.61	116	27.95
	城市基础设施的改善	916	36.29	413	16.36	484	19.18	711	28.17
	《杭州市城市国际化促进条例》的颁布与实施	606	33.46	274	15.13	369	20.38	562	31.03
	高等教育的发展	623	33.86	290	15.76	370	20.11	557	30.27
您认为影响和促进杭州市民国际意识提升的主要因素有哪些？	城市治理水平的提升	725	35.49	332	16.25	393	19.24	593	29.03
	城市品牌形象的提升	890	35.35	450	17.87	470	18.67	708	28.12
	精致、和谐、大气、开放的城市精神	625	36.79	281	16.54	328	19.31	465	27.37
	世界级赛事与会议活动的举办	558	33.39	287	17.18	335	20.05	491	29.38
	杭州国际知名度的提升	681	35.03	345	17.75	361	18.57	557	28.65
	其他	3	30.00	1	10.00	2	20.00	4	40.00

续表

问题	认知选项	在杭居住年限							
		5年及以下		6~10年		11~20年		21年及以上	
		人数	占比	人数	占比	人数	占比	人数	占比
您知道《杭州市城市国际化促进条例》吗？	非常清楚	101	32.27	45	14.38	76	24.28	91	29.07
	知道一些	411	30.90	207	15.56	274	20.60	438	32.93
	不是很清楚	741	40.40	310	16.90	318	17.34	465	25.35
	不知道	304	36.41	159	19.04	155	18.56	217	25.99
如果看到外籍人士有困难，您会主动上前提供帮助吗？	一定会，因为外语好，且了解国际规则	339	32.88	163	15.81	229	22.21	300	29.10
	不一定，外语不好	1067	38.24	473	16.95	512	18.35	738	26.45
	不会，不关我的事	72	33.49	42	19.53	36	16.74	65	30.23
	没碰到过外籍人士	79	28.62	43	15.58	46	16.67	108	39.13
当外籍人士向您打招呼或者寻求帮助时，您通常会怎么做？	积极回应，并适当聊天	549	38.96	221	15.68	295	20.94	344	24.41
	简单回应，不多交谈	722	34.93	357	17.27	384	18.58	604	29.22
	不回应，外语不好	126	35.69	65	18.41	48	13.60	114	32.29
	从未给予回应或帮助，不关我的事	34	27.20	25	20.00	30	24.00	36	28.80
	没有碰到过这种事	126	35.20	53	14.80	66	18.44	113	31.56
您认为提升杭州市民国际意识的主要途径有哪些？	打造更多的国际化社区	753	36.71	334	16.28	402	19.60	562	27.40
	加强城市国际化定位的宣传	953	35.51	470	17.51	504	18.78	757	28.20
	加强城市外语环境的建设	740	36.42	333	16.39	393	19.34	566	27.85
	加强国际商务城市的建设	569	33.65	278	16.44	332	19.63	512	30.28
	加强青少年的国际意识教育	882	35.06	425	16.89	490	19.48	719	28.58
	承办更多的国际赛事和会议	565	37.02	233	15.27	301	19.72	427	27.98
	加强对《杭州市城市国际化促进条例》的普法宣传	367	31.21	185	15.73	254	21.60	370	31.46
	加强国际人才的引进	522	33.38	259	16.56	304	19.44	479	30.63
	其他	1	100.00	0	0.00	0	0.00	0	0.00

续表

问题	认知选项	在杭居住年限							
		5年及以下		6~10年		11~20年		21年及以上	
		人数	占比	人数	占比	人数	占比	人数	占比
《杭州市城市国际化促进条例》规定的促进城市国际化的措施中,您最在意的是哪些?	产业国际化,营造国际创新创业生态环境	745	34.67	351	16.33	441	20.52	612	28.48
	城市环境国际化,公共信息使用国际通用标识	1053	35.65	485	16.42	571	19.33	845	28.61
	公共服务国际化,为国际人才提供优质服务	758	36.87	331	16.10	390	18.97	577	28.06
	文化国际交流融合,提高居民对外交流能力	779	35.11	357	16.09	458	20.64	625	28.17
您对当前生活的总体满意度如何?	非常满意	208	33.12	105	16.72	139	22.13	176	28.03
	满意	819	35.49	365	15.81	481	20.84	643	27.86
	一般	458	38.52	230	19.34	179	15.05	322	27.08
	不满意	54	39.42	19	13.87	18	13.14	46	33.58
	非常不满意	18	36.00	2	4.00	6	12.00	24	48.00
您觉得自己生活得幸福吗?	非常幸福	245	33.98	116	16.09	180	24.97	180	24.97
	幸福	782	34.31	368	16.15	460	20.18	669	29.35
	一般	472	41.11	221	19.25	165	14.37	290	25.26
	不幸福	44	42.31	11	10.58	11	10.58	38	36.54
	很不幸福	14	23.33	5	8.33	7	11.67	34	56.67

表16 调查结果与职业交叉分析（一）

单位：人，%

问题	认知选项	农,林,牧,渔等类似行业劳动者		国企中高层管理者		党,政,事业机关领导干部		工人,工厂（或企业）务工者		党,政,司法机关职员		军人	
		人数	占比	人数	占比	人数	占比	人数	占比	人数	占比	人数	占比
您认为近年来杭州市民国际意识的提升情况如何？	有很大提升，符合城市国际化要求	32	2.72	29	2.46	14	1.19	101	8.58	41	3.48	7	0.59
	有较大提升，但与建设世界名城的要求还有较大差距	34	1.63	53	2.54	30	1.44	131	6.28	55	2.64	8	0.38
	有一定提升	11	1.67	16	2.44	11	1.67	47	7.15	10	1.52	1	0.15
	提升不大	6	3.33	5	2.78	7	3.89	14	7.78	5	2.78	4	2.22
	不清楚	8	3.76	2	0.94	5	2.35	34	15.96	5	2.35	4	1.88
自2016年杭州全面施行《关于全面提升杭州城市国际化水平的若干意见》以来，您认为杭州在哪个方面提升最快？	"互联网＋"创新创业中心	46	2.50	42	2.28	34	1.85	147	7.98	38	2.06	11	0.60
	国际会议目的地城市	16	1.23	38	2.91	21	1.61	86	6.58	46	3.52	8	0.61
	国际重要的旅游休闲中心	18	2.40	16	2.14	5	0.67	68	9.08	22	2.94	3	0.40
	东方文化国际交流重要城市	11	2.65	9	2.17	7	1.69	26	6.27	10	2.41	2	0.48
	城市基础设施的改善	64	2.54	67	2.65	37	1.47	187	7.41	61	2.42	12	0.48
您认为影响和促进杭州市民国际化意识提升的主要因素有哪些？	《杭州市城市国际化促进条例》的颁布与实施	40	2.21	54	2.98	29	1.60	128	7.07	61	3.37	12	0.66
	高等教育的发展	42	2.28	37	2.01	30	1.63	140	7.61	55	2.99	14	0.76
	城市治理水平的提升	40	1.96	46	2.25	28	1.37	152	7.44	60	2.94	4	0.20
	城市品牌形象的提升	49	1.95	68	2.70	37	1.47	166	6.59	74	2.94	13	0.52

续表

问题	认知选项	农、林、牧、渔等类似行业劳动者		国企中高层管理者		党、政、事业机关领导干部		工人、工（或企业）务工者		党、政、司法机关职员		军人	
		人数	占比	人数	占比	人数	占比	人数	占比	人数	占比	人数	占比
您认为影响和促进杭州市民国际意识提升的主要因素有哪些？	精致、和谐、大气、开放的城市精神	39	2.30	30	1.77	26	1.53	134	7.89	40	2.35	15	0.88
	世界级赛事与会议活动的举办	30	1.80	35	2.09	20	1.20	111	6.64	45	2.69	11	0.66
	杭州国际知名度的提升	39	2.01	46	2.37	32	1.65	122	6.28	56	2.88	11	0.57
	其他	0	0.00	0	0.00	0	0.00	1	10.00	0	0.00	0	0.00
您知道《杭州市城市国际化促进条例》吗？	非常清楚	10	3.19	11	3.51	5	1.60	16	5.11	21	6.71	3	0.96
	知道一些	39	2.93	48	3.61	38	2.86	89	6.69	48	3.61	3	0.23
	不是很清楚	22	1.20	28	1.53	16	0.87	146	7.96	33	1.80	14	0.76
	不知道	20	2.40	18	2.16	8	0.96	76	9.10	14	1.68	4	0.48
如果看到外籍人士有困难，您会主动上前提供帮助吗？	一定会，因为外语好，且了解国际规则	26	2.52	33	3.20	26	2.52	56	5.43	36	3.49	7	0.68
	不一定，外语不好	43	1.54	51	1.83	35	1.25	217	7.78	62	2.22	11	0.39
	不会，不关我的事	10	4.65	7	3.26	1	0.47	21	9.77	10	4.65	3	1.40
	没碰到过外籍人士	12	4.35	14	5.07	5	1.81	33	11.96	8	2.90	3	1.09

职业

续表

问题	认知选项	职业											
		农、林、牧、渔等类似行业劳动者		国企中高层管理者		党、政、事业机关领导干部		工人、工(或企业)务工者		党、政、司法机关职员		军人	
		人数	占比	人数	占比	人数	占比	人数	占比	人数	占比	人数	占比
当外籍人士向您打招呼或者寻求帮助时,您通常会怎么做?	积极回应,并适当聊天	28	1.99	38	2.70	19	1.35	100	7.10	49	3.48	9	0.64
	简单回应,不多交谈	31	1.50	42	2.03	34	1.64	137	6.63	45	2.18	9	0.44
	不回应,外语不好	13	3.68	6	1.70	5	1.42	42	11.90	8	2.27	3	0.85
	从未给予回应或帮助,不关我的事	1	0.80	9	7.20	2	1.60	5	4.00	5	4.00	1	0.80
	没有碰到过这种事	18	5.03	10	2.79	7	1.96	43	12.01	9	2.51	2	0.56
您认为提升杭州市民国际意识的主要途径有哪些?	打造更多的国际化社区	46	2.24	59	2.88	27	1.32	165	8.04	56	2.73	11	0.54
	加强城市国际化定位的宣传	54	2.01	63	2.35	37	1.38	186	6.93	80	2.98	11	0.41
	加强城市外语环境的建设	48	2.36	48	2.36	23	1.13	141	6.94	43	2.12	9	0.44
	加强国际商务城市的建设	31	1.83	43	2.54	27	1.60	117	6.92	50	2.96	11	0.65
	加强青少年的国际意识教育	51	2.03	49	1.95	31	1.23	174	6.92	63	2.50	16	0.64
	承办更多的国际赛事和会议	32	2.10	30	1.97	22	1.44	92	6.03	39	2.56	14	0.92
	加强对《杭州市城市国际化促进条例》的普法宣传	30	2.55	24	2.04	24	2.04	86	7.31	42	3.57	13	1.11
	加强国际人才的引进	32	2.05	34	2.17	26	1.66	102	6.52	52	3.32	13	0.83
	其他	0	0.00	0	0.00	0	0.00	0	0.00	0	0.00	0	0.00

续表

问题	认知选项	职业											
		农、林、牧、渔等类似行业劳动者		国企中高层管理者		党、政、事业机关领导干部		工人、工厂（或企业）务工者		党、政、司法机关职员		军人	
		人数	占比	人数	占比	人数	占比	人数	占比	人数	占比	人数	占比
《杭州市城市国际化促进条例》规定的促进城市国际化的措施中，您最在意的是哪些?	产业国际化，营造国际创新创业生态环境	55	2.56	56	2.61	43	2.00	165	7.68	59	2.75	14	0.65
	城市环境国际化，公共信息使用国际通用标识	66	2.23	82	2.78	37	1.25	210	7.11	78	2.64	12	0.41
	公共服务国际化，为国际人才提供优质服务	36	1.75	36	1.75	25	1.22	151	7.34	62	3.02	12	0.58
	文化国际交流融合，提高居民对外交流能力	37	1.67	58	2.61	31	1.40	169	7.62	64	2.88	10	0.45
您对当前生活的总体满意度如何?	非常满意	17	2.71	19	3.03	18	2.87	35	5.57	21	3.34	5	0.80
	满意	41	1.78	55	2.38	29	1.26	166	7.19	67	2.90	10	0.43
	一般	28	2.35	23	1.93	16	1.35	110	9.25	28	2.35	5	0.42
	不满意	3	2.19	4	2.92	2	1.46	10	7.30	0	0.00	4	2.92
	非常不满意	2	4.00	4	8.00	2	4.00	6	12.00	0	0.00	0	0.00
您觉得自己生活得幸福吗?	非常幸福	25	3.47	25	3.47	19	2.64	45	6.24	23	3.19	3	0.42
	幸福	41	1.80	48	2.11	34	1.49	171	7.50	64	2.81	9	0.39
	一般	21	1.83	23	2.00	14	1.22	99	8.62	26	2.26	7	0.61
	不幸福	2	1.92	5	4.81	0	0.00	4	3.85	0	0.00	5	4.81
	很不幸福	2	3.33	4	6.67	0	0.00	8	13.33	3	5.00	0	0.00

单位：人、%

表 17 调查结果与职业交叉分析（二）

问题	认知选项	职业												
		企业、公司职员		个体户或自营业主		私企老板、中高层管理者		自由职业者		在校学生	
		人数	占比	人数	占比	人数	占比	人数	占比	人数	占比
您认为近年来杭州市民国际化意识的提升情况如何？	有很大提升，符合城市国际化要求	215	18.27	134	11.38	55	4.67	73	6.20	295	25.06
	有较大提升，但与建设世界名城的要求还有较大差距	487	23.36	239	11.46	109	5.23	131	6.28	486	23.31
	有一定提升	158	24.05	99	15.07	23	3.50	37	5.63	132	20.09
	提升不大	28	15.56	15	8.33	11	6.11	6	3.33	30	16.67
	不清楚	22	10.33	18	8.45	3	1.41	17	7.98	48	22.54
自2016年杭州施行《关于全面提升杭州城市国际化水平的若干意见》以来，您认为杭州在哪个方面提升最快？	"互联网＋"创新创业中心	374	20.30	211	11.45	87	4.72	117	6.35	464	25.19
	国际会议目的地城市	260	19.91	144	11.03	60	4.59	86	6.58	311	23.81
	国际重要的旅游休闲中心	188	25.10	104	13.89	33	4.41	41	5.47	122	16.29
	东方文化国际交流重要城市	88	21.20	46	11.08	21	5.06	20	4.82	94	22.65
您认为影响和促进杭州市民国际意识提升的主要因素有哪些？	城市基础设施的改善	525	20.80	282	11.17	122	4.83	150	5.94	616	24.41
	《杭州市城市国际化促进条例》的颁布与实施	333	18.39	215	11.87	68	3.75	107	5.91	447	24.68
	高等教育的发展	357	19.40	211	11.47	88	4.78	98	5.33	434	23.59
	城市治理水平的提升	467	22.86	226	11.06	112	5.48	116	5.68	473	23.15
	城市品牌形象的提升	577	22.92	303	12.03	129	5.12	148	5.88	564	22.40

续表

问题	认知选项	职业									
		企业、公司职员		个体户或自营业主		私企老板、中高层管理者		自由职业者		在校学生	
		人数	占比	人数	占比	人数	占比	人数	占比	人数	占比
您认为影响和促进杭州市民国际意识提升的主要因素有哪些？	精致、和谐、大气、开放的城市精神	356	20.95	186	10.95	65	3.83	96	5.65	417	24.54
	世界级赛事与会议活动的举办	357	21.36	176	10.53	86	5.15	88	5.27	391	23.40
	杭州国际知名度的提升	439	22.58	226	11.63	93	4.78	97	4.99	445	22.89
	其他	2	20.00	1	10.00	3	30.00	0	0.00	2	20.00
您知道《杭州市城市国际化促进条例》吗？	非常清楚	42	13.42	28	8.95	12	3.83	12	3.83	73	23.32
	知道一些	239	17.97	152	11.43	78	5.86	90	6.77	300	22.56
	不是很清楚	441	24.05	219	11.94	82	4.47	118	6.43	445	24.26
	不知道	188	22.51	106	12.69	29	3.47	44	5.27	173	20.72
如果看到外籍人士有困难，您会主动上前提供帮助吗？	一定会，因为外语好，且了解国际规则	175	16.97	90	8.73	57	5.53	45	4.36	269	26.09
	不一定，外语不好	676	24.23	360	12.90	127	4.55	188	6.74	640	22.94
	不会，不关我的事	29	13.49	26	12.09	9	4.19	8	3.72	26	12.09
	没碰到过外籍人士	30	10.87	29	10.51	8	2.90	23	8.33	56	20.29

续表

问题	认知选项	职业									
		企业、公司职员		个体户或自营业主		私企老板、中高层管理者		自由职业者		在校学生	
		人数	占比	人数	占比	人数	占比	人数	占比	人数	占比
当外籍人士向您打招呼或者寻求帮助时,您通常会怎么做?	积极回应,并适当聊天	270	19.16	120	8.52	81	5.75	52	3.69	401	28.46
	简单回应,不多交谈	485	23.46	275	13.30	99	4.79	146	7.06	466	22.54
	不回应,外语不好	73	20.68	51	14.45	9	2.55	41	11.61	38	10.76
	从未给予回应或帮助,不关我的事	15	12.00	14	11.20	6	4.80	9	7.20	22	17.60
	没有碰到过这种事	67	18.72	45	12.57	6	1.68	16	4.47	64	17.88
您认为提升杭州市民国际意识的主要径有哪些?	打造更多的国际化社区	436	21.26	221	10.78	94	4.58	121	5.90	491	23.94
	加强城市国际化定位的宣传	612	22.80	306	11.40	126	4.69	153	5.70	643	23.96
	加强城市外语环境的建设	445	21.90	209	10.29	97	4.77	112	5.51	510	25.10
	加强国际商务城市的建设	380	22.47	180	10.64	89	5.26	89	5.26	379	22.41
	加强青少年的国际意识教育	517	20.55	297	11.80	107	4.25	156	6.20	625	24.84
	承办更多的国际赛事和会议	346	22.67	143	9.37	75	4.91	84	5.50	388	25.43
	加强对《杭州市城市国际化促进条例》的普法宣传	218	18.54	120	10.20	51	4.34	72	6.12	289	24.57
	加强国际人才的引进	293	18.73	197	12.60	82	5.24	91	5.82	353	22.57
	其他	0	0.00	0	0.00	1	100.00	0	0.00	0	0.00

续表

问题	认知选项	职业									
		企业、公司职员		个体户或自营业主		私企老板、中高层管理者		自由职业者		在校学生	
		人数	占比	人数	占比	人数	占比	人数	占比	人数	占比
《杭州市城市国际化促进条例》规定的促进城市国际化的措施中，您最在意的是哪些?	产业国际化，营造国际创新创业生态环境	425	19.78	248	11.54	98	4.56	108	5.03	505	23.50
	城市环境国际化，公共信息使用国际通用标识	653	22.11	360	12.19	134	4.54	175	5.92	673	22.78
	公共服务国际化，为国际人才提供优质服务	449	21.84	241	11.72	79	3.84	119	5.79	493	23.98
	文化国际交流融合，提高居民对外交流能力	445	20.05	255	11.49	96	4.33	118	5.32	546	24.61
您对当前生活的总体满意度如何?	非常满意	103	16.40	53	8.44	26	4.14	32	5.10	162	25.80
	满意	488	21.14	263	11.40	119	5.16	141	6.11	576	24.96
	一般	289	24.31	168	14.13	49	4.12	73	6.14	223	18.76
	不满意	25	18.25	15	10.95	5	3.65	12	8.76	22	16.06
	非常不满意	5	10.00	6	12.00	2	4.00	6	12.00	8	16.00
您觉得自己生活幸福吗?	非常幸福	114	15.81	51	7.07	35	4.85	33	4.58	206	28.57
	幸福	460	20.18	280	12.29	123	5.40	149	6.54	540	23.69
	一般	308	26.83	161	14.02	39	3.40	73	6.36	220	19.16
	不幸福	21	20.19	8	7.69	1	0.96	8	7.69	17	16.35
	很不幸福	7	11.67	5	8.33	3	5.00	1	1.67	8	13.33

表18 调查结果与职业交叉分析（三）

单位：人，%

问题	认知选项	职业									
		医疗工作者		教师（中小幼）		大学教师、学者、研究人员		新闻媒体工作者		律师及相关行业人员	
		人数	占比	人数	占比	人数	占比	人数	占比	人数	占比
您认为近年来杭州市民国际化提升情况如何？	有很大提升，符合城市国际化要求	28	2.38	32	2.72	22	1.87	14	1.19	10	0.85
	有较大提升，但与建设世界名城的要求还有较大差距	49	2.35	70	3.36	47	2.25	19	0.91	13	0.62
	有一定提升	12	1.83	24	3.65	8	1.22	7	1.07	5	0.76
	提升不大	8	4.44	8	4.44	8	4.44	5	2.78	1	0.56
	不清楚	3	1.41	13	6.10	5	2.35	1	0.47	0	0.00
自2016年杭州施行《关于全面提升杭州城市国际化水平的若干意见》以来，您认为杭州在哪个方面提升最快？	"互联网+"创新创业中心	35	1.90	63	3.42	34	1.85	22	1.19	7	0.38
	国际会议目的地城市	39	2.99	54	4.13	30	2.30	14	1.07	12	0.92
	国际重要的旅游休闲中心	17	2.27	17	2.27	19	2.54	5	0.67	3	0.40
	东方文化国际交流重要城市	9	2.17	13	3.13	7	1.69	5	1.20	7	1.69
您认为影响和促进杭州市民国际意识提升的主要因素有哪些？	城市基础设施的改善	59	2.34	90	3.57	55	2.18	28	1.11	15	0.59
	《杭州市促进城市国际化条例》的颁布与实施	49	2.71	68	3.75	36	1.99	18	0.99	11	0.61
	高等教育的发展	53	2.88	72	3.91	48	2.61	19	1.03	12	0.65
	城市治理水平的提升	47	2.30	60	2.94	39	1.91	26	1.27	12	0.59
	城市品牌形象的提升	57	2.26	82	3.26	49	1.95	28	1.11	16	0.64

续表

问题	认知选项	职业									
		医疗工作者		教师（中小幼）		大学教师、学者、研究人员		新闻媒体工作者		律师及相关行业人员	
		人数	占比	人数	占比	人数	占比	人数	占比	人数	占比
您认为影响和促进杭州市民国际意识提升的主要因素有哪些？	精致、和谐、大气、开放的城市精神	50	2.94	61	3.59	35	2.06	21	1.24	11	0.65
	世界级赛事与会议活动的举办	47	2.81	69	4.13	37	2.21	18	1.08	14	0.84
	杭州国际知名度的提升	58	2.98	67	3.45	37	1.90	23	1.18	16	0.82
	其他	0	0.00	1	10.00	0	0.00	0	0.00	0	0.00
您知道《杭州市城市国际化促进条例》吗？	非常清楚	7	2.24	10	3.19	15	4.79	7	2.24	5	1.60
	知道一些	42	3.16	51	3.83	32	2.41	10	0.75	13	0.98
	不是很清楚	25	1.36	60	3.27	25	1.36	21	1.15	7	0.38
	不知道	26	3.11	26	3.11	18	2.16	8	0.96	4	0.48
如果看到外籍人士有困难，您会主动上前提供帮助吗？	一定会，因为外语好，且了解国际规则	27	2.62	59	5.72	53	5.14	10	0.97	13	1.26
	不一定，外语不好	58	2.08	69	2.47	29	1.04	28	1.00	12	0.43
	不会，不关我的事	10	4.65	6	2.79	4	1.86	4	1.86	3	1.40
	没碰到过外籍人士	5	1.81	13	4.71	4	1.45	4	1.45	1	0.36

续表

问题	认知选项	职业									
		医疗工作者		教师(中小幼)		大学教师、学者、研究人员		新闻媒体工作者		律师及相关行业人员	
		人数	占比	人数	占比	人数	占比	人数	占比	人数	占比
当外籍人士向您打招呼或者寻求帮助时，您通常会怎么做？	积极回应，并适当聊天	30	2.13	62	4.40	55	3.90	10	0.71	14	0.99
	简单回应，不多交谈	50	2.42	66	3.19	23	1.11	23	1.11	6	0.29
	不回应，外语不好	3	0.85	9	2.55	3	0.85	6	1.70	2	0.57
	从未给予回应或帮助，不关我的事	2	1.60	6	4.80	3	2.40	5	4.00	4	3.20
	没有碰到过这种事	15	4.19	4	1.12	6	1.68	2	0.56	3	0.84
您认为提升杭州市民国际意识的主要途径有哪些？	打造更多的国际化社区	51	2.49	75	3.66	39	1.90	20	0.98	12	0.59
	加强城市国际化定位的宣传	64	2.38	82	3.06	49	1.83	28	1.04	11	0.41
	加强城市外语环境的建设	50	2.46	79	3.89	38	1.87	19	0.94	15	0.74
	加强国际商务城市的建设	51	3.02	66	3.90	34	2.01	22	1.30	14	0.83
	加强青少年的国际意识教育	67	2.66	90	3.58	55	2.19	23	0.91	15	0.60
	承办更多的国际赛事和会议	32	2.10	62	4.06	35	2.29	19	1.25	9	0.59
	加强对《杭州市国际化促进条例》的普法宣传	34	2.89	43	3.66	26	2.21	8	0.68	9	0.77
	加强国际人才的引进	48	3.07	55	3.52	37	2.37	17	1.09	16	1.02
	其他	0	0.00	0	0.00	0	0.00	0	0.00	0	0.00

续表

问题	认知选项	职业									
		医疗工作者		教师（中小幼）		大学教师、学者、研究人员		新闻媒体工作者		律师及相关行业人员	
		人数	占比	人数	占比	人数	占比	人数	占比	人数	占比
《杭州市城市国际化促进条例》规定的促进城市国际化的措施中，您最在意的是哪些？	产业国际化，营造国际创新创业生态环境	57	2.65	85	3.96	51	2.37	31	1.44	17	0.79
	城市环境国际化，公共信息使用国际通用标识	64	2.17	100	3.39	62	2.10	27	0.91	21	0.71
	公共服务国际化，为国际人才提供优质服务	49	2.38	67	3.26	46	2.24	18	0.88	14	0.68
	文化国际交流融合，提高居民对外交流能力	56	2.52	80	3.61	58	2.61	24	1.08	12	0.54
您对当前生活的总体满意度如何？	非常满意	20	3.18	31	4.94	23	3.66	7	1.11	4	0.64
	满意	54	2.34	87	3.77	50	2.17	22	0.95	15	0.65
	一般	21	1.77	26	2.19	16	1.35	12	1.01	8	0.67
	不满意	1	0.73	1	0.73	1	0.73	5	3.65	0	0.00
	非常不满意	4	8.00	2	4.00	0	0.00	0	0.00	2	4.00
您觉得自己生活得幸福吗？	非常幸福	17	2.36	29	4.02	21	2.91	7	0.97	5	0.69
	幸福	56	2.46	91	3.99	51	2.24	25	1.10	16	0.70
	一般	20	1.74	23	2.00	18	1.57	10	0.87	5	0.44
	不幸福	5	4.81	0	0.00	0	0.00	4	3.85	1	0.96
	很不幸福	2	3.33	4	6.67	0	0.00	0	0.00	2	3.33

表19 调查结果与职业交叉分析(四)

单位:人、%

问题	认知选项	职业									
		文化演艺人员		非政府组织工作人员		工、青、妇、团等群众组织部门人员		无业人员		其他	
		人数	占比	人数	占比	人数	占比	人数	占比	人数	占比
您认为近年来杭州市民国际化意识的提升情况如何?	有很大提升,符合城市国际化要求	13	1.10	3	0.25	11	0.93	16	1.36	32	2.72
	有较大提升,但与建设世界名城的要求还有较大差距	11	0.53	8	0.38	4	0.19	40	1.92	61	2.93
	有一定提升	6	0.91	4	0.61	3	0.46	21	3.20	22	3.35
	提升不大	1	0.56	3	1.67	0	0.00	6	3.33	9	5.00
	不清楚	9	4.23	0	0.00	4	1.88	3	1.41	9	4.23
自2016年杭州施行《关于全面提升杭州城市国际化水平的若干意见》以来,您认为杭州在哪个方面提升最快?	"互联网+"创新创业中心	10	0.54	2	0.11	12	0.65	30	1.63	56	3.04
	国际会议目的地城市	6	0.46	4	0.31	3	0.23	34	2.60	34	2.60
	国际重要的旅游休闲中心	19	2.54	6	0.80	0	0.00	13	1.74	30	4.01
	东方文化国际交流重要城市	5	1.20	6	1.45	7	1.69	9	2.17	13	3.13
	城市基础设施的改善	21	0.83	8	0.32	10	0.40	44	1.74	71	2.81
您认为影响和促进杭州市民国际意识提升的主要因素有哪些?	《杭州市城市国际化促进条例》的颁布与实施	18	0.99	10	0.55	11	0.61	32	1.77	64	3.53
	高等教育的发展	22	1.20	7	0.38	11	0.60	33	1.79	57	3.10
	城市治理水平的提升	16	0.78	11	0.54	12	0.59	35	1.71	61	2.99
	城市品牌形象的提升	23	0.91	12	0.48	15	0.60	43	1.71	65	2.58

续表

问题	认知选项	职业									
		文化演艺人员		非政府组织工作人员		工、青、妇、团等群众组织部门人员		无业人员		其他	
		人数	占比	人数	占比	人数	占比	人数	占比	人数	占比
您认为影响和促进杭州市民国际意识提升的主要原因有哪些?	精致、和谐、大气、开放的城市精神	13	0.77	5	0.29	10	0.59	33	1.94	56	3.30
	世界级赛事与会议活动的举办	27	1.62	16	0.96	12	0.72	32	1.92	49	2.93
	杭州国际知名度的提升	15	0.77	7	0.36	13	0.67	32	1.65	70	3.60
	其他	0	0.00	0	0.00	0	0.00	0	0.00	0	0.00
您知道《杭州市城市国际化促进条例》吗?	非常清楚	5	1.60	7	2.24	4	1.28	10	3.19	10	3.19
	知道一些	7	0.53	3	0.23	3	0.23	16	1.20	29	2.18
	不是很清楚	24	1.31	3	0.16	12	0.65	33	1.80	60	3.27
	不知道	4	0.48	5	0.60	3	0.36	27	3.23	34	4.07
如果看到外籍人士有困难,您会主动上前提供帮助吗?	一定会,因为外语好,且了解国际规则	9	0.87	6	0.58	3	0.29	16	1.55	15	1.45
	不一定,外语不好	21	0.75	4	0.14	16	0.57	55	1.97	88	3.15
	不会,不关我的事	8	3.72	3	1.40	2	0.93	6	2.79	19	8.84
	没碰到过外籍人士	2	0.72	5	1.81	1	0.36	9	3.26	11	3.99

续表

问题	认知选项	职业									
		文化演艺人员		非政府组织工作人员		工、青、妇、团等群众组织部门人员		无业人员		其他	
		人数	占比	人数	占比	人数	占比	人数	占比	人数	占比
当外籍人士向您打招呼或者寻求帮助时，您通常会怎么做？	积极回应，并适当聊天	10	0.71	5	0.35	2	0.14	20	1.42	34	2.41
	简单回应，不多交谈	16	0.77	6	0.29	11	0.53	37	1.79	60	2.90
	不回应，外语不好	6	1.70	3	0.85	4	1.13	12	3.40	16	4.53
	从未给予回应或寻求帮助，不关我的事	1	0.80	4	3.20	0	0.00	3	2.40	8	6.40
	没有碰到过这种事	7	1.96	0	0.00	5	1.40	14	3.91	15	4.19
您认为提升杭州市民国际意识的主要途径有哪些？	打造更多的国际化社区	18	0.88	9	0.44	9	0.44	38	1.85	53	2.58
	加强城市国际化定位的宣传	26	0.97	11	0.41	13	0.48	52	1.94	77	2.87
	加强城市外语环境的建设	17	0.84	8	0.39	14	0.69	43	2.12	64	3.15
	加强城市国际商务城市的建设	13	0.77	8	0.47	14	0.83	32	1.89	41	2.42
	加强青少年的国际意识教育	21	0.83	12	0.48	10	0.40	55	2.19	82	3.26
	承办更多的国际赛事和会议	14	0.92	4	0.26	11	0.72	31	2.03	44	2.88
	加强对《杭州市城市国际化促进条例》的普法宣传	19	1.62	8	0.68	6	0.51	17	1.45	37	3.15
	加强国际人才的引进	18	1.15	9	0.58	14	0.90	26	1.66	49	3.13
	其他	0	0.00	0	0.00	0	0.00	0	0.00	0	0.00

续表

问题	认知选项	职业									
		文化演艺人员		非政府组织工作人员		工、青、妇、团等群众组织部门人员		无业人员		其他	
		人数	占比	人数	占比	人数	占比	人数	占比	人数	占比
《杭州市城市国际化促进条例》规定的促进城市国际化的措施中，您最在意的是哪些？	产业国际化，营造国际创新创业生态环境	21	0.98	10	0.47	8	0.37	38	1.77	55	2.56
	城市环境国际化，公共信息使用国际通用标识	27	0.91	10	0.34	16	0.54	56	1.90	91	3.08
	公共服务国际化，为国际人才提供优质服务	22	1.07	11	0.54	15	0.73	37	1.80	74	3.60
	文化国际交流融合，提高居民对外交流能力	17	0.77	9	0.41	10	0.45	48	2.16	76	3.42
您对当前生活的总体满意度如何？	非常满意	4	0.64	3	0.48	5	0.80	17	2.71	23	3.66
	满意	16	0.69	9	0.39	10	0.43	39	1.69	51	2.21
	一般	14	1.18	6	0.50	6	0.50	24	2.02	44	3.70
	不满意	6	4.38	0	0.00	1	0.73	5	3.65	15	10.95
	非常不满意	0	0.00	0	0.00	0	0.00	1	2.00	0	0.00
您觉得自己生活得幸福吗？	非常幸福	8	1.11	6	0.83	9	1.25	21	2.91	19	2.64
	幸福	11	0.48	7	0.31	8	0.35	43	1.89	52	2.28
	一般	10	0.87	4	0.35	4	0.35	17	1.48	46	4.01
	不幸福	7	6.73	1	0.96	0	0.00	3	2.88	12	11.54
	很不幸福	4	6.67	0	0.00	1	1.67	2	3.33	4	6.67

7. 对户籍类型的交叉分析

将调查结果与户籍类型进行交叉分析，杭州城镇户籍受访者认为近年来杭州市民的国际意识"有很大提升，符合城市国际化要求"的比例高于外地城镇户籍受访者，而杭州农村户籍受访者选择这一项的比例与外地农村户籍受访者没有什么差别。《关于全面提升杭州城市国际化水平的若干意见》施行以来，不同户籍类型的受访者对"'互联网＋'创新创业中心""国际会议目的地城市""国际重要的旅游休闲中心""东方文化国际交流重要城市"等方面的快速提升均较认可。在对影响和促进杭州市民国际意识提升的主要因素的认知、对提升杭州市民国际意识的主要途径的认知以及《杭州市城市国际化促进条例》中最在意的措施方面有一定差别，但差别不是特别明显。关于是否知道《杭州市城市国际化促进条例》这个问题，杭州城镇户籍受访者选择"非常清楚"的比例最高。在日常的具体行为中，愿意主动上前为有困难的外籍人士提供帮助以及在外籍人士打招呼或者寻求帮助时积极回应的，也是杭州城镇户籍受访者的比例最高。在对当前生活的总体满意度和对在杭生活的幸福感两个方面，仍然是杭州城镇户籍受访者选择"非常满意"和"非常幸福"的比例最高（见表20）。

三　基本结论

（一）受访者大多认为近年来杭州市民的国际意识提升较大，期待杭州早日建设成为世界名城

27.30% 的受访者认为近年来杭州市民的国际意识"有很大提升，符合城市国际化要求"；近半数（48.35%）的受访者认为杭州市民的国际意识"有较大提升，但与建设世界名城的要求还有较大差距"。这就是说，受访者对自身和城市的要求较高，同时对杭州市民国际意识提升的期待值也较高，充分显示了杭州市民的国际化视野和抱负，也为杭州深入推进城市国际化，提升城市的国际知名度、竞争力和影响力提供了良好的导向和坚实的基础。

表20 调查结果与户籍类型交叉分析

单位：人，%

问题	认知选项	户籍类型							
		杭州城镇		杭州农村		外地城镇		外地农村	
		人数	占比	人数	占比	人数	占比	人数	占比
您认为近年来杭州市民国际意识的提升情况如何？	有很大提升，符合城市国际化要求	450	38.23	184	15.63	298	25.32	245	20.82
	有较大提升，但与建设世界各城的要求还有较大差距	750	35.97	335	16.07	628	30.12	372	17.84
	有一定提升	224	34.09	84	12.79	210	31.96	139	21.16
	提升不大	63	35.00	23	12.78	56	31.11	38	21.11
	不清楚	53	24.88	35	16.43	52	24.41	73	34.27
自2016年杭州施行《关于全面提升杭州城市国际化水平的若干意见》以来，您认为杭州在哪个方面提升最快？	"互联网＋"创新创业中心	720	39.09	270	14.66	467	25.35	385	20.90
	国际会议目的地城市	445	34.07	229	17.53	399	30.55	233	17.84
	国际重要的旅游休闲中心	236	31.51	104	13.89	246	32.84	163	21.76
	东方文化国际交流重要城市	139	33.49	58	13.98	132	31.81	86	20.72
	城市基础设施的改善	953	37.76	389	15.41	697	27.61	485	19.22
您认为影响和促进杭州市民国际意识提升的主要因素有哪些？	《杭州市城市国际化促进条例》的颁布与实施	666	36.78	321	17.73	483	26.67	341	18.83
	高等教育的发展	684	37.17	289	15.71	503	27.34	364	19.78
	城市治理水平的提升	757	37.05	323	15.81	557	27.26	406	19.87
	城市品牌形象的提升	917	36.42	376	14.93	732	29.07	493	19.58
	精致、和谐、大气、开放的城市精神	619	36.43	268	15.77	475	27.96	337	19.84
	世界级赛事与会议活动的举办	640	38.30	246	14.72	454	27.17	331	19.81
	杭州国际知名度的提升	715	36.78	284	14.61	566	29.12	379	19.50
	其他	6	60.00	0	0.00	0	0.00	4	40.00

续表

问题	认知选项	户籍类型							
		杭州城镇		杭州农村		外地城镇		外地农村	
		人数	占比	人数	占比	人数	占比	人数	占比
您知道《杭州市城市国际化促进条例》吗?	非常清楚	122	38.98	44	14.06	83	26.52	64	20.45
	知道一些	535	40.23	211	15.86	368	27.67	216	16.24
	不是很清楚	611	33.32	271	14.78	574	31.30	378	20.61
	不知道	272	32.57	135	16.17	219	26.23	209	25.03
如果看到外籍人士有困难,您会主动上前提供帮助吗?	一定会,因为外语好,且了解国际规则	435	42.19	155	15.03	271	26.29	170	16.49
	不一定,外语不好	936	33.55	423	15.16	859	30.79	572	20.50
	不会,不关我的事	70	32.56	28	13.02	48	22.33	69	32.09
	没碰到过外籍人士	99	35.87	55	19.93	66	23.91	56	20.29
当外籍人士向您打招呼或者寻求帮助时,您通常会怎么做?	积极回应,并适当聊天	545	38.68	193	13.70	392	27.82	279	19.80
	简单回应,不多交谈	752	36.38	316	15.29	617	29.85	382	18.48
	不回应,外语不好	104	29.46	62	17.56	106	30.03	81	22.95
	从未给予回应或帮助,不关我的事	41	32.80	25	20.00	30	24.00	29	23.20
	没有碰到过这种事	98	27.37	65	18.16	99	27.65	96	26.82
您认为提升杭州市民国际意识的主要途径有哪些?	打造更多国际化社区	747	36.42	310	15.11	592	28.86	402	19.60
	加强城市国际化定位的宣传	916	34.13	445	16.58	818	30.48	505	18.82
	加强城市外语环境的建设	718	35.33	297	14.62	596	29.33	421	20.72
	加强国际商务城市环境的建设	618	36.55	289	17.09	485	28.68	299	17.68
	加强青少年国际意识教育	921	36.61	414	16.45	693	27.54	488	19.40
	承办更多的国际赛事和会议	566	37.09	230	15.07	434	28.44	296	19.40
	加强对《杭州市国际化促进条例》的普法宣传	466	39.63	198	16.84	286	24.32	226	19.22
	加强国际人才的引进	628	40.15	249	15.92	400	25.58	287	18.35
	其他	1	100.00	0	0.00	0	0.00	0	0.00

续表

问题	认知选项	户籍类型							
		杭州城镇		杭州农村		外地城镇		外地农村	
		人数	占比	人数	占比	人数	占比	人数	占比
《杭州市城市国际化》规定条例的促进城市国际化的措施中,您最在意的是哪些?	产业国际化,营造国际创新创业生态环境	798	37.13	348	16.19	587	27.32	416	19.36
	城市环境国际化,公共信息使用国际通用标识	1044	35.34	471	15.94	863	29.21	576	19.50
	公共服务国际化,为国际人才提供优质服务	747	36.33	320	15.56	569	27.68	420	20.43
	文化国际交流融合,提高居民对外交流能力	835	37.63	342	15.41	609	27.44	433	19.51
您对当前生活的总体满意度如何?	非常满意	255	40.61	91	14.49	161	25.64	121	19.27
	满意	874	37.87	347	15.03	649	28.12	438	18.98
	一般	349	29.35	197	16.57	384	32.30	259	21.78
	不满意	37	27.01	21	15.33	39	28.47	40	29.20
	非常不满意	25	50.00	5	10.00	11	22.00	9	18.00
您觉得自己生活得幸福吗?	非常幸福	301	41.75	100	13.87	187	25.94	133	18.45
	幸福	874	38.35	368	16.15	608	26.68	429	18.82
	一般	322	28.05	162	14.11	407	35.45	257	22.39
	不幸福	28	26.92	19	18.27	27	25.96	30	28.85
	很不幸福	15	25.00	12	20.00	15	25.00	18	30.00

（二）受访者对影响和促进杭州市民国际意识提升的主要因素以及提升杭州市民国际意识的主要途径有较为清晰的认知

对于影响和促进杭州市民国际意识提升的主要因素，受访者有较为清晰的认知。对"城市基础设施的改善"和"城市品牌形象的提升"的认可度分别达到58.53%和58.40%，对"城市治理水平的提升""杭州国际知名度的提升""高等教育的发展""《杭州市城市国际化促进条例》的颁布与实施"的认可度分别达到47.38%、45.08%、42.67%和42.00%，对"精致、和谐、大气、开放的城市精神"和"世界级赛事与会议活动的举办"的认可度也分别达到39.40%和38.75%。

（三）受访者对提升杭州市民国际意识的主要途径有较为清晰的认知

对于提升杭州市民国际意识的主要途径，受访者也有较为清晰的认知。受访者认为较重要的途径是"加强城市国际化定位的宣传"和"加强青少年的国际意识教育"，这充分反映了受访者对杭州市如何打造成为国际名城并长久保持国际名城的声誉有了清晰的认知。受访者对"打造更多的国际化社区""加强城市外语环境的建设""加强国际商务城市的建设""加强国际人才的引进""承办更多的国际赛事和会议"等途径也很认可，说明受访者对杭州市作为国际名城应具备的条件也有了较为清晰的认知。对"加强对《杭州市城市国际化促进条例》的普法宣传"的认可反映了受访者对通过法治建设提升杭州市民国际意识重要性的清晰认知。

（四）受访者对《杭州市城市国际化促进条例》有一定认知，但认知度还不够

自《杭州市城市国际化促进条例》施行以来，近四成的受访者对该条例"非常清楚"和"知道一些"，说明该条例施行后在市民中已经形成了一定影响，效果比较显著。但对该条例"非常清楚"的受访者仅占7.26%，

还有超过六成的受访者"不是很清楚"和"不知道"这部条例，说明该条例的普及度偏低，市民的认知度还非常不够。因此，需要相关部门继续加大宣传力度，丰富宣传手段和方式，增强相关部门的执行力。

（五）受访者对《杭州市城市国际化促进条例》规定的促进城市国际化的措施比较关注

关于《杭州市城市国际化促进条例》规定的促进城市国际化的措施中，最在意"城市环境国际化，公共信息使用国际通用标识"的受访者达到68.51%，这说明其在体现城市国际化水平中的重要作用。选择最在意"产业国际化，营造国际创新创业生态环境"的受访者达到49.84%，最在意"公共服务国际化，为国际人才提供优质服务"的受访者达到47.68%，最在意"文化国际交流融合，提高居民对外交流能力"的受访者达到51.46%，这充分说明这些方面在促进城市国际化中起着非常重要的作用。

（六）在将杭州打造成国际名城的过程中，受访者的主人翁意识比较强，大多愿意在外籍人士有困难时提供帮助，但很多人受外语水平的限制而无法实施帮助

调查数据显示，认为不关我的事而不愿意主动上前为有困难的外籍人士提供帮助，以及认为不关我的事而在外籍人士打招呼或者寻求帮助时从未给予回应或帮助的受访者仅占4.99%和2.90%；因为外语不好而无法主动上前为有困难的外籍人士提供帮助的受访者占到了64.70%，因为外语不好而无法在外籍人士打招呼或者寻求帮助时做出回应的受访者占8.19%。

（七）受访者对当前生活总体比较满意，幸福感也较高

调查数据显示，有近七成的受访者对当前生活总体"非常满意"和"满意"，也有近七成的受访者认为自己生活得"非常幸福"和"幸福"。其中，对当前生活总体"非常满意"和"满意"，认为自己生活得"非常幸福"和"幸福"的受访者中，65岁及以上的受访者占比最高，对当前生活

总体"非常满意"和"满意"的受访者达到85%左右，认为自己生活得"非常幸福"和"幸福"的受访者达到82%左右。在研究生及以上学历的受访者中，对当前生活总体"非常满意"和"满意"以及认为自己生活得"非常幸福"和"幸福"的受访者均达到79%左右。在全部样本中，仅有不到5%的受访者对当前生活总体"不满意"和"非常不满意"，认为自己生活得"不幸福"和"很不幸福"。

四 对策建议

（一）在市民中加大城市国际化定位的宣传力度，强化"世界名城"理念

从2016年《关于全面提升杭州城市国际化水平的若干意见》的颁布与施行到2018年《杭州市城市国际化促进条例》的颁布与施行，杭州市民对将杭州建设成为独特韵味、别样精彩的世界名城的总体认知有了较大的提升，但在深度和广度上仍然不够。因此，必须在宣传上加大力度，通过具体细致的筹划和执行，让市民对"世界名城"有更清晰的认知，在市民中进一步树立国际意识。

（二）提升市民整体的国际化素质

调查数据显示，在将杭州打造成为国际名城的过程中，市民的主人翁意识比较强，大多愿意在外籍人士有困难时提供帮助，但很多人受外语水平的限制而无法实施帮助。因此，在建设世界名城的过程中，市民仅有国际意识还不够，还需要提升符合世界名城要求的国际化素质，如提升基本的外语交流能力。

（三）坚持做好普法宣传，多方法、多渠道加强宣传

从市民对《杭州市城市国际化促进条例》的了解程度看，对该条例的

宣传还需要加强。一是在时间上，要将持续性和阶段性相结合，不能只在条例刚出台时在报纸、杂志、客户端、公众号等媒体上热一阵，还要在条例实施后注意借助热点事件、特殊时段等进行阶段性宣传，延续人们的关注度，进而渗透于人们的日常生活中。二是在场所上，要将宣传深入各类人群中。例如，在社区宣传可以落实到每一幢楼，具体到每一户家庭，可以在各行业平台、各类单位、各级学校进行宣传，可以不定期开展各类公益活动或者在公共场所的电子屏幕上滚动播放等，真正做到落地生根。三是在深度上，可以采用深入浅出、丰富多彩的宣传方式加深市民对《杭州市城市国际化促进条例》的了解。

（四）提升政府及相关执法部门的业务水平，增强创新意识和服务意识

关于公共文化设施的建设和维护，以及公共文化活动的开展，政府要换位思考，根据市民的需求，站在市民的立场去创建和开展。既然有法规规定，执法部门就一定要有所作为，做到赏善罚恶，对违反规定的行为必须进行惩罚，在具体形式上，可以因地制宜地提出一些便于市民执行和操作的措施与要求。群众的力量是无限的，要善于发动各种力量。

（五）监督队伍既要稳定又要多样化

从人员来看，除了相关部门拥有的较固定的监督队伍外，还要充分发挥人大代表、政协委员的监督作用。可以考虑招募几支由不同年龄、不同职业类别组成的监督队伍，如可以以社区、学校、医院、企业等为载体设置，快递人员的力量也不可小觑，还可以招募临时志愿者，力争做到人人都是城市的监督者和守护者，让监督意识深入民心。从方式看，有显性的和隐性的，如可以开通各种市民热线、市民信箱，采集各种金点子，接纳各种"挑刺儿"，开展各种视频比赛、微电影比赛和摄影比赛等，让每个人都感觉到监督就在身边。

现场观测报告

2018年杭州市民公共文明指数调查现场观测报告（主报告）

根据《2018 年杭州市民公共文明指数调查实施方案》的总体安排，在调查工作领导小组和总课题组的指导下，现场观测组近 100 名观测员于 2018 年 11 月 8 日至 25 日在杭州各城区 150 个观测点进行了市民文明行为表现情况现场观测。现场观测指标总体架构和内容与 2017 年保持一致，但在指标数量上有所减少。2018 年杭州市民公共文明行为现场观测结果显示，各种不文明现象继续得到改善，与 2017 年可比指标相比不文明现象总体发生率下降了 0.02 个百分点。

一 现场观测基本概况

在杭州市十城区（上城区、下城区、江干区、拱墅区、西湖区、滨江区、萧山区、余杭区、富阳区和临安）市民出入频繁的各类公共场所（主要包括公交车站、地铁站、医院、交叉路口、社区、农贸市场、公园/

广场、街巷、商场、公交线路与影剧院等）设置的 150 个现场观测点，针对 49 万余人次、1.8 万余辆机动车、20 万余辆非机动车以及近 20 条公交线路和地铁线路，在工作日和双休日的早上、中午、傍晚不同时段，对市民公共文明状况进行了 71 万余人次/辆次累计 7200 多小时的现场观测与数据采集。

现场观测指标包括公共卫生、公共秩序、公共交往和公共观赏四个方面共 21 个指标（见表 1）。为便于数据对比，在各方面指标内涵设计上，除根据现场观测的特点做了必要的修正外，还尽可能地与问卷调查的内容保持一致，所有指标均为动态下的反向表述。

表 1　2018 年杭州市民公共文明指数调查现场观测指标

指标	指标内涵	
公共卫生	1 投放垃圾时没有进行分类	3 在禁烟场所抽烟
	2 随地吐痰、便溺	4 遛宠物时不清理其排泄物
公共秩序	5 乘坐公交时没有做到有序排队上下车	10 非机动车越线停车
	6 乘坐地铁时没有做到有序排队上下车	11 共享单车无序停放
	7 排队时没有在规定区域等候	12 行人乱穿马路（包括闯红灯、翻栏杆等）
	8 机动车不在地面标示的规定区域内停车	13 乘坐直行电梯时没有做到先出后进
	9 非机动车闯红灯、走机动车道、逆行	14 遛宠物时没有拴好绳子
公共交往	15 相互之间大声交谈不顾及他人	17 没有给老、弱、病、残、孕及怀抱婴儿者让座
	16 向陌生人问讯时没有礼貌回应	
公共观赏	18 观看时交头接耳，大声喧哗，随意走动	20 观看时吃零食影响他人（包括发出声音与散发出气味）
	19 观看时使用手机影响他人（包括出现光亮与发出声音）	21 观看结束后不自觉清理并带走垃圾

二　现场观测的总体情况

（一）杭州市十城区的总体情况

对所选定的杭州市十城区 150 个观测点在不同时段进行现场观测，所观测的总流量为 710745 人次/辆次，其中不文明现象发生量为 28350 人次/辆次，不文明现象总体发生率为 3.99%。

（二）四个方面的总体情况

从四个方面的情况来看，在公共卫生方面，本次观测所得总流量为 210897 人次，其中不文明现象发生量为 2853 人次，不文明现象发生率为 1.35%。在公共秩序方面，本次观测所得总流量为 433274 人次/辆次，其中不文明现象发生量为 22380 人次/辆次，不文明现象发生率为 5.17%。在公共交往方面，本次观测所得总流量为 60194 人次，其中不文明现象发生量为 2568 人次，不文明现象发生率为 4.27%。在公共观赏方面，本次观测所得总流量为 6380 人次，其中不文明现象发生量为 549 人次，不文明现象发生率为 8.61%。

四个方面的不文明现象发生率从低到高依次为公共卫生、公共交往、公共秩序、公共观赏。其中，公共卫生方面的不文明现象发生率最低，为 1.35%，低于全市不文明现象总体发生率（3.99%）；其余三个方面的不文明现象发生率均高于全市不文明现象总体发生率，公共观赏方面的不文明现象发生率最高，为 8.61%（见图 1）。

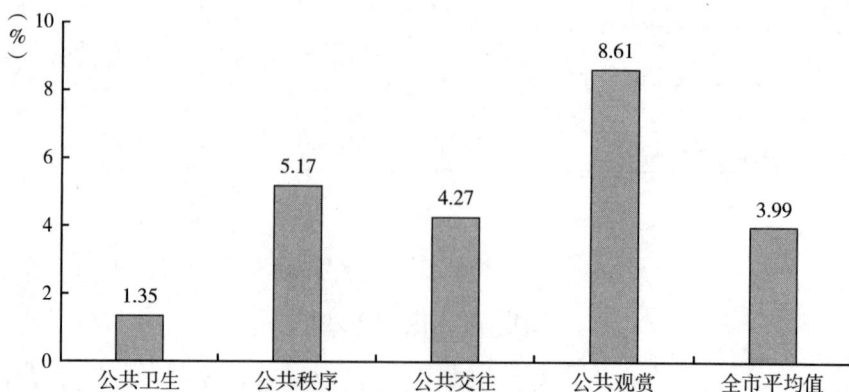

图1 杭州市四个方面不文明现象发生率比较

（三）各城区的总体情况

上城区所观测总流量为84428人次/辆次，其中不文明现象发生量为2582人次/辆次，不文明现象总体发生率为3.06%。在上城区四个方面中，公共卫生方面所观测总流量为22327人次，其中不文明现象发生量为169人次，不文明现象发生率为0.76%；公共秩序方面所观测总流量为56348人次/辆次，其中不文明现象发生量为2124人次/辆次，不文明现象发生率为3.77%；公共交往方面所观测总流量为4927人次，其中不文明现象发生量为246人次，不文明现象发生率为4.99%；公共观赏方面所观测总流量为826人次，其中不文明现象发生量为43人次，不文明现象发生率为5.21%。不文明现象发生率从低到高依次是公共卫生、公共秩序、公共交往、公共观赏，其中公共卫生方面的不文明现象发生率低于全区不文明现象总体发生率（见图2）。

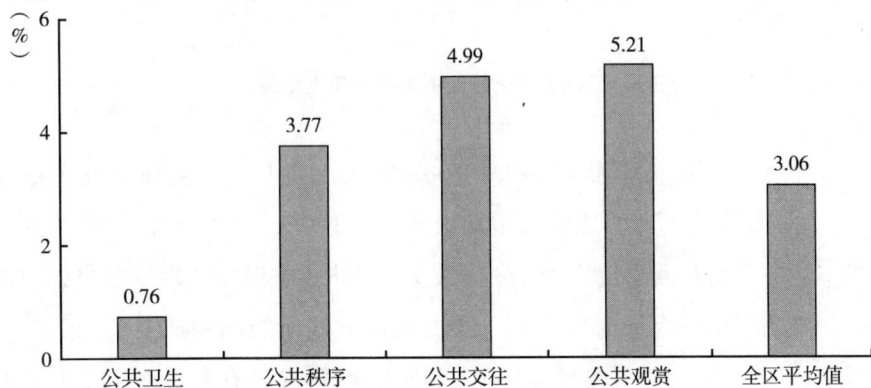

图2 上城区四个方面不文明现象发生率比较

下城区所观测总流量为85513人次/辆次，其中不文明现象发生量为2580人次/辆次，不文明现象总体发生率为3.02%。在下城区四个方面中，公共卫生方面所观测总流量为30927人次，其中不文明现象发生量为226人次，不文明现象发生率为0.73%；公共秩序方面所观测总流量为48053人次/辆次，其中不文明现象发生量为2111人次/辆次，不文明现象发生率为4.39%；公共交往方面所观测总流量为5991人次，其中不文明现象发生量为215人次，不文明现象发生率为3.59%；公共观赏方面所观测总流量为542人次，其中不文明现象发生量为28人次，不文明现象发生率为5.17%。不文明现象发生率从低到高依次是公共卫生、公共交往、公共秩序、公共观赏，其中公共卫生方面的不文明现象发生率低于全区不文明现象总体发生率（见图3）。

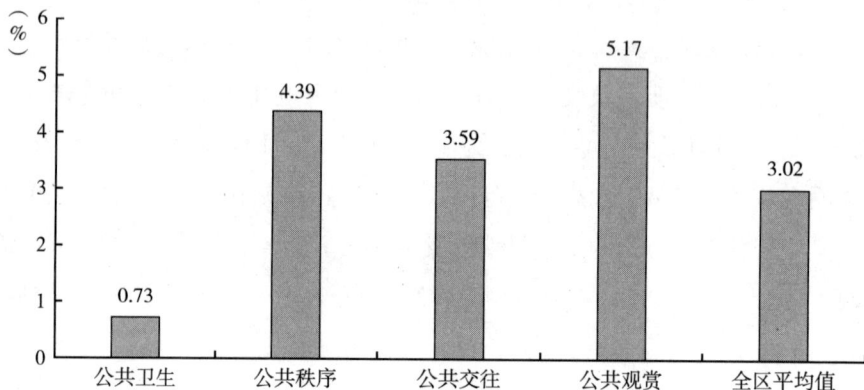

图3　下城区四个方面不文明现象发生率比较

江干区所观测总流量为84927人次/辆次，其中不文明现象发生量为2642人次/辆次，不文明现象总体发生率为3.11%。在江干区四个方面中，公共卫生方面所观测总流量为27333人次，其中不文明现象发生量为215人次，不文明现象发生率为0.79%；公共秩序方面所观测总流量为49722人次/辆次，其中不文明现象发生量为2235人次/辆次，不文明现象发生率为4.49%；公共交往方面所观测总流量为7244人次，其中不文明现象发生量为146人次，不文明现象发生率为2.02%；公共观赏方面所观测总流量为628人次，其中不文明现象发生量为46人次，不文明现象发生率为7.32%。不文明现象发生率从低到高依次是公共卫生、公共交往、公共秩序、公共观赏，其中公共卫生、公共交往方面的不文明现象发生率均低于全区不文明现象总体发生率（见图4）。

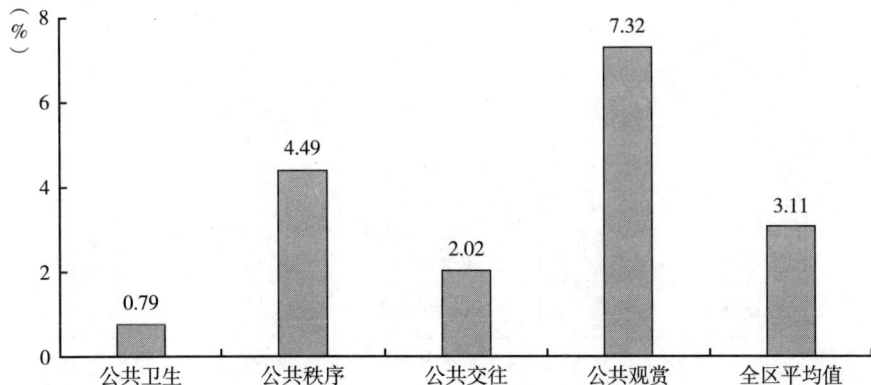

图4 江干区四个方面不文明现象发生率比较

拱墅区所观测总流量为96483人次/辆次，其中不文明现象发生量为3376人次/辆次，不文明现象总体发生率为3.50%。在拱墅区四个方面中，公共卫生方面所观测总流量为25203人次，其中不文明现象发生量为235人次，不文明现象发生率为0.93%；公共秩序方面所观测总流量为64569人次/辆次，其中不文明现象发生量为2823人次/辆次，不文明现象发生率为4.37%；公共交往方面所观测总流量为5967人次，其中不文明现象发生量为258人次，不文明现象发生率为4.32%；公共观赏方面所观测总流量为744人次，其中不文明现象发生量为60人次，不文明现象发生率为8.06%。不文明现象发生率从低到高依次是公共卫生、公共交往、公共秩序、公共观赏，其中公共卫生方面的不文明现象发生率低于全区不文明现象总体发生率（见图5）。

西湖区所观测总流量为104648人次/辆次，其中不文明现象发生量为3728人次/辆次，不文明现象总体发生率为3.56%。在西湖区四个方面中，公共卫生方面所观测总流量为32002人次，其中不文明现象发生量为209人次，不文明现象发生率为0.65%；公共秩序方面所观测总流量为63806人次/辆次，其中不文明现象发生量为3130人次/辆次，不文明现象发生率为4.91%；公共交往方面所观测总流量为8086人次，其中不文明现象发生量

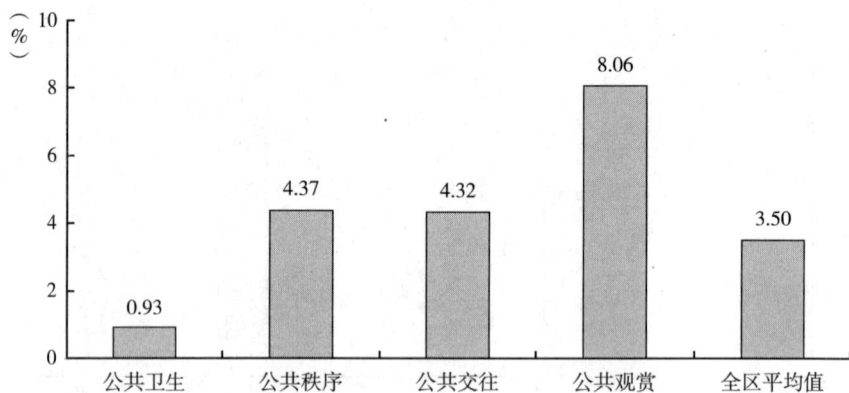

图5　拱墅区四个方面不文明现象发生率比较

为355人次，不文明现象发生率为4.39%；公共观赏方面所观测总流量为754人次，其中不文明现象发生量为34人次，不文明现象发生率为4.51%。不文明现象发生率从低到高依次是公共卫生、公共交往、公共观赏、公共秩序，其中公共卫生方面的不文明现象发生率低于全区不文明现象总体发生率（见图6）。

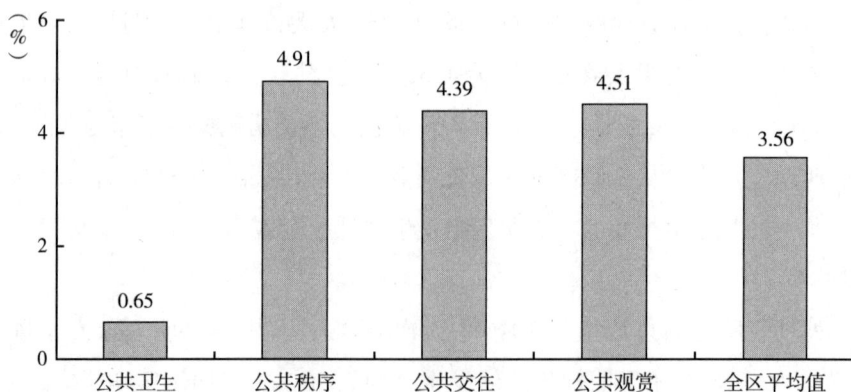

图6　西湖区四个方面不文明现象发生率比较

滨江区所观测总流量为52780人次/辆次，其中不文明现象发生量为2239人次/辆次，不文明现象总体发生率为4.24%。在滨江区四个方面中，公共卫生方面所观测总流量为12729人次，其中不文明现象发生量为264人次，不文明现象发生率为2.07%；公共秩序方面所观测总流量为35333人次/辆次，其中不文明现象发生量为1727人次/辆次，不文明现象发生率为4.89%；公共交往方面所观测总流量为4184人次，其中不文明现象发生量为185人次，不文明现象发生率为4.42%；公共观赏方面所观测总流量为534人次，其中不文明现象发生量为63人次，不文明现象发生率为11.80%。不文明现象发生率从低到高依次是公共卫生、公共交往、公共秩序、公共观赏，其中公共卫生方面的不文明现象发生率低于全区不文明现象总体发生率（见图7）。

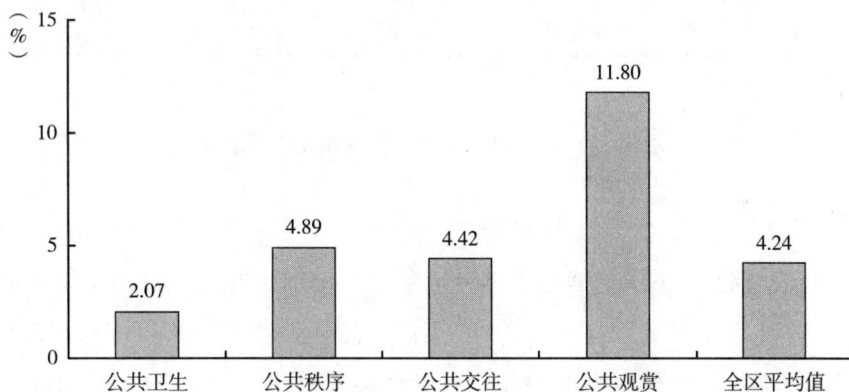

图7　滨江区四个方面不文明现象发生率比较

萧山区所观测总流量为45788人次/辆次，其中不文明现象发生量为2114人次/辆次，不文明现象总体发生率为4.62%。在萧山区四个方面中，公共卫生方面所观测总流量为13840人次，其中不文明现象发生量为381人次，不文明现象发生率为2.75%；公共秩序方面所观测总流量为25371人次/辆次，其中不文明现象发生量为1354人次/辆次，不文明现象发生率为5.34%；公共交往方面所观测总流量为5961人次，其中不文明现象发生量为311人次，不文明现象发生率为5.22%；公共观赏方面所观测总流量为616人次，其中不文明现象发生量为68人次，不文明现象发生率为

11.04%。不文明现象发生率从低到高依次是公共卫生、公共交往、公共秩序、公共观赏，其中公共卫生方面的不文明现象发生率低于全区不文明现象总体发生率（见图8）。

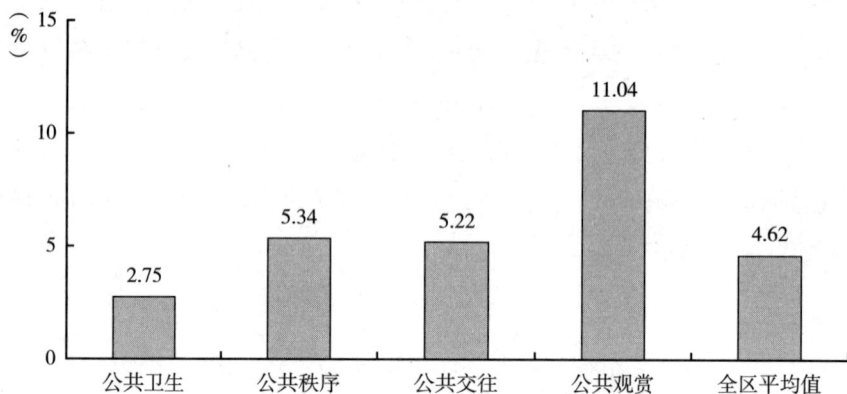

图8 萧山区四个方面不文明现象发生率比较

余杭区所观测总流量为 63796 人次/辆次，其中不文明现象发生量为2752 人次/辆次，不文明现象总体发生率为 4.31%。在余杭区四个方面中，公共卫生方面所观测总流量为 19515 人次，其中不文明现象发生量为 276 人次，不文明现象发生率为 1.41%；公共秩序方面所观测总流量为 39539 人次/辆次，其中不文明现象发生量为 2222 人次/辆次，不文明现象发生率为5.62%；公共交往方面所观测总流量为 4226 人次，其中不文明现象发生量为 196 人次，不文明现象发生率为 4.64%；公共观赏方面所观测总流量为516 人次，其中不文明现象发生量为 58 人次，不文明现象发生率为11.24%。不文明现象发生率从低到高依次是公共卫生、公共交往、公共秩序、公共观赏，其中公共卫生方面的不文明现象发生率低于全区不文明现象总体发生率（见图9）。

富阳区所观测总流量为 54885 人次/辆次，其中不文明现象发生量为3333 人次/辆次，不文明现象总体发生率为 6.07%。在富阳区四个方面中，公共卫生方面所观测总流量为 15855 人次，其中不文明现象发生量为 490 人

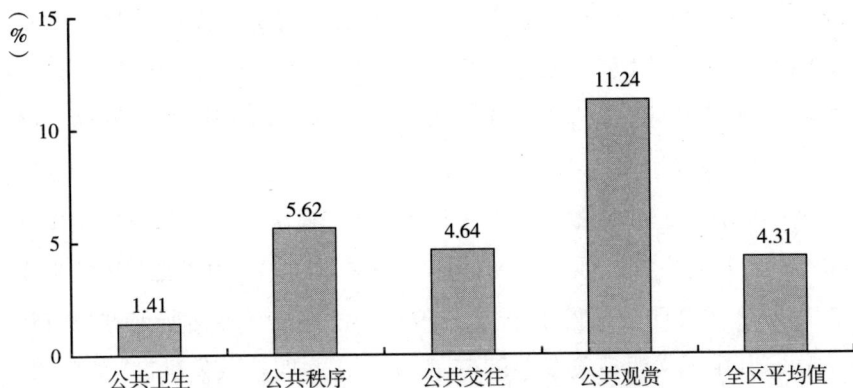

图9 余杭区四个方面不文明现象发生率比较

次，不文明现象发生率为3.09%；公共秩序方面所观测总流量为30638人次/辆次，其中不文明现象发生量为2306人次/辆次，不文明现象发生率为7.53%；公共交往方面所观测总流量为7700人次，其中不文明现象发生量为444人次，不文明现象发生率为5.77%；公共观赏方面所观测总流量为692人次，其中不文明现象发生量为93人次，不文明现象发生率为13.44%。不文明现象发生率从低到高依次是公共卫生、公共交往、公共秩序、公共观赏，其中公共卫生、公共交往方面的不文明现象发生率低于全区不文明现象总体发生率（见图10）。

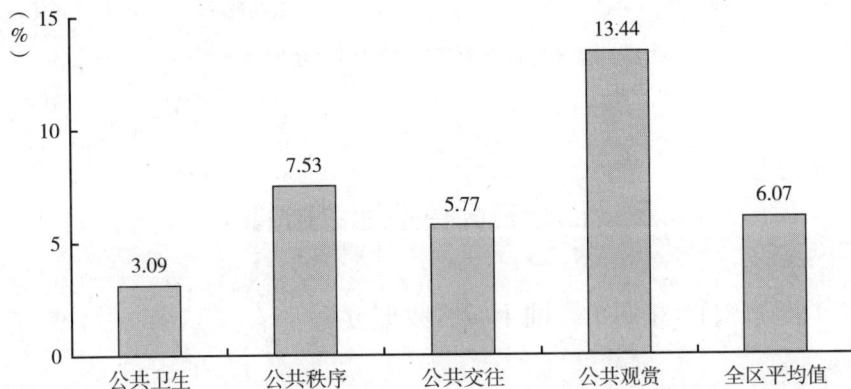

图10 富阳区四个方面不文明现象发生率比较

临安区所观测总流量为 37497 人次/辆次,其中不文明现象发生量为 3004 人次/辆次,不文明现象总体发生率为 8.01%。在临安区四个方面中,公共卫生方面所观测总流量为 11166 人次,其中不文明现象发生量为 388 人次,不文明现象发生率为 3.47%;公共秩序方面所观测总流量为 19895 人次/辆次,其中不文明现象发生量为 2348 人次/辆次,不文明现象发生率为 11.80%;公共交往方面所观测总流量为 5908 人次,其中不文明现象发生量为 212 人次,不文明现象发生率为 3.59%;公共观赏方面所观测总流量为 528 人次,其中不文明现象发生量 56 人次,不文明现象发生率为 10.61%。不文明现象发生率从低到高依次是公共卫生、公共交往、公共观赏、公共秩序,其中公共卫生、公共交往方面的不文明现象发生率低于全区不文明现象总体发生率(见图 11)。

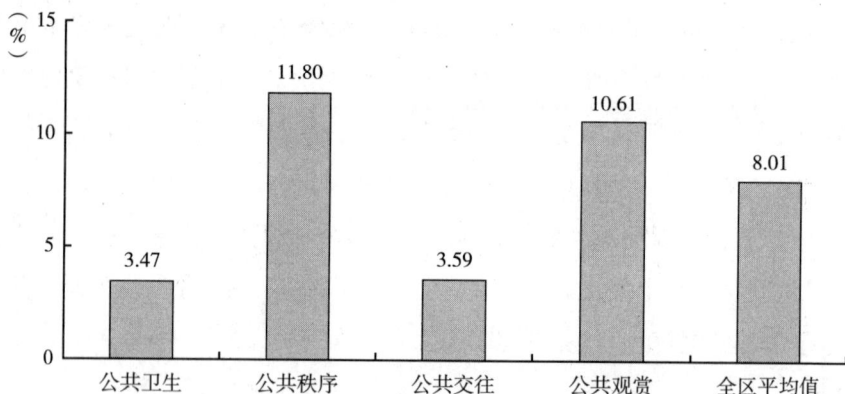

图 11　临安区四个方面不文明现象发生率比较

三　四个方面各指标数据情况

(一)2018年四个方面十城区数据分析

1. 公共卫生方面

对所设置的公共卫生方面 4 个指标在 07:00 ~ 09:00、10:00 ~

12：00、13：00～15：00、16：00～18：00四个不同时段进行观测，观测的总流量为210897人次，其中不文明现象发生量为2853人次，不文明现象总体发生率为1.35%。

从具体指标来看，"投放垃圾时没有进行分类"所观测的总流量为12879人次，不文明现象发生量为1341人次，不文明现象发生率为10.41%；"随地吐痰、便溺"所观测的总流量为99085人次，不文明现象发生量为1014人次，不文明现象发生率为1.02%；"在禁烟场所抽烟"所观测的总流量为97715人次，不文明现象发生量为441人次，不文明现象发生率为0.45%；"遛宠物时不清理其排泄物"所观测的总流量为1218人次，不文明现象发生量为57人次，不文明现象发生率为4.68%。

在4个指标中，"在禁烟场所抽烟"的不文明现象发生率最低，其次为"随地吐痰、便溺"，且这两个指标的不文明现象发生率都低于公共卫生方面的不文明现象总体发生率（1.35%）。其余两个指标的不文明现象发生率均高于公共卫生方面的不文明现象总体发生率，其中"投放垃圾时没有进行分类"的不文明现象发生率最高，达到10.41%；"遛宠物时不清理其排泄物"的不文明现象发生率也较高，为4.68%（见图12）。

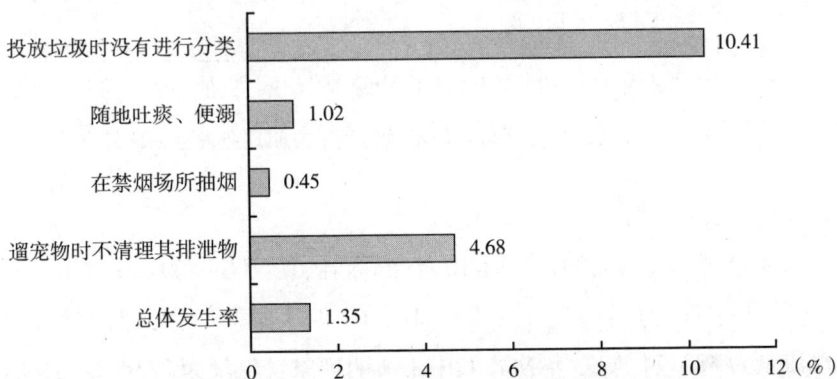

图12 公共卫生方面各指标不文明现象发生率比较

分时段来看，07：00～09：00时段所观测的总流量为47289人次，其中不文明现象发生量为845人次，不文明现象发生率为1.79%；10：00～12：00

时段所观测的总流量为 61583 人次，其中不文明现象发生量为 783 人次，不文明现象发生率为 1.27%；13：00～15：00 时段所观测的总流量为 52234 人次，其中不文明现象发生量为 697 人次，不文明现象发生率为 1.33%；16：00～18：00 时段所观测的总流量为 49791 人次，其中不文明现象发生量为 528 人次，不文明现象发生率为 1.06%。在四个时段中，10：00～12：00、13：00～15：00 和 16：00～18：00 时段的不文明现象发生率均低于公共卫生方面的不文明现象总体发生率，其中 16：00～18：00 时段的不文明现象发生率最低，为 1.06%；07：00～09：00 时段的不文明现象发生率高于公共卫生方面的不文明现象总体发生率，且不文明现象发生率最高，为 1.79%（见图 13）。

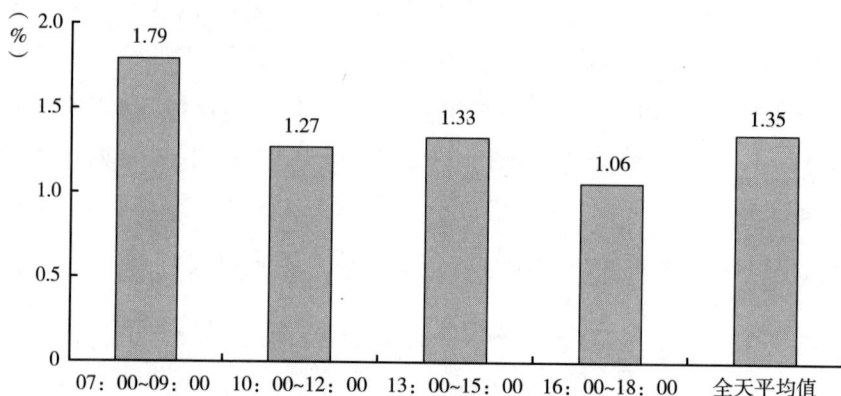

图 13　公共卫生方面各指标不同时段不文明现象发生率比较

2. 公共秩序方面

对所设置的公共秩序方面 10 个指标在 07：00～09：00、10：00～12：00、13：00～15：00、16：00～18：00 四个不同时段进行观测，观测的总流量为 433274 人次/辆次，其中不文明现象发生量为 22380 人次/辆次，不文明现象总体发生率为 5.17%。

从具体指标来看，"乘坐公交时没有做到有序排队上下车"所观测的总流量为 29048 人次，不文明现象发生量为 753 人次，不文明现象发生率分别为 2.59%；"乘坐地铁时没有做到有序排队上下车"所观测的总流量为

18917 人次，不文明现象发生量为 361 人次，不文明现象发生率分别为 1.91%；"排队时没有在规定区域等候"所观测的总流量为 56462 人次，不文明现象发生量为 1838 人次，不文明现象发生率为 3.26%；"机动车不在地面标示的规定区域内停车"所观测的总流量为 18843 辆次，不文明现象发生量为 1347 辆次，不文明现象发生率为 7.15%；"非机动车闯红灯、走机动车道、逆行"所观测的总流量为 96612 辆次，不文明现象发生量为 4581 辆次，不文明现象发生率为 4.74%；"非机动车越线停车"所观测的总流量为 95369 辆次，不文明现象发生量为 7157 辆次，不文明现象发生率为 7.50%；"共享单车无序停放"所观测的总流量为 8600 辆次，不文明现象发生量为 877 辆次，不文明现象发生率为 10.20%；"行人乱穿马路（包括闯红灯、翻栏杆等）"所观测的总流量为 84114 人次，不文明现象发生量为 4256 人次，不文明现象发生率为 5.06%；"乘坐直行电梯时没有做到先出后进"所观测的总流量为 24091 人次，不文明现象发生量为 1071 人次，不文明现象发生率为 4.45%；"遛宠物时没有拴好绳子"所观测的总流量为 1218 人次，不文明现象发生量为 139 人次，不文明现象发生率为 11.41%。

在 10 个指标中，有 6 个指标的不文明现象发生率低于公共秩序方面的不文明现象总体发生率（5.17%），其余 4 个指标的不文明现象发生率高于公共秩序方面的不文明现象总体发生率。其中，"乘坐地铁时没有做到有序排队上下车"的不文明现象发生率最低，为 1.91%。"遛宠物时没有拴好绳子"的不文明现象发生率最高，达到 11.41%；其次是"共享单车无序停放"，不文明现象发生率为 10.20%；"非机动车越线停车"和"机动车不在地面标示的规定区域内停车"这两个指标的不文明现象发生率也较高，分别为 7.50% 和 7.15%（见图 14）。

分时段来看，07：00～09：00 时段所观测的总流量为 115852 人次/辆次，其中不文明现象发生量为 6610 人次/辆次，不文明现象发生率为 5.71%；10：00～12：00 时段所观测的总流量为 100704 人次/辆次，其中不文明现象发生量为 4892 人次/辆次，不文明现象发生率为 4.86%；13：00～15：00 时段所观测的总流量为 101614 人次/辆次，其中不文明现

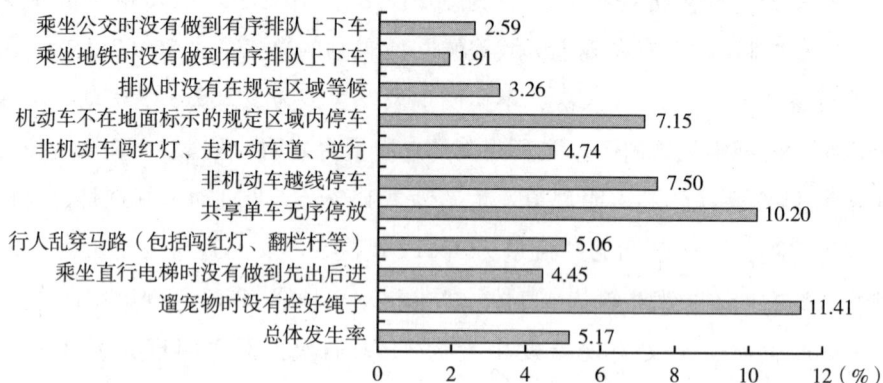

乘坐公交时没有做到有序排队上下车　2.59
乘坐地铁时没有做到有序排队上下车　1.91
排队时没有在规定区域等候　3.26
机动车不在地面标示的规定区域内停车　7.15
非机动车闯红灯、走机动车道、逆行　4.74
非机动车越线停车　7.50
共享单车无序停放　10.20
行人乱穿马路（包括闯红灯、翻栏杆等）　5.06
乘坐直行电梯时没有做到先出后进　4.45
遛宠物时没有拴好绳子　11.41
总体发生率　5.17

图14　公共秩序方面各指标不文明现象发生率比较

象发生量为5011人次/辆次，不文明现象发生率为4.93%；16：00～18：00时段所观测的总流量为115104人次/辆次，其中不文明现象发生量为5867人次/辆次，不文明现象发生率为5.10%。在四个时段中，07：00～09：00时段的不文明现象发生率最高，为5.71%，且高于公共秩序方面的不文明现象总体发生率；其余三个时段的不文明现象发生率均低于公共秩序方面的不文明现象总体发生率，其中10：00～12：00时段的不文明现象发生率最低，为4.86%（见图15）。

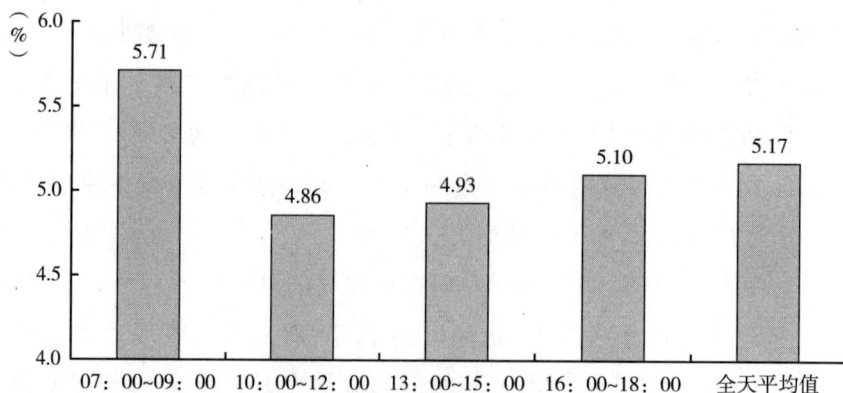

图15　公共秩序方面各指标不同时段不文明现象发生率比较

3. 公共交往方面

对所设置的公共交往方面 3 个指标在 07：00 ~ 09：00、10：00 ~ 12：00、13：00 ~ 15：00、16：00 ~ 18：00 四个不同时段进行观测，观测的总流量为 60194 人次，其中不文明现象发生量为 2568 人次，不文明现象总体发生率为 4.27%。

从具体指标来看，"相互之间大声交谈不顾及他人"所观测的总流量为 52074 人次，不文明现象发生量为 2210 人次，不文明现象发生率为 4.24%；"向陌生人问讯时没有礼貌回应"所观测的总流量为 3578 人次，不文明现象发生量为 191 人次，不文明现象发生率为 5.34%；"没有给老、弱、病、残、孕及怀抱婴儿者让座"所观测的总流量为 4542 人次，不文明现象发生量为 167 人次，不文明现象发生率为 3.68%。

在 3 个指标中，"向陌生人问讯时没有礼貌回应"的不文明现象发生率高于公共交往方面的不文明现象总体发生率（4.27%），为 5.34%；其余两个指标的不文明现象发生率均低于公共交往方面的不文明现象总体发生率，其中"没有给老、弱、病、残、孕及怀抱婴儿者让座"的不文明现象发生率最低，为 3.68%（见图 16）。

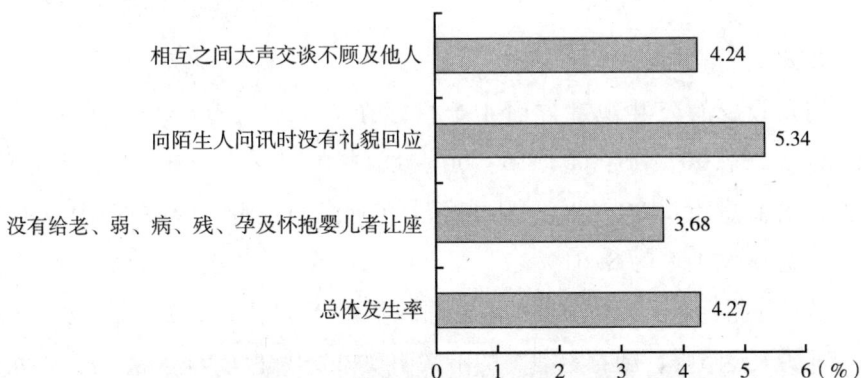

图 16　公共交往方面各指标不文明现象发生率比较

分时段来看，07：00 ~ 09：00 时段所观测的总流量为 12770 人次，其中不文明现象发生量为 571 人次，不文明现象发生率为 4.47%；10：00 ~

12：00时段所观测的总流量为16838人次，其中不文明现象发生量为835人次，不文明现象发生率为4.96%；13：00～15：00时段所观测的总流量为14966人次，其中不文明现象发生量为551人次，不文明现象发生率为3.68%；16：00～18：00时段所观测的总流量为15620人次，其中不文明现象发生量为611人次，不文明现象发生率为3.91%。在四个时段中，13：00～15：00时段的不文明现象发生率最低，为3.68%；10：00～12：00时段的不文明现象发生率最高，为4.96%（见图17）。

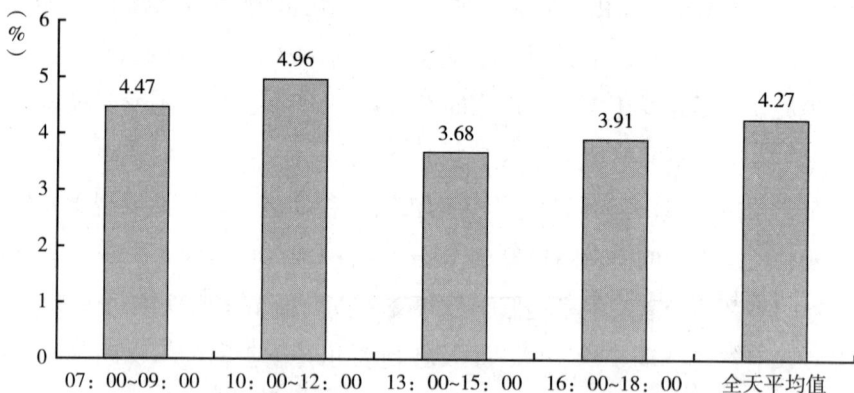

图17 公共交往方面各指标不同时段不文明现象发生率比较

4. 公共观赏方面

对所设置的公共观赏方面4个指标在07：00～09：00、10：00～12：00、13：00～15：00、16：00～18：00四个不同时段进行观测，观测的总流量为6380人次，其中不文明现象发生量为549人次，不文明现象总体发生率为8.61%。

从具体指标来看，所观测的观影总人数为2269人次，其中"观看时交头接耳，大声喧哗，随意走动"的不文明现象发生量为95人次，不文明现象发生率为4.19；"观看时使用手机影响他人（包括出现光亮与发出声音）"的不文明现象发生量为162人次，不文明现象发生率为7.14%。在2269人次中吃零食者有921人次，其中"观看时吃零食影响他人（包括发出声音与散发出气味）"的不文明现象发生量为90人次，不文明现象发生率为9.77%；"观看结束后不自觉清理并带走垃圾"的不文明现象发生量为202人次，不文明现象发生率为21.93%。

在4个指标中，除"观看结束后不自觉清理并带走垃圾"和"观看时吃零食影响他人（包括发出声音与散发出气味）"这两个指标的不文明现象发生率高于公共观赏方面的不文明现象总体发生率（8.61%）外，其余两个指标的不文明现象发生率均低于公共观赏方面的不文明现象总体发生率，其中"观看时交头接耳，大声喧哗，随意走动"的不文明现象发生率最低，为4.19%（见图18）。

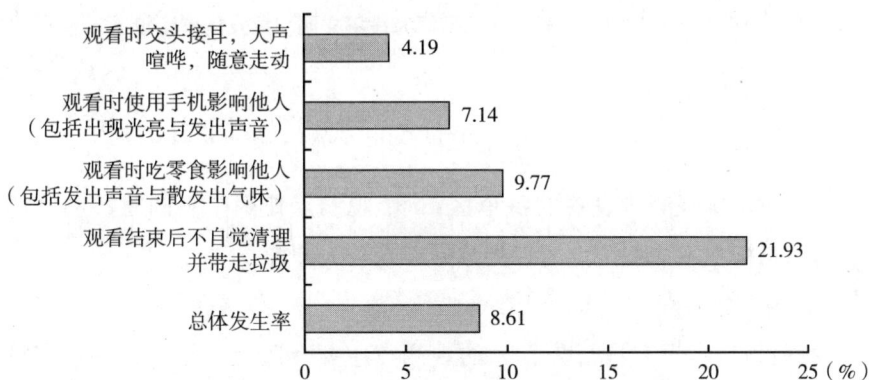

图18 公共观赏方面各指标不文明现象发生率比较

分时段来看，由于07：00～09：00时段影院还未开门营业，因此这一时段没有观测到数据。10：00～12：00时段所观测的总流量为828人次，不文明现象发生量为79人次，不文明现象发生率为9.54%；13：00～15：00时段所观测的总流量为2466人次，不文明现象发生量为210人次，不文明现象发生率为8.52%；16：00～18：00时段所观测的总流量为3086人次，不文明现象发生量为260人次，不文明现象发生率为8.43%。在所观测的三个时段中，10：00～12：00时段的不文明现象发生率最高，为9.54%；13：00～15：00和16：00～18：00时段的不文明现象发生率均低于公共观赏方面的不文明现象总体发生率，其中16：00～18：00时段的不文明现象发生率最低，为8.43%（见图19）。

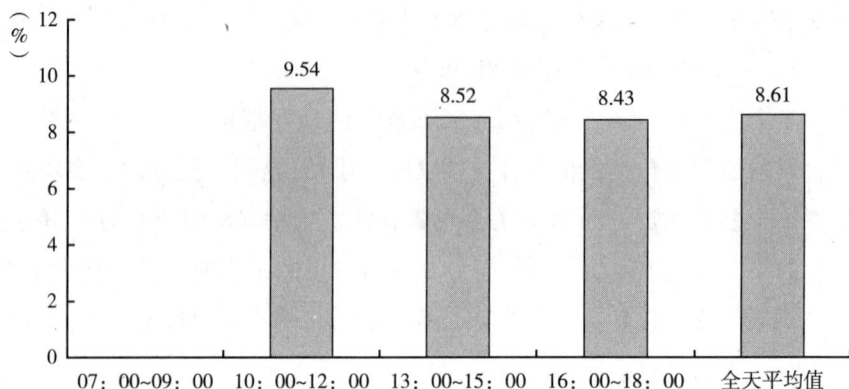

图19　公共观赏方面各指标不同时段不文明现象发生率比较

（二）2017～2018年同一指标不同观测点数据对比分析

通过对本次观测所设置的每个区15个观测点在四个不同时段的观测，发现同一指标在不同观测点的观测数据存在较大差异。

1. 公共卫生方面

"投放垃圾时没有进行分类"的观测点主要有医院、社区、农贸市场、公园/广场和街巷。在这5个观测点中，不文明现象发生率最高的是医院，为15.63%；最低的是公园/广场，为7.02%。不文明现象发生率从高到低依次为医院、街巷、社区、农贸市场和公园/广场。

2017年该指标的观测点为公交车站、地铁站、医院、社区、农贸市场、公园/广场以及街巷。不文明现象发生率最高的是公园/广场，为13.77%；最低的是农贸市场，为4.52%。不文明现象发生率从高到低依次为公园/广场、社区、街巷、公交车站、医院、地铁站和农贸市场。

以2018年该指标的5个观测点为参照，对比2017～2018年数据发现：第一，除社区、公园/广场的不文明现象发生率较上年下降外，医院、农贸市场和街巷3个观测点的不文明现象发生率都较上年有所上升，其中医院的不文明现象发生率上升幅度最大；第二，街巷、社区两年的不文明现象发生率都较高；第三，公园/广场的不文明现象发生率有很大好转，从最高转变为最低（见图20）。

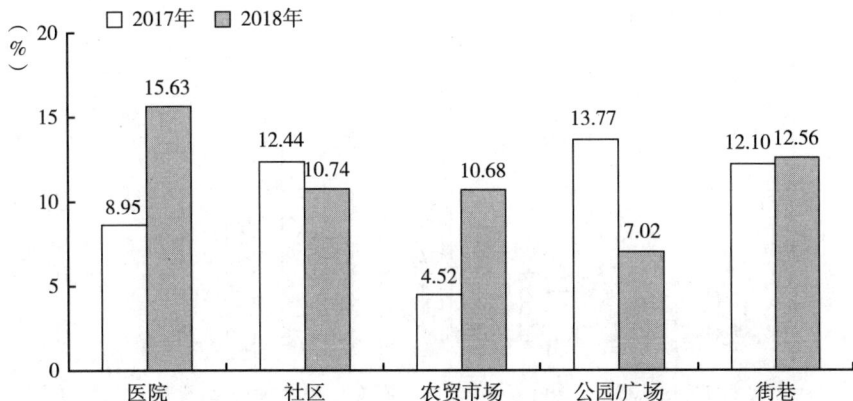

图20 2017～2018年观测指标"投放垃圾时没有进行分类"不同观测点
不文明现象发生率比较

"随地吐痰、便溺"的观测点主要有公交车站、地铁站、医院、社区、农贸市场、公园/广场、街巷和商场。其中，不文明现象发生率最高的是农贸市场，为1.50%；最低的是地铁站，为0.42%。不文明现象发生率从高到低依次为农贸市场、街巷、社区、公园/广场、公交车站、商场、医院和地铁站。

2017年该指标不文明现象发生率最高的是社区，为1.78%；最低的是商场，为0.16%。不文明现象发生率从高到低依次为社区、公园/广场、街巷、公交车站、农贸市场、医院、地铁站和商场。

对比2017～2018年数据发现：第一，公交车站、社区、公园/广场的不文明现象发生率较上年有较大幅度下降；第二，地铁站、医院、农贸市场、街巷和商场的不文明现象发生率较上年有所上升，其中农贸市场和商场的上升幅度较大；第三，公交车站、社区、农贸市场、公园/广场、街巷等室外场所的不文明现象发生率比地铁站、医院、商场等室内场所要高，建议加强室外公共场所市民文明行为的管理和引导（见图21）。

"在禁烟场所抽烟"的观测点主要有地铁站、医院、农贸市场和商场。其中，不文明现象发生率最高的是农贸市场，为1.46%；其次是医院、商场，分别为0.33%和0.15%；最低的是地铁站，为0.10%。

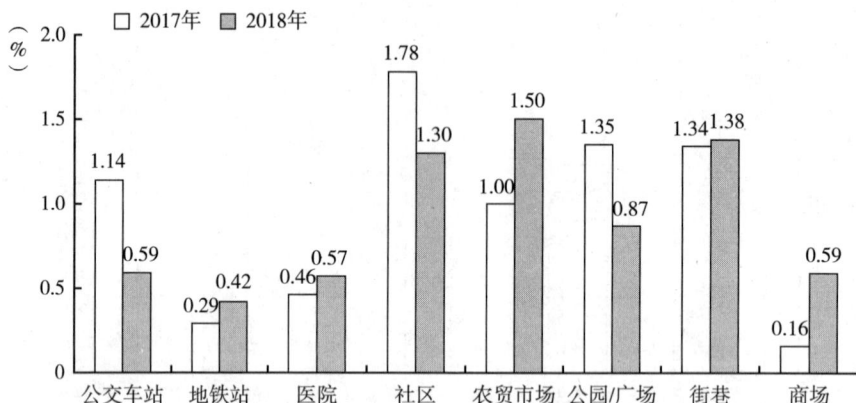

图21 2017～2018年观测指标"随地吐痰、便溺"不同观测点不文明现象发生率比较

2017年该指标不文明现象发生率最高的是农贸市场，为1.11%；其次是医院、地铁站，分别为0.33%、0.20%；最低的是商场，为0.19%。

对比2017～2018年数据发现：第一，农贸市场的不文明现象发生率较上年有所上升，地铁站、商场的不文明现象发生率较上年有所下降，医院的不文明现象发生率与上年持平；第二，农贸市场的不文明现象发生率远高于其他观测点（见图22）。

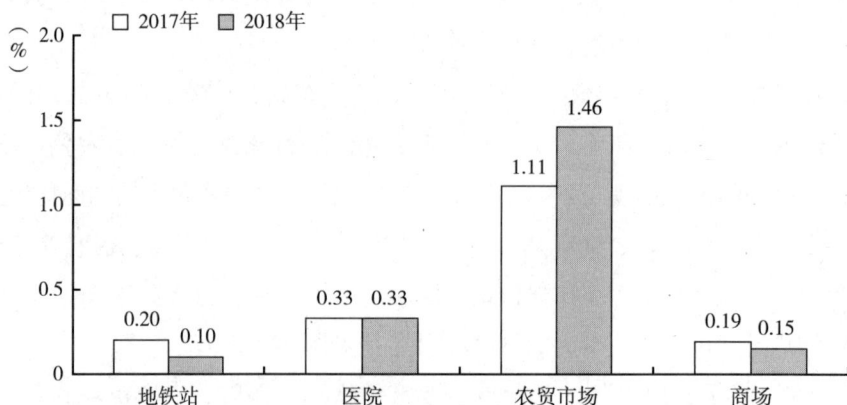

图22 2017～2018年观测指标"在禁烟场所抽烟"不同观测点不文明现象发生率比较

"遛宠物时不清理其排泄物"的观测点主要有社区、公园/广场和街巷。其中，不文明现象发生率最高的是社区，为5.11%；其次是公园/广场，为4.41%；最低的是街巷，为3.91%。

2017年该指标不文明现象发生率最高的是社区，为11.03%；其次是街巷，为7.65%；最低的是公园/广场，为7.20%。

对比2017~2018年数据发现：第一，三个观测点的不文明现象发生率均有较大幅度下降；第二，社区的不文明现象发生率明显高于其他两个观测点（见图23）。

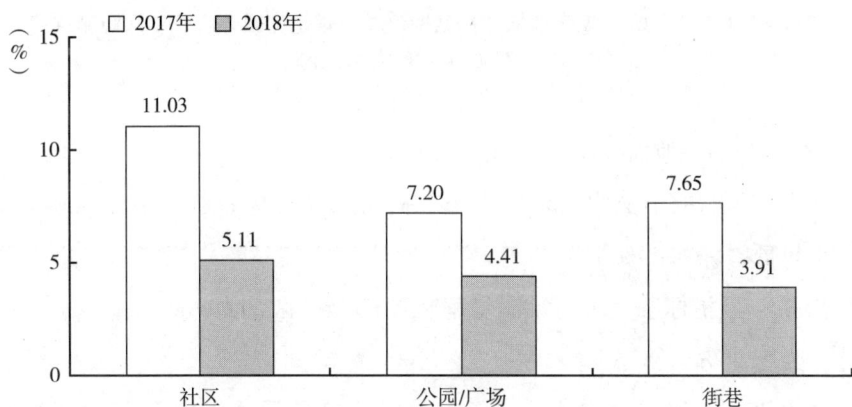

图23 2017~2018年观测指标"遛宠物时不清理其排泄物"不同观测点不文明现象发生率比较

2. 公共秩序方面

"排队时没有在规定区域等候"的观测点主要有公交车站、地铁站和医院。其中，不文明现象发生率最高的是医院，为5.29%；其次是公交车站，为2.69%；最低的是地铁站，为2.58%。

2017年该指标不文明现象发生率最高的是医院，为5.01%；其次是地铁站，为4.29%；最低的是公交车站，为2.23%。

对比2017~2018年数据发现：第一，地铁站的不文明现象发生率有明显下降，而公交车站、医院的不文明现象发生率则有小幅上升；第二，医院的不文明现象发生率明显高于其他两个观测点（见图24）。

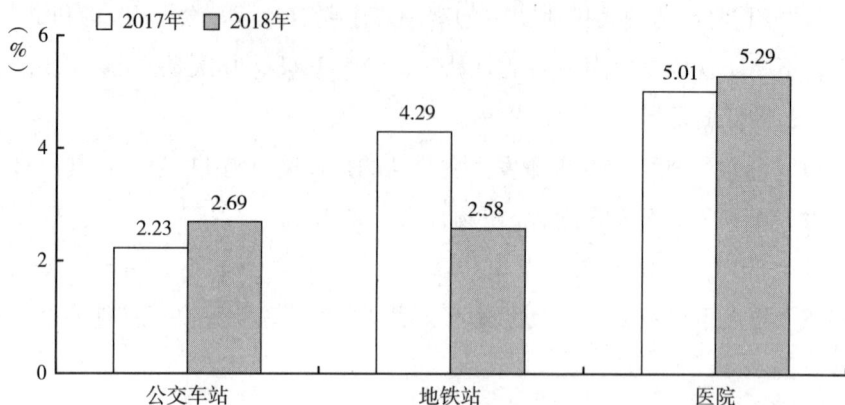

图24　2017~2018年观测指标"排队时没有在规定区域等候"不同观测点不文明现象发生率比较

"机动车不在地面标示的规定区域内停车"的观测点主要有社区和街巷。其中，街巷的不文明现象发生率较高，为9.45%；社区的不文明现象发生率较低，为6.49%。

2017年该指标不文明现象发生率较高的是社区，为7.04%；较低的是街巷，为5.08%。

对比2017~2018年数据发现：社区的不文明现象发生率有小幅下调，而街巷的不文明现象发生率则有比较明显的上升（见图25）。

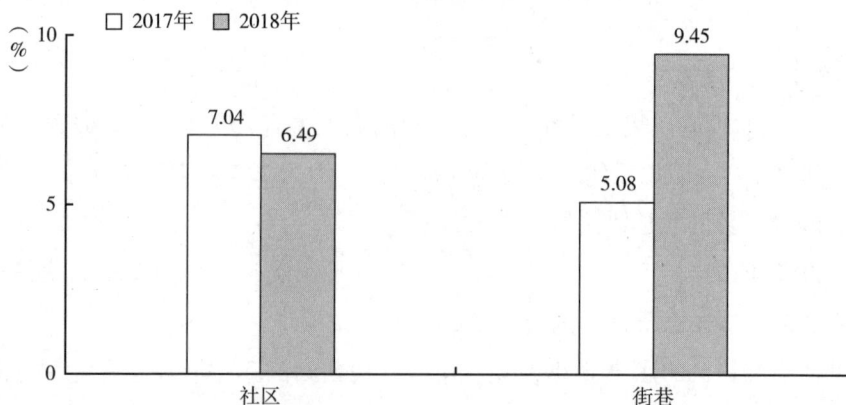

图25　2017~2018年观测指标"机动车不在地面标示的规定区域内停车"不同观测点不文明现象发生率比较

"非机动车闯红灯、走机动车道、逆行"的观测点主要有交叉路口和街巷。其中，交叉路口的不文明现象发生率为 4.70%，街巷的不文明现象发生率为 6.54%。

2017 年该指标不文明现象发生率交叉路口为 3.89%，街巷为 5.71%。

对比 2017～2018 年数据发现：第一，街巷两年的不文明现象发生率都高于交叉路口；第二，两个观测点的不文明现象发生率均比上年有小幅上升（见图 26）。

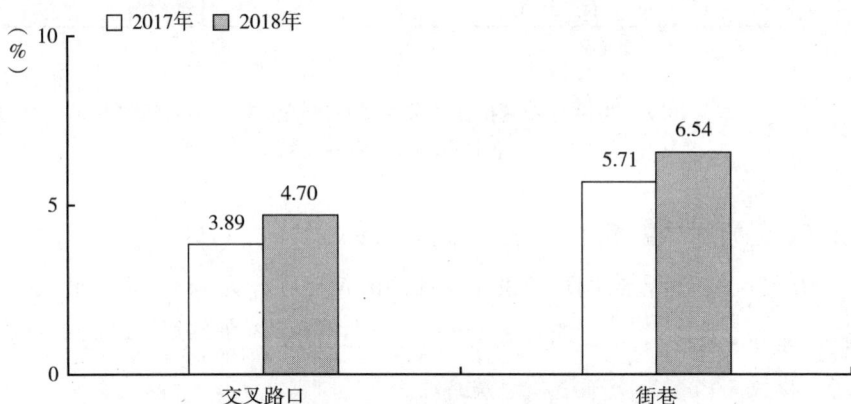

图 26　2017～2018 年观测指标"非机动车闯红灯、走机动车道、逆行"不同观测点不文明现象发生率比较

"非机动车越线停车"的观测点主要有交叉路口和街巷。其中，交叉路口的不文明现象发生率为 7.45%，街巷的不文明现象发生率为 9.46%。

2017 年该指标不文明现象发生率交叉路口为 7.60%，街巷为 12.50%。

对比 2017～2018 年数据发现：第一，观测结果与上年相似；第二，两个观测点的不文明现象发生率都较上年有一定程度的下降，其中街巷的不文明现象发生率下降明显（见图 27）。

"共享单车无序停放"的观测点主要有公交车站、地铁站、交叉路口、社区、公园/广场和街巷。其中，不文明现象发生率最高的是社区，为 11.59%；最低的是交叉路口，为 6.43%。不文明现象发生率从高到低依次

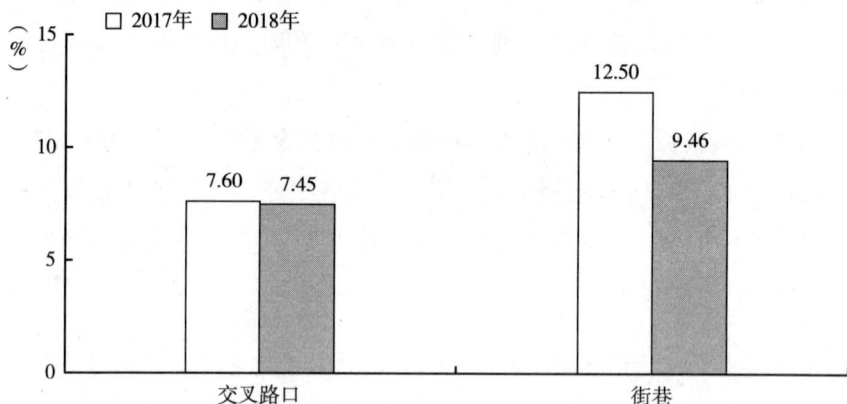

图27 2017～2018 年观测指标"非机动车越线停车"不同观测点不文明现象发生率比较

为社区、公园/广场、街巷、公交车站、地铁站和交叉路口。

2017 年该指标不文明现象发生率最高的是社区，为 13.13%；最低的是地铁站，为 8.89%。不文明现象发生率从高到低依次为社区、街巷、公园/广场、交叉路口、公交车站和地铁站。

对比 2017～2018 年数据发现：第一，公交车站、地铁站、公园/广场三个观测点的不文明现象发生率有一定程度的上升，交叉路口、社区、街巷的不文明现象发生有所下降；第二，社区、公园/广场、街巷的不文明现象发生率总体较其他观测点高，今后要特别加强这三个观测点共享单车的管理（见图28）。

"行人乱穿马路（包括闯红灯、翻栏杆等）"的观测点主要有公交车站、交叉路口、公园/广场和街巷。其中，公交车站的不文明现象发生率最高，为 5.42%；公园/广场的不文明现象发生率最低，为 4.63%。不文明现象发生率从高到低依次为公交车站、街巷、交叉路口和公园/广场。

2017 年该指标的观测点为公交车站、交叉路口和街巷。其中，街巷的不文明现象发生率最高，为 14.29%；其次是交叉路口，为 5.29%；公交车站的不文明现象发生率最低，为 4.60%。

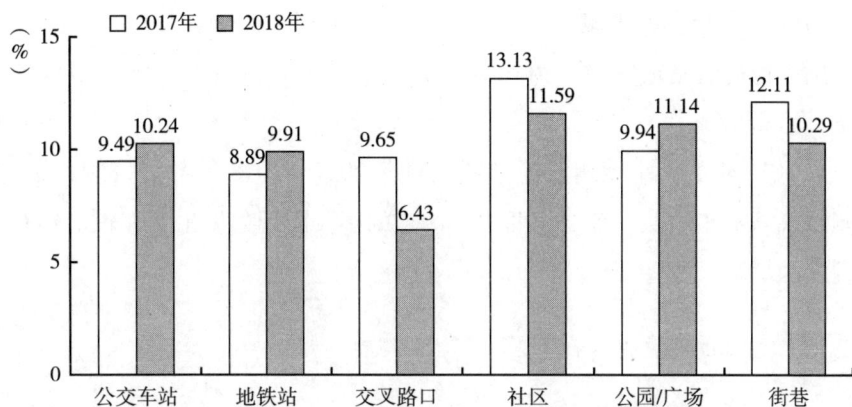

**图28　2017～2018年观测指标"共享单车无序停放"不同观测点
不文明现象发生率比较**

以2017年该指标的3个观测点为参照，对比2017～2018年数据发现：
第一，公交车站的不文明现象发生率有小幅上升；第二，交叉路口、街巷的
不文明现象发生率有所下降，其中街巷的不文明现象发生率下降幅度较大
（见图29）。

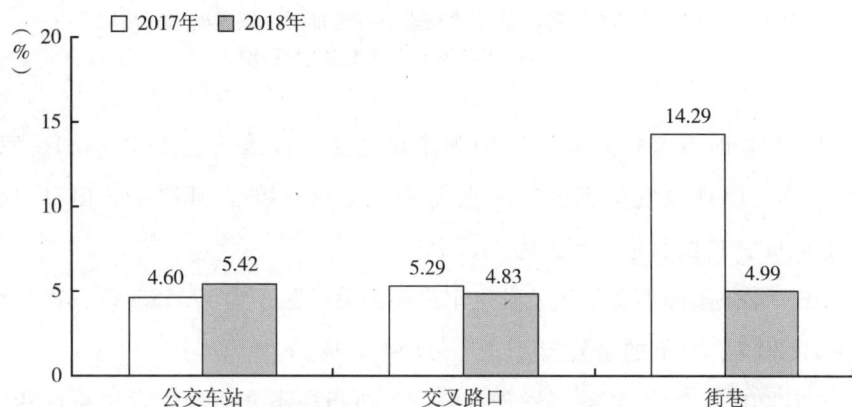

**图29　2017～2018年观测指标"行人乱穿马路（包括闯红灯、翻栏杆等）"
不同观测点不文明现象发生率比较**

"乘坐直行电梯时没有做到先出后进"的观测点主要有医院和商场。其
中，不文明现象发生率较高的是医院，为4.70%；较低的是商场，为4.00%。

2017 年该指标的观测点主要有地铁站、医院和商场。其中，不文明现象发生率最高的是地铁站，为 6.54%；其次是医院，为 5.24%；最低的是商场，为 4.47%。

以 2018 年的两个观测点为参照，对比 2017～2018 年数据发现：第一，观测结果与上年相似；第二，两个观测点的不文明现象发生率都较上年有一定程度的下降（见图 30）。

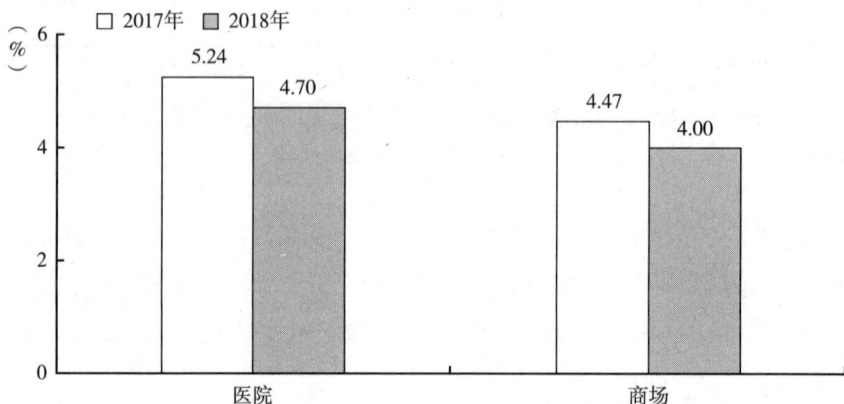

图 30　2017～2018 年观测指标"乘坐直行电梯时没有做到先出后进"不同观测点不文明现象发生率比较

"遛宠物时没有拴好绳子"的观测点主要有社区、公园/广场和街巷。其中，不文明现象发生率最高的是街巷，为 11.74%；其次是公园/广场，为 11.40%；最低的是社区，为 11.28%。

2017 年该指标不文明现象发生率最高的是社区，为 17.55%；其次是街巷为 17.30%；最低的是公园/广场，为 14.17%。

对比 2017～2018 年数据发现：第一，该指标不文明现象发生率两年均较高；第二，3 个观测点的不文明现象发生率均有大幅下降（见图 31）。

3. 公共交往方面

"相互之间大声交谈不顾及他人"的观测点主要有公交车站、地铁站、医院、农贸市场、商场和公交线路。其中，不文明现象发生率最高的是农贸

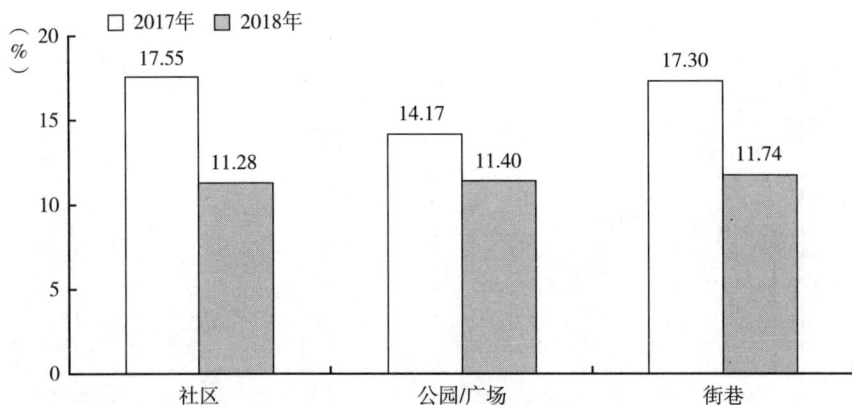

图31　2017～2018年观测指标"遛宠物时没有拴好绳子"不同观测点不文明现象发生率比较

市场，为6.98%；最低的是商场，为2.01%。不文明现象发生率从高到低依次为农贸市场、公交线路、公交车站、医院、地铁站和商场。

2017年该指标的观测点主要有公交车站、地铁站、医院、农贸市场、公园/广场、商场和公交线路。其中，不文明现象发生率最高的是公交线路，为5.88%；最低的是地铁站，为3.12%。不文明现象发生率从高到低依次为公交线路、医院、公园/广场、公交车站、商场、农贸市场和地铁站。

以2018年该指标的6个观测点为参照，对比2017～2018年数据发现：第一，公交车站、农贸市场两个观测点的不文明现象发生率较上年有所上升，其中农贸市场的不文明现象发生率上升幅度较大；第二，地铁站、医院、商场和公交线路4个观测点的不文明现象发生率较上年有所下降；第三，公交线路两年的不文明现象发生率都较高，因此需加强杭州市民文明乘车习惯的培养（见图32）。

"向陌生人问讯时没有礼貌回应"的观测点主要有公交车站、社区、农贸市场、公园/广场、街巷和商场。其中，不文明现象发生率最高的是街巷，为6.36%；最低的是农贸市场，为3.13%。不文明现象发生率从高到低依次为街巷、公交车站、公园/广场、商场、社区和农贸市场。

2017年该指标的观测点主要有公交车站、地铁站、交叉路口、社区、

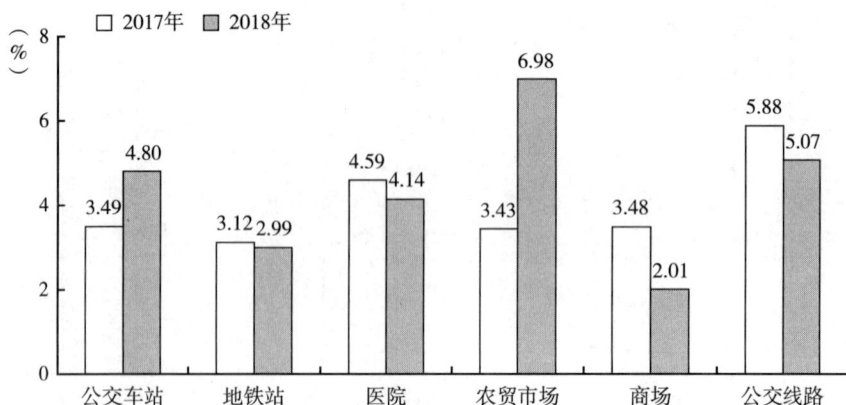

图32 2017～2018年观测指标"相互之间大声交谈不顾及他人"不同观测点不文明现象发生率比较

公园/广场、街巷和商场。其中,不文明现象发生率最高的是地铁站,为4.75%;最低的是社区,为2.69%。不文明现象发生率从高到低依次为地铁站、公交车站、街巷、公园/广场、交叉路口、商场和社区。

2017年和2018年该指标共同的观测点为公交车站、社区、公园/广场、街巷和商场。对比2017～2018年数据发现:第一,所有观测点的不文明现象发生率都较上年有较大幅度的上升;第二,街巷、公交车站、公园/广场两年的不文明现象发生率总体高于其他观测点(见图33)。

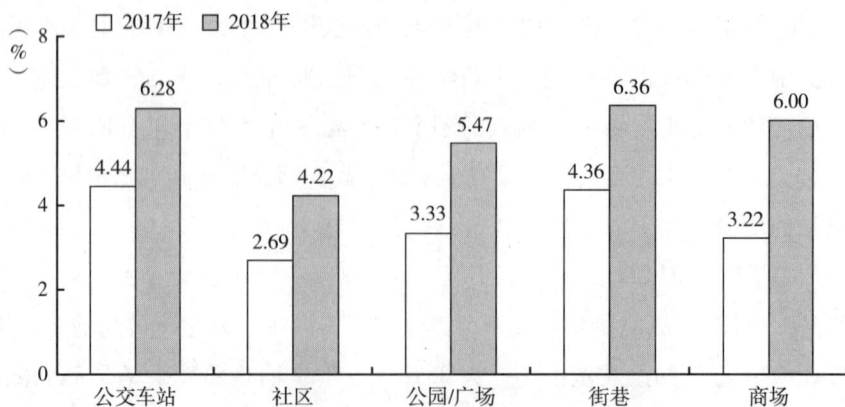

图33 2017～2018年观测指标"向陌生人问讯时没有礼貌回应"不同观测点不文明现象发生率比较

（三）2014～2018年指标对比分析

以2018年四个方面21个指标为基础，对比2014～2018年的观测指标，属于公共卫生方面的有4个，属于公共秩序方面的有10个，属于公共交往方面的有3个，属于公共观赏方面的有4个（见表2）。

对比2014～2018年各指标观测数据，2018年杭州市九城区（不含临安区）的不文明现象总体发生率为3.76%，较2017年可比指标的3.78%下降了0.02个百分点，这说明通过一年的努力，杭州市民公共文明指数总体继续向好，但提升幅度趋向缓慢。

在21个指标中，只有1个指标的不文明现象发生率在2015～2018年连续四年下降，有5个指标的不文明现象发生率在不同年份连续三年下降；没有一个指标的不文明现象发生率出现连续四年上升的情况，但有1个指标的不文明现象发生率连续三年上升；其余14个指标的不文明现象发生率均出现了不同程度的波动。

对比2014～2018年数据，"遛宠物时不清理其排泄物"为现场观测21个指标中唯一一个不文明现象发生率连续四年下降的指标，2018年较2014年下降了21.4个百分点。另一个与此相关的指标"遛宠物时没有拴好绳子"的不文明现象发生率，除2016年小幅上升外，2017～2018年连续两年下降，且下降幅度较大，2018年较2015年下降21.9个百分点。这应该得益于杭州市政府对文明养犬的高度重视与采取的严厉措施。《杭州市限制养犬规定》自颁布以来经历了三次修订，新的修订被列为2016年杭州市政府立法工作计划的调研项目之一。2018年11月12日，杭州正式发布被网友称为"最严"养狗令的《严管养犬实施细则》；2018年11月17日，杭州城管也发布了《致杭州市民关于文明养犬的公开信》。2018年11月15日至12月底，杭州启动了全市范围内的"文明养犬"集中整治行动，整治的主要内容有不按规定时间遛狗、遛狗不拴狗绳、宠物狗随地大小便、无证养犬等。在杭州市政府的严厉整治下，杭州市民文明养犬的意识进一步提升，在行动上也有较大改进。

表2　2014～2018年杭州市民公共文明指数调查（现场观测）各项指标不文明现象发生率比较

单位：%

2018年观测指标		2014年 发生率	2015年 发生率	2015 变化趋势	2016年(24个指标) 发生率	2016 变化趋势	2017年 24个指标 发生率	2017 变化趋势	2017年 21指标 9个区 发生率	2017 变化趋势	2018年(21个指标) 9个区 发生率	2018 变化趋势	2018年 10个区 发生率	2014～2018年 升降情况说明
公共卫生	投放垃圾时没有进行分类	36.47	20.68	→	18.66	→	9.31	→	9.31	→	9.63	↑	10.41	三连降反弹
	随地吐痰、便溺	0.68	0.31	→	0.79	↑	0.93	→	0.93	→	0.97	↑	1.02	三连升
	在禁烟场所抽烟	1.01	0.47	→	0.51	→	0.41	→	0.41	→	0.40	→	0.45	二连降
	遛宠物时不清理其排泄物	26.07	18.89	→	16.94	→	9.67	→	9.67	→	4.67	↓	4.68	四连降
	小　计	2.54	0.88	→	1.44	→	1.34	→	1.17	↑	1.23	↑	1.35	
公共秩序	乘坐公交时没有做到有序排队上下车	4.48	3.59	→	2.60	→	1.56	→	1.56	→	2.48	↑	2.59	三连降反弹
	乘坐地铁时没有做到有序排队上下车		3.59		2.07	→	2.35	↑	2.35	→	1.91	→	1.91	
	排队时没有在规定区域等候		3.59	→	5.10	→	3.72	→	3.72	→	3.17	→	3.26	二连降
	机动车不在地面标示的规定区域内停车	2.67	5.62	↑	7.96	↑	6.49	→	6.49	→	6.10	→	7.15	二连降
	非机动车闯红灯、走机动车道、逆行	7.54	9.39	↑	8.56	→	4.04	→	4.04	↑	4.51	↑	4.74	二连降
	非机动车越线停车				8.56		7.80		7.80	→	6.86	→	7.50	三连降
	共享单车无序停放						10.41		10.41	→	10.14	→	10.20	三连降
	行人乱穿马路（包括闯红灯、翻栏等）	7.54	8.43	↑	6.90	→	5.05	→	5.05	→	4.84	→	5.06	三连降
	乘坐直行电梯时没有做到先出后进				4.69		5.22	↑	5.22	→	4.24	→	4.45	二连降
	遛宠物时没有拴好绳子		31.78		32.31		16.77		16.77	→	9.88	↓	11.41	三连降
	小　计	3.33	5.02	↑	4.34	→	4.14	→	5.29	→	4.85	→	5.17	三连降

续表

2018年观测指标		2014年 发生率	2015年 发生率	2015年 变化趋势	2016年(24个指标) 发生率	2016年 变化趋势	2017年 24个指标 发生率	2017年 变化趋势	2017年 21个指标 9个区 发生率	2018年(21个指标) 9个区 发生率	2018年 变化趋势	2018年 10个区 发生率	2014~2018年升降情况说明
公共交往	相互之间大声交谈不顾及他人	2.55	2.52	↓	5.14	↑	3.75	↓	3.75	4.39	↑	4.24	
	向陌生人问讯时没有礼貌回应	4.51	3.58	↓	4.21	↑	3.63	→	3.63	4.80	↑	5.34	
	没有给老、弱、病、残、孕及怀抱婴儿者让座	6.01	5.82	→	4.45	→	5.03	↑	5.03	3.46	→	3.68	
	小　计	2.26	2.67	↑	5.04	↑	3.79	→	3.79	4.34	↑	4.27	
公共观赏	观看时交头接耳,大声喧哗,随意走动	7.06	7.31	↑	4.63	→	4.48	↑	4.48	4.19	→	4.19	三连降
	观看时使用手机影响他人(包括出现光亮与发出声音)	5.67	6.97	↑	6.23	→	12.75	↑	12.75	6.80	→	7.14	
	观看时吃零食影响他人(包括发出声音与散发出气味)		16.19		13.25	→	13.66	↑	13.66	9.64	→	9.77	三连降
	观看结束后不自觉清理并带走垃圾		52.22		25.83	→	25.71	→	25.71	21.50	→	21.93	三连降
	小　计	22.70	8.29	↓	5.11	→	6.06	↑	6.06	8.42	→	8.61	
合　计		2.89	3.54	↑	3.47	→	3.34	→	3.78	3.76	→	3.99	三连降

注：①表中所列指标为2018年的观测指标，由于2014~2018年的观测指标均有调整，2014~2017年的小计与合计数据包括了未列入此表的其他指标数据。②2018年与2017年对比杭州九城区（不包括临安区）数据，2014~2017年对比杭州八城区（不包括富阳区和临安区）数据。

　　不文明现象发生率在不同年份连续三年下降的 5 个指标中，不文明现象发生率下降明显的指标集中在公共观赏和公共卫生方面。其中，降幅最大的是"观看结束后不自觉清理并带走垃圾"，2018 年较 2015 年下降了 30.72 个百分点（该指标 2014 年没有被列为观测指标）；其次是"投放垃圾时没有进行分类"，2018 年较 2014 年下降了 26.84 个百分点。这应该得益于杭州市政府对垃圾分类的高度重视与大力宣传。作为全国首批生活垃圾分类收集试点城市之一，杭州市自 2010 年 3 月正式启动生活垃圾分类，并于 2015 年 12 月 1 日正式施行首部关于生活垃圾分类和治理的地方性法规《杭州市生活垃圾管理条例》。该条例实施以来，杭州市政府紧扣"分类减量"主题，扎实推进生活垃圾分类投放、分类收运、分类利用和分类处置，积极探索城乡垃圾分类与处置的"杭州模式"。目前，杭州市已建立并完善了生活垃圾治理法规、政策体系，系统推进分类投放、分类收集、分类运输和分类处理。市民对垃圾分类这一要求也从抵制、逐步接受到积极配合，垃圾分类的意识进一步增强，垃圾分类的知识不断完善，并在行动上逐渐形成良好的分类习惯。

　　值得注意的是，这两个指标的不文明现象发生率虽然连续三年下降，但依然较高，如 2018 年，"观看结束后不自觉清理并带走垃圾"的不文明现象发生率为 21.50%；"投放垃圾时没有进行分类"的不文明现象发生率为 9.63%，并在 2015～2017 年连续三年下降后于 2018 年出现了小幅反弹。这说明尽管杭州市政府一直努力推行垃圾分类政策，市民的接受意识也逐步增强，但在其实施过程中的困难也显而易见，离"文明"的要求显然还有不小的差距，实施效果仍有提升的空间。

　　另外，不文明现象发生率下降比较集中的指标在公共秩序方面，有 2 个指标的不文明现象发生率连续三年下降，4 个指标的不文明现象发生率连续两年下降。不文明现象发生率连续三年下降的指标分别为："乘坐公交时没有做到有序排队上下车"，2017 年较 2014 年下降 2.92 个百分点；"行人乱穿马路（包括闯红灯、翻栏杆等）"，2018 年较 2015 年下降 3.59 个百分点。不文明现象发生率连续两年下降的指标分别为："排队时没有在规定区域等候"，2018 年较 2016 年下降 1.93 个百分点；"机动车不在地面标示的规定区域内停车"，2018 年较 2016 年下降 1.86 个百分点；"非机动车越线停车"，2018 年较 2016 年下降 1.70 个百分点；"遛宠物时没有拴好绳子"，2018 年较 2016 年下降 22.43 个百分点。

"机动车不在地面标示的规定区域内停车"的不文明现象发生率在连续两年上升后又连续两年下降，虽然 2018 年较 2016 年只下降 1.86 个百分点，但毕竟出现了向好的趋势。原因可能在于以下三个方面：一是杭州地铁 1 号、4 号、2 号线相继开通，地铁网络初步形成，大大缓解了地面交通压力，也缓解了地面停车的压力；二是 G20 峰会后杭州市政交通基础设施建设、城市道路整治与街容美化、城市门户综合整治项目相继完成，道路环境开始好转，路面停车泊位较前几年有较大增加，缓解了停车难的问题；三是杭州市民的获得感、幸福感、归属感和荣誉感大大提升，文明意识不断增强。

值得注意的是，"乘坐公交时没有做到有序排队上下车"的不文明现象发生率虽然在 2015～2017 年连续三年下降，但 2018 年出现小幅反弹，这说明文明行为的养成并非一劳永逸，要不断加强宣传，提升市民的文明意识，强化文明行为。2018 年"行人乱穿马路（包括闯红灯、翻栏杆等）"和"非机动车越线停车"的不文明现象发生率依然较高，分别为 4.84% 和 6.86%。原因可能在于以下两个方面：第一，相较于机动车而言，非机动车和市民遵守交通规则的意识和习惯还未完全形成；第二，交通和城管部门对非机动车和市民交通违规行为的惩治力度不够。

特别要引起关注的是 2014～2018 年虽然没有出现不文明现象发生率连续四年上升的指标，但公共卫生方面的"随地吐痰、便溺"的不文明现象发生率出现了连续三年上升的情况。

四　基本判断

（一）杭州市民公共文明指数总体向好，但提升幅度进一步变小

2018 年杭州市九城区（为与 2017 年数据对比，此处不包括临安区数

据，且仅比较 21 个指标的情况）的不文明现象总体发生率为 3.76%，较 2017 年的 3.78% 下降了 0.02 个百分点。其中，公共卫生方面的不文明现象发生率为 1.23%，较 2017 年的 1.17% 上升了 0.06 个百分点；公共秩序方面的不文明现象发生率为 4.85%，较 2017 年的 5.29% 下降了 0.44 个百分点；公共交往方面的不文明现象发生率为 4.34%，较 2017 年的 3.79% 上升了 0.55 个百分点；公共观赏方面的不文明现象发生率为 8.42%，较 2017 年的 12.24% 下降了 3.82 个百分点。

而 2017 年的不文明现象总体发生率较 2016 年下降了 0.13 个百分点。其中，公共卫生方面的不文明现象发生率较 2016 年下降了 0.10 个百分点；公共秩序方面的不文明现象发生率较 2016 年下降了 0.20 个百分点；公共交往方面的不文明现象发生率较 2016 年下降了 1.25 个百分点；公共观赏方面的不文明现象发生率较 2016 年上升了 0.95 个百分点。

2017～2018 年数据对比说明，经过一年的引导和努力，杭州市民公共文明指数总体向好，但提升幅度进一步变小。原因可能在于以下三个方面：第一，在杭州市民公共文明指数总体情况较好的基础上，进一步提升的难度会越来越大，成效显现也会越来越困难；第二，大多数不文明现象发生率较高的指标虽有所好转但没有得到实质性的改善，相关法律法规的制定和执行还需进一步落实；第三，市民良好文明素养的养成在短期内难以实现。市民公共文明行为的好坏取决于其内在文明素养的高低，而对于一个城市来说，市民文明素养的提高并非一朝一夕可以实现的。因此，要从根本上提高杭州市民公共文明指数，除了教育、引导及法律的完善与严格执行外，还需要从根本上提升市民的文明素养。

（二）不文明现象发生率排在前10位与后10位的指标

从杭州市十城区四个方面共 21 个指标的观测情况来看，不文明现象发生率排在前 10 位的指标是：

①观看结束后不自觉清理并带走垃圾（公共观赏，21.93%）

②遛宠物时没有拴好绳子（公共秩序，11.41%）

③投放垃圾时没有进行分类（公共卫生，10.41%）

④共享单车无序停放（公共秩序，10.20%）

⑤观看时吃零食影响他人（包括发生声音与散发出气味）（公共观赏，9.77%）

⑥非机动车越线停车（公共秩序，7.50%）

⑦机动车不在地面标示的规定区域内停车（公共秩序，7.15%）

⑧观看时使用手机影响他人（包括出现光亮和发出声音）（公共观赏，7.14%）

⑨向陌生人问讯时没有礼貌回应（公共交往，5.34%）

⑩行人乱穿马路（包括闯红灯、翻栏杆等）（公共秩序，5.06%）

在这10个指标中，属于公共卫生方面的有1个，属于公共秩序方面的有5个，属于公共交往方面的有1个，属于公共观赏方面的有3个且不文明现象发生率较高。

公共卫生方面，2015年和2016年均有5个指标的不文明现象发生率排在前10位，2017年有4个，而2018年下降到1个，一方面是因为公共卫生方面的指标总数减少，另一方面也说明近年来杭州市民在公共卫生方面的文明行为不断改善，这是一个很好的现象，需继续保持。

公共秩序方面，2015～2017年均有3个指标的不文明现象发生率排在前10位，2018年则上升至5个，这说明还要进一步加强市民公共秩序方面文明行为的引导。尤其是"共享单车无序停放"这一2017年新增加指标的不文明现象发生率在当年排在第7位，2018年上升至第4位，这说明共享单车仍然带来了较多的社会问题，乱停乱放现象屡禁不止，对市容市貌以及交通秩序产生了不小的负面影响。解决这一问题不仅要求提升市民的公德意识，而且要求共享单车企业增强社会责任感，相关部门也需加强监管。

公共交往方面，2015～2017年没有一个指标的不文明现象发生率排在前10位，而在2018年则出现了1个，即"向陌生人问讯时没有礼貌回应"

（5.34%）。分析原因发现，这一指标在2014～2018年的不文明现象发生率变动不大，而2018年不文明现象发生率排在前10位的指标都有大幅下降，导致这一指标列入其中。这也从另一个侧面说明公共交往方面在近年来没有太大的改进，在其他方面都有较大进步的前提下，这一现象本身也说明公共交往方面存在的不足，需要在下一步的工作中加强引导。

公共观赏方面，2015年和2016年均有2个指标的不文明现象发生率排在前10位，2017年有3个，2018年也有3个，占2018年公共观赏方面观测指标总数的75%，且不文明现象发生率较高。特别是"观看结束后不自觉清理并带走垃圾"（21.93%）自2015年被列为观测指标以来，其不文明现象发生率除2016年排在第2位外，2015年、2017年、2018年都高居榜首。尽管这一指标的不文明现象发生率从2015年的52.22%下降到2018年的21.93%（十城区数据），下降了30.29个百分点，但不文明现象发生率依然较高，且遥遥领先于排在第2位的指标。

不文明现象发生率排在后10位的指标是：

①在禁烟场所抽烟（公共卫生，0.45%）
②随地吐痰、便溺（公共卫生，1.02%）
③乘坐地铁时没有做到有序排队上下车（公共秩序，1.91%）
④乘坐公交时没有做到有序排队上下车（公共秩序，2.59%）
⑤排队时没有在规定区域等候（公共秩序，3.26%）
⑥没有给老、弱、病、残、孕及怀抱婴儿者让座（公共交往，3.68%）
⑦观看时交头接耳，大声喧哗，随意走动（公共观赏，4.19%）
⑧相互之间大声交谈不顾及他人（公共交往，4.24%）
⑨乘坐直行电梯时没有做到先出后进（公共秩序，4.45%）
⑩遛宠物时不清理其排泄物（公共卫生，4.68%）

在这10个指标中，属于公共卫生方面的有3个，属于公共秩序方面的有4个，属于公共交往方面的有2个，属于公共观赏方面的有1个。这说明杭州市这一年来在加强公共卫生和公共秩序特别是禁烟、文明乘车以及文明养宠物方面取得了较大进步。

（三）不文明现象发生率最高和最低的指标依然与往年基本一致

从杭州市十城区四个方面的情况来看，公共卫生方面的不文明现象发生率最低（1.35%），低于全市不文明现象总体发生率（3.99%）；公共观赏方面的不文明现象发生率最高（8.61%），与2014~2017年一致，需要持续不断地进行改善。

具体到各城区，十城区公共卫生方面的不文明现象发生率均为最低；不文明现象发生率最高的方面除了西湖区与临安区是公共秩序方面外，其余八城区均为公共观赏方面，与2014~2017年也基本相似。这说明各城区市民的文明行为优势依然存在，而市民在公共观赏方面的短板也没有得到有效弥补。2022年杭州将举办第19届亚运会，为此杭州应以一个新的形象展现在全国人民、亚洲人民和世界人民的面前。这个新的形象不仅表现在基础设施的完善和公共服务水平的提高，而且表现在市民文明素质的提升，而文明观赛将成为杭州市民公共文明行为和文明素质最直接的体现。因此，在接下来的几年中，杭州市政府和各城区政府应积极探索更为有效的措施，以提升市民公共观赏方面的文明素质和文明行为。

具体到各方面的可比指标，结果如下。

公共卫生方面，"在禁烟场所抽烟"的不文明现象发生率依然最低，为0.45%；"投放垃圾时没有进行分类"的不文明现象发生率依然最高，达到10.41%。

公共秩序方面，"乘坐地铁时没有做到有序排队上下车"和"乘坐公交时没有做到有序排队上下车"的不文明现象发生率依然较低，分别为1.91%和2.59%；不文明现象发生率较高的还是"遛宠物时没有拴好绳子"和"共享单车无序停放"，分别为11.41%和10.20%。另外，不文明现象发生率在往年较高的指标如"非机动车越线停车"和"行人乱穿马路（包括闯红灯、翻栏杆等）"等的不文明现象发生率在2018年依然较高。

公共观赏方面，"观看时交头接耳，大声喧哗，随意走动"的不文明现象发生率最低，为4.19%；"观看结束后不自觉清理并带走垃圾"的不文明现象发生率最高，为21.93%，这与前几年的数据基本一致。这说明市民在观看电影时基本能保持文明礼仪，但在维护公共卫生方面还不够自觉，需要进一步加强引导。

从所选的观测点情况来看，街巷、社区、农贸市场及医院的不文明现象发生率较高，商场和地铁站的不文明现象发生率较低，这与往年的情况基本相同。

"随地吐痰、便溺""在禁烟场所抽烟""相互之间大声交谈不顾及他人"等指标的不文明现象发生率在农贸市场较高；"投放垃圾时没有进行分类""随地吐痰、便溺""机动车不在地面标示的规定区域内停车""非机动车闯红灯、走机动车道、逆行""非机动车越线停车""共享单车无序停放""行人乱穿马路（包括闯红灯、翻栏杆等）""遛宠物时没有拴好绳子""向陌生人问讯时没有礼貌回应"等指标的不文明现象发生率在街巷较高；"投放垃圾时没有进行分类""随地吐痰、便溺""遛宠物时不清理其排泄物""共享单车无序停放"等指标的不文明现象发生率在社区较高；"投放垃圾时没有进行分类""排队时没有在规定区域等候""乘坐直行电梯时没有做到先出后进"等指标的不文明现象发生率在医院较高。

而"随地吐痰、便溺""在禁烟场所抽烟""乘坐直行电梯时没有做到先出后进""相互之间大声交谈不顾及他人"等指标的不文明现象发生率在商场较低；"随地吐痰、便溺""在禁烟场所抽烟""排队时没有在规定区域等候""相互之间大声交谈不顾及他人"等指标的不文明现象发生率在地铁站较低。

综上，可以得出以下结论。第一，市民素质是影响公共文明程度的首要因素。相较于商场和地铁站来说，街巷、社区、医院等场所人员复杂，人员素质参差不齐，因此出现不文明现象的概率更高。第二，人流量、车流量大是影响公共文明程度的重要原因。多项指标在医院的不文明现象发生率都较高，"非机动车越线停车"和"非机动车闯红灯、走机动车道、逆行"等指标的不文明现象发生率多年居高不下，很大一部分原因在于人流量、车流量大，这客观上为人们遵守文明规则增加了困难。第三，"破窗效应"不容忽视。干净整洁的环境能让人们更加注重文明，"脏乱差"的环境则往往让人们更加放任自己的不良行为。本次观测选取的老旧社区以及附近"背街小巷"，房龄较长，道路狭窄，人车密集，环境较差，而商场和地铁站则一般环境较好，这是导致街巷、社区与商场、地铁站不文明现象发生率存在差异的客观原因。第四，外在惩罚监督机制是提高公共文明程度的有效保障。街巷、社区、农贸市场的监控较为薄弱，对不文明现象也很少进行惩罚。在缺乏必要监管和惩罚措施的前提下，人们容易缺乏自我约束的意识，导致这些观测点的不文明现象发生率明显高于有监控的观测点，如交叉路口、地铁站等。

（四）部分观测指标和观测点的不文明现象发生率出现反弹，需引起注意

从杭州市十城区四个方面的情况来看，2018年公共交往方面的不文明现象发生率比上年有较大反弹，且对比2014～2018年数据发现，除2017年的不文明现象发生率有所下降之外，其余年份均有不同程度的上升。从具体指标来看，"相互之间大声交谈不顾及他人"和"向陌生人问讯时没有礼貌回应"这两个指标的不文明现象发生率均比2017年高，特别是"向陌生人问讯时没有礼貌回应"这一指标五年来首次进入不文明现象发生率前10位。这说明在2014～2018年市民公共交往方面的不文明行为不但没有太大的改进，反而处于退步的状态，与市民在公共卫生、公共秩序和公共观赏三个方面逐步提高的情况相比显然难以令人满意。

另外，公共卫生方面的"投放垃圾时没有进行分类"和公共秩序方面的"乘坐公交时没有做到有序排队上下车"这两个指标的不文明现象发生率在连续三年下降后首次出现反弹，且反弹幅度不小。

从观测点来看，农贸市场的不文明现象发生率出现明显的反弹。2016年，公共卫生方面的"扔垃圾时没有扔进垃圾箱""投放垃圾时没有进行分

类""随地吐痰、便溺""打喷嚏时没有遮掩""在禁烟场所抽烟"、公共秩序方面的"上下台阶时不主动靠右侧"以及公共交往方面的"相互之间大声交谈不顾及他人"等指标的不文明现象发生率在农贸市场均较高。而在2017年由于硬件改造和有效管理措施的实施，上述指标的不文明现象发生率在农贸市场都有了大幅下降。但在2018年又出现了大幅上升的情况，"随地吐痰、便溺""在禁烟场所抽烟""相互之间大声交谈不顾及他人"等指标的不文明现象发生率再次变得较高。

个别观测指标和观测点不文明现象发生率反弹的原因可能在于以下两个方面：一方面，市民文明意识的增强和文明行为的改善是一个持久的过程，并非一劳永逸；另一方面，观测时间、观测地点、观测对象的选取也有一定的随机性，对于这部分观测指标的变化趋势，也需要一个较长的样本周期，才能得到较为准确的结论。

五　结论与建议

对于杭州在创建全国文明城市过程中所积累的经验和取得的成绩，大家是有目共睹的。2016年，举世瞩目的G20峰会在杭州召开，已经深入人心的"机动车在斑马线前礼让行人"成为杭州的一张"金名片"，得到了来杭国际友人的高度赞赏。2018年，为进一步升级"礼让斑马线"，杭州设立了"1·11斑马线互敬日"，在司机"斑马线前礼让行人"的基础上，也倡导行人在快步走过的同时给予回礼点赞，让斑马线礼让成为司机与行人的和谐互动。人们乘坐公交车自觉排队并有序上下车也逐渐成为一种习惯，"文明一米线"正日益成为杭州地铁寻常而动人的风景。特别是2016年G20杭州峰会、2017年第13届全国学生运动会、2018年第14届世界短池游泳锦标赛等大型活动的成功举办，不仅使杭州有了"新一线"的城市概念，而且极大地提升了城市的国际化、现代化水平和市民的整体文明素养。

在本次针对杭州市十城区市民公共文明指数调查现场观测中，在所观测的公共卫生、公共秩序、公共交往和公共观赏四个方面共21个指标总计

710745人次/辆次的总流量中，不文明现象发生量为28350人次/辆次，不文明现象总体发生率为3.99%。从同期、同观测范围的指标情况来看，2018年杭州市九城区（不含临安区）的不文明现象发生率为3.76%，较2017年下降了0.02个百分点，这进一步表明杭州市在各方面的工作持续取得了成效。

对比2014～2018年现场观测数据发现，人们在垃圾分类投放、遛宠物时拴好绳子以及非机动车不闯红灯、不越线停车等方面还需要继续努力。在以往提出的诸如花大力气做好宣传教育、创新管理方式、改善公共基础设施等建议与对策的基础上，结合现场观测、市民访谈与专家座谈，就文明养狗、垃圾分类等方面提出以下建议。

（一）关于文明养狗

在现实生活中，养狗引起的冲突屡见不鲜。造成养狗者和不养狗者之间产生矛盾冲突的主要原因是那些频频发生的不文明养狗行为，如遛狗不拴绳、宠物狗随意大小便且不及时清理其排泄物、随意丢弃狗造成城市里流浪狗数量递增、宠物狗狂吠扰民甚至咬人或伤人等，这些都极大地影响了市民的生活。2018年11月3日傍晚，余杭区发生的一起由狗引起的冲突事件引发了舆论的广泛关注。2018年11月8日，杭州市城管委召开会议，决定于11月15日起开展"文明养犬"集中整治，对不文明养狗行为从重处理，主要规定如下。①杭州市区遛狗时间限定为每晚7点至次日早上7点，遛狗必须系上狗链，由成年人牵引，并且遛狗不得进入市场、公园、公共绿地、学校、医院、展览馆、影剧院、体育场馆、游乐场、车站、航空港以及其他公共场所。遛狗过程中，如果狗排泄粪便，要立即清理。如被发现违反遛狗时间携犬出户，将从重处罚，罚款400元。情节严重的，如未拴狗绳结果出现狗伤人事件，还将没收犬只，吊销养犬许可证。②如养犬没有申请办理养犬许可证的，城管执法部门将直接进行没收或者捕杀犬只，并对犬主人处以3000～5000元的罚款。集中整治阶段，将从重顶格罚款。

　　2018 年杭州市民公共文明指数调查现场观测期间，适逢杭州集中整治阶段，有关遛宠物的数据很少。但根据观测统计数据和有关报道，依然能够看出问题的严重性。

　　从杭州养狗新规实施之前的 2016 年开始统计，杭州市共有 18228 件犬类投诉事件，其中有 2195 起犬类伤人事件。杭州市防疫部门的统计数据显示，2016 年杭州因犬伤初诊病人多达 35.6 万人。此次杭州出台的养狗新规，规范了养狗行为，在一定程度上化解了城市秩序与养狗问题之间的矛盾。杭州出台养狗新规的根本目的是使市民文明养狗，而不是处罚狗本身。养狗新规的实施对维护社会秩序和便利养狗人士来说均有利处。一方面，有利于维护良好的城市秩序。有了严格规定的遛狗时间，可以将对城市市民生活的影响降到最小；养狗领取持狗证，可以将责任落实在确切的人身上，便于管理；遛狗时系狗链，也可以减少狗与其他市民的冲突。另一方面，有利于养狗人士更好地照护自己的狗。规定严格的遛狗时间，也可以使养狗人士的遛狗时间规律化。另外，有了持狗证，狗便拥有了合法的身份，在一定程度上提高了狗的地位。遛狗时系狗绳也能保证狗不会乱跑，避免造成不必要的麻烦。

　　杭州出台养狗新规其实是在建立一种文明的养狗秩序。养狗本身没有错，但是不文明养狗，则从狗的问题上升到了人的问题。有了安全的保障，也能使得城市里的其他市民对养狗问题多一分理解和友善，从而减少与狗之间的矛盾和冲突。

　　但杭州的养狗新规也遭到了一些养狗者的反对。有养狗人士认为，规定遛狗时间从晚上 7 点到早上 7 点，剥夺了宠物狗享受阳光的权利，晒不到太阳会影响宠物的生理状况，导致宠物生病；也有人认为简单粗暴的"一刀切"的做法意味着文明养狗者要为不文明养狗者埋单。要求文明养狗没错，但文明养狗也不应该被打压。

　　课题组认为，杭州对狗患的法治化治理已经走向现实，但要走得远、走得稳，还需要进一步努力，对一些质疑的声音认真倾听和仔细思考，从而不断地完善制度。比如遛狗时间有没有必要限制？"一刀切"的做法是否妥当？

是否可以通过携犬出户必须戴嘴套来替代限制更为合适？是否可以建设几个专门的遛狗公园，从而最大限度地减少养狗者和不养狗者之间的冲突和矛盾。但必须明确的是，实施养狗新规的目的不在于狗而在于人，最终是让养狗人养成文明养狗的习惯。将养狗纳入法治化管理轨道，对于人或狗来说，都是一种负责任的态度。

令人欣慰的是，2018年11月15日，养狗新规实施首日，杭州市民申请办理养犬许可证呈现井喷状态。这凸显了大多数杭州养狗市民愿意配合文明规范养狗的主观倾向，这种配合也体现在杭州养狗市民的现实行动之中。文明养狗才是真的爱狗，任何爱狗情绪和行动，都不应该背离"文明"二字。为城管人员的文明执法提供更通畅的环境，让文明养狗成为杭城主流，这才是我们的真正诉求。

（二）再谈垃圾分类

杭州是全国第一批垃圾分类示范城市之一，早在2010年就启动了垃圾分类的试点工作，可以说是起步较早，财政投入也很大，而且杭州基本上每年都有推进垃圾分类的工作要求，两会上也年年有关于垃圾分类的提案和建议。例如，2018年4月，杭州市印发了《杭州市深化推进生活垃圾分类工作实施方案》，很多部门在推进垃圾分类方面都下了很大功夫，但经过五年的现场观测，总体感觉垃圾分类的实际效果并不明显。关于垃圾分类，课题组在2017年的报告中曾提过建议，2018年根据现场观测情况再提出以下建议。

1. 教育常态化

课题组认为，教育常态化是做好垃圾分类的最主要源头，只要人们树立垃圾分类的意识，才能逐步转化为行动上的自觉，进而起到事半功倍的效果。垃圾分类的教育要从小开始，可实行"1+6"模式，由一个儿童带动家庭6个大人进行垃圾分类，充分利用儿童对大人的影响力。如拱墅区的教育系统联系着百万名学生，通过将"小手拉大手"1.0版本变成3.0版本，达到一个学生志愿者带动一群学生、一个学生带动一个家庭的宣传效果。同时，教育还需注重形式多样，比如学校可以开设垃圾分类课程。例如，2018年9月21日，杭州市教育系统生活垃圾"三化四分"工作推进会在拱墅区文津小学举行，市城管委和市教育局编写的垃圾分类知识读本（小学版）将垃圾分类知识纳入小学及中学地方教材并组织实施，引导全市教育系统垃圾分类知识知晓率达到100%。社会层面则可以通过市民大讲堂、老年大学等针对不同人群举办分类讲座，分层培养市民养成垃圾分类的好习惯。垃圾分类的宣传还要注重分类方式的指导，而不仅仅是对分类意义的宣传，可根据不同的季节进行情境教育，便于居民理解和举一反三，宣传广告要生动形象，宣传手册要详细具体，深入家庭内部。

2. 分类简单化

垃圾分类的操作要简单有效，越简单越有效。目前的垃圾分类尽管只有四类，而且对于如何分类看起来似乎也不难，但具体操作起来则极为复杂，甚至会出现越研究越糊涂的现象。根据对生活小区的现场观测，错分、乱分甚至根本没有分类的现象非常普遍，家庭源头的所谓分类大多是无用功。课题组认为，垃圾分类，尤其是家庭分类的第一步，以干、湿两分为好，这样容易操作，可避免错误分类导致的不必要的重复劳动，接下来的分类可交给专业人员，由专业的人做专业的事，这样不仅可以大大提高垃圾分类的效率，而且可以降低垃圾分类成本。

3. 处理智能化

近年来，杭州一直在推进智慧垃圾分类工作。智能垃圾袋发放机、智能垃圾分类投放箱、智能可回收物投放箱和有害垃圾收集箱，以及垃圾分类巡检仪、智能称重仪等一系列智能化垃圾分类设备已经在一些小区试用，利用二维码、物联网等智能科技手段的智慧垃圾分类试点，居民只要使用手机扫码，就可以领到垃圾袋、投递各类垃圾。有些小区为了调动居民进行垃圾分类的积极性，对于可回收物，只要正确分类投放，就可以获得等价值的"青豆"，可以随时在智能商品兑换机上换取肥皂、洗发水等日常生活用品。例如，闸弄口街道克拉公寓曾投放过一批智能垃圾桶，一根不锈钢管子横在黄色、绿色的垃圾桶盖上，每当有居民走近，杆子就会自动翘起，把两个垃圾桶盖都打开，同步还有语音传出："厨余垃圾投绿桶，其他垃圾进黄桶，谢谢您参与垃圾分类！"智能垃圾桶的秘密在于安装了感应器，就像便利店的电动门一样，有人经过，便"指挥"垃圾桶盖自动翻起，垃圾投放结束后自动关闭。

如何依托"互联网＋"模式，联合垃圾分类第三方服务企业，全面推进智慧垃圾分类，是杭州市政府下一步应考虑的问题。

4. 运作市场化

垃圾处理要鼓励更多的企业参与，进行市场化运作，加快技术开发，大力研发垃圾分类、垃圾处理、垃圾再利用方面的新技术。例如，为了从源头上解决塑料垃圾问题，要鼓励研发全生物降解垃圾袋，这样就能从源头上控制白色污染，减少对环境的危害。再如厨余垃圾的处理技术，新建楼盘里能否装上厨余垃圾处理器？老旧小区如何改造？把剩饭、菜叶、果皮、鱼刺、蛋壳、茶渣、骨头等研磨成细小的颗粒，然后冲进下水管；或者让厨余垃圾变成沼气用来发电，变废为宝。这样，不仅从源头上就可以大量减少占生活垃圾较大比重的厨余垃圾，而且还能缓解垃圾运输途中的路面脏臭、空气污染等问题。另外，杭州生活垃圾日产生量超过1万吨，对于生活垃圾的末端处置，目前基本上是以焚烧、填埋为主，填埋场的负担越来越重，垃圾再利用的技术迫切需要进一步研发。如果由于技术不到位，本来可以变废为宝的垃圾，终端也只能采取集中填埋或者焚烧等方式处理，那么之前所有的环节都将失去意义。

市场化的另一个内容是惩戒要严格，利用大数据进行实时监管，采取谁污染、谁付费的市场化原则，是做好垃圾分类的一个重要抓手。对于没有分类意识的，要给予指导、纠正；对于警示了却不配合、不参与的，警示过后，还要有严格的惩戒措施。只要实现了溯源、取证过程，惩戒就有理有据。通过智能设备发放的垃圾袋，是有"身份证"的垃圾袋，只要扫描垃圾袋上的二维码，就能精确溯源到户，为垃圾分类准确率的监督、检查提供了有效的"证据"。"垃圾不好好分类，杭州城管不给你运。"2018年7月，杭州市城管委在全市范围内启动了为期两个月的生活垃圾分类集中整治活动，对于多次警告后仍未整改到位的区域，生活垃圾采取拒绝接收（拒运）措施。活动启动不到两个月，杭州已有 6 家单位被罚垃圾拒运。同样，如果你家垃圾分类做不好，也有可能被拒运，这种惩戒的效果还是比较明显的。建议这样的惩戒措施要从单位、小区到家庭，实行全域覆盖。

　　未来几年，杭州将迎来一系列国际重大赛事活动，杭州市民的公共文明素养将迎来新的检验。政府部门要继续落实好《杭州市文明行为促进条例》，不断完善城市基础设施，持续提升市民文明素养。每一个杭州人也要清晰地认识到自己就是杭州文明水平的"检验卡"，每个人的行为都反映了这座城市的文明水平，每一位市民都是魅力杭州的宣传者、美丽城市的建设者、和谐社会的监督者和良好文明的传递者。建议相关部门要大力倡导"日行一善"。善，是杭州人共同的价值观，更是社会主义核心价值观之一。日行一善，你行，我行，大家都行；我为人人，人人为我；从现在开始、从小事做起，把善心付诸行动，用一个亲切的微笑、一句热情的问候、一个善意的举动，帮助他人、提升自己，共同描绘杭州这座"人间天堂"的新画卷。

2018年杭州市民公共文明指数调查现场观测报告（上城区）

根据《2018年杭州市民公共文明指数调查实施方案》的总体安排，课题组于2018年11月16日、18日和19日三天对全区15个观测点的市民在工作日和双休日不同时段的文明素养状况展开了实地观测，就观测情况形成如下报告。

一　上城区现场观测总体情况

上城区选取的15个现场观测点分别是胜利剧院公交车站、吴山广场公交车站、城站地铁站、杭州市第一人民医院、西湖大道与建国南路交叉路口、平海路与浣纱路交叉路口、后市街小区、近江家园四园、三桥农贸市场、吴山文化公园、惠民路（56～70号）、湖滨银泰IN77C2区以及地铁1号线、区内多条公交线路和杭州新华影都（庆春路）。实地观测分别围绕公共卫生、公共秩序、公共交往和公共观赏四个方面共21个指标展开。

观测显示，上城区在四个时段观测总流量为84428人次/辆次，其中不文明现象发生量为2582人次/辆次，不文明现象总体发生率为3.06%。07：00～09：00时段的不文明现象发生率最高，为3.47%；10：00～12：00时段的不文明现象发生率最低，为2.50%（见图1）。

上城区在四个方面中，公共卫生方面的不文明现象发生率最低，为0.76%；公共观赏方面的不文明现象发生率最高，为5.21%（见图2）。

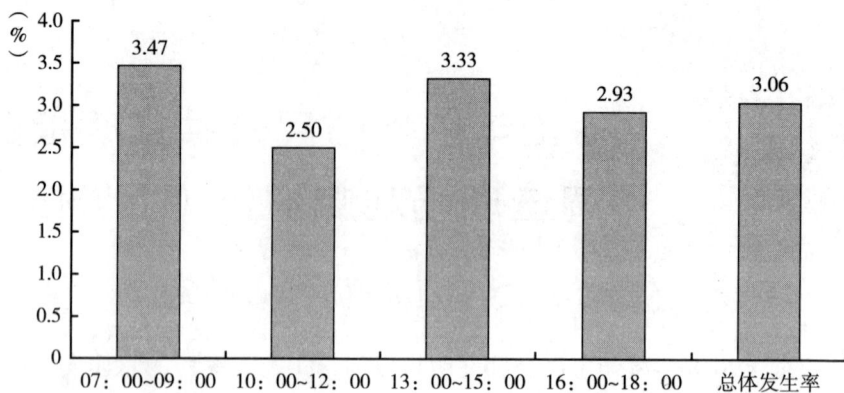

图1 上城区各时段不文明现象发生率比较

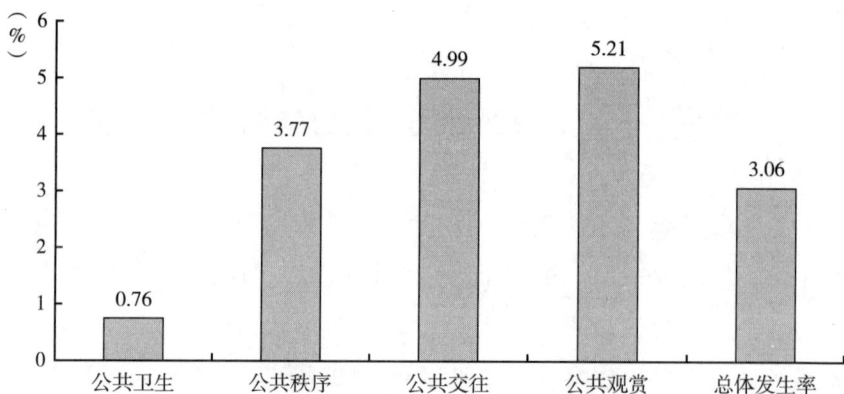

图2 上城区四个方面不文明现象发生率比较

二 四个方面各项指标情况

（一）2018年数据分析

1. 公共卫生方面

在所观测的总流量22327人次中，不文明现象发生量为169人次，不文明现象总体发生率为0.76%。

在本次观测所设置的 4 个指标中，不文明现象发生率较高的是"投放垃圾时没有进行分类"（6.37%）和"遛宠物时不清理其排泄物"（1.39%），而不文明现象发生率较低的是"随地吐痰、便溺"（0.51%）和"在禁烟场所抽烟"（0.38%）（见图3）。

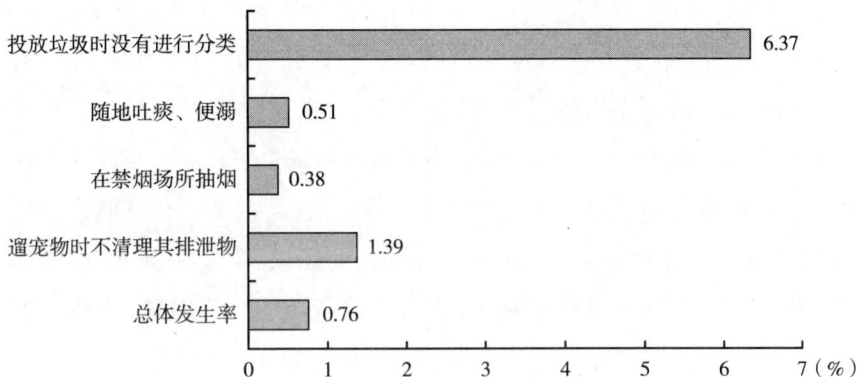

图3　上城区公共卫生方面各项指标不文明现象发生率

分时段来看，13：00～15：00 时段的不文明现象发生率最高，为 0.96%；其次是 10：00～12：00 时段，为 0.73%；其余两个时段的不文明现象发生率分别为 16：00～18：00 时段 0.68% 和 07：00～09：00 时段 0.65%（见图4）。

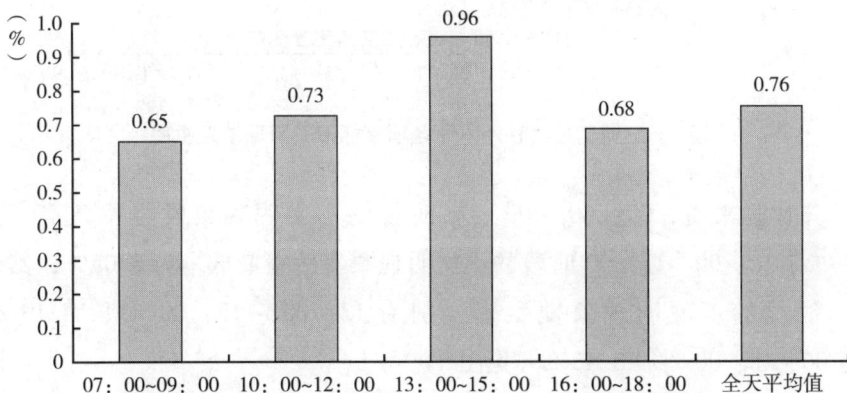

图4　上城区公共卫生方面各时段不文明现象发生率

2. 公共秩序方面

在所观测的总流量56348人次/辆次中,不文明现象发生量为2124人次/辆次,不文明现象总体发生率为3.77%。

在本次观测所设置的10个指标中,"共享单车无序停放"(8.05%)、"非机动车越线停车"(5.34%)、"机动车不在地面标示的规定区域内停车"(4.78%)、"行人乱穿马路(包括闯红灯、翻栏杆等)"(4.50%)、"乘坐直行电梯时没有做到先出后进"(3.93%)、"非机动车闯红灯、走机动车道、逆行"(3.80%)这6个指标的不文明现象发生率较高,均高于全区公共秩序方面的不文明现象总体发生率(3.77%);其次是"排队时没有在规定区域等候"(2.04%)、"乘坐地铁时没有做到有序排队上下车"(1.95%)、"乘坐公交时没有做到有序排队上下车"(1.84%);而"遛宠物时没有拴好绳子"的不文明现象发生率最低,为0(见图5)。

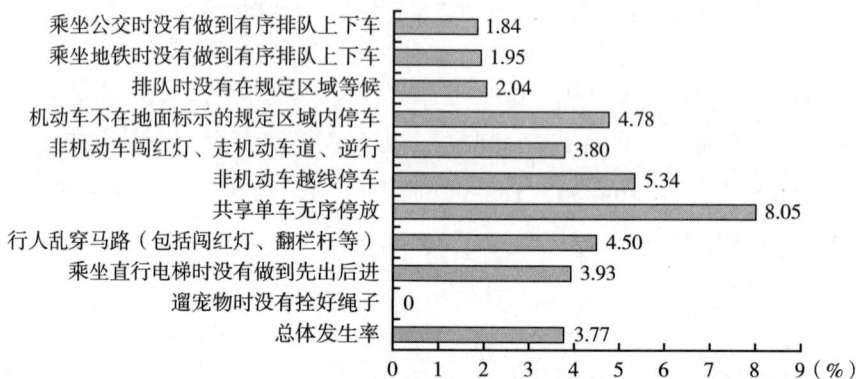

图5　上城区公共秩序方面各项指标不文明现象发生率

分时段来看,07:00～09:00时段的不文明现象发生率最高,为4.27%;10:00～12:00时段的不文明现象发生率最低,为3.05%;其余两个时段的不文明现象发生率分别为13:00～15:00时段4.19%、16:00～18:00时段3.48%(见图6)。

3. 公共交往方面

在所观测的总流量4927人次中,不文明现象发生量为246人次,不文

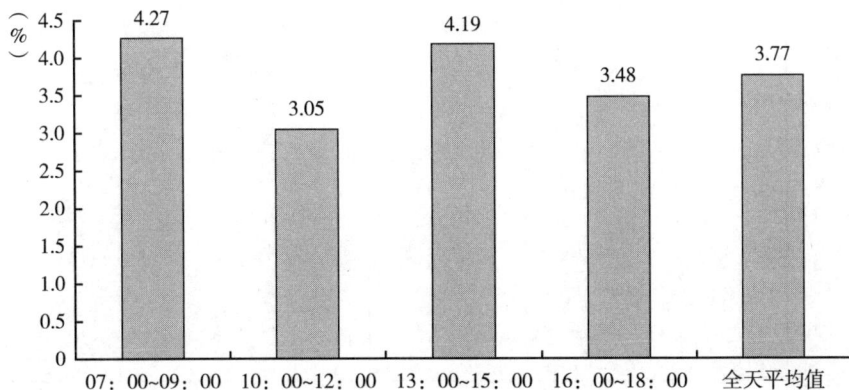

图6　上城区公共秩序方面各时段不文明现象发生率

明现象总体发生率为4.99%。

在本次观测所设置的3个指标中，"相互之间大声交谈不顾及他人"的不文明现象发生率最高，为5.10%；"向陌生人问讯时没有礼貌回应"的不文明现象发生率最低，为4.05%（见图7）。

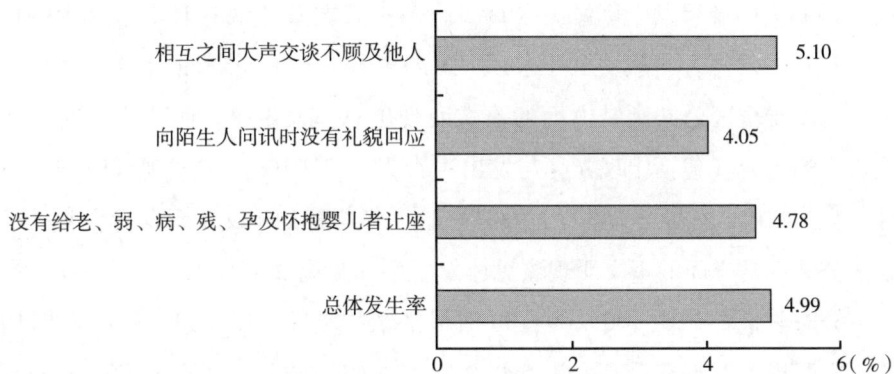

图7　上城区公共交往方面各项指标不文明现象发生率

分时段来看，16：00～18：00时段的不文明现象发生率最高，为5.30%；其次是10：00～12：00时段5.03%和13：00～15：00时段4.91%；07：00～09：00时段的不文明现象发生率最低，为4.62%（见图8）。

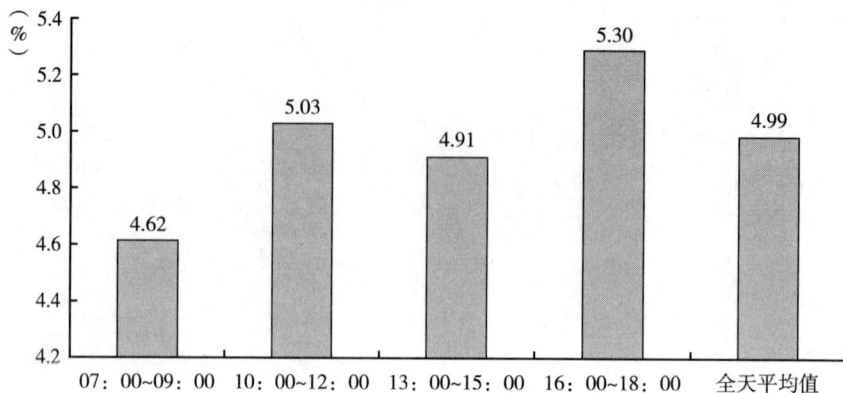

图8 上城区公共交往方面各时段不文明现象发生率

4.公共观赏方面

在所观测的总流量826人次中，不文明现象发生量为43人次，不文明现象总体发生率为5.21%。

在本次观测所设置的4个指标中，"观看结束后不自觉清理并带走垃圾"的不文明现象发生率最高（15.32%）；其次是"观看时吃零食影响他人（包括发出声音与散发出气味）"（5.41%），这两个指标的不文明现象发生率均高于全区公共观赏方面的不文明现象总体发生率；而"观看时使用手机影响他人（包括出现光亮与发出声音）"（3.64%）和"观看时交头接耳，大声喧哗，随意走动"（2.98%）这两个指标的不文明现象发生率低于全区公共观赏方面的不文明现象总体发生率（见图9）。

分时段来看，07：00～09：00时段的数据空缺；13：00～15：00时段的不文明现象发生率最高，为6.03%；其余时段的不文明现象发生率分别为16：00～18：00时段5.52%和10：00～12：00时段4.28%（见图10）。

（二）2014～2018年指标对比分析

以2018年四个方面21个指标为基础，对比2014～2018年13个相同或相近指标，对上城区市民在公共卫生、公共秩序、公共交往和公共观赏四个

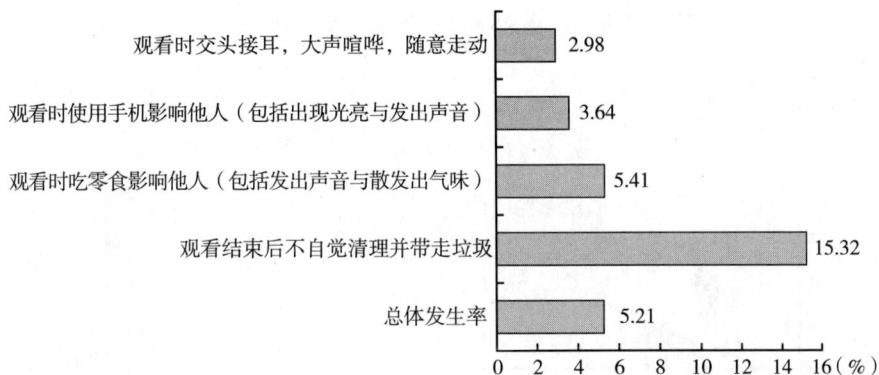

图9　上城区公共观赏方面各项指标不文明现象发生率

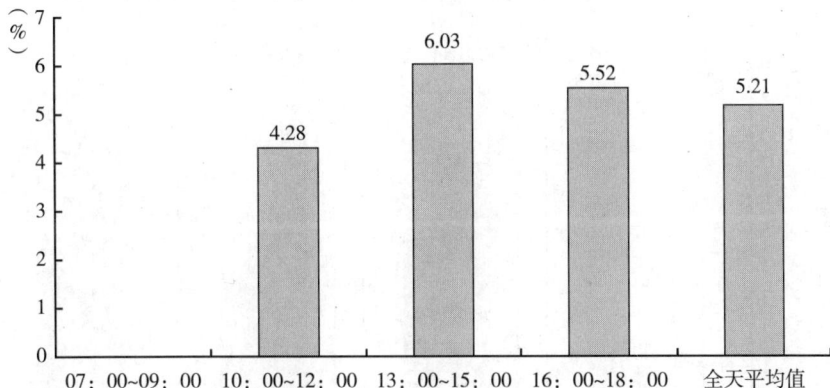

图10　上城区公共观赏方面各时段不文明现象发生率

方面的不文明现象发生率进行对比分析。

在公共卫生方面可比较的4个指标中，"投放垃圾时没有进行分类""随地吐痰、便溺""在禁烟场所抽烟""遛宠物时不清理其排泄物"这4个指标的不文明现象发生率均呈现波动状态（见图11）。

在公共秩序方面可比较的4个指标中，"乘坐公交时没有做到有序排队上下车""机动车不在地面标示的规定区域内停车""非机动车闯红灯、走机动车道、逆行""行人乱穿马路（包括闯红灯、翻栏杆等）"这4个指标的不文明现象发生率均呈现波动状态（见图12）。

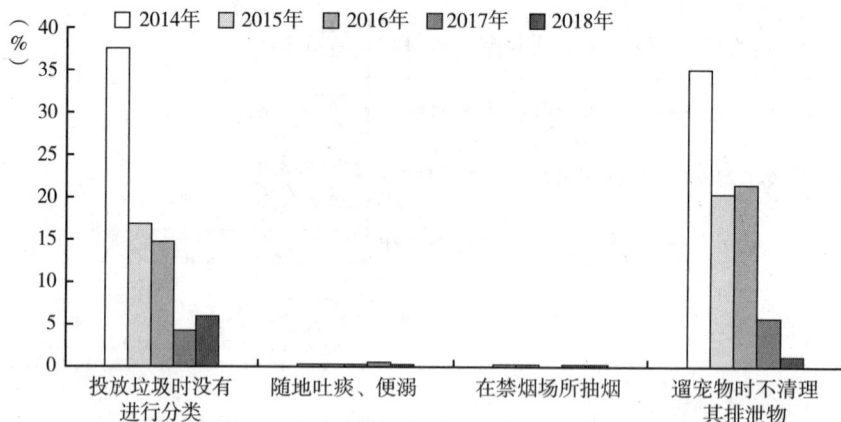

图11 2014~2018年上城区公共卫生方面对比指标不文明现象发生率比较

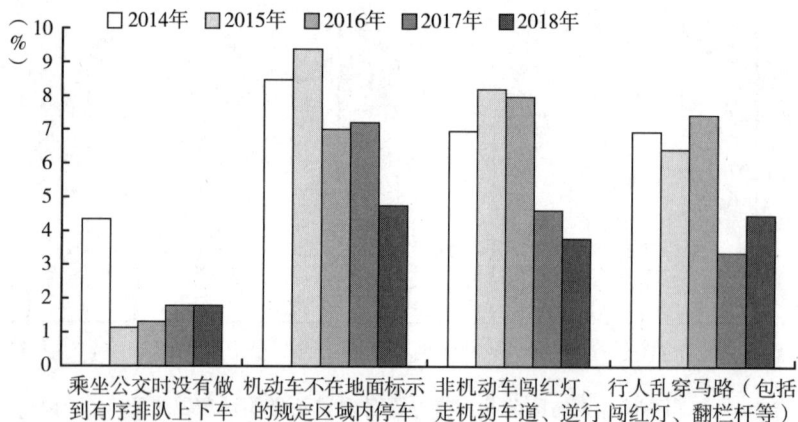

图12 2014~2018年上城区公共秩序方面对比指标不文明现象发生率比较

在公共交往方面可比较的3个指标中,"相互之间大声交谈不顾及他人""向陌生人问讯时没有礼貌回应""没有给老、弱、病、残、孕及怀抱婴儿者让座"这3个指标的不文明现象发生率均呈现波动状态(见图13)。

在公共观赏方面可比较的2个指标中,"观看时交头接耳,大声喧哗,随意走动"和"观看时使用手机影响他人(包括出现光亮与发出声音)"这两个指标的不文明现象发生率均呈现波动状态(见图14)。

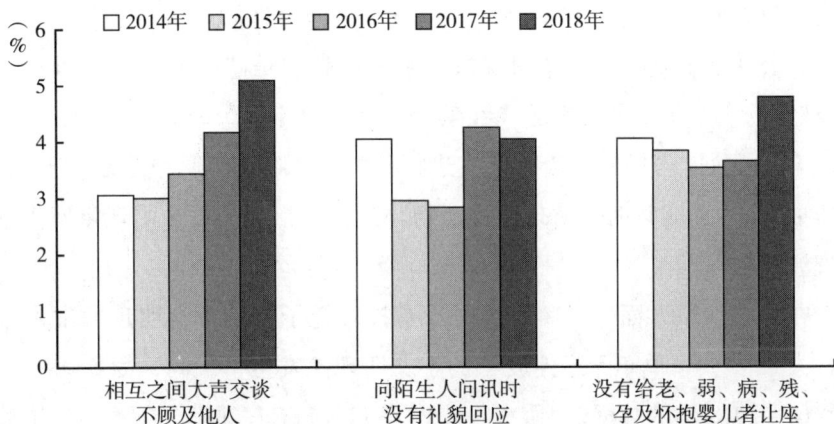

图13　2014～2018年上城区公共交往方面对比指标不文明现象发生率比较

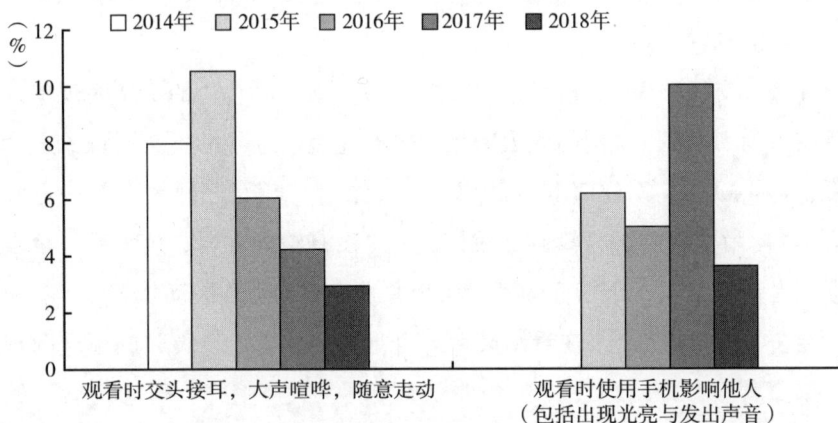

图14　2014～2018年上城区公共观赏方面对比指标不文明现象发生率比较

三　基本判断

（一）基于四个方面的情况

上城区在公共卫生方面的不文明现象发生率最低（0.76%），低于全区不文明现象总体发生率（3.06%）；在公共观赏方面的不文明现象发生率最高（5.21%）。

在公共卫生方面，不文明现象发生率最高的是"投放垃圾时没有进行分类"（6.37%），最低的是"在禁烟场所抽烟"（0.38%）。对比2014～2018年的数据，"投放垃圾时没有进行分类""随地吐痰、便溺""在禁烟场所抽烟""遛宠物时不清理其排泄物"这4个指标的不文明现象发生率均呈现波动状态。

在公共秩序方面，"遛宠物时没有拴好绳子"的不文明现象发生率最低，为0；"共享单车无序停放"的不文明现象发生率最高，为8.05%。对比2014～2018年的数据，"乘坐公交时没有做到有序排队上下车""机动车不在地面标示的规定区域内停车""非机动车闯红灯、走机动车道、逆行""行人乱穿马路（包括闯红灯、翻栏杆等）"这4个指标的不文明现象发生率均呈现波动状态。

在公共交往方面，"相互之间大声交谈不顾及他人"的不文明现象发生率最高，为5.10%；"向陌生人问讯时没有礼貌回应"的不文明现象发生率最低，为4.05%。对比2014～2018年的数据，"相互之间大声交谈不顾及他人""向陌生人问讯时没有礼貌回应""没有给老、弱、病、残、孕及怀抱婴儿者让座"这3个指标的不文明现象发生率均呈现波动状态。

在公共观赏方面，"观看结束后不自觉清理并带走垃圾"的不文明现象发生率最高，为15.32%；"观看时交头接耳，大声喧哗，随意走动"的不文明现象发生率最低，为2.98%。对比2014～2018年的数据，"观看时交头接耳，大声喧哗，随意走动"和"观看时使用手机影响他人（包括出现光亮与发出声音）"这两个指标的不文明现象发生率均呈现波动状态。

上述四个方面各项指标的不文明现象发生率呈现波动状态，除受一些观测因素影响外，也表明市民公共文明素养与文明程度的提升是一个长期过程，需要常抓不懈。

（二）基于现场观测时段的情况

上城区居民公共卫生和公共观赏方面的不文明现象发生率均在13：00～

15：00 时段最高，分别为 0.96% 和 6.03%；公共秩序方面的不文明现象发生率在 07：00～09：00 时段最高，为 4.27%；公共交往方面的不文明现象发生率在 16：00～18：00 时段最高，为 5.30%。这些可能受早晚高峰、观测时间、观测地点和天气等客观因素的影响。

（三）基于四个方面21个指标的情况

1. 不文明现象发生率排在前10位的指标

①观看结束后不自觉清理并带走垃圾（公共观赏，15.32%）

②共享单车无序停放（公共秩序，8.05%）

③投放垃圾时没有进行分类（公共卫生，6.37%）

④观看时吃零食影响他人（包括发出声音与散发出气味）（公共观赏，5.41%）

⑤非机动车越线停车（公共秩序，5.34%）

⑥相互之间大声交谈不顾及他人（公共交往，5.10%）

⑦没有给老、弱、病、残、孕及怀抱婴儿者让座（公共交往，4.78%）

⑧机动车不在地面标示的规定区域内停车（公共秩序，4.78%）

⑨行人乱穿马路（包括闯红灯、翻栏杆等）（公共秩序，4.50%）

⑩向陌生人问讯时没有礼貌回应（公共交往，4.05%）

在这 10 个指标中，属于公共卫生方面的有 1 个，属于公共秩序方面的有 4 个，属于公共交往方面的有 3 个，属于公共观赏方面的有 2 个。

2. 不文明现象发生率排在后10位的指标

①遛宠物时没有拴好绳子（公共秩序，0）

②在禁烟场所抽烟（公共卫生，0.38%）

③随地吐痰、便溺（公共卫生，0.51%）

④遛宠物时不清理其排泄物（公共卫生，1.39%）

⑤乘坐公交时没有做到有序排队上下车（公共秩序，1.84%）

⑥乘坐地铁时没有做到有序排队上下车（公共秩序，1.95%）

⑦排队时没有在规定区域等候（公共秩序，2.04%）

⑧观看时交头接耳，大声喧哗，随意走动（公共观赏，2.98%）

⑨观看时使用手机影响他人（包括出现光亮与发出声音）（公共观赏，3.64%）

⑩非机动闯红灯、走机动车道、逆行（公共秩序，3.80%）

在这10个指标中，属于公共卫生方面的有3个，属于公共秩序方面的有5个，属于公共观赏方面的有2个。

综合以上维度情况的分析，上城区居民在公共文明创建，尤其是公共卫生和公共秩序方面取得了较好的成效。

2018年杭州市民公共文明指数调查现场观测报告（下城区）

根据《2018年杭州市民公共文明指数调查实施方案》的总体安排，课题组于2018年11月23日至25日三天对全区15个观测点的市民在工作日和双休日不同时段的文明素养状况展开了实地观测，就观测情况形成如下报告。

一 下城区现场观测总体情况

下城区选取的15个现场观测点分别是天水桥公交车站、红会医院公交车站、武林广场地铁站、杭州市红十字会医院、中河北路与文晖路交叉路口、中河北路与体育场路交叉路口、三塘兰园社区、春丰苑社区、仙林苑农贸市场、朝晖文化公园、孩儿巷（启正中学至张同泰）、银泰百货西湖文化广场店以及地铁1号线、区内多条公交线路和浙江奥斯卡电影大世界。实地观测分别围绕公共卫生、公共秩序、公共交往和公共观赏四个方面共21个指标展开。

观测显示，下城区在四个时段观测总流量为85513人次/辆次，其中不文明现象发生量为2580人次/辆次，不文明现象总体发生率为3.02%。07：00~09：00时段的不文明现象发生率最高，为3.52%；16：00~18：00时段的不文明现象发生率最低，为2.63%（见图1）。

下城区在四个方面中，公共卫生方面的不文明现象发生率最低，为0.73%；公共观赏方面的不文明现象发生率最高，为5.17%（见图2）。

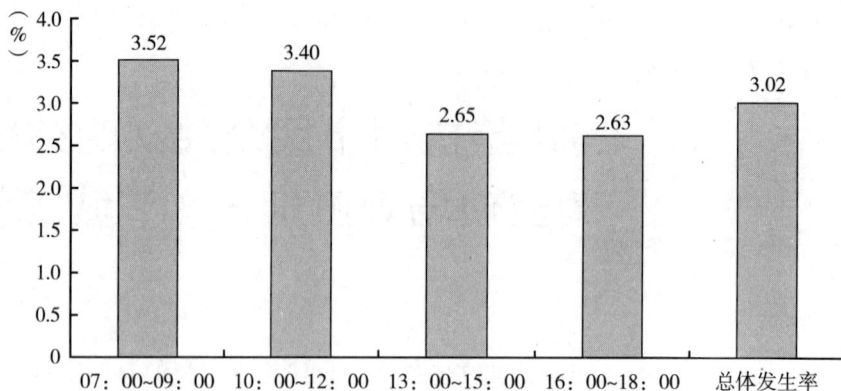

图1　下城区各时段不文明现象发生率比较

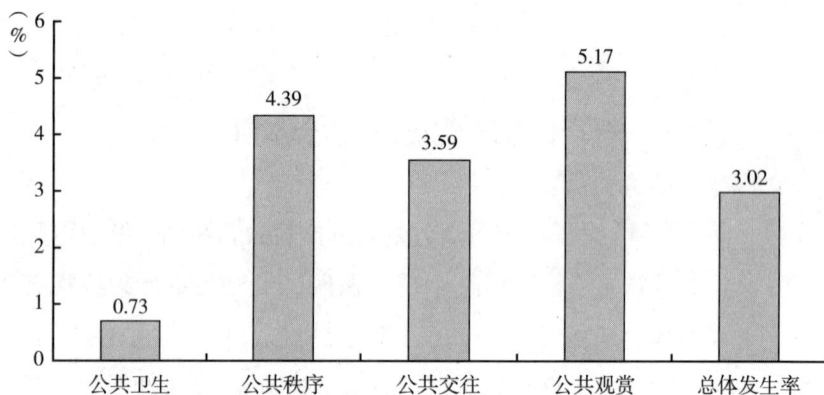

图2　下城区四个方面不文明现象发生率比较

二　四个方面各项指标情况

（一）2018年数据分析

1. 公共卫生方面

在所观测的总流量30927人次中，不文明现象发生量为226人次，不文明现象总体发生率为0.73%。

在本次观测所设置的 4 个指标中，不文明现象发生率较高的是"投放垃圾时没有进行分类"（6.68%）、"遛宠物时不清理其排泄物"（2.26%）和"随地吐痰、便溺"（0.76%），而不文明现象发生率较低的是"在禁烟场所抽烟"（0.15%）（见图3）。

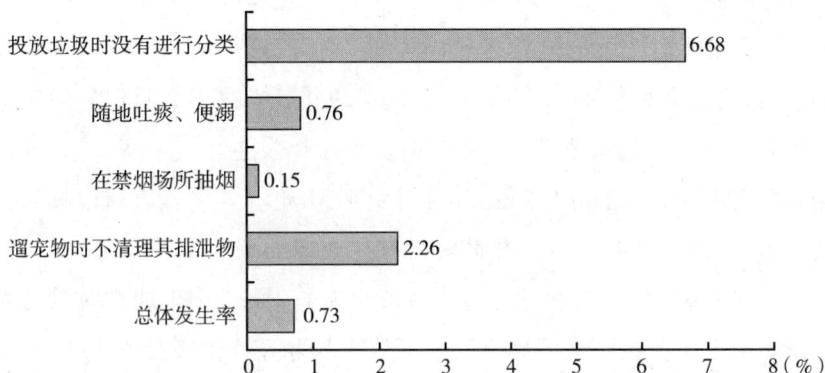

图3 下城区公共卫生方面各项指标不文明现象发生率

分时段来看，07：00~09：00 时段的不文明现象发生率最高，为 1.04%；16：00~18：00 时段的不文明现象发生率最低，为 0.61%；其余两个时段的不文明现象发生率分别为 13：00~15：00 时段 0.70% 和 10：00~12：00 时段 0.65%（见图4）。

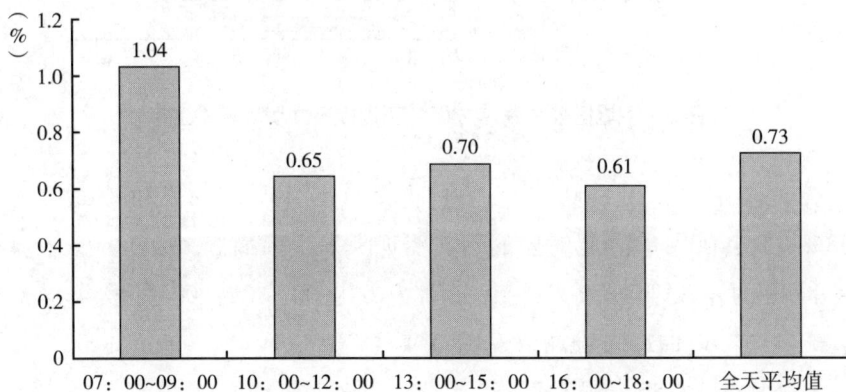

图4 下城区公共卫生方面各时段不文明现象发生率

2. 公共秩序方面

在所观测的总流量48053人次/辆次中，不文明现象发生量为2111人次/辆次，不文明现象总体发生率为4.39%。

在本次观测所设置的10个指标中，"共享单车无序停放"（8.10%）、"非机动车越线停车"（7.33%）、"遛宠物时没有拴好绳子"（6.21%）、"机动车不在地面标示的规定区域内停车"（5.42%）和"行人乱穿马路（包括闯红灯、翻栏杆等）"（4.42%）这5个指标的不文明现象发生率较高，均高于全区公共秩序方面的不文明现象总体发生率（4.39%）；其次是"非机动车闯红灯、走机动车道、逆行"（4.31%）、"乘坐直行电梯时没有做到先出后进"（3.42%）、"排队时没有在规定区域等候"（2.68%）、"乘坐公交时没有做到有序排队上下车"（2.11%）；而"乘坐地铁时没有做到有序排队上下车"的不文明现象发生率最低，为1.18%（见图5）。

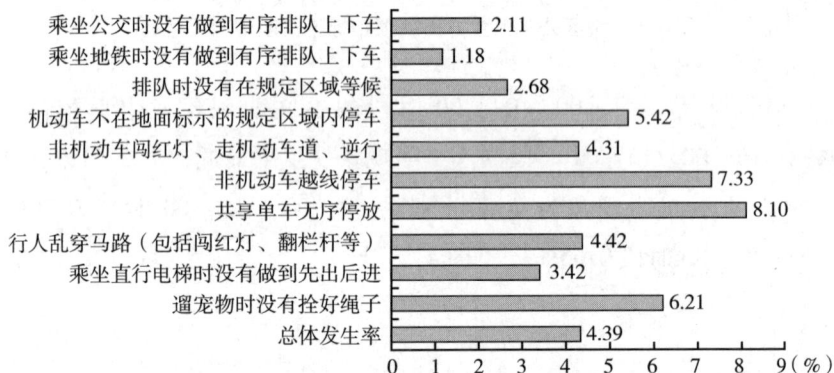

图5 下城区公共秩序方面各项指标不文明现象发生率

分时段来看，10：00～12：00时段的不文明现象发生率最高，为5.53%；16：00～18：00时段的不文明现象发生率最低，为3.69%；其余两个时段的不文明现象发生率分别为07：00～09：00时段4.84%和13：00～15：00时段3.76%（见图6）。

3. 公共交往方面

在所观测的总流量5991人次中，不文明现象发生量为215人次，不文

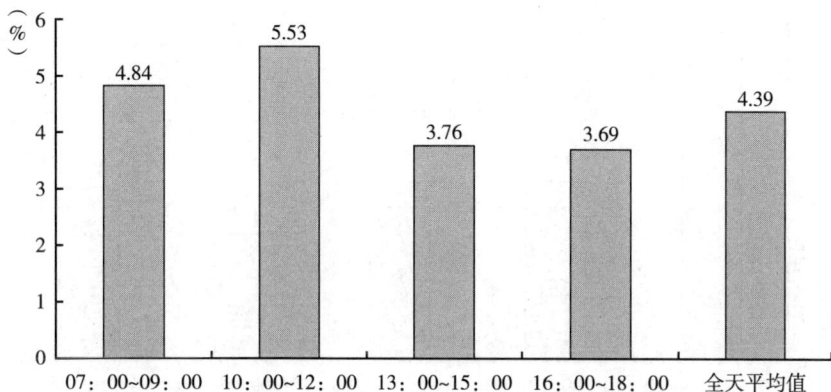

图 6　下城区公共秩序方面各时段不文明现象发生率

明现象总体发生率为 3.59%。

在本次观测所设置的 3 个指标中，"向陌生人问讯时没有礼貌回应"的不文明现象发生率最高，为 4.34%；"相互之间大声交谈不顾及他人"的不文明现象发生率最低，为 3.50%（见图 7）。

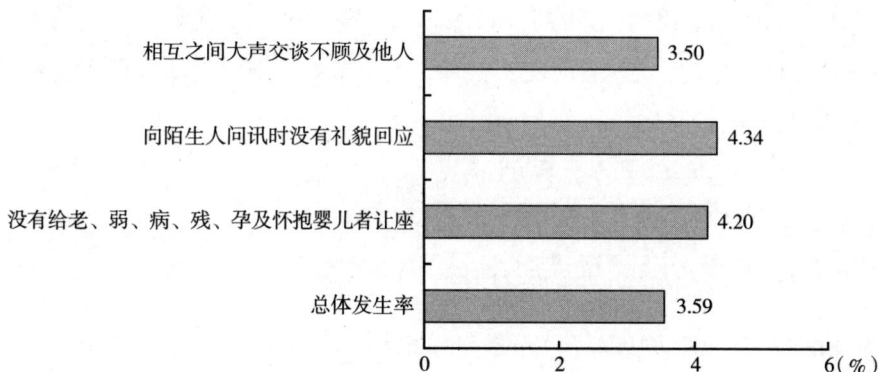

图 7　下城区公共交往方面各项指标不文明现象发生率

分时段来看，07：00~09：00 时段的不文明现象发生率最高，为 6.35%；16：00~18：00 时段的不文明现象发生率最低，为 2.69%；其余两个时段的不文明现象发生率分别为 10：00~12：00 时段 3.76% 和 13：00~15：00 时段 3.22%（见图 8）。

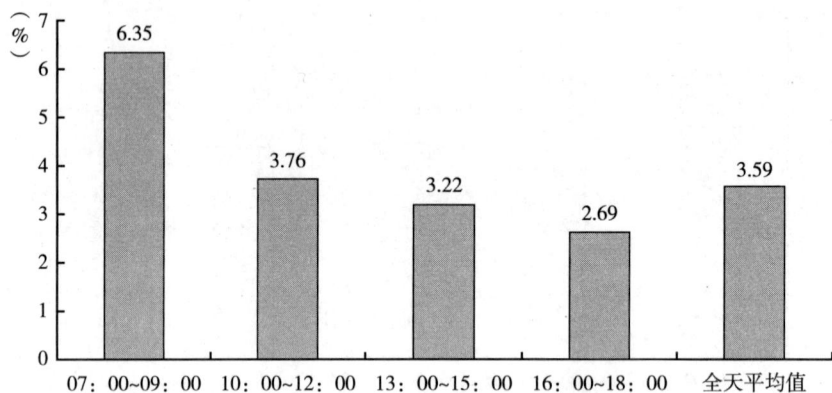

图8 下城区公共交往方面各时段不文明现象发生率

4. 公共观赏方面

在所观测的总流量542人次中，不文明现象发生量为28人次，不文明现象总体发生率为5.17%。

在本次观测所设置的4个指标中，"观看结束后不自觉清理并带走垃圾"的不文明现象发生率最高（13.92%），高于全区公共观赏方面的不文明现象总体发生率；"观看时交头接耳，大声喧哗，随意走动"的不文明现象发生率最低（3.13%）（见图9）。

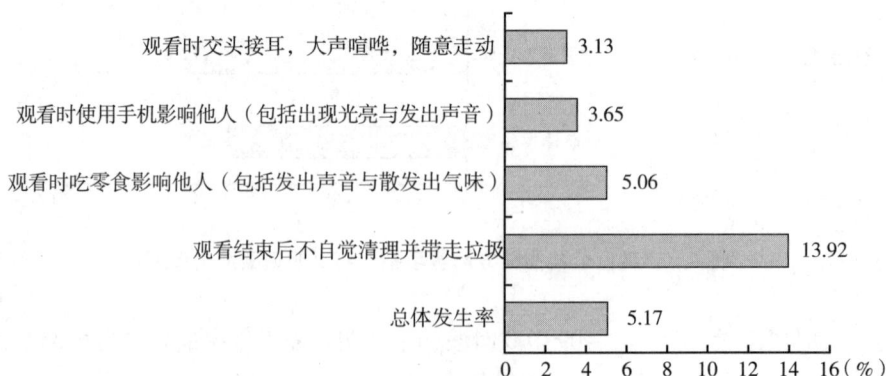

图9 下城区公共观赏方面各项指标不文明现象发生率

分时段来看，07：00～09：00 时段和 10：00～12：00 时段的数据空缺，其余两个时段的不文明现象发生率分别为 13：00～15：00 时段 4.74% 和 16：00～18：00 时段 5.48%（见图 10）。

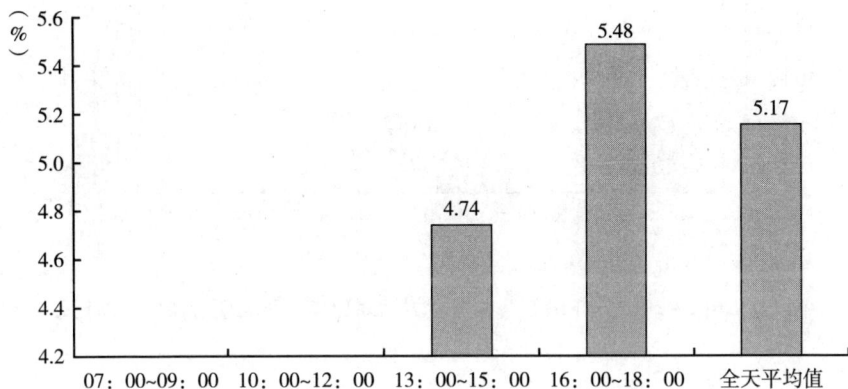

图 10　下城区公共观赏方面各时段不文明现象发生率

（二）2014～2018年指标对比分析

以 2018 年四个方面 21 个指标为基础，对比 2014～2018 年 13 个相同或相近指标，对下城区市民在公共卫生、公共秩序、公共交往和公共观赏四个方面的不文明现象发生率进行对比分析。

在公共卫生方面可比较的 4 个指标中，"遛宠物时不清理其排泄物"的不文明现象发生率连续四年下降，"投放垃圾时没有进行分类""随地吐痰、便溺""在禁烟场所抽烟"这 3 个指标的不文明现象发生率均呈现波动状态（见图 11）。

在公共秩序方面可比较的 4 个指标中，"乘坐公交时没有做到有序排队上下车""机动车不在地面标示的规定区域内停车""非机动车闯红灯、走机动车道、逆行""行人乱穿马路（包括闯红灯、翻栏杆等）"这 4 个指标的不文明现象发生率均呈现波动状态（见图 12）。

在公共交往方面可比较的 3 个指标中，"没有给老、弱、病、残、孕及

293

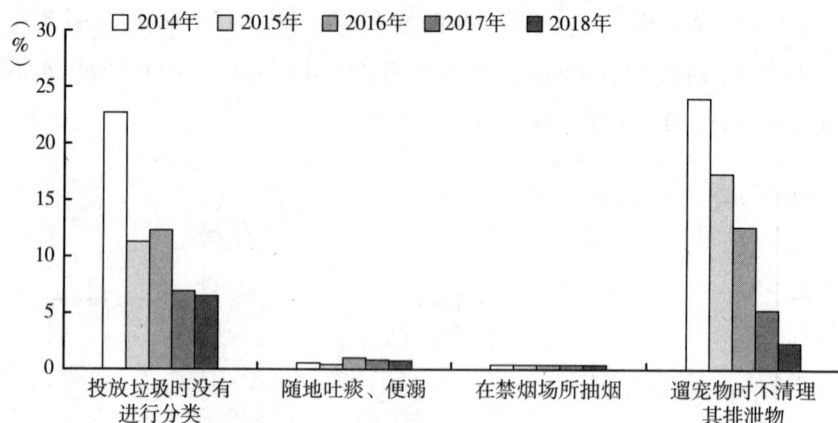

图11　2014～2018年下城区公共卫生方面对比指标不文明现象发生率比较

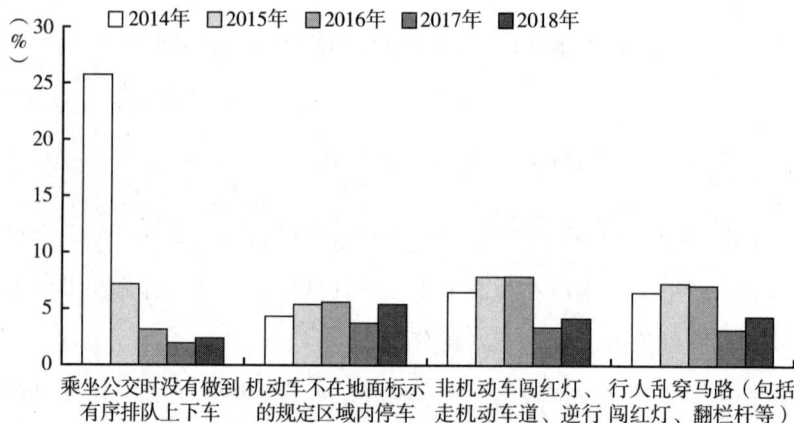

图12　2014～2018年下城区公共秩序方面对比指标不文明现象发生率比较

怀抱婴儿者让座”的不文明现象发生率连续四年下降，而“相互之间大声交谈不顾及他人”和“向陌生人问讯时没有礼貌回应”这两个指标的不文明现象发生率均呈现波动状态（见图13）。

在公共观赏方面可比较的2个指标中，“观看时交头接耳，大声喧哗，随意走动”和“观看时使用手机影响他人（包括出现光亮与发出声音）”的不文明现象发生率均呈现波动状态（见图14）。

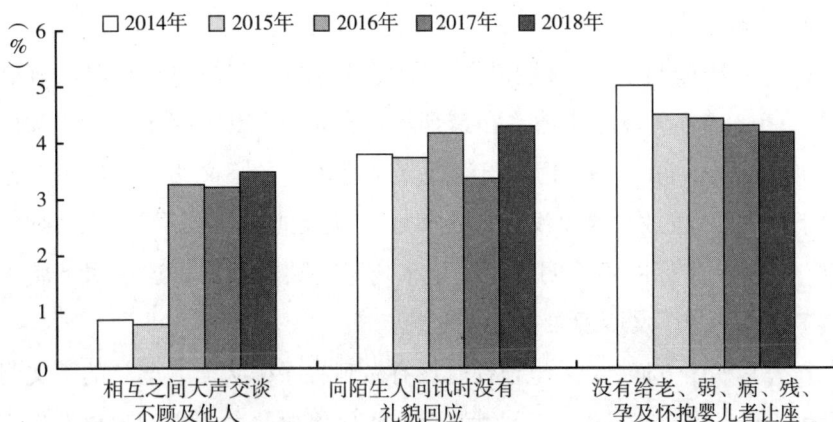

图 13　2014～2018 年下城区公共交往方面对比指标不文明现象发生率比较

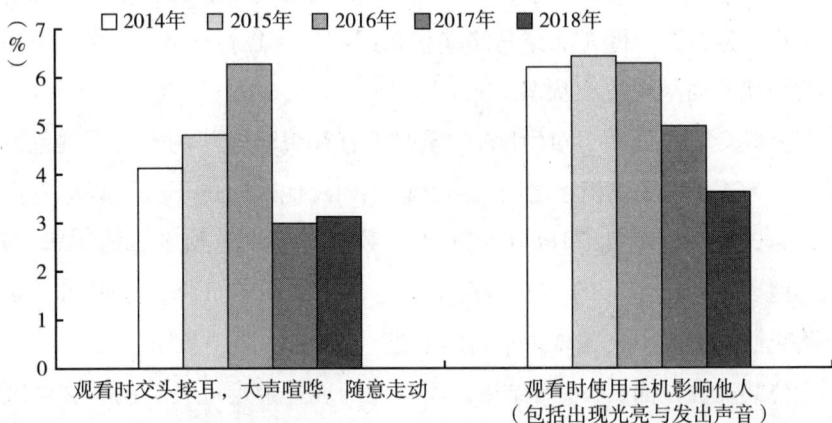

图 14　2014～2018 年下城区公共观赏方面对比指标不文明现象发生率比较

三　基本判断

（一）基于四个方面的情况

下城区在公共卫生方面的不文明现象发生率最低（0.73%），低于全区不文明现象总体发生率（3.02%）；在公共观赏方面的不文明现象发生率最高（5.17%）。

在公共卫生方面，不文明现象发生率最高的是"投放垃圾时没有进行分类"（6.68%），最低的是"在禁烟场所抽烟"（0.15%）。对比2014～2018年的数据，除"遛宠物时不清理其排泄物"的不文明现象发生率连续四年下降外，"投放垃圾时没有进行分类""随地吐痰、便溺""在禁烟场所抽烟"这3个指标的不文明现象发生率均呈现波动状态，这说明下城区在公共卫生方面的不文明现象在持续改进。

在公共秩序方面，"乘坐地铁时没有做到有序排队上下车"的不文明现象发生率最低（1.18%），而"共享单车无序停放"的不文明现象发生率最高（8.10%）。对比2014～2018年的数据，"乘坐公交时没有做到有序排队上下车""机动车不在地面标示的规定区域内停车""非机动车闯红灯、走机动车道、逆行""行人乱穿马路（包括闯红灯、翻栏杆等）"这4个指标的不文明现象均呈现波动状态。

在公共交往方面，"向陌生人问讯时没有礼貌回应"的不文明现象发生率最高，为4.34%；"相互之间大声交谈不顾及他人"的不文明现象发生率最低，为3.50%。对比2014～2018年的数据，"没有给老、弱、病、残、孕及怀抱婴儿者让座"的不文明现象发生率连续四年下降，这说明下城区在公共交往方面的不文明现象在持续改进。

在公共观赏方面，"观看结束后不自觉清理并带走垃圾"的不文明现象发生率最高（13.92%），高于全区公共观赏方面的不文明现象总体发生率；"观看时交头接耳，大声喧哗，随意走动"的不文明现象发生率最低（3.13%）。对比2014～2018年数据，"观看时交头接耳，大声喧哗，随意走动"和"观看时使用手机影响他人（包括出现光亮与发出声音）"这两个指标的不文明现象发生率均呈现波动状态。

上述四个方面各项指标中，有的指标的不文明现象发生率持续下降，表明下城区在持续改进中取得了成效；有的指标的不文明现象发生率呈现波动状态，除受一些观测因素影响外，也表明了市民公共文明素养与文明程度的提升是一个长期过程，需要常抓不懈。

（二）基于现场观测时段的情况

下城区居民公共卫生方面的不文明现象发生率在07：00～09：00时段最高，为1.04％；公共秩序方面的不文明现象发生率在10：00～12：00时段最高，为5.53％；公共交往方面的不文明现象发生率在07：00～09：00时段最高，为6.35％；公共观赏方面的不文明现象发生率在16：00～18：00时段最高，为5.48％。这些可能受早晚高峰、观测时间、观测地点和天气等客观因素的影响。

（三）基于四个方面21个指标的情况

1. 不文明现象发生率排在前10位的指标

①观看结束后不自觉清理并带走垃圾（公共观赏，13.92％）

②共享单车无序停放（公共秩序，8.10％）

③非机动车越线停车（公共秩序，7.33％）

④投放垃圾时没有进行分类（公共卫生，6.68％）

⑤遛宠物时没有拴好绳子（公共秩序，6.21％）

⑥机动车不在地面标示的规定区域内停车（公共秩序，5.42％）

⑦观看时吃零食影响他人（包括发出声音与散发出气味）（公共观赏，5.06％）

⑧行人乱穿马路（包括闯红灯、翻栏杆等）（公共秩序，4.42％）

⑨向陌生人问讯时没有礼貌回应（公共交往，4.34％）

⑩非机动车闯红灯、走机动车道、逆行（公共秩序，4.31％）

在这10个指标中，属于公共卫生方面的有1个，属于公共秩序方面的有6个，属于公共交往方面的有1个，属于公共观赏方面的有2个。

2. 不文明现象发生率排在后10位的指标

①在禁烟场所抽烟（公共卫生，0.15%）

②随地吐痰、便溺（公共卫生，0.76%）

③乘坐地铁时没有做到有序排队上下车（公共秩序，1.18%）

④乘坐公交时没有做到有序排队上下车（公共秩序，2.11%）

⑤遛宠物时不清理其排泄物（公共卫生，2.26%）

⑥排队时没有在规定区域等候（公共秩序，2.68%）

⑦观看时交头接耳，大声喧哗，随意走动（公共观赏，3.13%）

⑧乘坐直行电梯时没有做到先出后进（公共秩序，3.42%）

⑨相互之间大声交谈不顾及他人（公共交往，3.50%）

⑩观看时使用手机影响他人（包括出现光亮与发出声音）（公共观赏，3.65%）

在这10个指标中，属于公共卫生方面的有3个，属于公共秩序方面的有4个，属于公共交往方面的有1个，属于公共观赏方面的有2个。

综合以上维度情况的分析，下城区居民在公共文明创建，尤其是公共卫生方面有一定改善，而在公共秩序等方面的一些文明行为和习惯有待进一步改进。

2018年杭州市民公共文明指数
调查现场观测报告（江干区）

根据《2018 年杭州市民公共文明指数调查实施方案》的总体安排，课题组于 2018 年 11 月 15 日至 17 日三天对全区 15 个观测点的市民在工作日和双休日不同时段的文明素养状况展开了实地观测，就观测情况形成如下报告。

一　江干区现场观测总体情况

江干区选取的 15 个现场观测点分别是景芳五区公交车站、市民中心公交车站、市民中心地铁站、浙江大学医学院附属邵逸夫医院下沙院区、新塘路与景芳路交叉路口、下沙大北路与五号大街交叉路口、景新社区、大都文苑社区、高沙农贸市场、钱江新城城市阳台广场、景昙路（103 ~ 125 号）、万象城以及区内多条公交线路和 SFC 上影龙湖天街。实地观测分别围绕公共卫生、公共秩序、公共交往和公共观赏四个方面共 21 个指标展开。

观测显示，江干区在四个时段观测总流量为 84927 人次/辆次，其中不文明现象发生量为 2642 人次/辆次，不文明现象总体发生率为 3.11%。13：00 ~ 15：00 时段的不文明现象发生率最高，为 3.59%；10：00 ~ 12：00时段的不文明现象发生率最低，为 2.34%（见图 1）。

江干区在四个方面中，公共卫生方面的不文明现象发生率最低，为 0.79%；公共观赏方面的不文明现象发生率最高，为 7.32%（见图 2）。

（%）

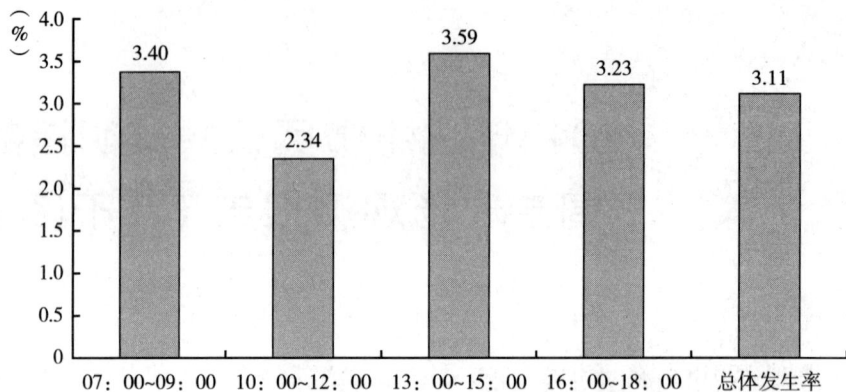

图1 江干区各时段不文明现象发生率比较

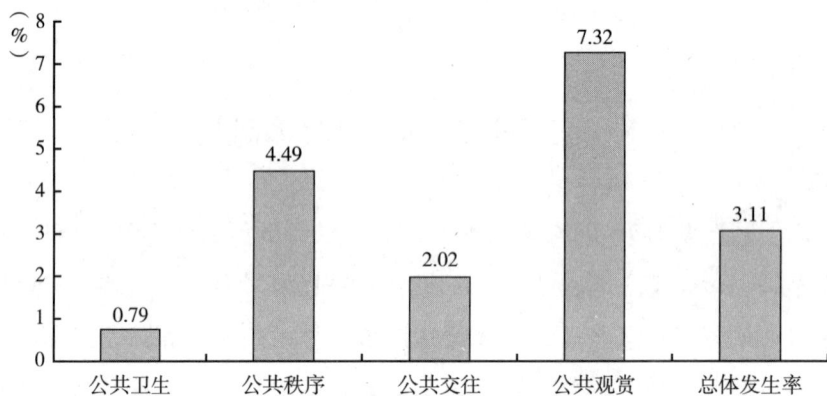

图2 江干区四个方面不文明现象发生率比较

二 四个方面各项指标情况

（一）2018年数据分析

1. 公共卫生方面

在所观测的总流量27333人次中，不文明现象发生量为215人次，不文明现象总体发生率为0.79%。

在本次观测所设置的4个指标中，不文明现象发生率较高的是"投放垃圾时没有进行分类"（5.73%）和"遛宠物时不清理其排泄物"（2.33%），而不文明现象发生率较低的是"随地吐痰、便溺"（0.70%）和"在禁烟场所抽烟"（0.23%）（见图3）。

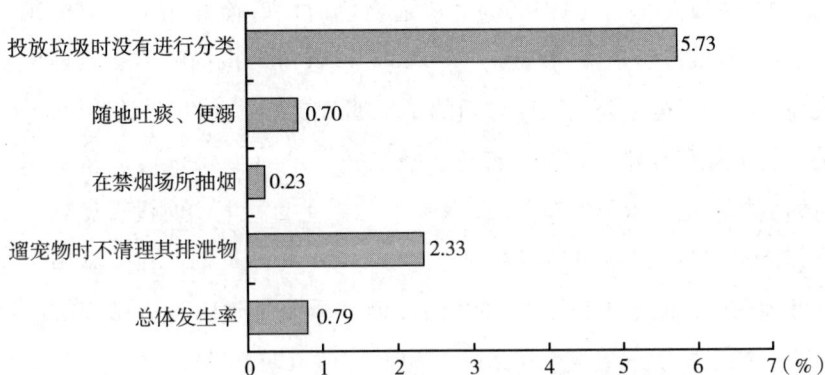

图3 江干区公共卫生方面各项指标不文明现象发生率

分时段来看，07：00～09：00时段的不文明现象发生率最高（1.01%），其次是16：00～18：00时段（0.98%）和10：00～12：00时段（0.79%），这三个时段的不文明现象发生率均高于或等于全区公共卫生方面的不文明现象总体发生率；13：00～15：00时段的不文明现象发生率最低，为0.43%（见图4）。

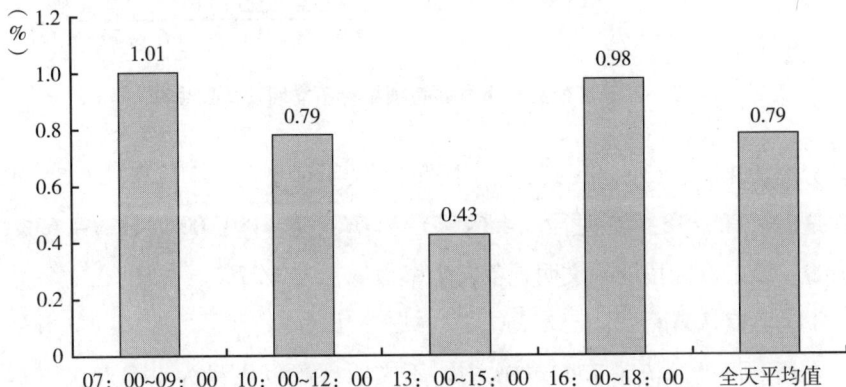

图4 江干区公共卫生方面各时段不文明现象发生率

2. 公共秩序方面

在所观测的总流量49722人次/辆次中,不文明现象发生量为2235人次/辆次,不文明现象总体发生率为4.49%。

在本次观测所设置的10个指标中,"共享单车无序停放"（7.52%）、"非机动车越线停车"（7.48%）、"遛宠物时没有拴好绳子"（6.20%）、"非机动车闯红灯、走机动车道"（4.60%）这4个指标的不文明现象发生率较高,均高于全区公共秩序方面的不文明现象总体发生率（4.49%）。其次是"行人乱穿马路（包括闯红灯、翻栏杆等）"（4.46%）、"机动车不在地面标示的规定区域内停车"（3.44%）、"乘坐直行电梯时没有做到先出后进"（3.02%）、"排队时没有在规定区域等候"（2.34%）和"乘坐公交时没有做到有序排队上下车"（1.59%）。而"乘坐地铁时没有做到有序排队上下车"的不文明现象发生率最低,为1.22%（见图5）。

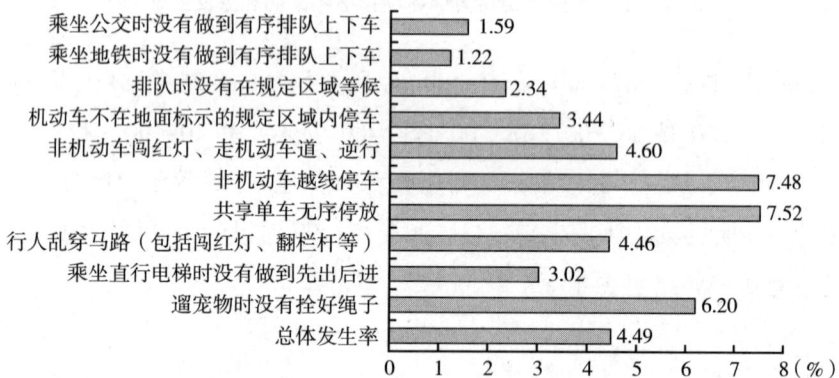

图5 江干区公共秩序方面各项指标不文明现象发生率

分时段来看,13:00~15:00时段的不文明现象发生率最高,为5.33%;其次是16:00~18:00时段（4.67%）和07:00~09:00时段（4.63%）;10:00~12:00时段的不文明现象发生率最低,为3.37%（见图6）。

3. 公共交往方面

在所观测的总流量7244人次中,不文明现象发生量为146人次,不文明现象总体发生率为2.02%。

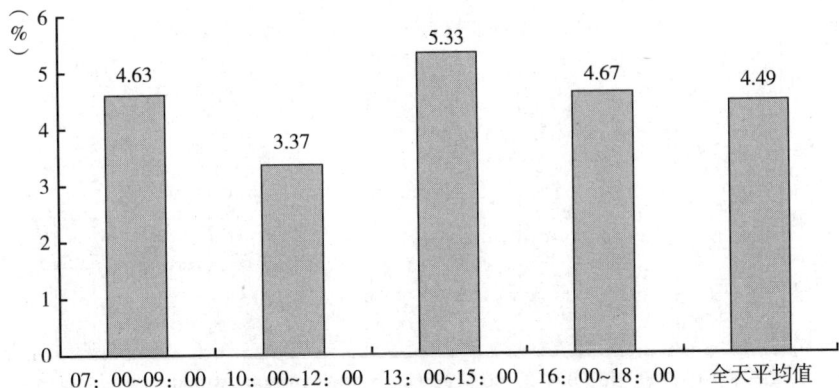

图6 江干区公共秩序方面各时段不文明现象发生率

在本次观测所设置的3个指标中，"向陌生人问讯时没有礼貌回应"的不文明现象发生率最高，为3.28%；"没有给老、弱、病、残、孕及怀抱婴儿者让座"的不文明现象发生率为3.00%；"相互之间大声交谈不顾及他人"的不文明现象发生率最低，为1.90%（见图7）。

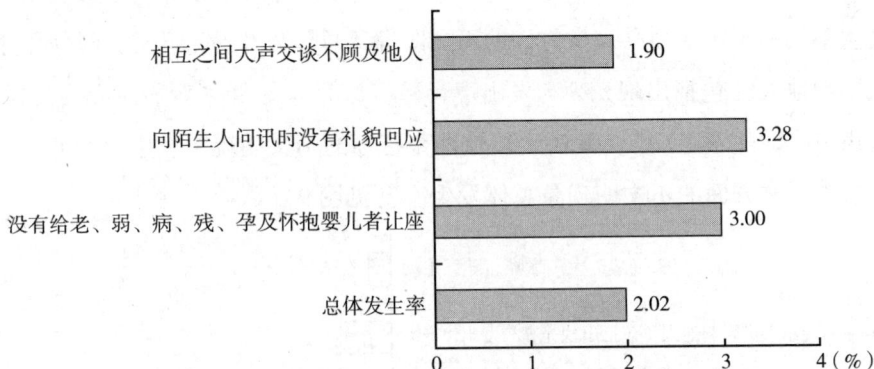

图7 江干区公共交往方面各项指标不文明现象发生率

分时段来看，13：00～15：00时段和10：00～12：00时段的不文明现象发生率较高，分别为2.22%和2.09%；其次是16：00～18：00时段和07：00～09：00时段，分别为1.97%和1.80%（见图8）。

4.公共观赏方面

在所观测的总流量628人次中，不文明现象发生量为46人次，不文明

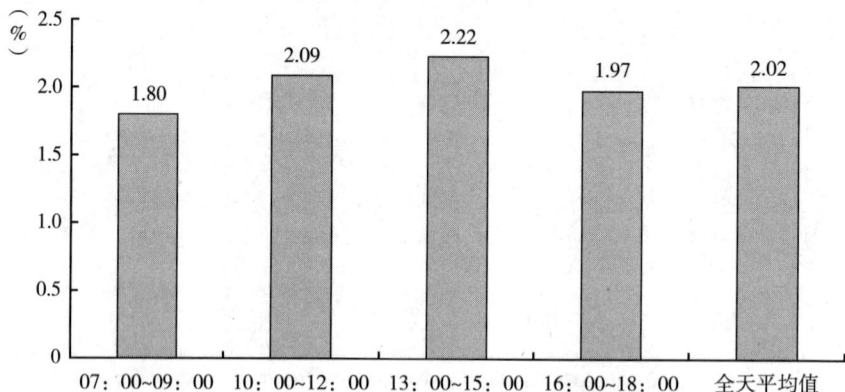

图8 江干区公共交往方面各时段不文明现象发生率

现象总体发生率为7.32%。

在本次观测所设置的4个指标中,"观看结束后不自觉清理并带走垃圾"的不文明现象发生率最高(24.39%),其次是"观看时吃零食影响他人(包括发出声音与散发出气味)"(10.98%),这两个指标的不文明现象发生率均高于全区公共观赏方面的不文明现象总体发生率;"观看时使用手机影响他人(包括出现光亮与发出声音)"(5.17%)和"观看时交头接耳,大声喧哗,随意走动"(2.16%)这两个指标的不文明现象发生率均低于全区公共观赏方面的不文明现象总体发生率(见图9)。

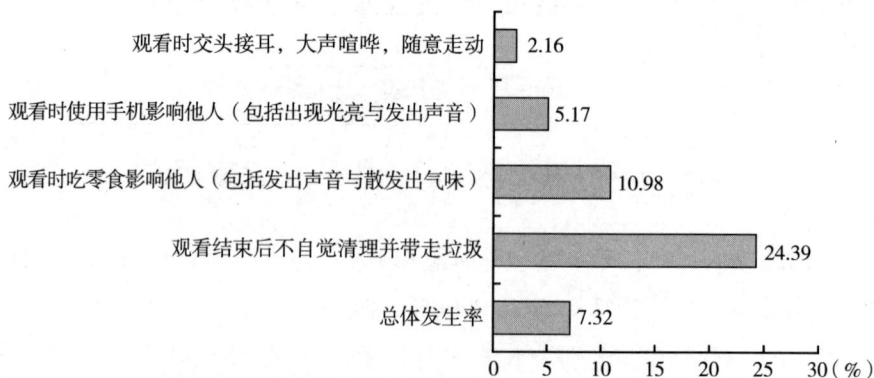

图9 江干区公共观赏方面各项指标不文明现象发生率

分时段来看，07：00～09：00、10：00～12：00 这两个时段的数据空缺；13：00～15：00 时段和 16：00～18：00 时段的不文明现象发生率分别为 6.33% 和 8.45%（见图 10）。

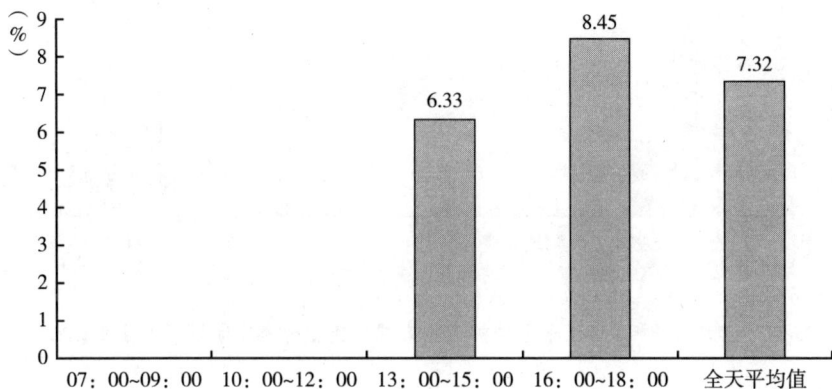

图 10　江干区公共观赏方面各时段不文明现象发生率

（二）2014～2018年指标对比分析

以 2018 年四个方面 21 个指标为基础，对比 2014～2018 年 13 个相同或相近指标，对江干区市民在公共卫生、公共秩序、公共交往和公共观赏四个方面的不文明现象发生率进行对比分析。

在公共卫生方面可比较的 4 个指标中，"遛宠物时不清理其排泄物"的不文明现象发生率连续四年下降，而"投放垃圾时没有进行分类""随地吐痰、便溺""在禁烟场所抽烟"这 3 个指标的不文明现象发生率则呈现波动状态（见图 11）。

在公共秩序方面可比较的 4 个指标中，"行人乱穿马路（包括闯红灯、翻栏杆等）"的不文明现象发生率连续四年下降，而"乘坐公交时没有做到有序排队上下车"的不文明现象发生率连续四年上升，"机动车不在地面标示的规定区域内停车"和"非机动车闯红灯、走机动车道、逆行"这两个指标的不文明现象发生率则呈现波动状态（见图 12）。

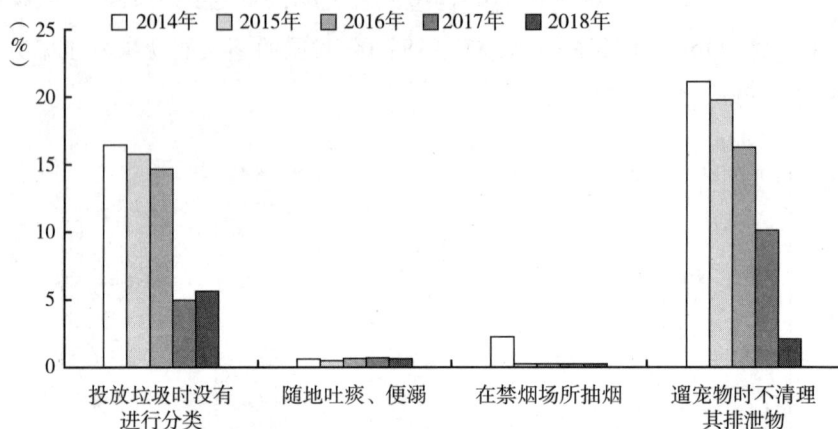

图11　2014～2018年江干区公共卫生方面对比指标不文明现象发生率比较

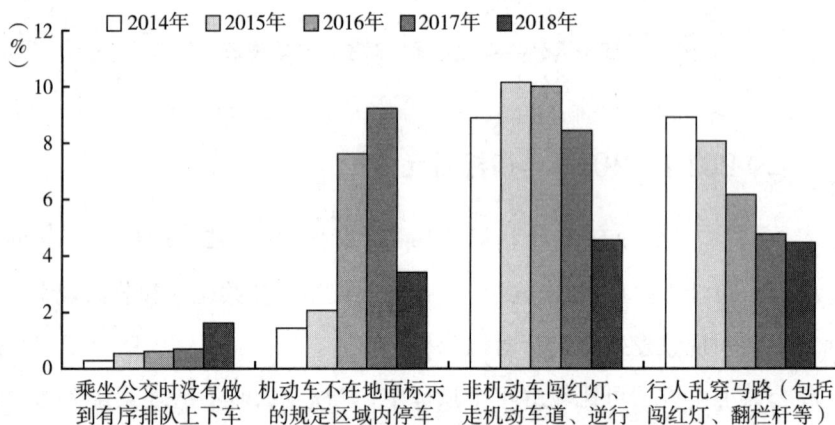

图12　2014～2018年江干区公共秩序方面对比指标不文明现象发生率比较

在公共交往方面可比较的3个指标中，"相互之间大声交谈不顾及他人""向陌生人问讯时没有礼貌回应""没有给老、弱、病、残、孕及怀抱婴儿者让座"这3个指标的不文明现象发生率均呈现波动状态（见图13）。

在公共观赏方面可比较的2个指标中，"观看时交头接耳，大声喧哗，随意走动"和"观看时使用手机影响他人（包括出现光亮与发出声音）"的不文明现象发生率均呈现波动状态（见图14）。

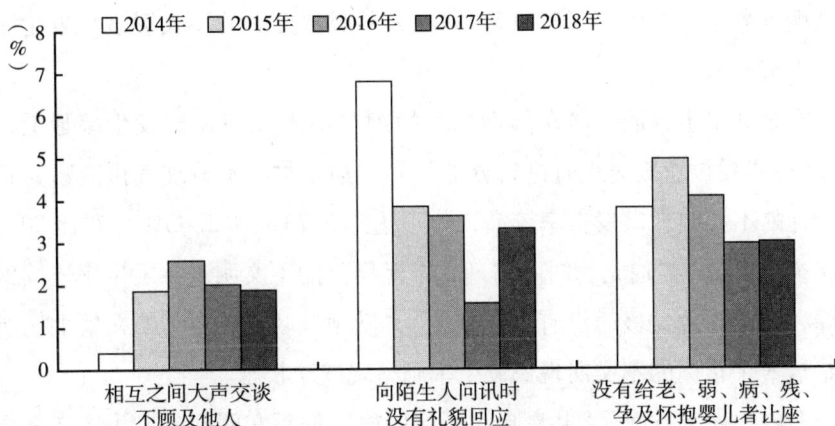

图13　2014～2018 年江干区公共交往方面对比指标不文明现象发生率比较

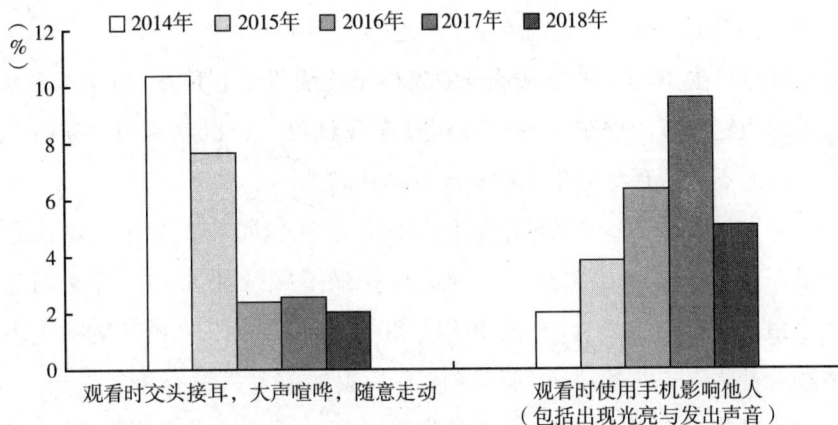

图14　2014～2018 年江干区公共观赏方面对比指标不文明现象发生率比较

三　基本判断

（一）基于四个方面的情况

江干区在公共卫生方面的不文明现象发生率最低（0.79%），低于全区不文明现象总体发生率（3.11%）；在公共观赏方面的不文明现象发生率最高（7.32%）。

在公共卫生方面，"在禁烟场所抽烟"的不文明现象发生率最低，为0.23%；"投放垃圾时没有进行分类"和"遛宠物时不清理其排泄物"这两个指标的不文明现象发生率较高，分别达到5.73%和2.33%。对比2014～2018年的数据，"遛宠物时不清理其排泄物"的不文明现象发生率连续四年下降，而"投放垃圾时没有进行分类""随地吐痰、便溺""在禁烟场所抽烟"这3个指标的不文明现象发生率则呈现波动状态。

在公共秩序方面，"共享单车无序停放"的不文明现象发生率最高，为7.52%；而"乘坐地铁时没有做到有序排队上下车"的不文明现象发生率最低，为1.22%。对比2014～2018年的数据，"行人乱穿马路（包括闯红灯、翻栏杆等）"的不文明现象发生率连续四年下降，而"乘坐公交时没有做到有序排队上下车"的不文明现象发生率连续四年上升，"机动车不在地面标示的规定区域内停车"和"非机动车闯红灯、走机动车道、逆行"这两个指标的不文明现象发生率则呈现波动状态。

在公共交往方面，"向陌生人问讯时没有礼貌回应"的不文明现象发生率最高，为3.28%；"相互之间大声交谈不顾及他人"的不文明现象发生率最低，为1.90%。对比2014～2018年的数据，"相互之间大声交谈不顾及他人""向陌生人问讯时没有礼貌回应""没有给老、弱、病、残、孕及怀抱婴儿者让座"这3个指标的不文明现象发生率均呈现波动状态。

在公共观赏方面，"观看结束后不自觉清理并带走垃圾"的不文明现象发生率最高，为24.39%；"观看时交头接耳，大声喧哗，随意走动"的不文明现象发生率最低，为2.16%。对比2014～2018年的数据，"观看时交头接耳，大声喧哗，随意走动"和"观看时使用手机影响他人（包括出现光亮与发出声音）"这两个指标的不文明现象发生率均呈现波动状态。

上述四个方面各项指标中，有的指标的不文明现象发生率持续下降，表明江干区在持续改进中取得了成效；有的指标的不文明现象发生率呈现持续上升和波动状态，除受一些观测因素影响外，也表明了市民公共文明素养与文明程度的提升是一个长期过程，需要常抓不懈。

（二）基于现场观测时段的情况

江干区居民公共卫生方面的不文明现象发生率在 07：00～09：00 时段最高，为 1.01%；公共秩序方面的不文明现象发生率在 13：00～15：00 时段最高，为 5.33%；公共交往方面的不文明现象发生率在 13：00～15：00 时段最高，为 2.22%；公共观赏方面的不文明现象发生率在 16：00～18：00 时段最高，为 8.45%。这些可能受早晚高峰、观测时间、观测地点和天气等客观因素的影响。

（三）基于四个方面21个指标的情况

1. 不文明现象发生率排在前10位的指标

①观看结束后不自觉清理并带走垃圾（公共观赏，24.39%）

②观看时吃零食影响他人（包括发出声音与散发出气味）（公共观赏，10.98%）

③共享单车无序停放（公共秩序，7.52%）

④非机动车越线停车（公共秩序，7.48%）

⑤遛宠物时没有拴好绳子（公共秩序，6.20%）

⑥投放垃圾时没有进行分类（公共卫生，5.73%）

⑦观看时使用手机影响他人（包括出现光亮与发出声音）（公共观赏，5.17%）

⑧非机动车闯红灯、走机动车道、逆行（公共秩序，4.60%）

⑨行人乱穿马路（包括闯红灯、翻栏杆等）（公共秩序，4.46%）

⑩机动车不在地面标示的规定区域内停车（公共秩序，3.44%）

在这 10 个指标中，属于公共卫生方面的有 1 个，属于公共秩序方面的有6个，属于公共观赏方面的有3个。

2. 不文明现象发生率排在后10位的指标

①在禁烟场所抽烟（公共卫生，0.23%）

②随地吐痰、便溺（公共卫生，0.70%）

③乘坐地铁时没有做到有序排队上下车（公共秩序，1.22%）

④乘坐公交时没有做到有序排队上下车（公共秩序，1.59%）

⑤相互之间大声交谈不顾及他人（公共交往，1.90%）

⑥观看时交头接耳，大声喧哗，随意走动（公共观赏，2.16%）

⑦遛宠物时不清理其排泄物（公共卫生，2.33%）

⑧排队时没有在规定区域等候（公共秩序，2.34%）

⑨没有给老、弱、病、残、孕及怀抱婴儿者让座（公共交往，3.00%）

⑩乘坐直行电梯时没有做到先出后进（公共秩序，3.02%）

在这10个指标中，属于公共卫生方面的有3个，属于公共秩序方面的有4个，属于公共交往方面的有2个，属于公共观赏方面的有1个。

综合以上维度情况的分析，江干区居民在公共文明创建，尤其是公共卫生和公共交往方面有一定改善。

2018年杭州市民公共文明指数调查现场观测报告（拱墅区）

根据《2018年杭州市民公共文明指数调查实施方案》的总体安排，课题组于2018年11月23日至25日三天对全区15个观测点的市民在工作日和双休日不同时段的文明素养状况展开了实地观测，就观测情况形成如下报告。

一　拱墅区现场观测总体情况

拱墅区选取的15个现场观测点分别是香积寺路上塘路口公交车站、拱宸桥东公交车站、大塘新村公交车站、杭州市第二人民医院、金华路与衢州街交叉路口、湖墅南路与文晖路交叉路口、东一社区大关东一苑、和睦社区景上公寓、和睦农贸市场、运河广场、霞弯巷（胜利河美食街东门—西门）、水晶城购物中心以及下沙至观测点公交、区内多条公交线路和众安电影大世界。实地观测分别围绕公共卫生、公共秩序、公共交往和公共观赏四个方面共21个指标展开。

观测显示，拱墅区在四个时段观测总流量为96483人次/辆次，其中不文明现象发生量为3376人次/辆次，不文明现象总体发生率为3.50%。07：00～09：00时段的不文明现象发生率最高，为3.84%；16：00～18：00时段的不文明现象发生率最低，为2.95%（见图1）。

拱墅区在四个方面中，公共卫生方面的不文明现象发生率最低，为0.93%；公共观赏方面的不文明现象发生率最高，为8.06%（见图2）。

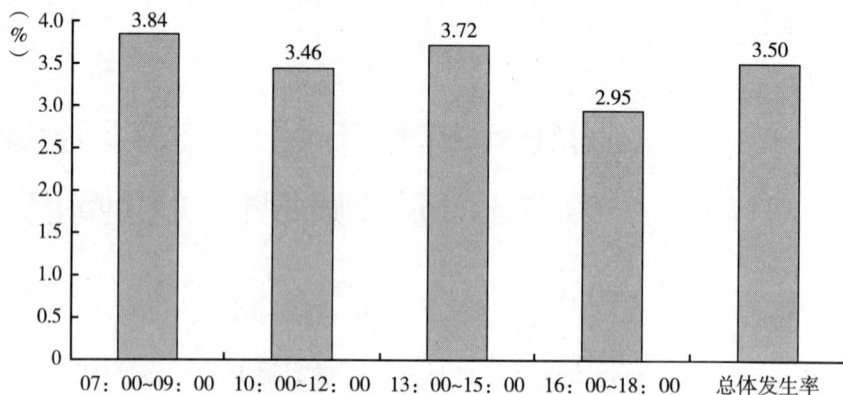

图1 拱墅区各时段不文明现象发生率比较

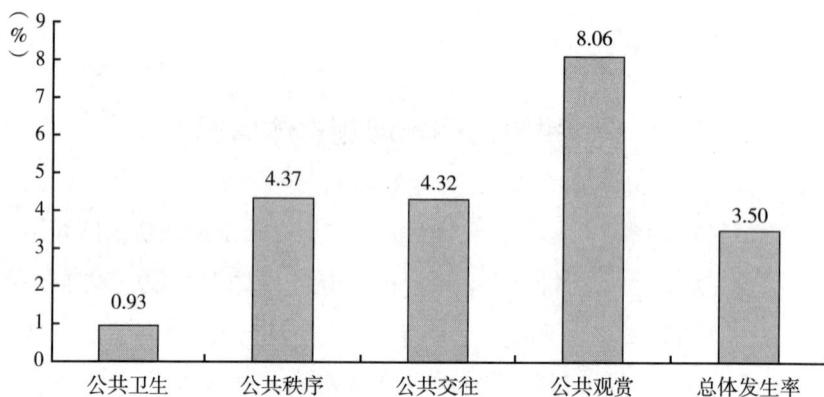

图2 拱墅区四个方面不文明现象发生率比较

二 四个方面各项指标情况

（一）2018年数据分析

1.公共卫生方面

在所观测的总流量25203人次中，不文明现象发生量为235人次，不文明现象总体发生率为0.93%。

在本次观测所设置的 4 个指标中，不文明现象发生率最高的是"投放垃圾时没有进行分类"（16.58%），而不文明现象发生率最低的是"在禁烟场所抽烟"（0.46%）（见图3）。

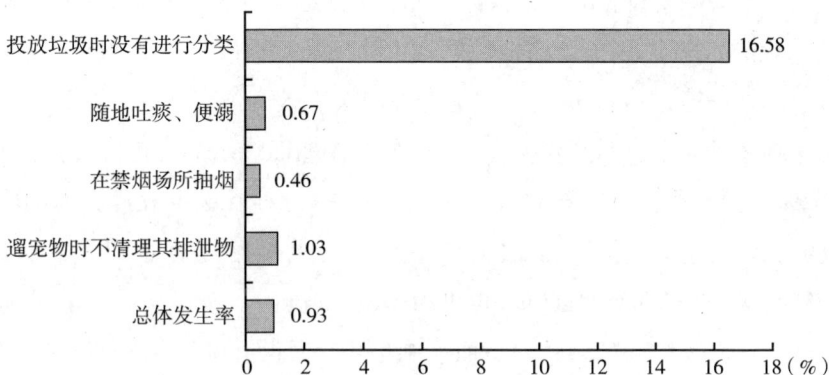

图3 拱墅区公共卫生方面各项指标不文明现象发生率

分时段来看，13：00 ~ 15：00 时段的不文明现象发生率最高（1.39%），其次是 07：00 ~ 09：00 时段（1.21%），这两个时段的不文明现象发生率均高于全区公共卫生方面的不文明现象总体发生率；其余两个时段的不文明现象发生率分别为 16：00 ~ 18：00 时段 0.68%、10：00 ~ 12：00 时段 0.48%（见图4）。

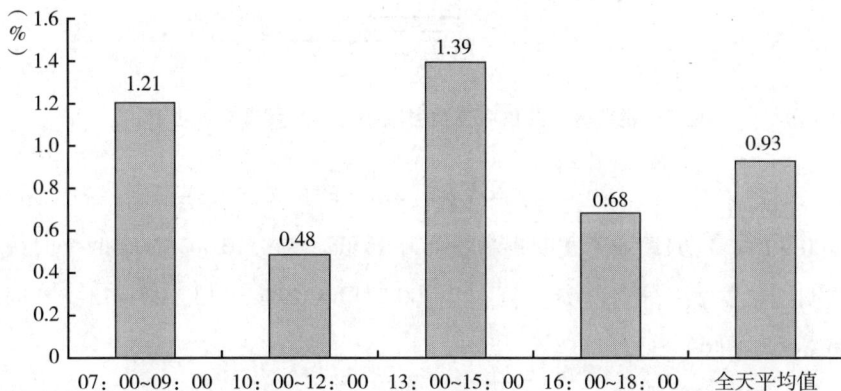

图4 拱墅区公共卫生方面各时段不文明现象发生率

313

2. 公共秩序方面

在所观测的总流量 64569 人次／辆次中，不文明现象发生量为 2823 人次／辆次，不文明现象总体发生率为 4.37%。

在本次观测所设置的 9 个指标中（"乘坐地铁时没有做到有序排队上下车"未观测），"共享单车无序停放"（15.32%）、"行人乱穿马路（包括闯红灯、翻栏杆等）"（6.36%）、"遛宠物时没有拴好绳子"（5.15%）、"非机动车越线停车"（5.10%）、"机动车不在地面标示的规定区域内停车"（4.62%）这 5 个指标的不文明现象发生率均高于全区公共秩序方面的不文明现象总体发生率；其余依次为"乘坐直行电梯时没有做到先出后进"（3.78%）、"非机动车闯红灯、走机动车道、逆行"（3.50%）、"排队时没有在规定区域等候"（2.43%）；而"乘坐公交时没有做到有序排队上下车"的不文明现象发生率最低，为 1.98%（见图 5）。

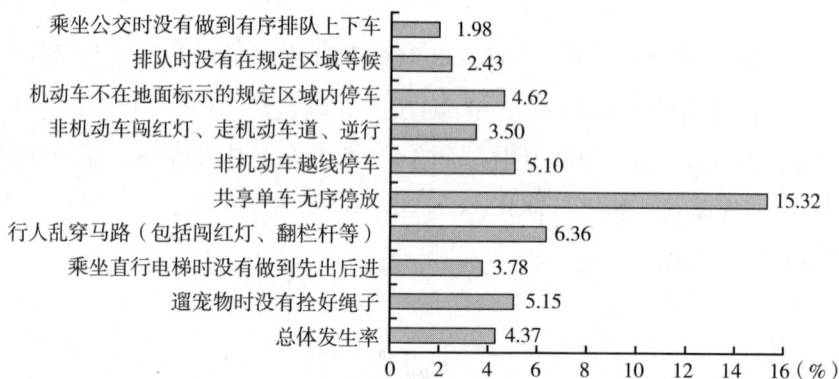

图 5　拱墅区公共秩序方面各项指标不文明现象发生率

分时段来看，10:00~12:00 时段的不文明现象发生率最高，为 4.51%；16:00~18:00 时段的不文明现象发生率最低，为 4.10%；其余两个时段的不文明现象发生率分别为 07:00~09:00 时段 4.49% 和 13:00~15:00 时段 4.36%（见图 6）。

3. 公共交往方面

在所观测的总流量 5967 人次中，不文明现象发生量为 258 人次，不文

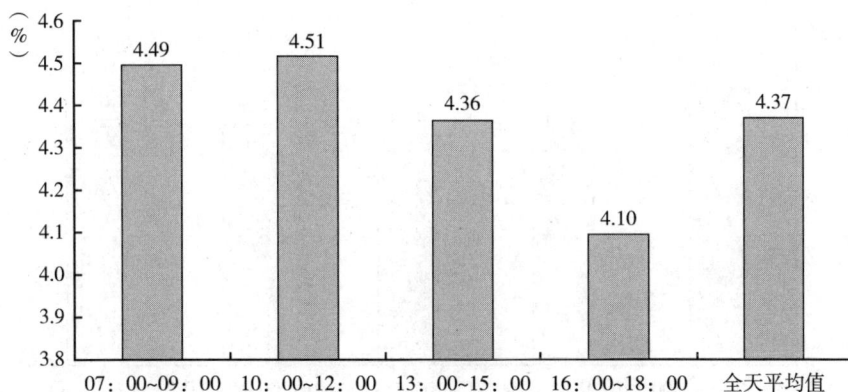

图6　拱墅区公共秩序方面各时段不文明现象发生率

明现象总体发生率为4.32%。

在本次观测所设置的3个指标中，"没有给老、弱、病、残、孕及怀抱婴儿者让座"的不文明现象发生率最高，为8.33%；"相互之间大声交谈不顾及他人"的不文明现象发生率最低，为4.26%（见图7）。

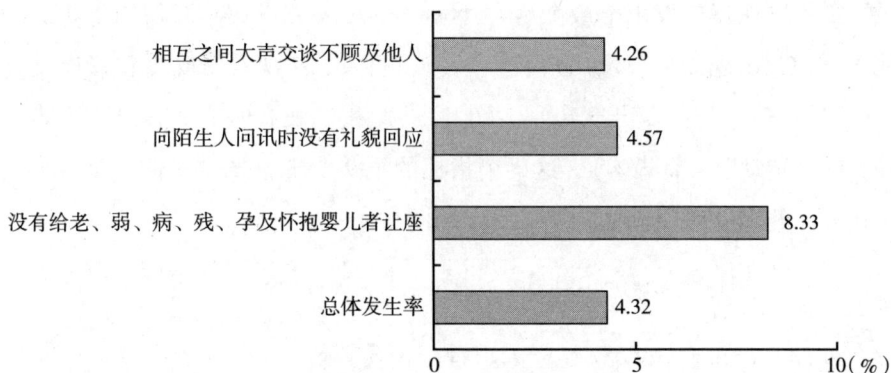

图7　拱墅区公共交往方面各项指标不文明现象发生率

分时段来看，07：00～09：00时段的不文明现象发生率最高，为4.98%；10：00～12：00时段的不文明现象发生率最低，为4.03%；其余两个时段的不文明现象发生率分别为13：00～15：00时段4.08%和16：00～18：00时段4.25%（见图8）。

315

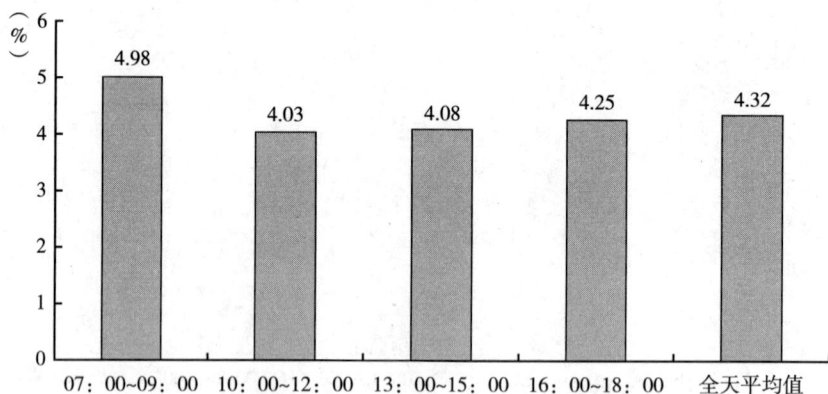

图8 拱墅区公共交往方面各时段不文明现象发生率

4. 公共观赏方面

在所观测的总流量744人次中，不文明现象发生量为60人次，不文明现象总体发生率为8.06%。

在本次观测所设置的4个指标中，"观看结束后不自觉清理并带走垃圾"的不文明现象发生率最高（23.68%）；其次是"观看时使用手机影响他人（包括出现光亮与发出声音）"（6.59%）、"观看时吃零食影响他人（包括发出声音与散发出气味）"（6.14%）和"观看时交头接耳，大声喧哗，随意走动"（3.49%），这3个指标的不文明现象发生率低于全区公共观赏方面的不文明现象总体发生率（见图9）。

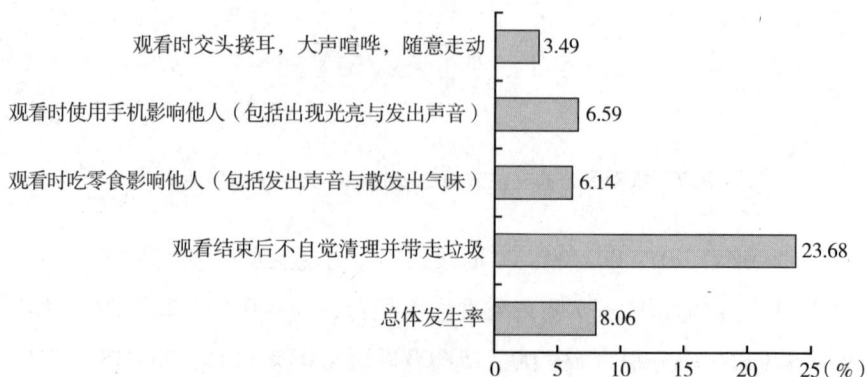

图9 拱墅区公共观赏方面各项指标不文明现象发生率

分时段来看，07：00～09：00 和 10：00～12：00 这两个时段的数据空缺；其余两个时段的不文明现象发生率分别为 13：00～15：00 时段 8.43% 和 16：00～18：00 时段 7.75%（见图 10）。

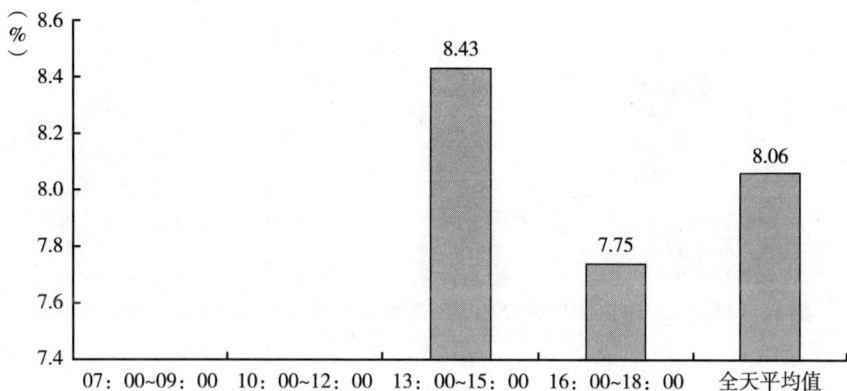

图 10　拱墅区公共观赏方面各时段不文明现象发生率

（二）2014～2018 年指标对比分析

以 2018 年四个方面 21 个指标为基础，对比 2014～2018 年 13 个相同或相近指标，对拱墅区市民在公共卫生、公共秩序、公共交往和公共观赏四个方面的不文明现象发生率进行对比分析。

在公共卫生方面可比较的 4 个指标中，"投放垃圾时没有进行分类""随地吐痰、便溺""在禁烟场所抽烟""遛宠物时不清理其排泄物"这 4 个指标的不文明现象发生率均呈现波动状态（见图 11）。

在公共秩序方面可比较的 4 个指标中，"非机动车闯红灯、走机动车道、逆行"的不文明现象发生率连续四年下降，而"乘坐公交时没有做到有序排队上下车""机动车不在地面标示的规定区域内停车""行人乱穿马路（包括闯红灯、翻栏杆等）"这 3 个指标的不文明现象发生率均呈现波动状态（见图 12）。

在公共交往方面可比较的 3 个指标中，"相互之间大声交谈不顾及他

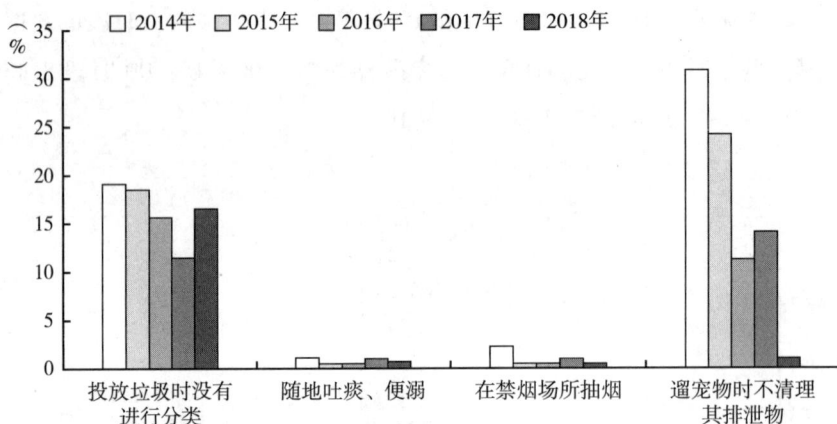

图11　2014～2018年拱墅区公共卫生方面对比指标不文明现象发生率比较

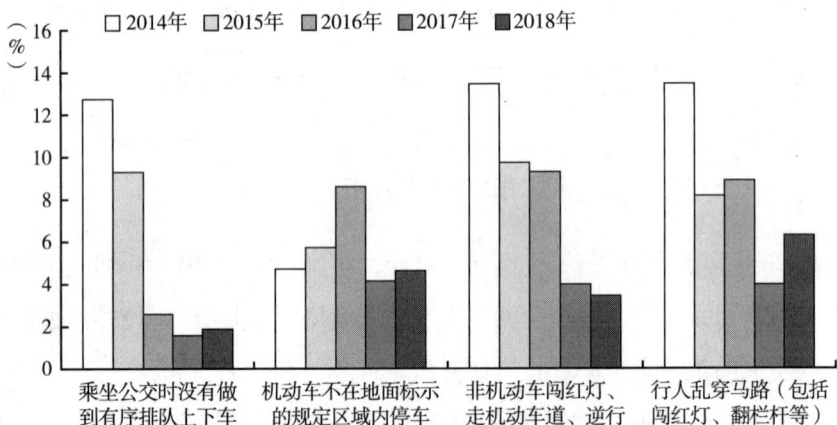

图12　2014～2018年拱墅区公共秩序方面对比指标不文明现象发生率比较

人""向陌生人问讯时没有礼貌回应""没有给老、弱、病、残、孕及怀抱婴儿者让座"这3个指标的不文明现象发生率均呈现波动状态（见图13）。

在公共观赏方面可比较的2个指标中，"观看时交头接耳，大声喧哗，随意走动"和"观看时使用手机影响他人（包括出现光亮与发出声音）"这两个指标的不文明现象发生率均呈现波动状态（见图14）。

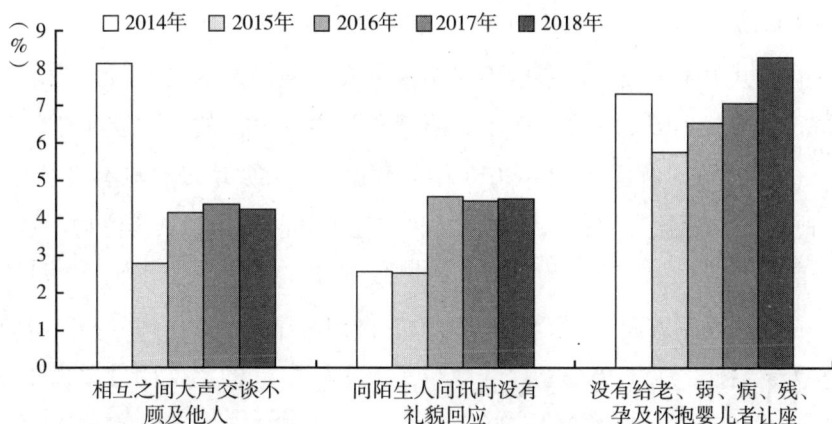

图13　2014～2018年拱墅区公共交往方面对比指标不文明现象发生率比较

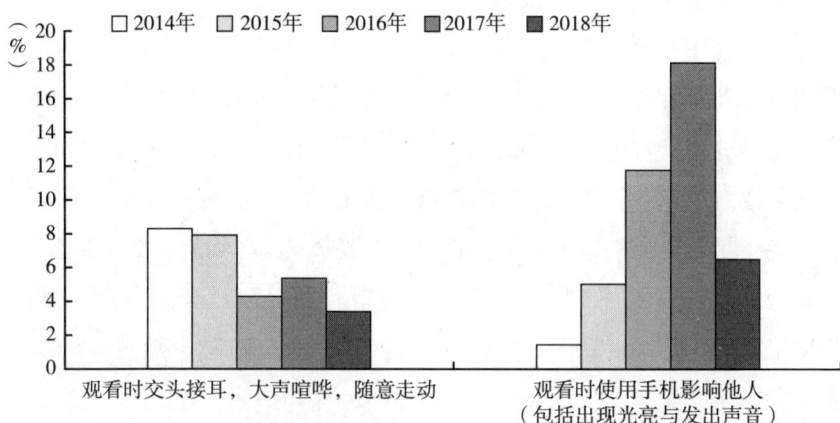

图14　2014～2018年拱墅区公共观赏方面对比指标不文明现象发生率比较

三　基本判断

（一）基于四个方面的情况

拱墅区在公共卫生方面的不文明现象发生率最低（0.93%），低于全区不文明现象总体发生率（3.50%）；在公共观赏方面的不文明现象发生率最高（8.06%）。

在公共卫生方面，拱墅区不文明现象发生率最高的是"投放垃圾时没有进行分类"（16.58%），而不文明现象发生率最低的是"在禁烟场所抽烟"（0.46%）。对比2014～2018年的数据，"投放垃圾时没有进行分类""随地吐痰、便溺""在禁烟场所抽烟""遛宠物时不清理其排泄物"这4个指标的不文明现象发生率均呈现波动状态。

在公共秩序方面，"乘坐公交时没有做到有序排队上下车"的不文明现象发生率最低，为1.98%；"共享单车无序停放"的不文明现象发生率最高，为15.32%。对比2014～2018年的数据，"非机动车闯红灯、走机动车道、逆行"的不文明现象发生率连续四年下降，这说明拱墅区居民在公共秩序方面的文明程度有所提高。

在公共交往方面，"没有给老、弱、病、残、孕及怀抱婴儿者让座"的不文明现象发生率最高，为8.33%；"相互之间大声交谈不顾及他人"的不文明现象发生率最低，为4.26%。对比2014～2018年的数据，"相互之间大声交谈不顾及他人""向陌生人问讯时没有礼貌回应""没有给老、弱、病、残、孕及怀抱婴儿者让座"这3个指标的不文明现象发生率均呈现波动状态。

在公共观赏方面，"观看结束后不自觉清理并带走垃圾"的不文明现象发生率最高，为23.68%；"观看时交头接耳，大声喧哗，随意走动"的不文明现象发生率最低，为3.49%。对比2014～2018年的数据，"观看时交头接耳，大声喧哗，随意走动"和"观看时使用手机影响他人（包括出现光亮与发出声音）"这两个指标的不文明现象发生率均呈现波动状态。

上述四个方面各项指标中，有的指标的不文明现象发生率持续下降，表明拱墅区在持续改进中取得了成效；有的指标的不文明现象发生率呈现波动状态，除受一些观测因素影响外，也表明了市民公共文明素养与文明程度的提升是一个长期过程，需要常抓不懈。

（二）基于现场观测时段的情况

拱墅区居民公共卫生和公共观赏方面的不文明现象发生率在13：00～

15：00时段最高，分别为1.39%和8.43%；公共秩序方面的不文明现象发生率在10：00~12：00时段最高，为4.51%；公共交往方面的不文明现象发生率在07：00~09：00时段最高，为4.98%。这些可能受早高峰、观测时间、观测地点和天气等客观因素的影响。

（三）基于四个方面21个指标的情况

1. 不文明现象发生率排在前10位的指标

①观看结束后不自觉清理并带走垃圾（公共观赏，23.68%）

②投放垃圾时没有进行分类（公共卫生，16.58%）

③共享单车无序停放（公共秩序，15.32%）

④没有给老、弱、病、残、孕及怀抱婴儿者让座（公共交往，8.33%）

⑤观看时使用手机影响他人（包括出现光亮与发出声音）（公共观赏，6.59%）

⑥行人乱穿马路（包括闯红灯、翻栏杆等）（公共秩序，6.36%）

⑦观看时吃零食影响他人（包括发出声音与散发出气味）（公共观赏，6.14%）

⑧遛宠物时没有拴好绳子（公共秩序，5.15%）

⑨非机动车越线停车（公共秩序，5.10%）

⑩机动车不在地面标示的规定区域内停车（公共秩序，4.62%）

在这10个指标中，属于公共卫生方面的有1个，属于公共秩序方面的有5个，属于公共交往方面的有1个，属于公共观赏方面的有3个。

2. 不文明现象发生率排在后10位的指标

①在禁烟场所抽烟（公共卫生，0.46%）

②随地吐痰、便溺（公共卫生，0.67%）

③遛宠物时不清理其排泄物（公共卫生，1.03%）

④乘坐公交时没有做到有序排队上下车（公共秩序，1.98%）

⑤排队时没有在规定区域等候（公共秩序，2.43%）

⑥观看时交头接耳，大声喧哗，随意走动（公共观赏，3.49%）

⑦非机动车闯红灯、走机动车道、逆行（公共秩序，3.50%）

⑧乘坐直行电梯时没有做到先出后进（公共秩序，3.78%）

⑨相互之间大声交谈不顾及他人（公共交往，4.26%）

⑩向陌生人问讯时没有礼貌回应（公共交往，4.57%）

在这 10 个指标中，属于公共卫生方面的有 3 个，属于公共秩序方面的有 4 个，属于公共交往方面的有 2 个，属于公共观赏方面的有 1 个。

综合以上维度情况的分析，拱墅区居民在公共文明创建，尤其是公共卫生和公共交往方面有一定改善，而在公共观赏等方面的一些文明行为和习惯有待进一步改进。

2018年杭州市民公共文明指数调查现场观测报告（西湖区）

根据《2018年杭州市民公共文明指数调查实施方案》的总体安排，课题组于2018年11月8日、9日、11日三天对全区15个观测点的市民在工作日和双休日不同时段的文明素养状况展开了实地观测，就观测情况形成如下报告。

一 西湖区现场观测总体情况

西湖区选取的15个现场观测点分别是文三路马塍路口公交车站、浙江大学玉泉校区公交车站、古翠路地铁站、杭州市中医院、文三路与马骎路交叉路口、曙光路与黄龙路交叉路口、翠苑四区、友谊社区、骆家庄农贸市场、黄龙洞圆缘民俗园、外东山弄（浙大路至曙光路）、印象城购物中心以及地铁1号线、地铁2号线、区内多条公交线路和翠苑电影大世界。实地观测分别围绕公共卫生、公共秩序、公共交往和公共观赏四个方面共21个指标展开。

观测显示，西湖区在四个时段观测总流量为104648人次/辆次，其中不文明现象发生量为3728人次/辆次，不文明现象总体发生率为3.56%。13：00~15：00时段的不文明现象发生率最高，为3.92%；10：00~12：00时段的不文明现象发生率最低，为3.08%（见图1）。

西湖区在四个方面中，公共卫生方面的不文明现象发生率最低，为0.65%；公共秩序方面的不文明现象发生率最高，为4.91%（见图2）。

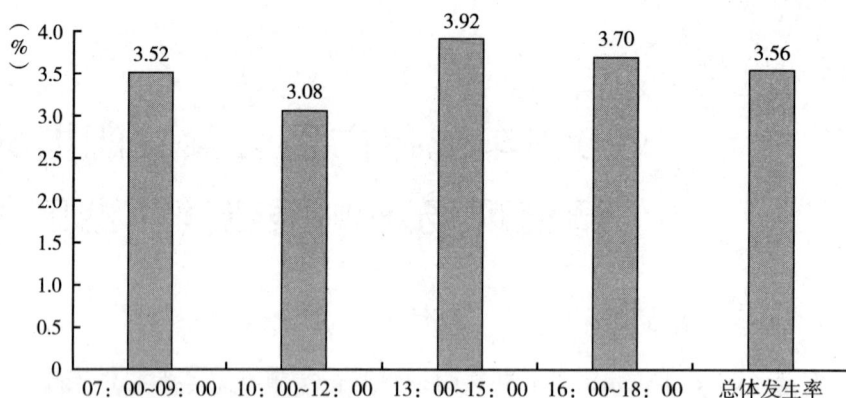

图1 西湖区各时段不文明现象发生率比较

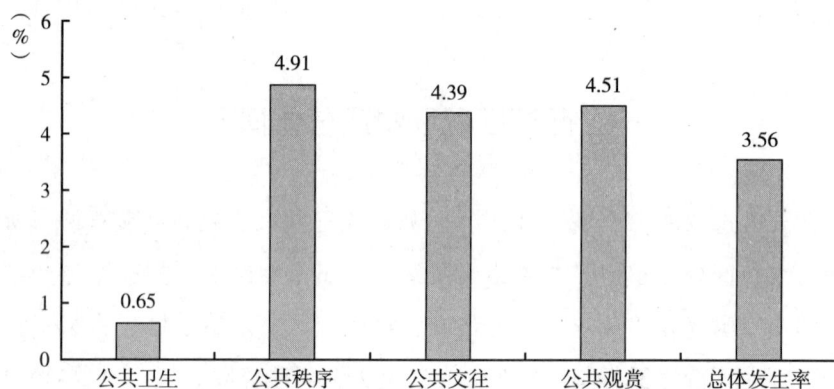

图2 西湖区四个方面不文明现象发生率比较

二 四个方面各项指标情况

（一）2018年数据分析

1. 公共卫生方面

在所观测的总流量32002人次中，不文明现象发生量为209人次，不文明现象总体发生率为0.65%。

在本次观测所设置的 4 个指标中，不文明现象发生率较高的是"遛宠物时不清理其排泄物"（8.82%）和"投放垃圾时没有进行分类"（8.41%），而不文明现象发生率较低的是"随地吐痰、便溺"（0.48%）和"在禁烟场所抽烟"（0.20%）（见图3）。

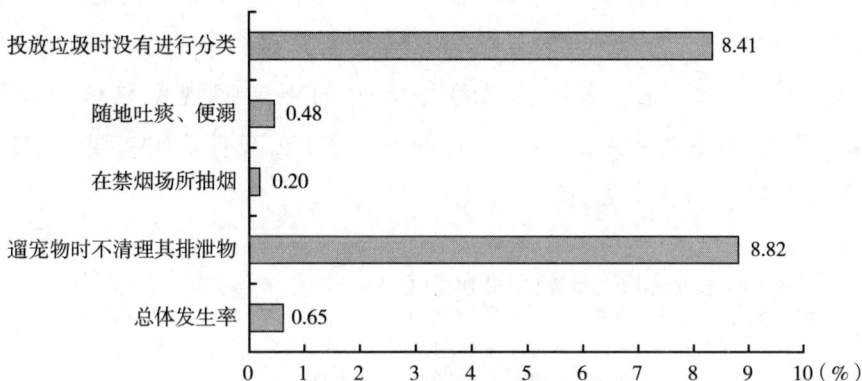

图 3　西湖区公共卫生方面各项指标不文明现象发生率

分时段来看，16：00～18：00 时段的不文明现象发生率最高，为1.13%，高于全区公共卫生方面的不文明现象总体发生率；其次是07：00～09：00 时段（0.62%）和13：00～15：00 时段（0.58%）；而10：00～12：00 时段的不文明现象发生率最低，为0.46%（见图4）。

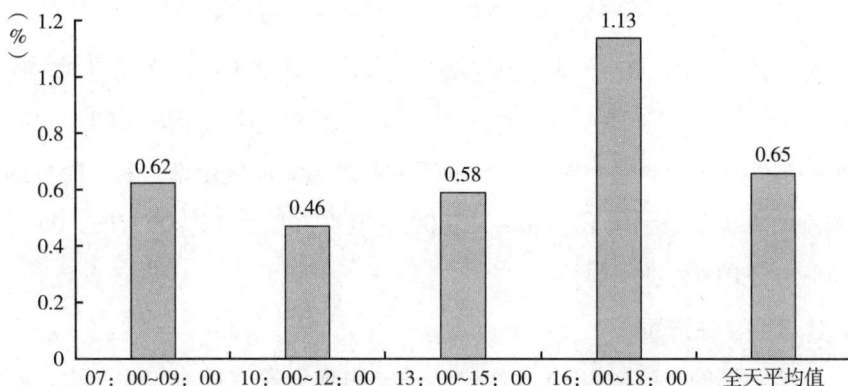

图 4　西湖区公共卫生方面各时段不文明现象发生率

2. 公共秩序方面

在所观测的总流量 63806 人次/辆次中,不文明现象发生量为 3130 人次/辆次,不文明现象总体发生率为 4.91%。

在本次观测所设置的 10 个指标中,"共享单车无序停放"(10.41%)、"遛宠物时没有拴好绳子"(8.82%)、"非机动车闯红灯、走机动车道、逆行"(6.53%)、"非机动车越线停车"(6.49%)这 4 个指标的不文明现象发生率较高,均高于全区公共秩序方面的不文明现象总体发生率(4.91%);而不文明现象发生率最低的为"乘坐公交时没有做到有序排队上下车"(1.37%)(见图 5)。

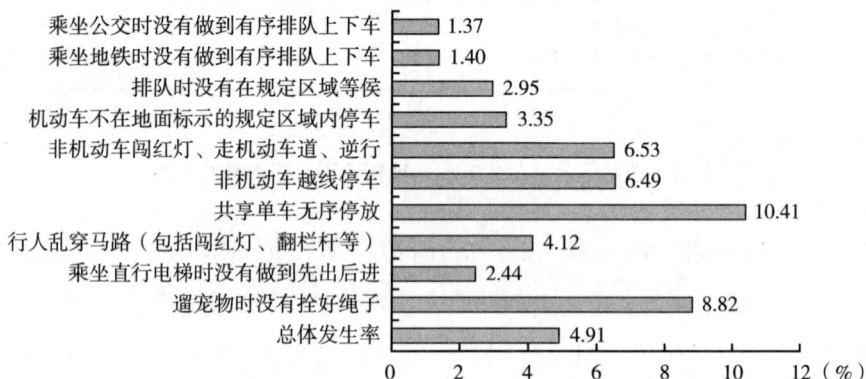

图 5　西湖区公共秩序方面各项指标不文明现象发生率

分时段来看,07:00~09:00 时段的不文明现象发生率最高(5.74%),13:00~15:00 时段(5.28%)次之,这两个时段的不文明现象发生率均高于全区公共秩序方面的不文明现象总体发生率;其余时段的不文明现象发生率分别为 10:00~12:00 时段 4.36% 和 16:00~18:00 时段4.44%(见图 6)。

3. 公共交往方面

在所观测的总流量 8086 人次中,不文明现象发生量为 355 人次,不文明现象总体发生率为 4.39%。

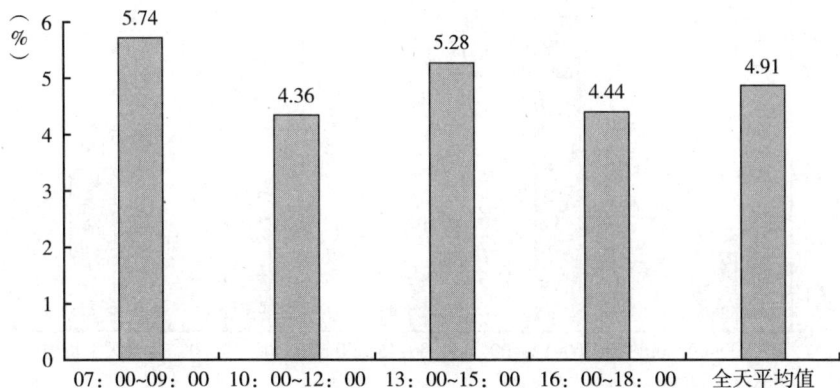

图6　西湖区公共秩序方面各时段不文明现象发生率

在本次观测所设置的 3 个指标中，"相互之间大声交谈不顾及他人"的不文明现象发生率最高，为 5.45%；"没有给老、弱、病、残、孕及怀抱婴儿者让座"的不文明现象发生率最低，为 1.12%（见图 7）。

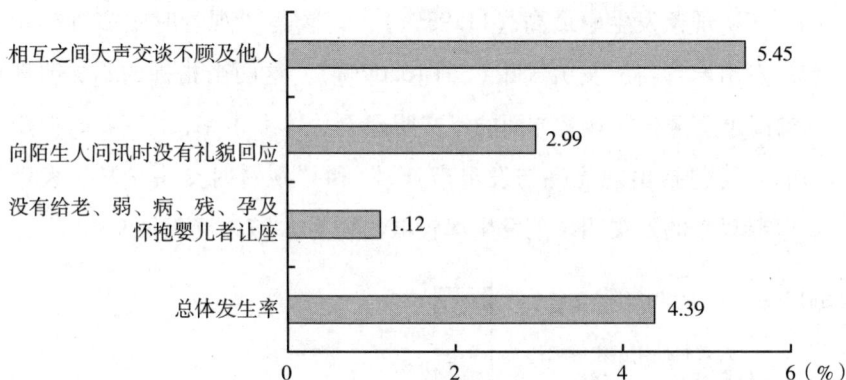

图7　西湖区公共交往方面各项指标不文明现象发生率

分时段来看，10：00 ~ 12：00 时段的不文明现象发生率最高，为 8.47%；13：00 ~ 15：00 时段的不文明现象发生率最低，为 1.14%；其余两个时段的不文明现象发生率分别为 07：00 ~ 09：00 时段 2.17% 和 16：00 ~ 18：00 时段 3.06%（见图 8）。

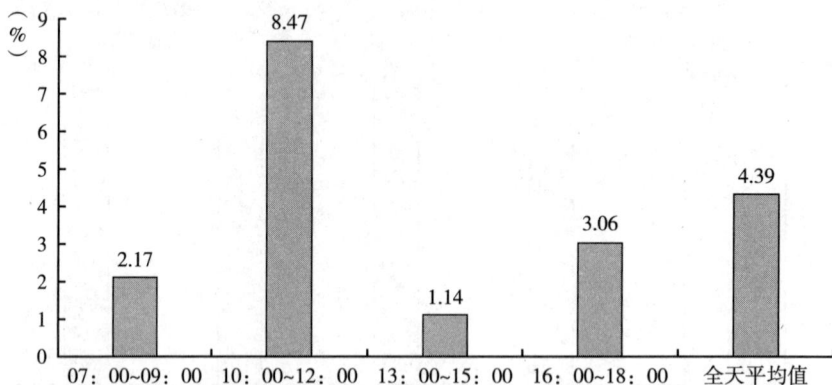

图8 西湖区公共交往方面各时段不文明现象发生率

4. 公共观赏方面

在所观测的总流量754人次中，不文明现象发生量为34人次，不文明现象总体发生率为4.51%。

在本次观测所设置的4个指标中，"观看结束后不自觉清理并带走垃圾"的不文明现象发生率最高（11.93%），其次是"观看时吃零食影响他人（包括发出声音与散发出气味）"（10.09%），这两个指标的不文明现象发生率均高于全区公共观赏方面的不文明现象总体发生率；"观看时使用手机影响他人（包括出现光亮与发出声音）"和"观看时交头接耳，大声喧哗，随意走动"的不文明现象发生率较低，均为1.87%（见图9）。

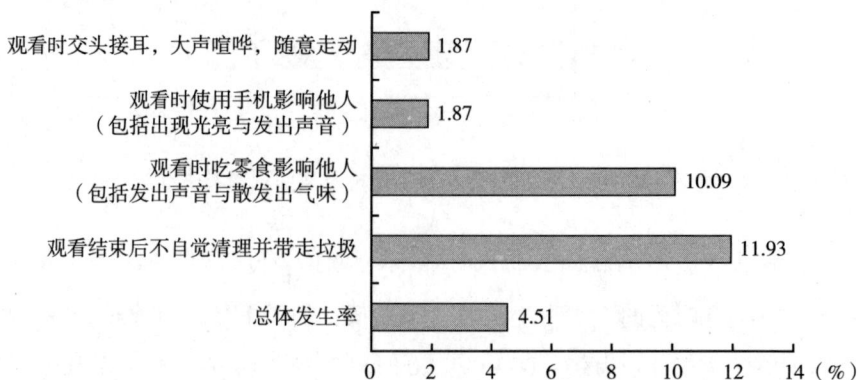

图9 西湖区公共观赏方面各项指标不文明现象发生率

分时段来看，07：00～09：00 和 10：00～12：00 这两个时段的数据空缺；其余两个时段的不文明现象发生率分别为 13：00～15：00 时段 5.23% 和 16：00～18：00 时段 3.90%（见图 10）。

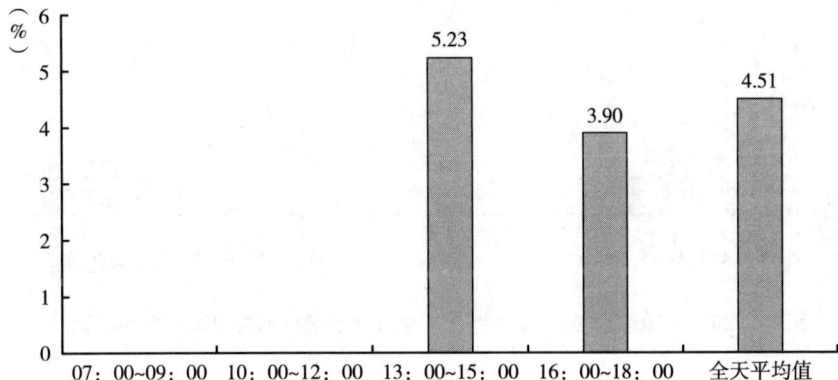

图 10　西湖区公共观赏方面各时段不文明现象发生率

（二）2014～2018年指标对比分析

以 2018 年四个方面 21 个指标为基础，对比 2014～2018 年 13 个相同或相近指标，对西湖区市民在公共卫生、公共秩序、公共交往和公共观赏四个方面的不文明现象发生率进行对比分析。

在公共卫生方面可比较的 4 个指标中，"投放垃圾时没有进行分类"的不文明现象发生率连续四年下降，"随地吐痰、便溺""在禁烟场所抽烟""遛宠物时不清理其排泄物"这 3 个指标的不文明现象发生率则呈现波动状态（见图 11）。

在公共秩序方面可比较的 4 个指标中，"乘坐公交时没有做到有序排队上下车""机动车不在地面标示的规定区域内停车""非机动车闯红灯、走机动车道、逆行""行人乱穿马路（包括闯红灯、翻栏杆等）"这 4 个指标的不文明现象发生率均呈现波动状态（见图 12）。

在公共交往方面可比较的 3 个指标中，"相互之间大声交谈不顾及他

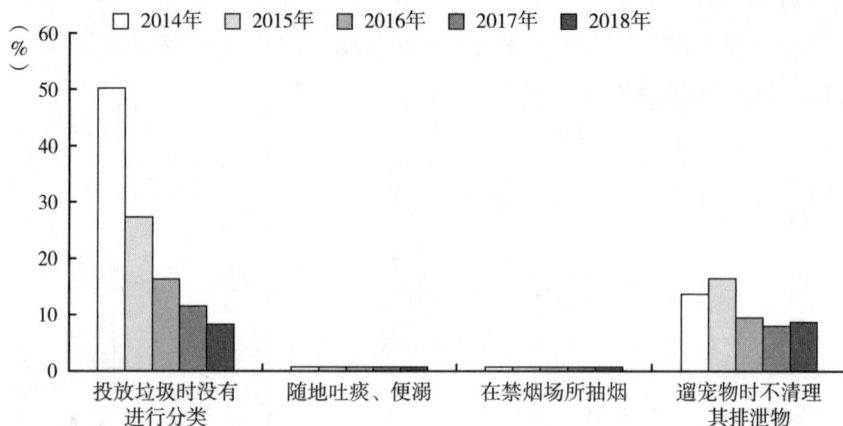

图11　2014~2018年西湖区公共卫生方面对比指标不文明现象发生率比较

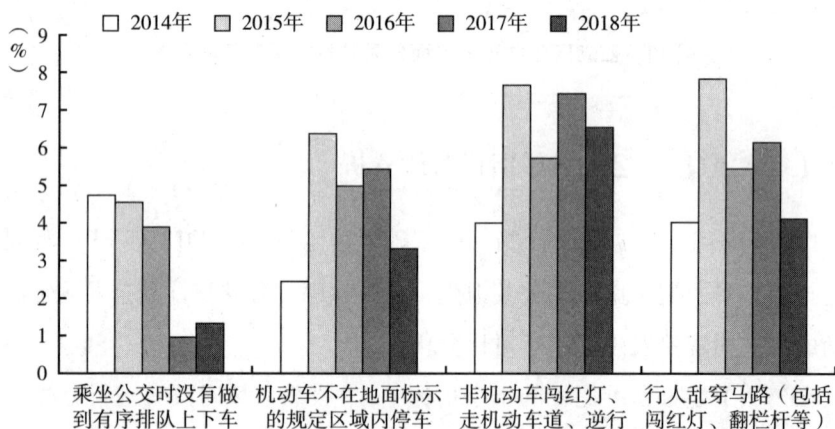

图12　2014~2018年西湖区公共秩序方面对比指标不文明现象发生率比较

人"""向陌生人问讯时没有礼貌回应"""没有给老、弱、病、残、孕及怀抱婴儿者让座"这3个指标的不文明现象发生率均呈现波动状态（见图13）。

在公共观赏方面可比较的2个指标中，"观看时交头接耳，大声喧哗，随意走动"和"观看时使用手机影响他人（包括出现光亮与发出声音）"这两个指标的不文明现象发生率均呈现波动状态（见图14）。

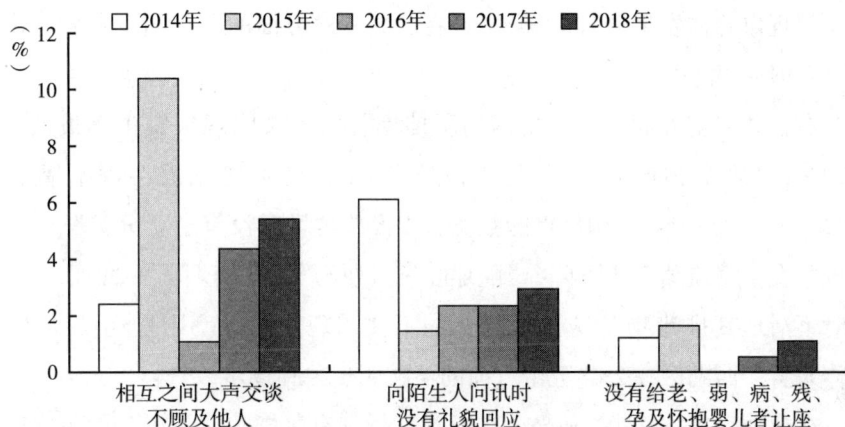

图13 2014～2018年西湖区公共交往方面对比指标不文明现象发生率比较

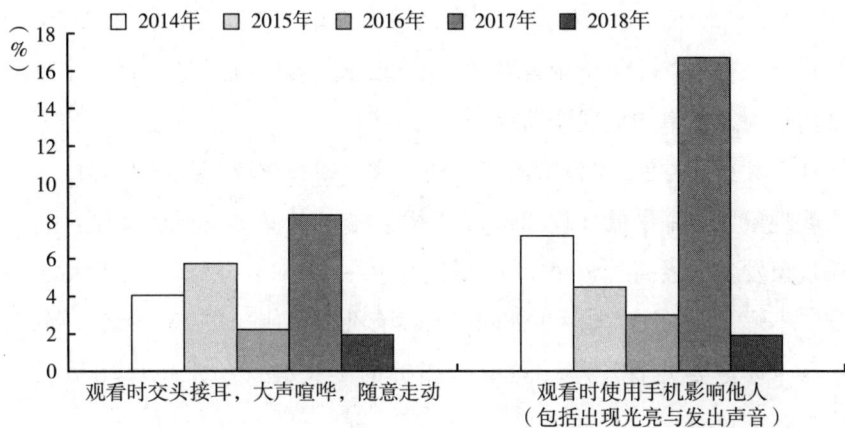

图14 2014～2018年西湖区公共观赏方面对比指标不文明现象发生率比较

三 基本判断

（一）基于四个方面的情况

西湖区在公共卫生方面的不文明现象发生率最低（0.65%），低于全区不文明现象总体发生率（3.56%）；在公共秩序方面的不文明现象发生率最高（4.91%）。

在公共卫生方面，"在禁烟场所抽烟"的不文明现象发生率最低，为0.20%；"遛宠物时不清理其排泄物"的不文明现象发生率较高，为8.82%。对比2014～2018年的数据，"投放垃圾时没有进行分类"的不文明现象发生率连续四年下降，"随地吐痰、便溺""在禁烟场所抽烟""遛宠物时不清理其排泄物"这3个指标的不文明现象发生率则呈现波动状态。总体来看，西湖区在公共卫生方面的不文明现象在逐步改进。

在公共秩序方面，"乘坐公交时没有做到有序排队上下车"的不文明现象发生率最低（1.37%），"共享单车无序停放"的不文明现象发生率最高（10.41%）。对比2014～2018年的数据，"乘坐公交时没有做到有序排队上下车""机动车不在地面标示的规定区域内停车""非机动车闯红灯、走机动车道、逆行""行人乱穿马路（包括闯红灯、翻栏杆等）"这4个指标的不文明现象发生率均呈现波动状态。

在公共交往方面，"没有给老、弱、病、残、孕及怀抱婴儿者让座"的不文明现象发生率最低（1.12%），"相互之间大声交谈不顾及他人"的不文明现象发生率最高（5.45%）。对比2014～2018年的数据，"相互之间大声交谈不顾及他人""向陌生人问讯时没有礼貌回应""没有给老、弱、病、残、孕及怀抱婴儿者让座"这3个指标的不文明现象发生率均呈现波动状态。

在公共观赏方面，"观看结束后不自觉清理并带走垃圾"的不文明现象发生率最高，为11.93%；"观看时使用手机影响他人（包括出现光亮与发出声音）"和"观看时交头接耳，大声喧哗，随意走动"的不文明现象发生率较低，均为1.87%。对比2014～2018年的数据，"观看时交头接耳，大声喧哗，随意走动"和"观看时使用手机影响他人（包括出现光亮与发出声音）"的不文明现象发生率均呈现波动状态。

上述四个方面各项指标中，有的指标的不文明现象发生率持续下降，表明西湖区在持续改进中取得了成效；有的指标的不文明现象发生率呈现波动状态，除受一些观测因素影响外，也表明了市民公共文明素养与文明程度的提升是一个长期过程，需要常抓不懈。

（二）基于现场观测时段的情况

西湖区居民公共卫生方面的不文明现象发生率在16：00～18：00时段最高，公共秩序方面的不文明现象发生率在07：00～09：00时段最高，公共交往方面的不文明现象发生率在10：00～12：00时段最高，公共观赏方面的不文明现象发生率则在13：00～15：00时段最高。这些可能受早晚高峰、观测时间、观测地点和天气等客观因素的影响。

（三）基于四个方面21个指标的情况

1. 不文明现象发生率排在前10位的指标

①观看结束后不自觉清理并带走垃圾（公共观赏，11.93%）

②共享单车无序停放（公共秩序，10.41%）

③观看时吃零食影响他人（包括发出声音与散发出气味）（公共观赏，10.09%）

④遛宠物时不清理其排泄物（公共卫生，8.82%）

⑤遛宠物时没有拴好绳子（公共秩序，8.82%）

⑥投放垃圾时没有进行分类（公共卫生，8.41%）

⑦非机动车闯红灯、走机动车道、逆行（公共秩序，6.53%）

⑧非机动车越线停车（公共秩序，6.49%）

⑨相互之间大声交谈不顾及他人（公共交往，5.45%）

⑩行人乱穿马路（包括闯红灯、翻栏杆等）（公共秩序，4.12%）

在这10个指标中，属于公共卫生方面的有2个，属于公共秩序方面的有5个，属于公共交往方面的有1个，属于公共观赏方面的有2个。

2. 不文明现象发生率排在后10位的指标

① 在禁烟场所抽烟（公共卫生，0.20%）

② 随地吐痰、便溺（公共卫生，0.48%）

③ 没有给老、弱、病、残、孕及怀抱婴儿者让座（公共交往，1.12%）

④ 乘坐公交时没有做到有序排队上下车（公共秩序，1.37%）

⑤ 乘坐地铁时没有做到有序排队上下车（公共秩序，1.40%）

⑥ 观看时使用手机影响他人（包括出现光亮与发出声音）（公共观赏，1.87%）

⑦ 观看时交头接耳，大声喧哗，随意走动（公共观赏，1.87%）

⑧ 乘坐直行电梯时没有做到先出后进（公共秩序，2.44%）

⑨ 排队时没有在规定区域等候（公共秩序，2.95%）

⑩ 向陌生人问讯时没有礼貌回应（公共交往，2.99%）

在这 10 个指标中，属于公共卫生方面的有 2 个，属于公共秩序方面的有 4 个，属于公共交往方面的有 2 个，属于公共观赏方面的有 2 个。

综合以上维度情况的分析，西湖区居民在公共文明创建，尤其是公共交往方面取得了一定成效。

2018年杭州市民公共文明指数
调查现场观测报告（滨江区）

根据《2018年杭州市民公共文明指数调查实施方案》的总体安排，课题组于2018年11月8日至10日三天对全区15个观测点的市民在工作日和双休日不同时段的文明素养状况展开了实地观测，就观测情况形成如下报告。

一　滨江区现场观测总体情况

滨江区选取的15个现场观测点分别是滨文公交中心站、网商路滨康路口公交车站、江陵路地铁站、浙江大学医学院附属第二医院滨江院区（滨江医院）、滨文路与火炬大道交叉路口、江晖路与春晓路交叉路口、中兴花园社区、滨康小区、杭州六和农贸市场、滨江区普法主题公园、聚园路（江晖路至江淑路段）、华润万家滨文路店以及地铁1号线、区内多条公交线路和中影国际影城。实地观测分别围绕公共卫生、公共秩序、公共交往和公共观赏四个方面共21个指标展开。

观测显示，滨江区在四个时段观测总流量为52780人次/辆次，其中不文明现象发生量为2239人次/辆次，不文明现象总体发生率为4.24%。16：00～18：00时段的不文明现象发生率最高，为4.48%；10：00～12：00时段的不文明现象发生率最低，为4.05%（见图1）。

滨江区在四个方面中，公共卫生方面的不文明现象发生率最低，为2.07%；公共观赏方面的不文明现象发生率最高，为11.80%（见图2）。

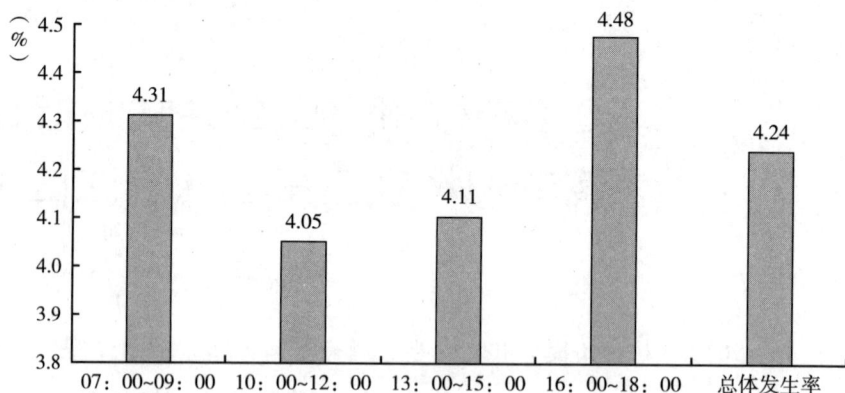

图1　滨江区各时段不文明现象发生率比较

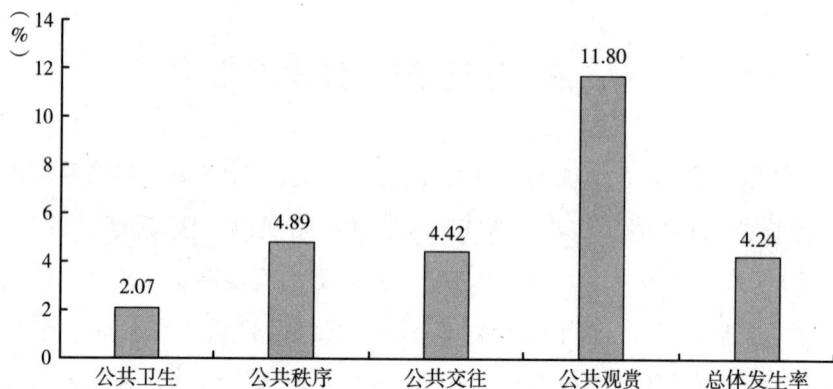

图2　滨江区四个方面不文明现象发生率比较

二　四个方面各项指标情况

（一）2018年数据分析

1. 公共卫生方面

在所观测的总流量12729人次中，不文明现象发生量为264人次，不文

明现象总体发生率为2.07%。

在本次观测所设置的4个指标中，不文明现象发生率较高的是"投放垃圾时没有进行分类"（10.30%）和"遛宠物时不清理其排泄物"（7.84%），而不文明现象发生率较低的是"随地吐痰、便溺"（1.82%）和"在禁烟场所抽烟"（0.62%）（见图3）。

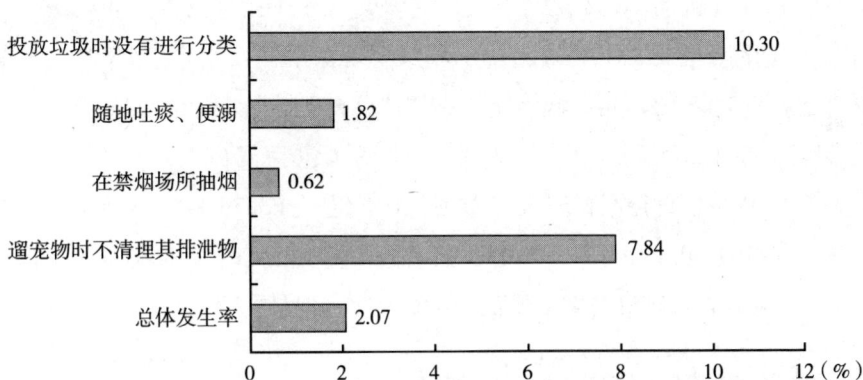

图3 滨江区公共卫生方面各项指标不文明现象发生率

分时段来看，07：00～09：00时段的不文明现象发生率最高，为2.19%；其次是10：00～12：00时段（2.14%）和13：00～15：00时段（2.12%）；16：00～18：00时段的不文明现象发生率最低，为1.82%（见图4）。

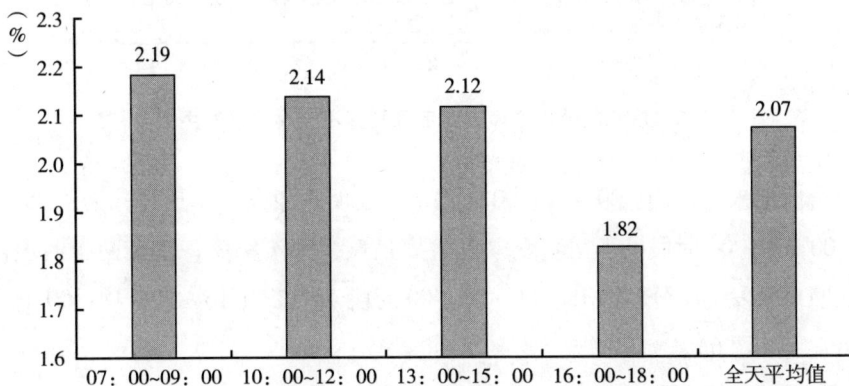

图4 滨江区公共卫生方面各时段不文明现象发生率

2. 公共秩序方面

在所观测的总流量 35333 人次/辆次中，不文明现象发生量为 1727 人次/辆次，不文明现象总体发生率为 4.89%。

在本次观测所设置的 10 个指标中，"遛宠物时没有拴好绳子"（15.69%）、"共享单车无序停放"（9.63%）、"机动车不在地面标示的规定区域内停车"（6.54%）、"非机动车越线停车"（5.34%）这 4 个指标的不文明现象发生率较高，均高于全区公共秩序方面的不文明现象总体发生率（4.89%）；其次是"排队时没有在规定区域等候"（4.81%）、"非机动车闯红灯、走机动车道、逆行"（4.75%）、"行人乱穿马路（包括闯红灯、翻栏杆等）"（3.98%）、"乘坐直行电梯时没有做到先出后进"（3.73%）、"乘坐地铁时没有做到有序排队上下车"（3.09%）；而"乘坐公交时没有做到有序排队上下车"的不文明现象发生率最低，为 2.71%（见图 5）。

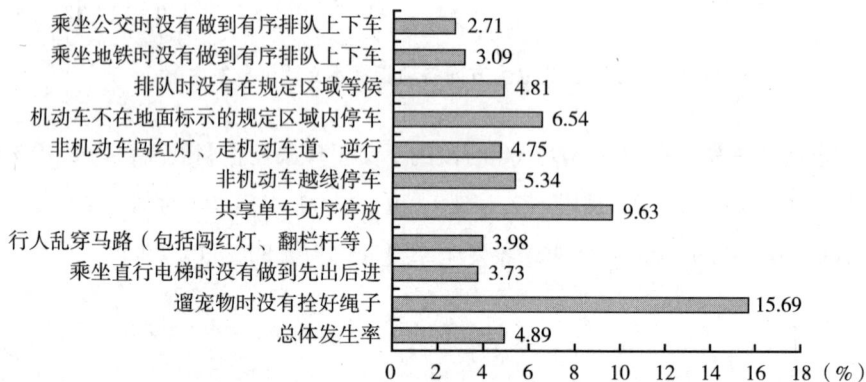

图 5　滨江区公共秩序方面各项指标不文明现象发生率

分时段来看，10：00~12：00 时段的不文明现象发生率最高，为 4.95%；07：00~09：00 时段的不文明现象发生率最低，为 4.83%；其余两个时段的不文明现象发生率分别为 13：00~15：00 时段 4.93% 和 16：00~18：00 时段 4.88%（见图 6）。

3. 公共交往方面

在所观测的总流量 4184 人次中，不文明现象发生量为 185 人次，不文

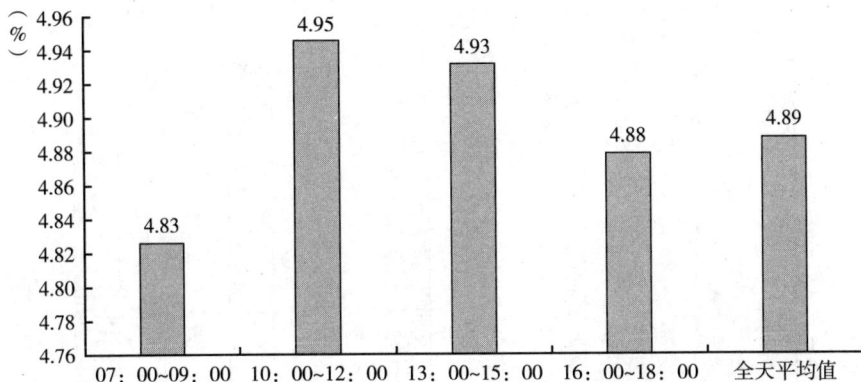

图6　滨江区公共秩序方面各时段不文明现象发生率

明现象总体发生率为4.42%。

在本次观测所设置的3个指标中，"向陌生人问讯时没有礼貌回应"的不文明现象发生率最高，为5.00%；"相互之间大声交谈不顾及他人"的不文明现象发生率为4.42%；"没有给老、弱、病、残、孕及怀抱婴儿者让座"的不文明现象发生率最低，为3.70%（见图7）。

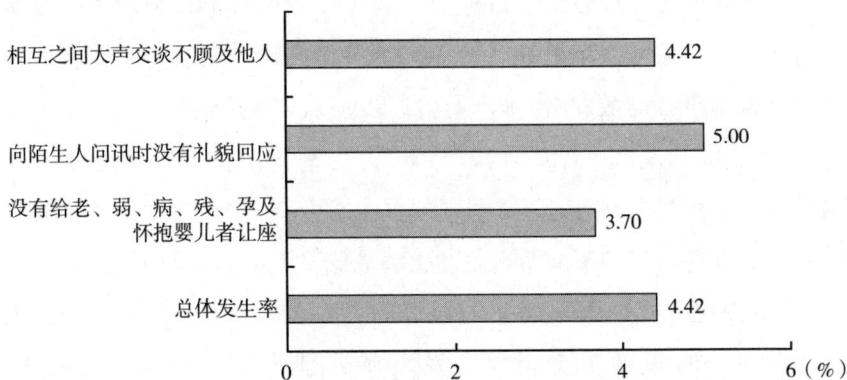

图7　滨江区公共交往方面各项指标不文明现象发生率

分时段来看，16：00～18：00时段的不文明现象发生率最高，为5.59%；其次是10：00～12：00时段4.95%和13：00～15：00时段4.11%；07：00～09：00时段的不文明现象发生率最低，为3.27%（见图8）。

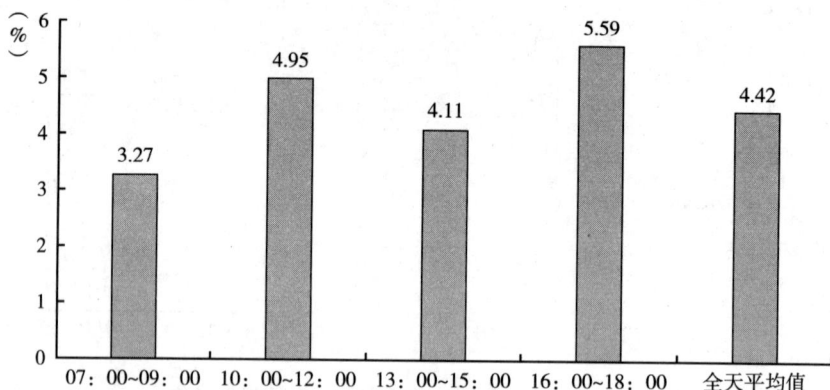

图8 滨江区公共交往方面各时段不文明现象发生率

4. 公共观赏方面

在所观测的总流量534人次中，不文明现象发生量为63人次，不文明现象总体发生率为11.80%。

在本次观测所设置的4个指标中，"观看结束后不自觉清理并带走垃圾"的不文明现象发生率最高（25.97%），其次是"观看时吃零食影响他人（包括发出声音与散发出气味）"（12.99%）、"观看时使用手机影响他人（包括出现光亮与发出声音）"（12.63%），这3个指标的不文明现象发生率均高于全区公共观赏方面的不文明现象总体发生率；"观看时交头接耳，大声喧哗，随意走动"的不文明现象发生率最低，为4.74%（见图9）。

分时段来看，07：00~09：00时段和10：00~12：00时段的数据空缺；其余两个时段的不文明现象发生率分别为13：00~15：00时段15.67%和16：00~18：00时段10.50%（见图10）。

（二）2014~2018年指标对比分析

以2018年四个方面21个指标为基础，对比2014~2018年13个相同或相近指标，对滨江区市民在公共卫生、公共秩序、公共交往和公共观赏四个

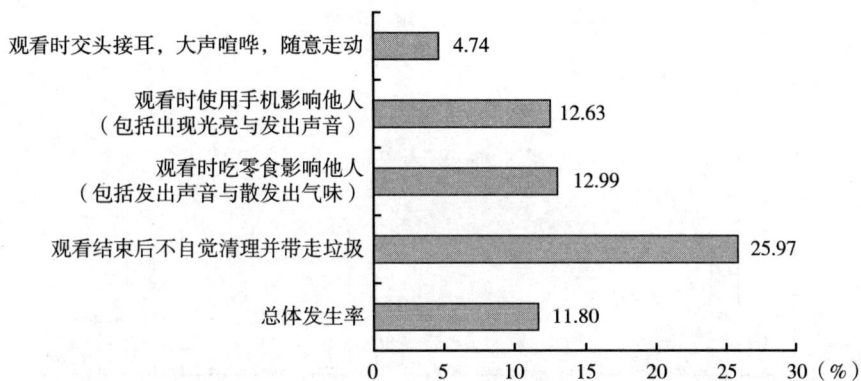

图9　滨江区公共观赏方面各项指标不文明现象发生率

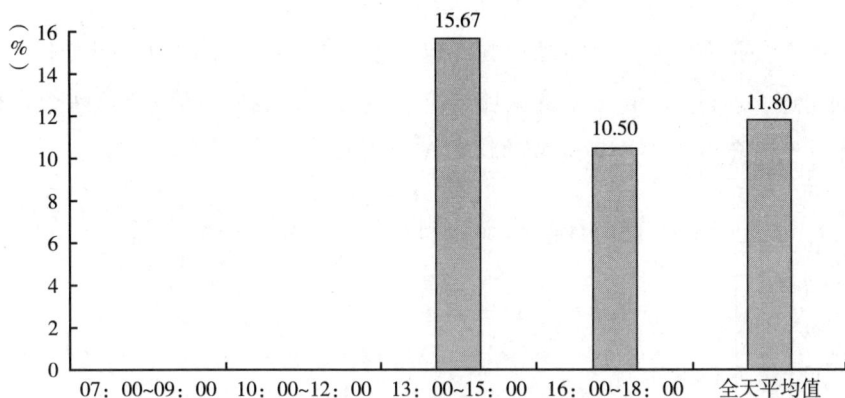

图10　滨江区公共观赏方面各时段不文明现象发生率

方面的不文明现象发生率进行对比分析。

在公共卫生方面可比较的4个指标中，"投放垃圾时没有进行分类"和"遛宠物时不清理其排泄物"的不文明现象发生率连续四年下降，而"随地吐痰、便溺"和"在禁烟场所抽烟"这两个指标的不文明现象发生率则呈现波动状态。总体来看，滨江区在公共卫生方面的不文明现象在持续改进（见图11）。

在公共秩序方面可比较的4个指标中，"乘坐公交时没有做到有序排队

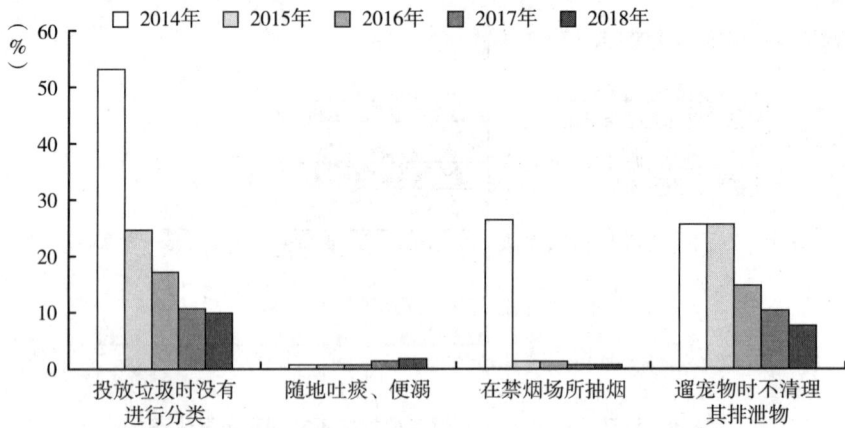

图11 2014～2018年滨江区公共卫生方面对比指标不文明现象发生率比较

上下车""机动车不在地面标示的规定区域内停车""非机动车闯红灯、走机动车道、逆行""行人乱穿马路（包括闯红灯、翻栏杆等）"这4个指标的不文明现象发生率均呈现波动状态（见图12）。

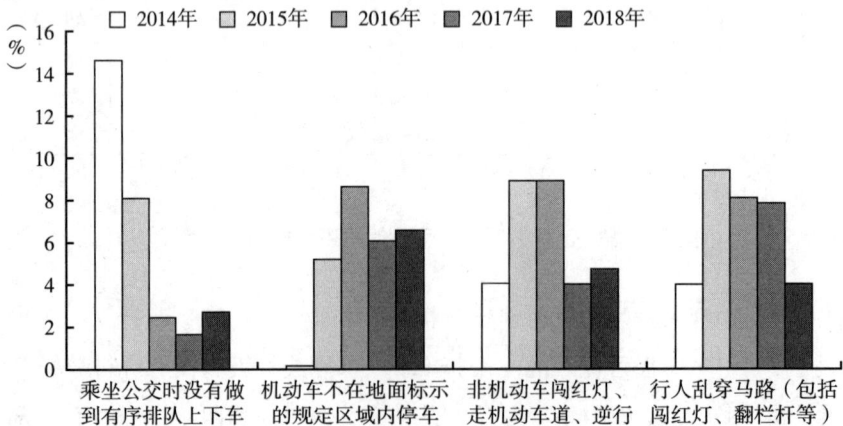

图12 2014～2018年滨江区公共秩序方面对比指标不文明现象发生率比较

在公共交往方面可比较的3个指标中，"没有给老、弱、病、残、孕及怀抱婴儿者让座"的不文明现象发生率连续四年下降，而"相互之间大声交谈不顾及他人"和"向陌生人问讯时没有礼貌回应"这两个指标的不文明现象发生率则呈现波动状态（见图13）。

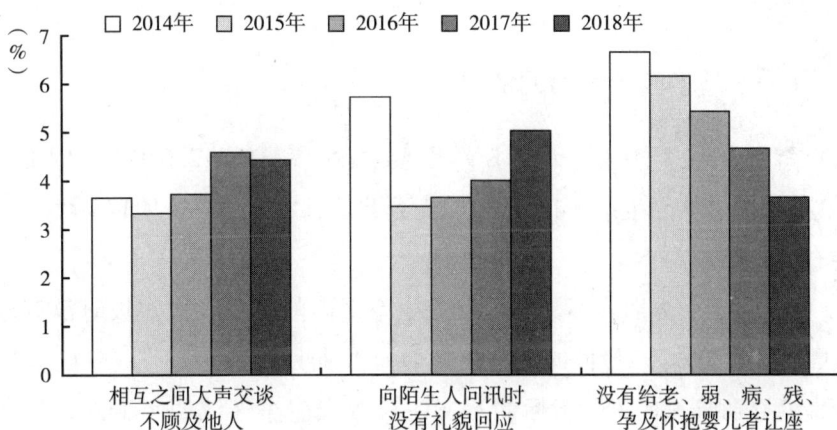

图13 2014～2018年滨江区公共交往方面对比指标不文明现象发生率比较

在公共观赏方面可比较的2个指标中，"观看时交头接耳，大声喧哗，随意走动"和"观看时使用手机影响他人（包括出现光亮与发出声音）"这两个指标的不文明现象发生率均呈现波动状态（见图14）。

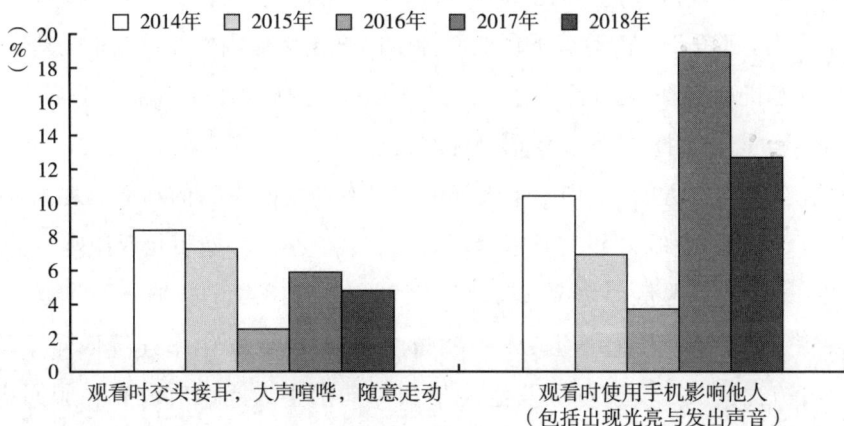

图14 2014～2018年滨江区公共观赏方面对比指标不文明现象发生率比较

三　基本判断

（一）基于四个方面的情况

滨江区在公共卫生方面的不文明现象发生率最低（2.07%），低于全区不文明现象总体发生率（4.24%）；在公共观赏方面的不文明现象发生率最高（11.80%）。

在公共卫生方面，不文明现象发生率最高的是"投放垃圾时没有进行分类"（10.30%），最低的是"在禁烟场所抽烟"（0.62%）。对比2014～2018年的数据，有两个指标的不文明现象发生率连续四年下降，分别为"投放垃圾时没有进行分类"和"遛宠物时不清理其排泄物"；而"随地吐痰、便溺"和"在禁烟场所抽烟"这两个指标的不文明现象发生率则呈现波动状态。

在公共秩序方面，不文明现象发生率最高的是"遛宠物时没有拴好绳子"（15.69%），而"乘坐公交时没有做到有序排队上下车"的不文明现象发生率最低（2.71%）。对比2014～2018年的数据，"乘坐公交时没有做到有序排队上下车""机动车不在地面标示的规定区域内停车""非机动车闯红灯、走机动车道、逆行""行人乱穿马路（包括闯红灯、翻栏杆等）"这4个指标的不文明现象发生率均呈现波动状态。

在公共交往方面，"向陌生人问讯时没有礼貌回应"的不文明现象发生率最高，为5.00%；"没有给老、弱、病、残、孕及怀抱婴儿者让座"的不文明现象发生率最低，为3.70%。对比2014～2018年的数据，"没有给老、弱、病、残、孕及怀抱婴儿者让座"的不文明现象发生率连续四年下降，而"相互之间大声交谈不顾及他人"和"向陌生人问讯时没有礼貌回应"这两个指标的不文明现象发生率则呈现波动状态。

在公共观赏方面，"观看结束后不自觉清理并带走垃圾"的不文明现象发生率最高（25.97%），"观看时交头接耳，大声喧哗，随意走动"的不文明现象发生率最低（4.74%）。对比2014~2018年的数据，"观看时交头接耳，大声喧哗，随意走动"和"观看时使用手机影响他人（包括出现光亮与发出声音）"这两个指标的不文明现象发生率均呈现波动状态。

上述四个方面各项指标中，有的指标的不文明现象发生率持续下降，表明滨江区在持续改进中取得了成效；有的指标的不文明现象发生率呈现波动状态，除受一些观测因素影响外，也表明了市民公共文明素养与文明程度的提升是一个长期过程，需要常抓不懈。

（二）基于现场观测时段的情况

滨江区居民公共卫生方面的不文明现象发生率在07：00~09：00时段最高，为2.19%；公共秩序方面的不文明现象发生率在10：00~12：00时段最高，为4.95%；公共交往方面的不文明现象发生率在16：00~18：00时段最高，为5.59%；公共观赏方面的不文明现象发生率在13：00~15：00时段最高，为15.67%。这些可能受早晚高峰、观测时间、观测地点和天气等客观因素的影响。

（三）基于四个方面21个指标的情况

1. 不文明现象发生率排在前10位的指标

①观看结束后不自觉清理并带走垃圾（公共观赏，25.97%）

②遛宠物时没有拴好绳子（公共秩序，15.69%）

③观看时吃零食影响他人（包括发出声音与散发出气味）（公共观赏，12.99%）

④观看时使用手机影响他人（包括出现光亮与发出声音）（公共观赏，12.63%）

⑤投放垃圾时没有进行分类（公共卫生，10.30%）

⑥共享单车无序停放（公共秩序，9.63%）

⑦遛宠物时不清理其排泄物（公共卫生，7.84%）

⑧机动车不在地面标示的规定区域内停车（公共秩序，6.54%）

⑨非机动车越线停车（公共秩序，5.34%）

⑩向陌生人问讯时没有礼貌回应（公共交往，5.00%）

在这10个指标中，属于公共卫生方面的有2个，属于公共秩序方面的有4个，属于公共交往方面的有1个，属于公共观赏方面的有3个。

2. 不文明现象发生率排在后10位的指标

①在禁烟场所抽烟（公共卫生，0.62%）

②随地吐痰、便溺（公共卫生，1.82%）

③乘坐公交时没有做到有序排队上下车（公共秩序，2.71%）

④乘坐地铁时没有做到有序排队上下车（公共秩序，3.09%）

⑤没有给老、弱、病、残、孕及怀抱婴儿者让座（公共交往，3.70%）

⑥乘坐直行电梯时没有做到先出后进（公共秩序，3.73%）

⑦行人乱穿马路（包括闯红灯、翻栏杆等）（公共秩序，3.98%）

⑧相互之间大声交谈不顾及他人（公共交往，4.42%）

⑨观看时交头接耳，大声喧哗，随意走动（公共观赏，4.74%）

⑩非机动车闯红灯、走机动车道、逆行（公共秩序，4.75%）

在这10个指标中，属于公共卫生方面的有2个，属于公共秩序方面的有5个，属于公共交往方面的有2个，属于公共观赏方面的有1个。

综合以上维度情况的分析，滨江区居民在公共文明创建，尤其是公共卫生和公共交往方面有一定改进。

2018年杭州市民公共文明指数调查现场观测报告（萧山区）

根据《2018年杭州市民公共文明指数调查实施方案》的总体安排，课题组于2018年11月15日、16日和18日三天对全区15个观测点的市民在工作日和双休日不同时段的文明素养状况展开了实地观测，就观测情况形成如下报告。

一 萧山区现场观测总体情况

萧山区选取的15个现场观测点分别是市心北路建设三路公交车站、时代广场公交车站、建设一路地铁站、萧山区第一人民医院、建设四路与市心北路交叉路口、体育路与市心南路交叉路口、西佳境天城成合苑、崇化小区、宁安农贸市场、西山公园、西河路（城河街至人民路）、银隆百货以及下沙至萧山公交线路、区内多条公交线路和萧山剧院。实地观测分别围绕公共卫生、公共秩序、公共交往和公共观赏四个方面共21个指标展开。

观测显示，萧山区在四个时段观测总流量为45788人次/辆次，其中不文明现象发生量为2114人次/辆次，不文明现象总体发生率为4.62%。07：00～09：00时段的不文明现象发生率最高，为4.93%；13：00～15：00时段的不文明现象发生率最低，为4.19%（见图1）。

萧山区在四个方面中，公共卫生方面的不文明现象发生率最低，为2.75%；公共观赏方面的不文明现象发生率最高，为11.04%（见图2）。

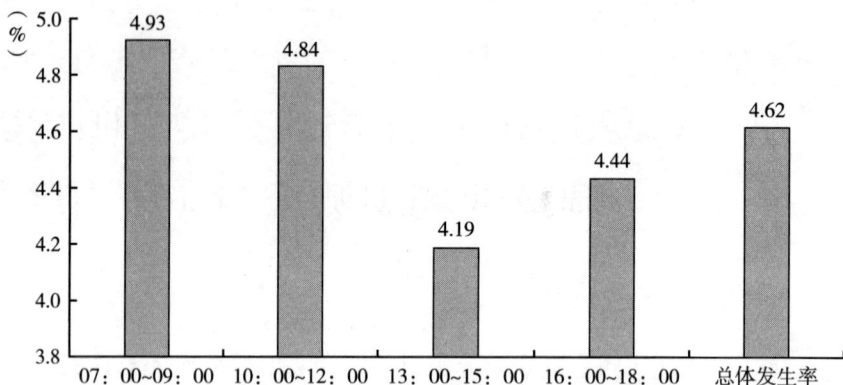

图1 萧山区各时段不文明现象发生率比较

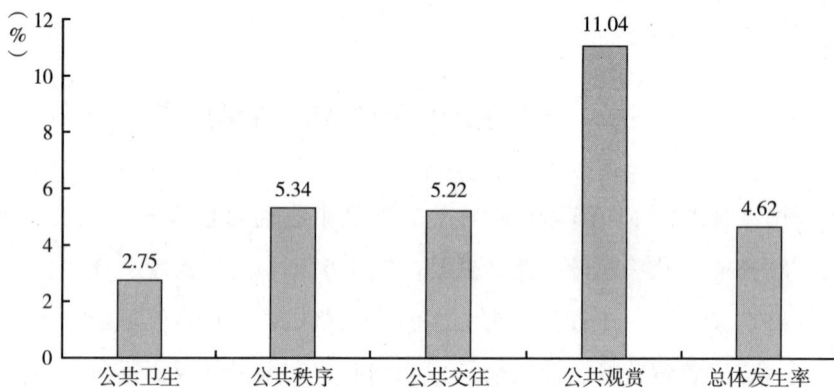

图2 萧山区四个方面不文明现象发生率比较

二 四个方面各项指标情况

(一)2018年数据分析

1. 公共卫生方面

在所观测的总流量13840人次中,不文明现象发生量为381人次,不文明现象总体发生率为2.75%。

在本次观测所设置的 4 个指标中，不文明现象发生率最高的是"投放垃圾时没有进行分类"（10.07%），其次为"遛宠物时不清理其排泄物"（6.35%），而不文明现象发生率较低的是"随地吐痰、便溺"（2.26%）和"在禁烟场所抽烟"（0.70%）（见图3）。

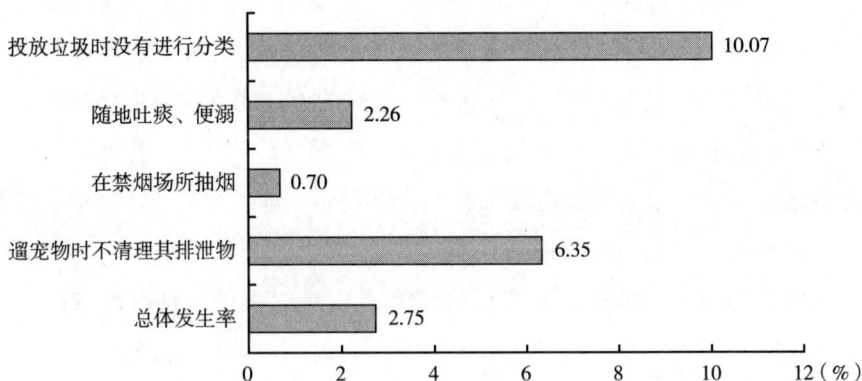

图3　萧山区公共卫生方面各项指标不文明现象发生率

分时段来看，07：00～09：00 时段的不文明现象发生率最高，为3.91%；13：00～15：00 时段的不文明现象发生率最低，为1.84%；其余两个时段的不文明现象发生率分别为 10：00～12：00 时段 3.11% 和16：00～18：00 时段 1.91%（见图4）。

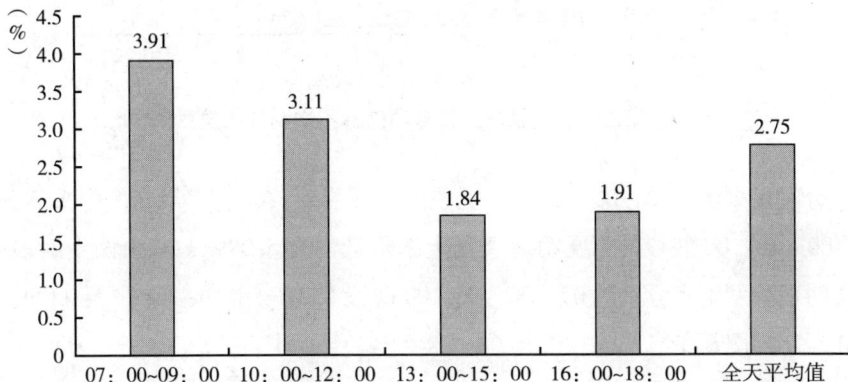

图4　萧山区公共卫生方面各时段不文明现象发生率

2. 公共秩序方面

在所观测的总流量 25371 人次/辆次中，不文明现象发生量为 1354 人次/辆次，不文明现象总体发生率为 5.34%。

在本次观测所设置的 10 个指标中，"共享单车无序停放"（12.61%）、"遛宠物时没有拴好绳子"（9.52%）、"非机动车越线停车"（9.13%）、"行人乱穿马路（包括闯红灯、翻栏杆等）"（6.70%）和"乘坐直行电梯时没有做到先出后进"（6.01%）这 5 个指标的不文明现象发生率较高，均高于全区公共秩序方面的不文明现象总体发生率（5.34%）；其次是"机动车不在地面标示的规定区域内停车"（4.62%）、"排队时没有在规定区域等候"（3.72%）、"非机动车闯红灯、走机动车道、逆行"（2.91%）、"乘坐公交时没有做到有序排队上下车"（2.70%）；而"乘坐地铁时没有做到有序排队上下车"的不文明现象发生率最低，为 2.47%（见图 5）。

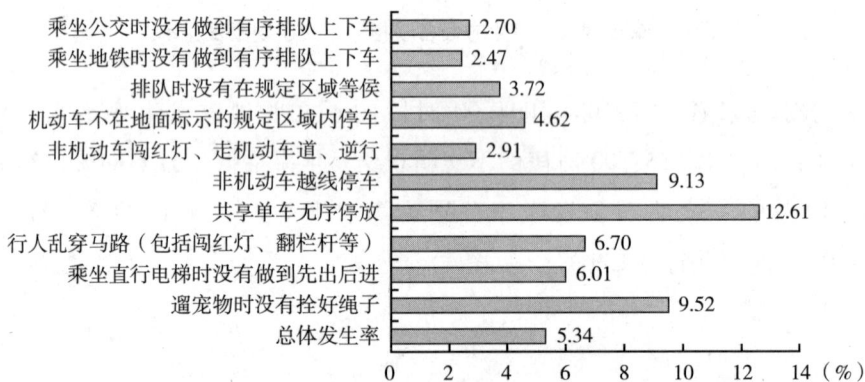

图 5 萧山区公共秩序方面各项指标不文明现象发生率

分时段来看，13：00～15：00 时段的不文明现象发生率最高，为 5.74%；16：00～18：00 时段的不文明现象发生率最低，为 5.09%；其余两个时段的不文明现象发生率分别为 07：00～09：00 时段 5.27% 和 10：00～12：00 时段 5.41%（见图 6）。

3. 公共交往方面

在所观测的总流量 5961 人次中，不文明现象发生量为 311 人次，不文

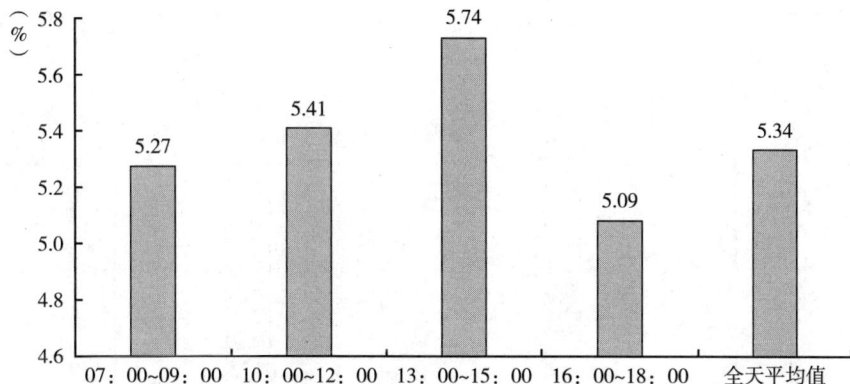

图6　萧山区公共秩序方面各时段不文明现象发生率

明现象总体发生率为5.22%。

在本次观测所设置的3个指标中，"没有给老、弱、病、残、孕及怀抱婴儿者让座"的不文明现象发生率最高，为8.03%；"相互之间大声交谈不顾及他人"的不文明现象发生率最低，为5.02%（见图7）。

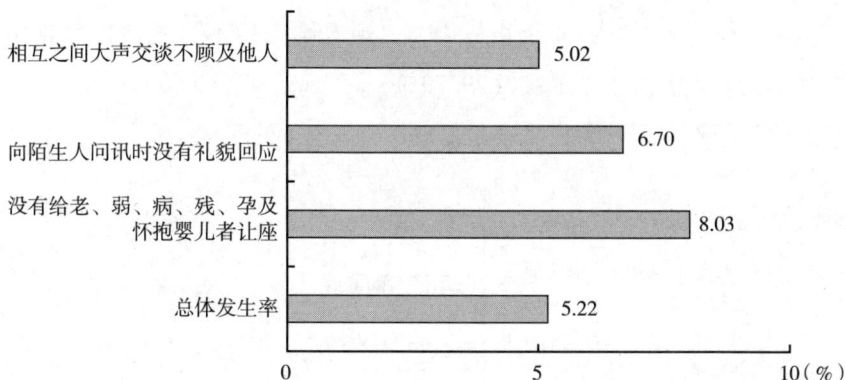

图7　萧山区公共交往方面各项指标不文明现象发生率

分时段来看，10：00~12：00时段的不文明现象发生率最高，为5.89%；13：00~15：00时段的不文明现象发生率最低，为4.04%；其余两个时段的

不文明现象发生率分别为07：00～09：00时段5.78%和16：00～18：00时段
5.83%（见图8）。

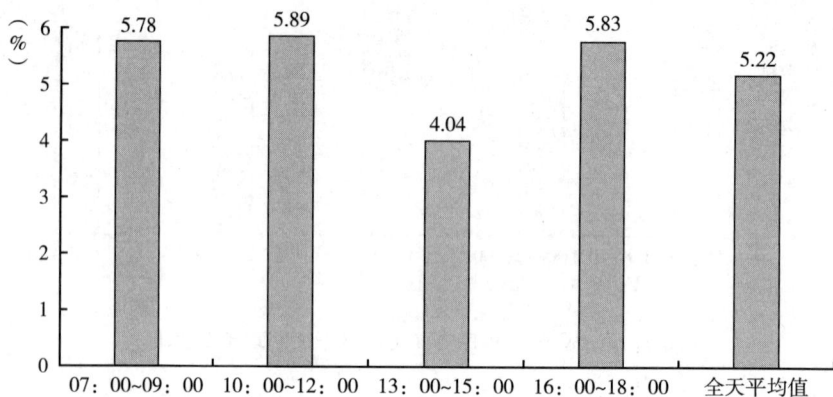

图8　萧山区公共交往方面各时段不文明现象发生率

4. 公共观赏方面

在所观测的总流量616人次中，不文明现象发生量为68人次，不文明
现象总体发生率为11.04%。

在本次观测所设置的4个指标中，"观看结束后不自觉清理并带走垃
圾"的不文明现象发生率最高（29.79%），"观看时交头接耳，大声喧哗，
随意走动"的不文明现象发生率最低（3.74%）（见图9）。

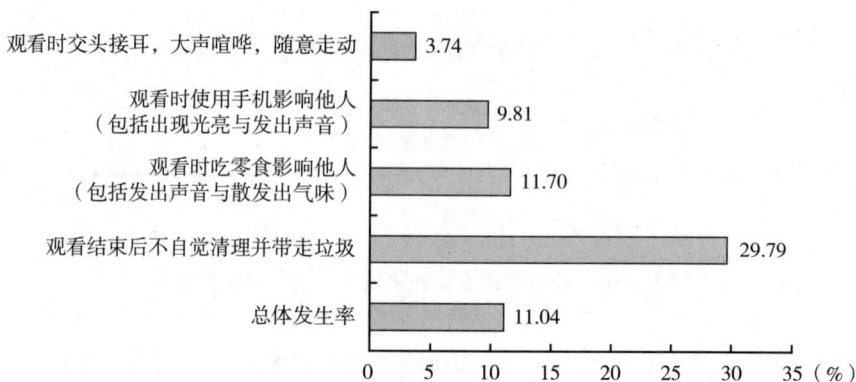

图9　萧山区公共观赏方面各项指标不文明现象发生率

分时段来看，07：00～09：00 时段的数据空缺；其余三个时段的不文明现象发生率分别为 10：00～12：00 时段 11.25%、13：00～15：00 时段 11.76% 和 16：00～18：00 时段 10.42%（见图 10）。

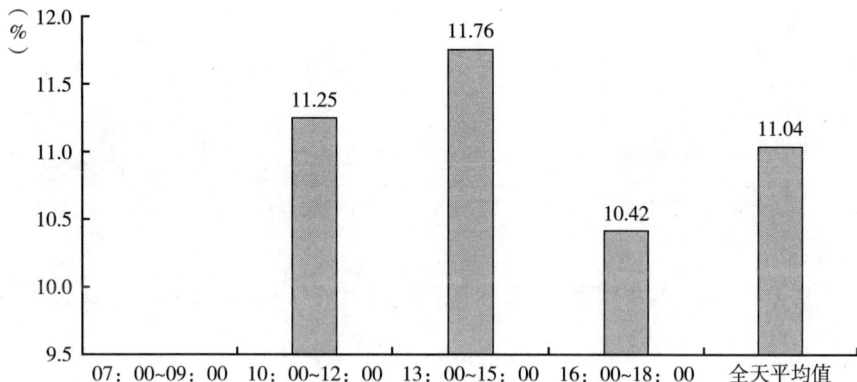

图10　萧山区公共观赏方面各时段不文明现象发生率

（二）2014～2018年指标对比分析

以 2018 年四个方面 21 个指标为基础，对比 2014～2018 年 13 个相同或相近指标，对萧山区市民在公共卫生、公共秩序、公共交往和公共观赏四个方面的不文明现象发生率进行对比分析。

在公共卫生方面可比较的 4 个指标中，"投放垃圾时没有进行分类""随地吐痰、便溺""在禁烟场所抽烟""遛宠物时不清理其排泄物"这 4 个指标的不文明现象发生率均呈现波动状态（见图 11）。

在公共秩序方面可比较的 4 个指标中，"非机动车闯红灯、走机动车道、逆行"的不文明现象发生率连续四年下降，而"乘坐公交时没有做到有序排队上下车""机动车不在地面标示的规定区域内停车""行人乱穿马路（包括闯红灯、翻栏杆等）"这 3 个指标的不文明现象发生率则呈现波动状态（见图 12）。

在公共交往方面可比较的 3 个指标中，"相互之间大声交谈不顾及他

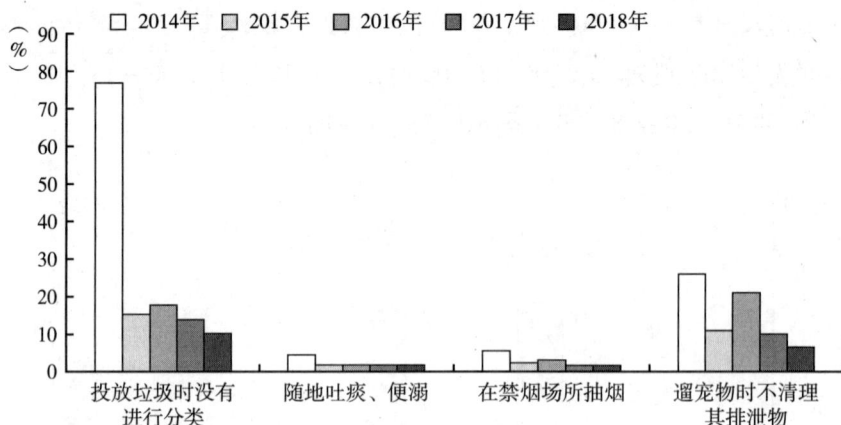

图11　2014～2018年萧山区公共卫生方面对比指标不文明现象发生率比较

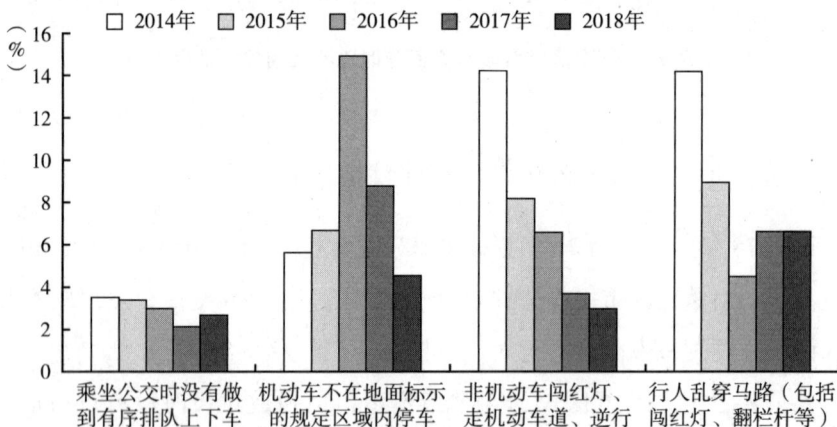

图12　2014～2018年萧山区公共秩序方面对比指标不文明现象发生率比较

人""向陌生人问讯时没有礼貌回应""没有给老、弱、病、残、孕及怀抱婴儿者让座"这3个指标的不文明现象发生率均呈现波动状态（见图13）。

在公共观赏方面可比较的2个指标中，"观看时交头接耳，大声喧哗，随意走动"和"观看时使用手机影响他人（包括出现光亮与发出声音）"这两个指标的不文明现象发生率均呈现波动状态（见图14）。

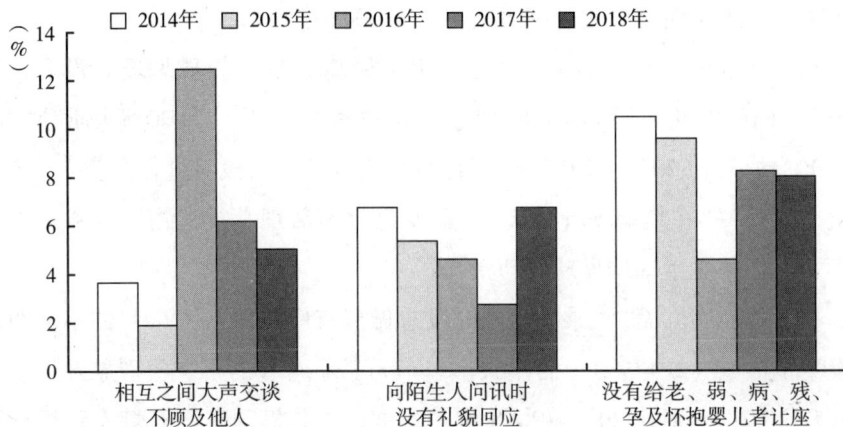

图 13 2014～2018 年萧山区公共交往方面对比指标不文明现象发生率比较

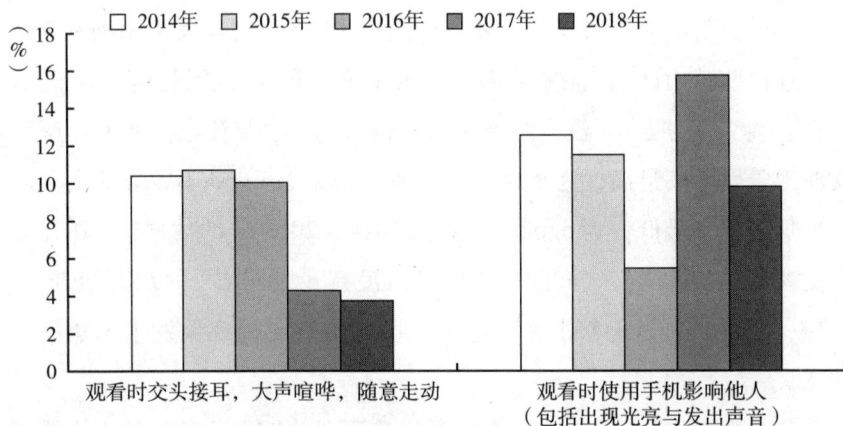

图 14 2014～2018 年萧山区公共观赏方面对比指标不文明现象发生率比较

三 基本判断

（一）基于四个方面的情况

萧山区在公共卫生方面的不文明现象发生率最低，为 2.75%；在公共

355

观赏方面的不文明现象发生率最高，为11.04%。

在公共卫生方面，不文明现象发生率最高的是"投放垃圾时没有进行分类"（10.07%），而不文明现象发生率最低的是"在禁烟场所抽烟"（0.70%）。对比2014~2018年的数据，"投放垃圾时没有进行分类""随地吐痰、便溺""在禁烟场所抽烟""遛宠物时不清理其排泄物"这4个指标的不文明现象发生率均呈现波动状态。

在公共秩序方面，"乘坐地铁时没有做到有序排队上下车"的不文明现象发生率最低（2.47%），而"共享单车无序停放"的不文明现象发生率最高（12.61%）。对比2014~2018年的数据，"非机动车闯红灯、走机动车道、逆行"的不文明现象发生率连续四年下降，而"乘坐公交时没有做到有序排队上下车""机动车不在地面标示的规定区域内停车""行人乱穿马路（包括闯红灯、翻栏杆等）"这3个指标的不文明现象发生率则呈现波动状态。这说明萧山区居民在公共秩序方面的文明程度有所提升。

在公共交往方面，"没有给老、弱、病、残、孕及怀抱婴儿者让座"的不文明现象发生率最高，为8.03%；"相互之间大声交谈不顾及他人"的不文明现象发生率最低，为5.02%。对比2014~2018年的数据，"相互之间大声交谈不顾及他人""向陌生人问讯时没有礼貌回应""没有给老、弱、病、残、孕及怀抱婴儿者让座"这3个指标的不文明现象发生率均呈现波动状态。

在公共观赏方面，"观看结束后不自觉清理并带走垃圾"的不文明现象发生率最高，为29.79%；"观看时交头接耳，大声喧哗，随意走动"的不文明现象发生率最低，为3.74%。对比2014~2018年的数据，"观看时交头接耳，大声喧哗，随意走动"和"观看时使用手机影响他人（包括出现光亮与发出声音）"这两个指标的不文明现象发生率均呈现波动状态。

上述四个方面各项指标中，有的指标的不文明现象发生率持续下降，表明萧山区在持续改进中取得了成效；有的指标的不文明现象发生率呈现波动状态，除受一些观测因素影响外，也表明了市民公共文明素养与文明程度的提升是一个长期过程，需要常抓不懈。

（二）基于现场观测时段的情况

萧山区居民公共卫生方面的不文明现象发生率在 07：00～09：00 时段最高，为 3.91%；公共秩序方面的不文明现象发生率在 13：00～15：00 时段最高，为 5.74%；公共交往方面的不文明现象发生率在 10：00～12：00 时段最高，为 5.89%；公共观赏方面的不文明现象发生率在 13：00～15：00 时段最高，为 11.76%。

（三）基于四个方面21个指标的情况

1. 不文明现象发生率排在前10位的指标

①观看结束后不自觉清理并带走垃圾（公共观赏，29.79%）

②共享单车无序停放（公共秩序，12.61%）

③观看时吃零食影响他人（包括发出声音与散发出气味）（公共观赏，11.70%）

④投放垃圾时没有进行分类（公共卫生，10.07%）

⑤观看时使用手机影响他人（包括出现光亮与发出声音）（公共观赏，9.81%）

⑥遛宠物时没有拴好绳子（公共秩序，9.52%）

⑦非机动车越线停车（公共秩序，9.13%）

⑧没有给老、弱、病、残、孕及怀抱婴儿者让座（公共交往，8.03%）

⑨向陌生人问讯时没有礼貌回应（公共交往，6.70%）

⑩行人乱穿马路（包括闯红灯、翻栏杆等）（公共秩序，6.70%）

在这10个指标中，属于公共卫生方面的有1个，属于公共秩序方面的有4个，属于公共交往方面的有2个，属于公共观赏方面的有3个。

2. 不文明现象发生率排在后10位的指标

①在禁烟场所抽烟（公共卫生，0.70%）

②随地吐痰、便溺（公共卫生，2.26%）

③乘坐地铁时没有做到有序排队上下车（公共秩序，2.47%）

④乘坐公交时没有做到有序排队上下车（公共秩序，2.70%）

⑤非机动车闯红灯、走机动车道、逆行（公共秩序，2.91%）

⑥排队时没有在规定区域等候（公共秩序，3.72%）

⑦观看时交头接耳，大声喧哗，随意走动（公共观赏，3.74%）

⑧机动车不在地面标示的规定区域内停车（公共秩序，4.62%）

⑨相互之间大声交谈不顾及他人（公共交往，5.02%）

⑩乘坐直行电梯时没有做到先出后进（公共秩序，6.01%）

在这 10 个指标中，属于公共卫生方面的有 2 个，属于公共秩序方面的有 6 个，属于公共交往方面的有 1 个，属于公共观赏方面的有 1 个。

综合以上维度情况的分析，萧山区居民在公共文明创建，尤其是公共秩序方面有较大改进。

2018年杭州市民公共文明指数调查现场观测报告（余杭区）

根据《2018年杭州市民公共文明指数调查实施方案》的总体安排，课题组于2018年11月9日至11日三天对全区15个观测点的市民在工作日和双休日不同时段的文明素养状况展开了实地观测，就观测情况形成如下报告。

一 余杭区现场观测总体情况

余杭区选取的15个现场观测点分别是临平南站公交车站、余杭第一人民医院北门公交车站、临平地铁站、余杭区第一人民医院、迎宾路与南苑街交叉路口、邱山大街与保健路交叉路口、新城花苑、邱山小区、邱山农贸市场、临平公园、东大街（梅堰路至水岸嘉园小区）、临平银泰城以及地铁1号线、区内多条公交线路和博纳国际影城IMAX临平店。实地观测分别围绕公共卫生、公共秩序、公共交往和公共观赏四个方面共21个指标展开。

观测显示，余杭区在四个时段观测总流量为63796人次/辆次，其中不文明现象发生量为2752人次/辆次，不文明现象总体发生率为4.31%。07：00～09：00时段的不文明现象发生率最高，为4.82%；13：00～15：00时段的不文明现象发生率最低，为3.81%（见图1）。

余杭区在四个方面中，公共卫生方面的不文明现象发生率最低，为1.41%；公共观赏方面的不文明现象发生率最高，为11.24%（见图2）。

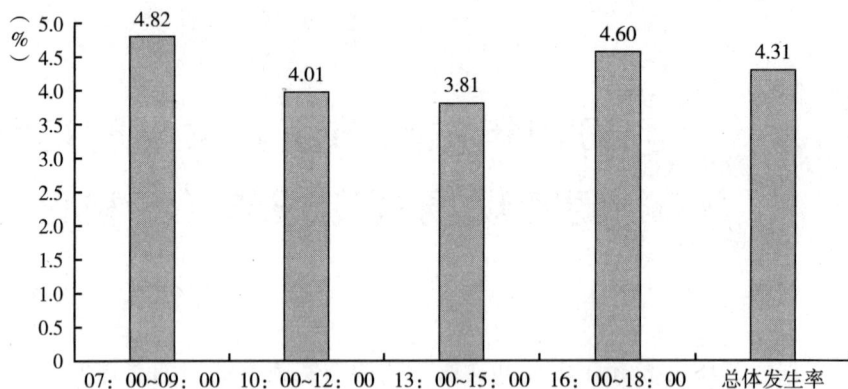

图1 余杭区各时段不文明现象发生率比较

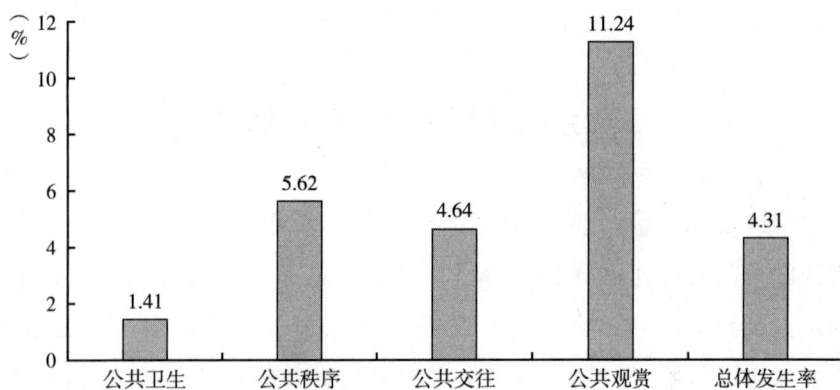

图2 余杭区四个方面不文明现象发生率比较

二 四个方面各项指标情况

（一）2018年数据分析

1.公共卫生方面

在所观测的总流量19515人次中，不文明现象发生量为276人次，不文明现象总体发生率为1.41%。

在本次观测所设置的 4 个指标中，不文明现象发生率较高的是"投放垃圾时没有进行分类"（13.35%）、"遛宠物时不清理其排泄物"（4.32%），而不文明现象发生率较低的是"随地吐痰、便溺"（1.12%）、"在禁烟场所抽烟"（0.46%）（见图3）。

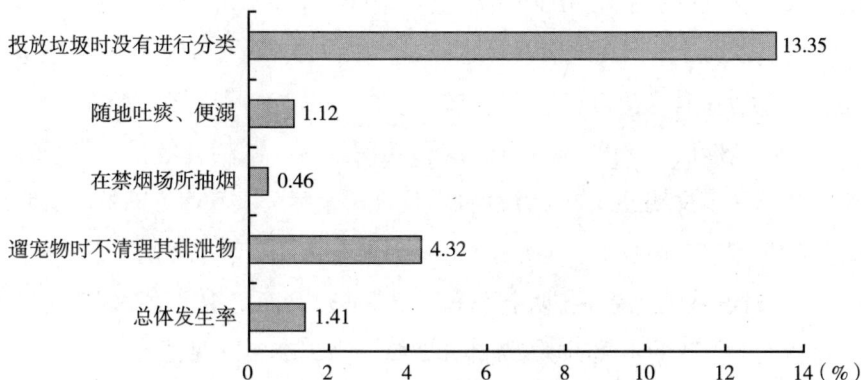

图3 余杭区公共卫生方面各项指标不文明现象发生率

分时段来看，07：00～09：00 时段的不文明现象发生率最高，为2.08%，高于全区公共卫生方面的不文明现象总体发生率；其余三个时段的不文明现象发生率分别为10：00～12：00 时段 1.23%、13：00～15：00 时段 1.20%、16：00～18：00 时段 1.17%（见图4）。

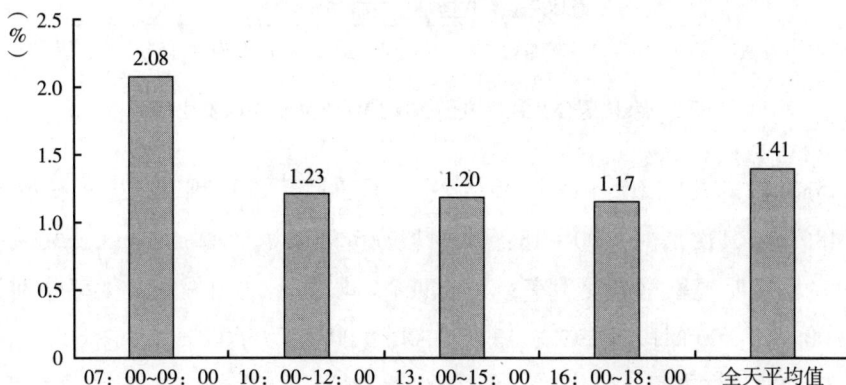

图4 余杭区公共卫生方面各时段不文明现象发生率

2. 公共秩序方面

在所观测的总流量 39539 人次/辆次中，不文明现象发生量为 2222 人次/辆次，不文明现象总体发生率为 5.62%。

在本次观测所设置的 10 个指标中，"遛宠物时没有拴好绳子"（15.43%）、"共享单车无序停放"（13.06%）、"非机动车越线停车"（8.22%）、"机动车不在地面标示的规定区域内停车"（7.98%）、"乘坐直行电梯时没有做到先出后进"（5.41%）、"非机动车闯红灯、走机动车道、逆行"（4.84%）、"行人乱穿马路（包括闯红灯、翻栏杆等）"（4.06%）这 7 个指标的不文明现象发生率较高，均高于全区公共秩序方面的不文明现象总体发生率（5.62%）；其次为"排队时没有在规定区域等候"（3.88%）、"乘坐公交时没有做到有序排队上下车"（3.83%）；而"乘坐地铁时没有做到有序排队上下车"的不文明现象发生率最低，为 2.38%（见图 5）。

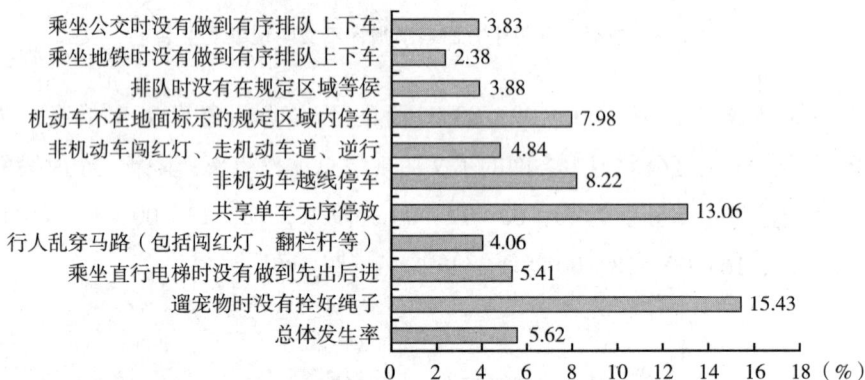

图5　余杭区公共秩序方面各项指标不文明现象发生率

分时段来看，07：00 ~ 09：00 时段的不文明现象发生率最高（6.48%），其次是 16：00 ~ 18：00 时段（5.90%），均高于全区公共秩序方面的不文明现象总体发生率；其余两个时段的不文明现象发生率分别为 10：00 ~ 12：00 时段 5.19%、13：00 ~ 15：00 时段 5.03%（见图6）。

3. 公共交往方面

在所观测的总流量 4226 人次中，不文明现象发生量为 196 人次，不文

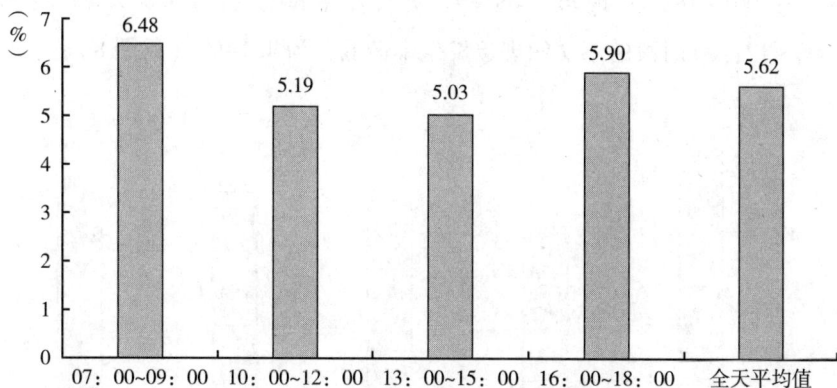

图6 余杭区公共秩序方面各时段不文明现象发生率

明现象总体发生率为4.64%。

在本次观测所设置的3个指标中，"没有给老、弱、病、残、孕及怀抱婴儿者让座"的不文明现象发生率最高，为5.92%；"向陌生人问讯时没有礼貌回应"的不文明现象发生率为5.82%；"相互之间大声交谈不顾及他人"的不文明现象发生率最低，为4.34%（见图7）。

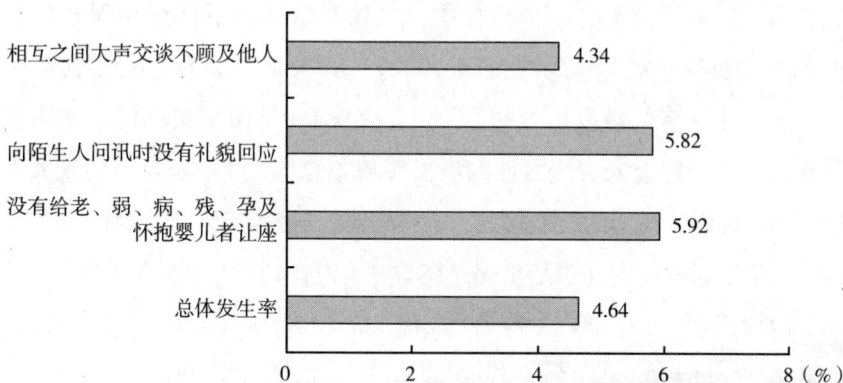

图7 余杭区公共交往方面各项指标不文明现象发生率

分时段来看，07：00～09：00时段的不文明现象发生率最高，为5.15%，高于全区公共交往方面的不文明现象总体发生率；其次是13：00～15：00时段和 16：00 ~ 18：00 时段，不文明现象发生率分别为 4.60% 和 4.44%；10：00 ~ 12：00 时段的不文明现象发生率最低，为 4.14%（见图 8）。

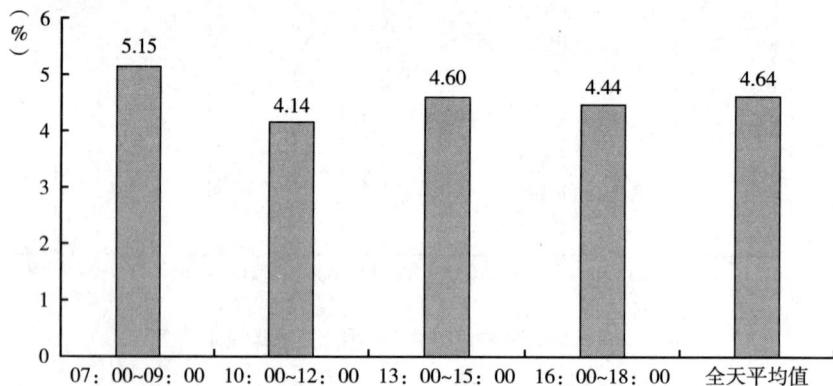

图 8　余杭区公共交往方面各时段不文明现象发生率

4. 公共观赏方面

在所观测的总流量 516 人次中，不文明现象发生量为 58 人次，不文明现象总体发生率为 11.24%。

在本次观测所设置的 4 个指标中，"观看结束后不自觉清理并带走垃圾"的不文明现象发生率最高（21.59%），其次是"观看时吃零食影响他人（包括发出声音与散发出气味）"（17.05%），这两个指标的不文明现象发生率均高于全区公共观赏方面的不文明现象总体发生率；不文明现象发生率较低的指标为"观看时交头接耳，大声喧哗，随意走动"（8.24%）和"观看时使用手机影响他人（包括出现光亮与发出声音）"（5.88%）（见图 9）。

分时段来看，07：00 ~ 09：00、10：00 ~ 12：00 这两个时段的数据空缺；其余两个时段的不文明现象发生率分别为 13：00 ~ 15：00 时段 10.61%、16：00 ~ 18：00 时段 11.90%（见图 10）。

（二）2014 ~ 2018 年指标对比分析

以 2018 年四个方面 21 个指标为基础，对比 2014 ~ 2018 年 13 个相同或

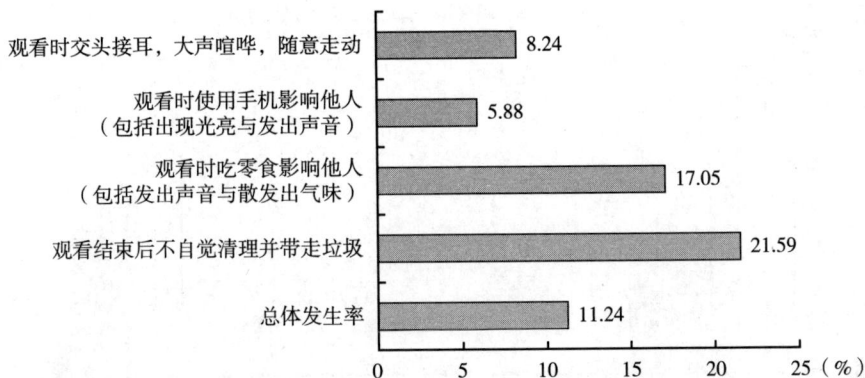

图9　余杭区公共观赏方面各项指标不文明现象发生率

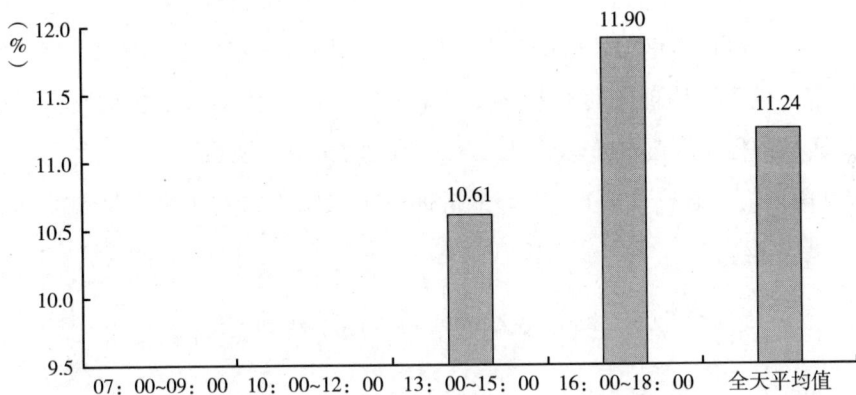

图10　余杭区公共观赏方面各时段不文明现象发生率

相近指标，对余杭区市民在公共卫生、公共秩序、公共交往和公共观赏四个方面的不文明现象发生率进行对比分析。

在公共卫生方面可比较的4个指标中，"投放垃圾时没有进行分类"和"遛宠物时不清理其排泄物"这两个指标的不文明现象发生率连续四年下降，而"随地吐痰、便溺"和"在禁烟场所抽烟"这两个指标的不文明现象发生率则呈现波动状态。总体来看，余杭区在公共卫生方面的不文明现象在持续改进，且成效显著（见图11）。

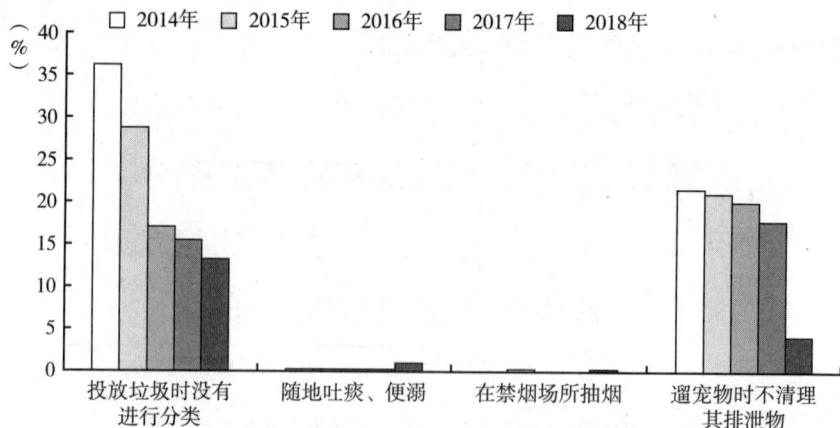

图11 2014～2018年余杭区公共卫生方面对比指标不文明现象发生率比较

在公共秩序方面可比较的4个指标中，"乘坐公交时没有做到有序排队上下车"的不文明现象发生率连续四年上升，而"机动车不在地面标示的规定区域内停车""非机动车闯红灯、走机动车道、逆行""行人乱穿马路（包括闯红灯、翻栏杆等）"这3个指标的不文明现象发生率则呈现波动状态（见图12）。

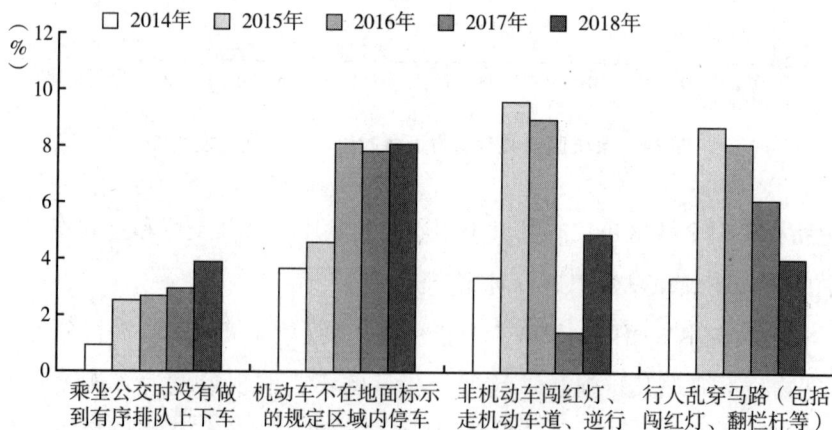

图12 2014～2018年余杭区公共秩序方面对比指标不文明现象发生率比较

在公共交往方面可比较的 3 个指标中，"相互之间大声交谈不顾及他人""向陌生人问讯时没有礼貌回应""没有给老、弱、病、残、孕及怀抱婴儿者让座"这 3 个指标的不文明现象发生率均呈现波动状态（见图 13）。

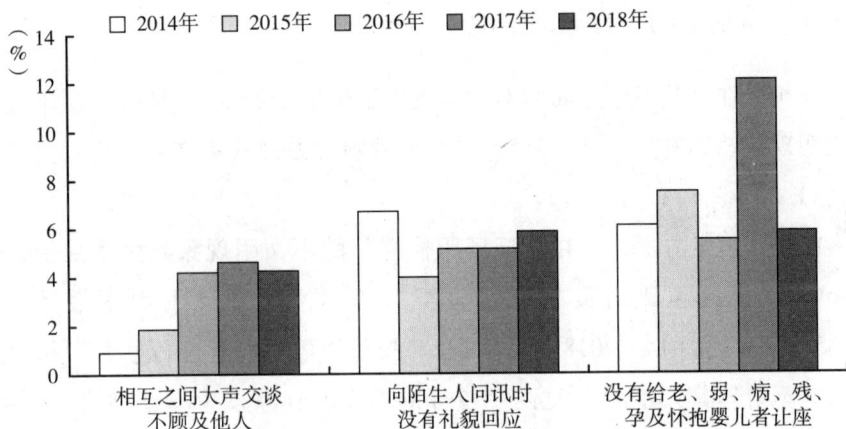

图 13　2014～2018 年余杭区公共交往方面对比指标不文明现象发生率比较

在公共观赏方面可比较的 2 个指标中，"观看时交头接耳，大声喧哗，随意走动"和"观看时使用手机影响他人（包括出现光亮与发出声音）"的不文明现象发生率均呈现波动状态（见图 14）。

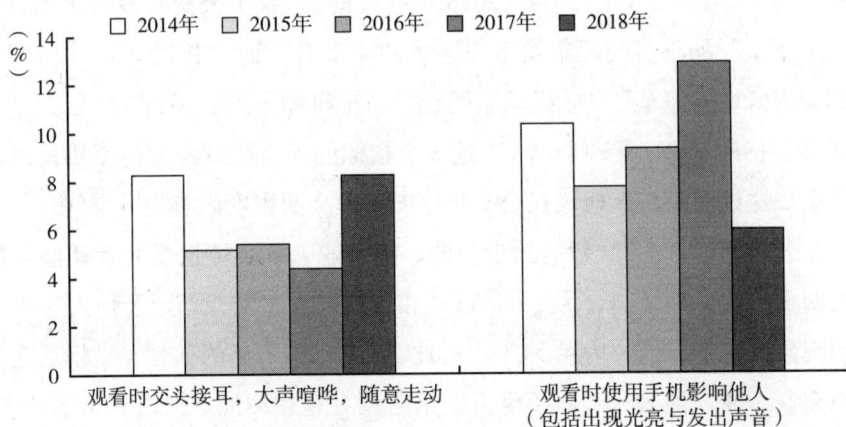

图 14　2014～2018 年余杭区公共观赏方面对比指标不文明现象发生率比较

三 基本判断

（一）基于四个方面的情况

余杭区在公共卫生方面的不文明现象发生率最低（1.41%），低于全区不文明现象总体发生率（4.31%）；在公共观赏方面的不文明现象发生率最高（11.24%）。

在公共卫生方面，"在禁烟场所抽烟"的不文明现象发生率最低，为0.46%；"投放垃圾时没有进行分类"的不文明现象发生率最高，为13.35%。对比2014～2018年的数据，"投放垃圾时没有进行分类"和"遛宠物时不清理其排泄物"这两个指标的不文明现象发生率连续四年下降，而"随地吐痰、便溺"和"在禁烟场所抽烟"这两个指标的不文明现象发生率则呈现波动状态。这表明余杭区居民公共卫生方面的不文明行为在持续改善。

在公共秩序方面，"乘坐地铁时没有做到有序排队上下车"的不文明现象发生率最低，为2.38%；"遛宠物时没有拴好绳子"的不文明现象发生率最高，为15.43%。对比2014～2018年的数据，"乘坐公交时没有做到有序排队上下车"的不文明现象发生率连续四年上升，而"机动车不在地面标示的规定区域内停车""非机动车闯红灯、走机动车道、逆行""行人乱穿马路（包括闯红灯、翻栏杆等）"这3个指标的不文明现象发生率则呈现波动状态。这说明余杭区居民在公共秩序方面的文明程度尚有提升空间。

在公共交往方面，"没有给老、弱、病、残、孕及怀抱婴儿者让座"的不文明现象发生率最高，为5.92%；"相互之间大声交谈不顾及他人"的不文明现象发生率最低，为4.34%。对比2014～2018年的数据，"相互之间大声交谈不顾及他人""向陌生人问讯时没有礼貌回应""没有给老、弱、病、残、孕及怀抱婴儿者让座"这3个指标的不文明现象发生率均呈现波动状态。这说明余杭区在公共交往方面的不文明现象改善不明显。

在公共观赏方面，"观看结束后不自觉清理并带走垃圾"的不文明现象发生率最高，为21.59%；"观看时使用手机影响他人（包括出现光亮与发出声音）"的不文明现象发生率最低，为5.88%。对比2014～2018年的数据，"观看时交头接耳，大声喧哗，随意走动"和"观看时使用手机影响他人（包括出现光亮与发出声音）"这两个指标的不文明现象发生率均呈现波动状态。这表明余杭区在公共观赏方面的文明程度仍需不断提升。

上述四个方面各项指标中，有的指标的不文明现象发生率持续下降，表明余杭区在持续改进中取得了成效；有的指标的不文明现象发生率呈现上升和波动状态，除受一些观测因素影响外，也表明了市民公共文明素养与文明程度的提升是一个长期过程，需要常抓不懈。

（二）基于现场观测时段的情况

余杭区居民公共卫生、公共秩序和公共交往方面的不文明现象发生率均在07：00～09：00时段最高，分别为2.08%、6.48%和5.15%；公共观赏方面的不文明现象发生率则在16：00～18：00时段最高，为11.90%。这些可能受早晚高峰、观测时间、观测地点和天气等客观因素的影响。

（三）基于四个方面21个指标的情况

1. 不文明现象发生率排在前10位的指标

①观看结束后不自觉清理并带走垃圾（公共观赏，21.59%）

②观看时吃零食影响他人（包括发出声音与散发出气味）（公共观赏，17.05%）

③遛宠物时没有拴好绳子（公共秩序，15.43%）

④投放垃圾时没有进行分类（公共卫生，13.35%）

⑤共享单车无序停放（公共秩序，13.06%）

⑥观看时交头接耳，大声喧哗，随意走动（公共观赏，8.24%）

⑦非机动车越线停车（公共秩序，8.22%）

⑧机动车不在地面标示的规定区域内停车（公共秩序，7.98%）

⑨没有给老、弱、病、残、孕及怀抱婴儿者让座（公共交往，5.92%）

⑩观看时使用手机影响他人（包括出现光亮与发出声音）（公共观赏，5.88%）

在这10个指标中，属于公共卫生方面的有1个，属于公共秩序方面的有4个，属于公共交往方面的有1个，属于公共观赏方面的有4个。

2. 不文明现象发生率排在后10位的指标

①在禁烟场所抽烟（公共卫生，0.46%）

②随地吐痰、便溺（公共卫生，1.12%）

③乘坐地铁时没有做到有序排队上下车（公共秩序，2.38%）

④乘坐公交时没有做到有序排队上下车（公共秩序，3.83%）

⑤排队时没有在规定区域等候（公共秩序，3.88%）

⑥行人乱穿马路（包括闯红灯、翻栏杆等）（公共秩序，4.06%）

⑦遛宠物时不清理其排泄物（公共卫生，4.32%）

⑧相互之间大声交谈不顾及他人（公共交往，4.34%）

⑨非机动车闯红灯、走机动车道、逆行（公共秩序，4.84%）

⑩乘坐直行电梯时没有做到先出后进（公共秩序，5.41%）

在这10个指标中，属于公共卫生方面的有3个，属于公共秩序方面的有6个，属于公共交往方面的有1个。

综合以上维度情况的分析，余杭区居民在公共文明创建，尤其是公共卫生、公共秩序等方面付出了努力，而在公共观赏等方面的一些文明行为和习惯有待进一步改善。

2018年杭州市民公共文明指数调查现场观测报告（富阳区）

根据《2018年杭州市民公共文明指数调查实施方案》的总体安排，课题组于2018年11月23日至25日三天对全区15个观测点的市民在工作日和双休日不同时段的文明素养状况展开了实地观测，就观测情况形成如下报告。

一 富阳区现场观测总体情况

富阳区选取的15个现场观测点分别是横凉亭公交车站、商业城公交车站、二贸市场公交车站、富阳区第一人民医院、金浦路与金平路交叉路口、孙权路与春秋北路交叉路口、春晖社区、秋月社区、城东农贸市场、恩波公园、北门路街巷（龙浦路至桂花路）、东方茂购物中心以及下沙至观测点公交线路、区内多条公交线路和新世界国际影城。实地观测分别围绕公共卫生、公共秩序、公共交往和公共观赏四个方面共21个指标展开。

观测显示，富阳区在四个时段观测总流量为54885人次/辆次，其中不文明现象发生量为3333人次/辆次，不文明现象总体发生率为6.07%。07：00～09：00时段的不文明现象发生率最高，为7.06%；13：00～15：00时段的不文明现象发生率最低，为4.62%（见图1）。

富阳区在四个方面中，公共卫生方面的不文明现象发生率最低，为3.09%；公共观赏方面的不文明现象发生率最高，为13.44%（见图2）。

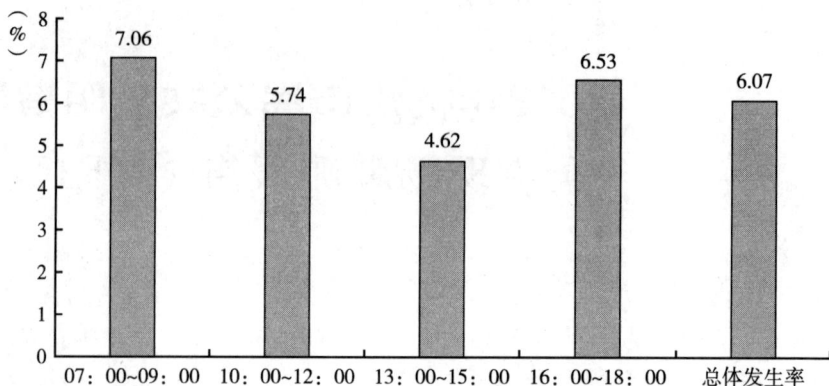

图1　富阳区各时段不文明现象发生率比较

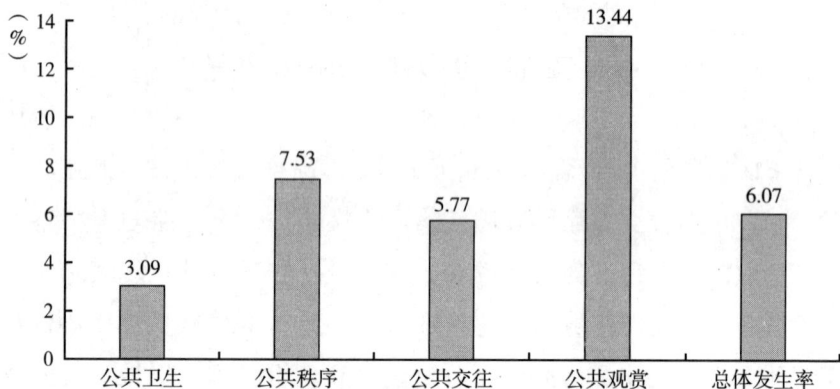

图2　富阳区四个方面不文明现象发生率比较

二　四个方面各项指标情况

（一）2018年数据分析

1. 公共卫生方面

在所观测的总流量15855人次中，不文明现象发生量为490人次，不文

明现象总体发生率为3.09%。

在本次观测所设置的4个指标中，不文明现象发生率最高的是"投放垃圾时没有进行分类"（13.27%），其次是"遛宠物时不清理其排泄物"（7.37%），而不文明现象发生率较低的是"随地吐痰、便溺"（2.24%）和"在禁烟场所抽烟"（1.14%）（见图3）。

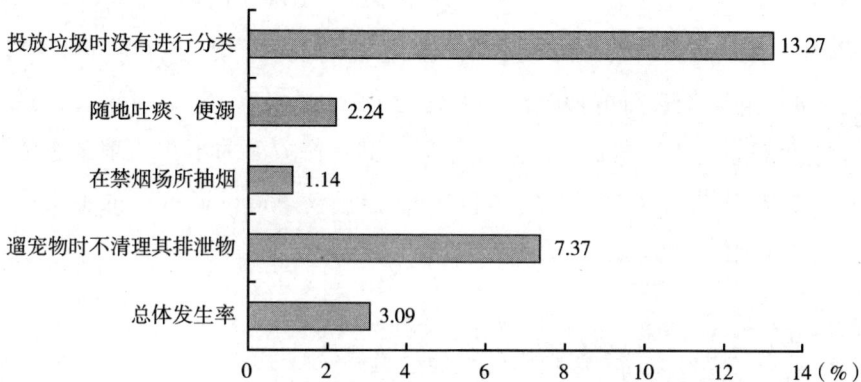

图3　富阳区公共卫生方面各项指标不文明现象发生率

分时段来看，07：00～09：00时段的不文明现象发生率最高，为5.12%；其次是13：00～15：00时段和10：00～12：00时段，分别为2.94%和2.60%；16：00～18：00时段的不文明现象发生率最低，为1.63%（见图4）。

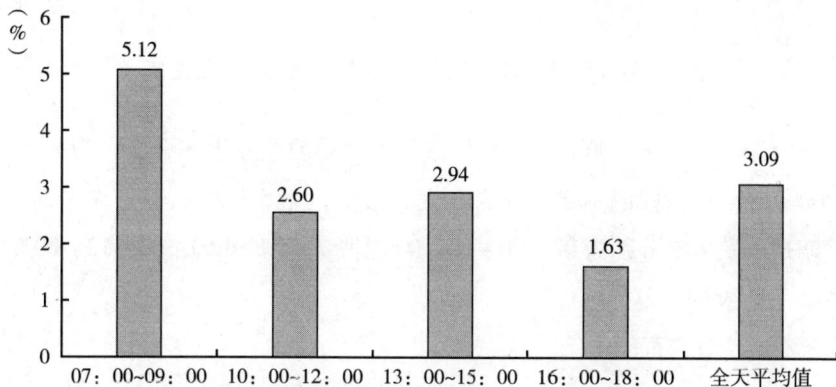

图4　富阳区公共卫生方面各时段不文明现象发生率

2. 公共秩序方面

在所观测的总流量 30638 人次/辆次中，不文明现象发生量为 2306 人次/辆次，不文明现象总体发生率为 7.53%。

在本次观测所设置的 9 个指标中（"乘坐地铁时没有做到有序排队上下车"指标未观测），"遛宠物时没有拴好绳子"的不文明现象发生率最高（16.84%），其次是"非机动车越线停车"（11.91%）、"共享单车无序停放"（11.56%）、"机动车不在地面标示的规定区域内停车"（9.92%）、"乘坐直行电梯时没有做到先出后进"（7.55%），这 5 个指标的不文明现象发生率较高，均高于全区公共秩序方面的不文明现象总体发生率（7.53%）；而"非机动车闯红灯、走机动车道、逆行"的不文明现象发生率最低，为 4.09%（见图 5）。

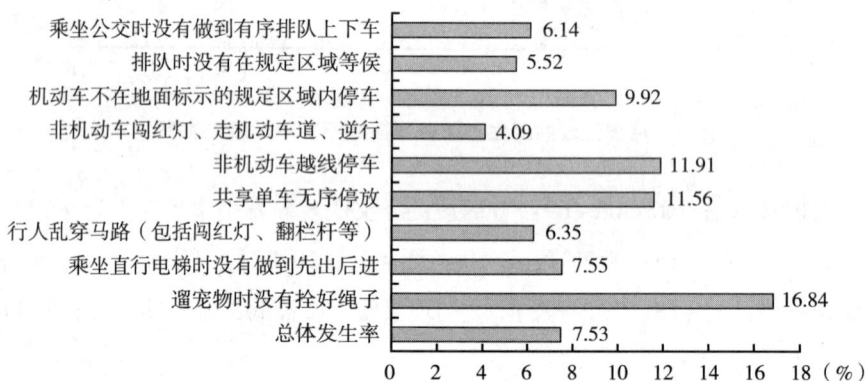

图5　富阳区公共秩序方面各项指标不文明现象发生率

分时段来看，16：00~18：00 时段的不文明现象发生率最高，为 8.78%；13：00~15：00 时段的不文明现象发生率最低，为 5.91%；其余两个时段的不文明现象发生率分别为 07：00~09：00 时段 7.55% 和 10：00~12：00 时段 7.26%（见图 6）。

3. 公共交往方面

在所观测的总流量 7700 人次中，不文明现象发生量为 444 人次，不文明现象总体发生率为 5.77%。

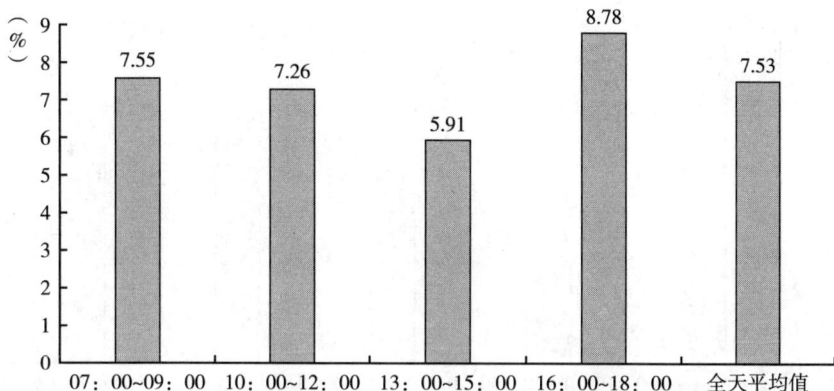

图6　富阳区公共秩序方面各时段不文明现象发生率

在本次观测所设置的 3 个指标中，"没有给老、弱、病、残、孕及怀抱婴儿者让座"的不文明现象发生率最高，为 6.51%；"相互之间大声交谈不顾及他人"的不文明现象发生率为 5.74%；"向陌生人问讯时没有礼貌回应"的不文明现象发生率最低，为 5.69%（见图 7）。

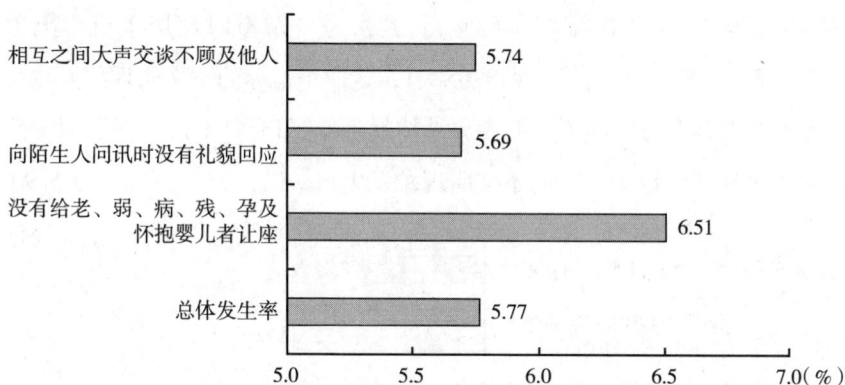

图7　富阳区公共交往方面各项指标不文明现象发生率

分时段来看，07：00～09：00 时段的不文明现象发生率最高，为 8.46%；13：00～15：00 时段的不文明现象发生率最低，为 4.54%；其余两个时段的不文明现象发生率分别为 10：00～12：00 时段 5.31% 和 16：00～18：00 时段 5.91%（见图 8）。

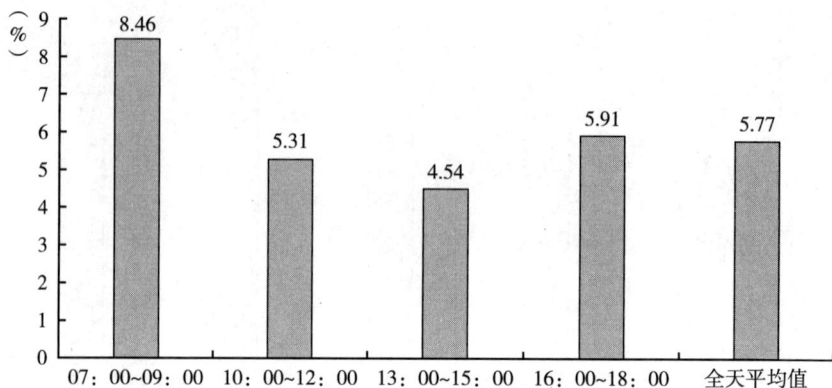

图8 富阳区公共交往方面各时段不文明现象发生率

4. 公共观赏方面

在所观测的总流量692人次中，不文明现象发生量为93人次，不文明现象总体发生率为13.44%。

在本次观测所设置的4个指标中，"观看结束后不自觉清理并带走垃圾"的不文明现象发生率最高（28.87%），其次是"观看时使用手机影响他人（包括出现光亮与发出声音）"（13.65%），这两个指标的不文明现象发生率均高于全区公共观赏方面的不文明现象总体发生率（13.44%）；"观看时交头接耳，大声喧哗，随意走动"的不文明现象发生率最低，为8.84%（见图9）。

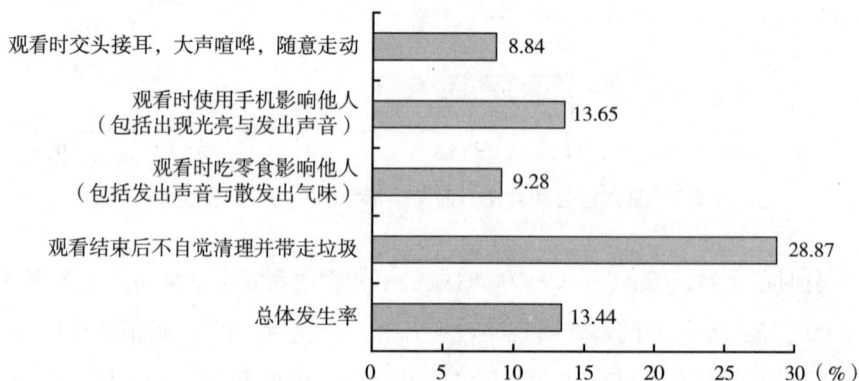

图9 富阳区公共观赏方面各项指标不文明现象发生率

分时段来看，07：00～09：00 时段的数据空缺，10：00～12：00 时段的不文明现象发生率为13.73%，13：00～15：00 时段的不文明现象发生率为14.00%，16：00～18：00 时段的不文明现象发生率为12.50%（见图10）。

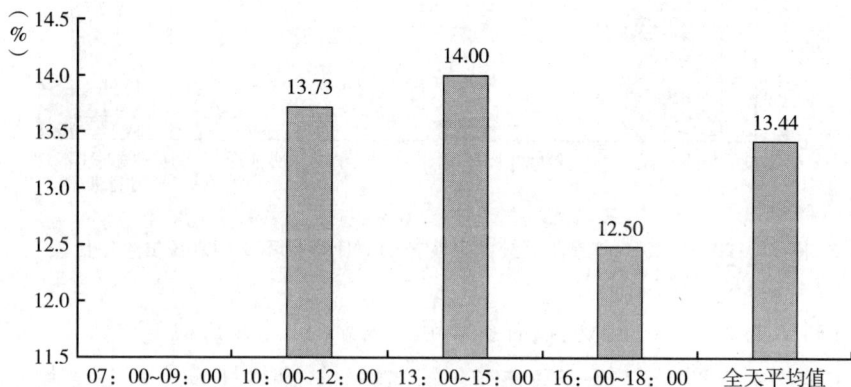

图10 富阳区公共观赏方面各时段不文明现象发生率

（二）2015～2018年指标对比分析①

以2018年四个方面21个指标为基础，对比2015～2018年17个相同或相近指标，对富阳区市民在公共卫生、公共秩序、公共交往和公共观赏四个方面的不文明现象发生率进行对比分析。

在公共卫生方面可比较的4个指标中，"投放垃圾时没有进行分类"的不文明现象发生率连续三年下降，而"随地吐痰、便溺""在禁烟场所抽烟""遛宠物时不清理其排泄物"这3个指标的不文明现象发生率则呈现波动状态（见图11）。

在公共秩序方面可比较的6个指标中，"机动车不在地面标示的规定区域内停车"的不文明现象发生率连续三年上升，而"乘坐公交时没有做到

---

① 富阳区2014年未撤市设区，故未列入观测。

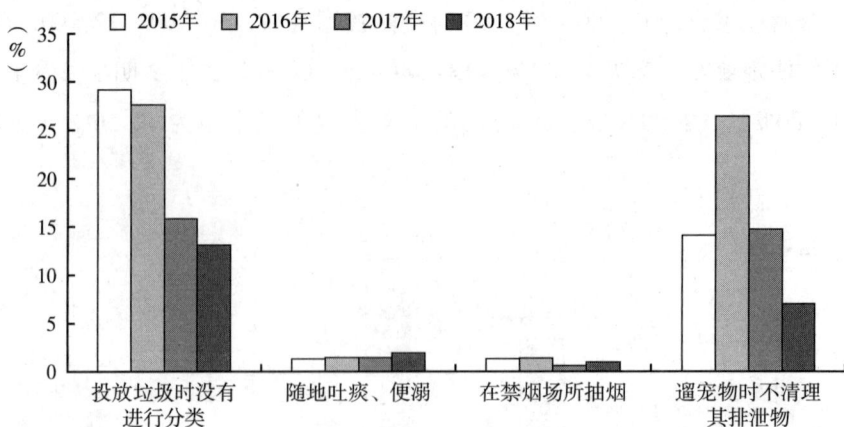

图11　2015～2018年富阳区公共卫生方面对比指标不文明现象发生率比较

有序排队上下车""排队时没有在规定区域等候""非机动车闯红灯、走机动车道、逆行""行人乱穿马路（包括闯红灯、翻栏杆等）""遛宠物时没有拴好绳子"这5个指标的不文明现象发生率则呈现波动状态（见图12）。

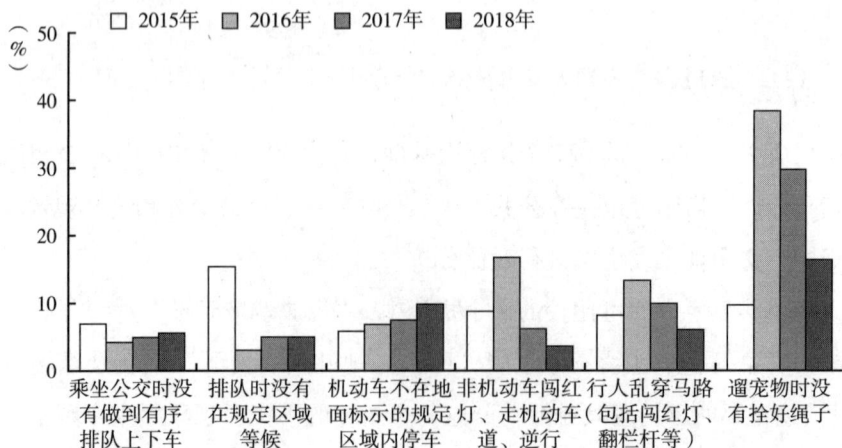

图12　2015～2018年富阳区公共秩序方面对比指标不文明现象发生率比较

在公共交往方面可比较的3个指标中，"相互之间大声交谈不顾及他人""向陌生人问讯时没有礼貌回应""没有给老、弱、病、残、孕及怀抱婴儿者让座"这3个指标的不文明现象发生率均呈现波动状态（见图13）。

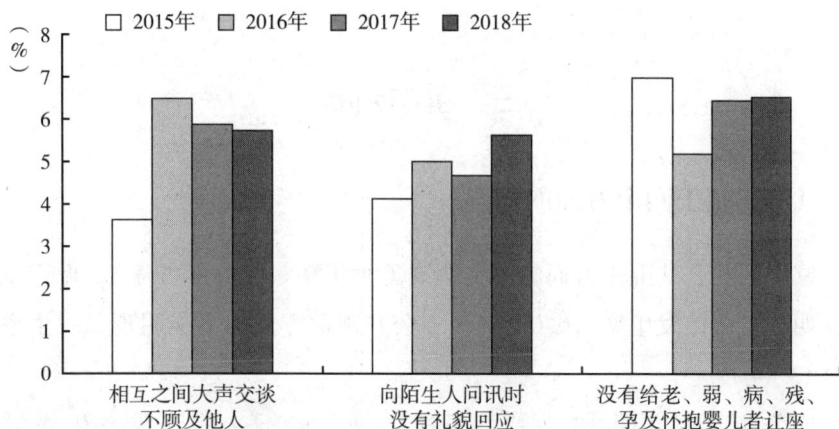

图13 2015～2018年富阳区公共交往方面对比指标不文明现象发生率比较

在公共观赏方面可比较的4个指标中，"观看时吃零食影响他人（包括发出声音与散发出气味）"的不文明现象发生率连续三年下降，而"观看时交头接耳，大声喧哗，随意走动""观看时使用手机影响他人（包括出现光亮与发出声音）""观看结束后不自觉清理并带走垃圾"这3个指标的不文明现象发生率则呈现波动状态（见图14）。

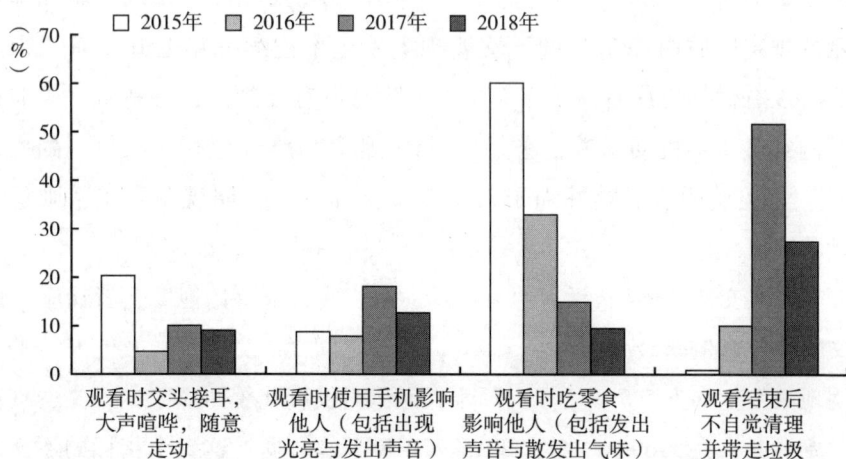

图14 2015～2018年富阳区公共观赏方面对比指标不文明现象发生率比较

三　基本判断

（一）基于四个方面的情况

富阳区在公共卫生方面的不文明现象发生率最低（3.09%），低于全区不文明现象总体发生率（6.07%）；在公共观赏方面的不文明现象发生率最高（13.44%）。

在公共卫生方面，"在禁烟场所抽烟"的不文明现象发生率最低（1.14%），"投放垃圾时没有进行分类"的不文明现象发生率最高（13.27%）。对比2015～2018年的数据，"投放垃圾时没有进行分类"的不文明现象发生率连续三年下降，而"随地吐痰、便溺""在禁烟场所抽烟""遛宠物时不清理其排泄物"这3个指标的不文明现象发生率则呈现波动状态。

在公共秩序方面，"遛宠物时没有拴好绳子"的不文明现象发生率最高（16.84%），而"非机动车闯红灯、走机动车道、逆行"的不文明现象发生率最低（4.09%）。对比2015～2018年的数据，"机动车不在地面标示的规定区域内停车"的不文明现象发生率连续三年上升，而"乘坐公交时没有做到有序排队上下车""排队时没有在规定区域等候""非机动车闯红灯、走机动车道、逆行""行人乱穿马路（包括闯红灯、翻栏杆等）""遛宠物时没有拴好绳子"这5个指标的不文明现象发生率则呈现波动状态。

在公共交往方面，"没有给老、弱、病、残、孕及怀抱婴儿者让座"的不文明现象发生率最高，为6.51%；"相互之间大声交谈不顾及他人"的不文明现象发生率为5.74%；"向陌生人问讯时没有礼貌回应"的不文明现象发生率最低，为5.69%。对比2015～2018年的数据，这3个指标的不文明现象发生率均呈现波动状态。

在公共观赏方面，"观看结束后不自觉清理并带走垃圾"的不文明现象发生率最高（28.87%），而"观看时交头接耳，大声喧哗，随意走动"的不文明现象发生率最低（8.84%）。对比2015～2018年的数据，"观看时吃零食影响他人（包括发出声音与散发出气味）"的不文明现象发生率连续三年下降，而"观看时交头接耳，大声喧哗，随意走动""观看时使用手机影响他人（包括出现光亮与发出声音）""观看结束后不自觉清理并带走垃圾"这3个指标的不文明现象发生率均出现波动状态。

上述四个方面各项指标中，有的指标的不文明现象发生率持续下降，表明富阳区在持续改进中取得了成效；有的指标的不文明现象发生率呈现上升和波动状态，除受一些观测因素影响外，也表明了市民公共文明素养与文明程度的提升是一个长期过程，需要常抓不懈。

（二）基于现场观测时段的情况

富阳区居民公共卫生方面的不文明现象发生率在07：00～09：00时段最高，为5.12%；公共秩序方面的不文明现象发生率在16：00～18：00时段最高，为8.78%；公共交往方面的不文明现象发生率在07：00～09：00时段最高，为8.46%；公共观赏方面的不文明现象发生率在13：00～15：00时段最高，为14.00%。这些可能受早晚高峰、观测时间、观测地点和天气等客观因素的影响。

（三）基于四个方面21个指标的情况

1. 不文明现象发生率排在前10位的指标

①观看结束后不自觉清理并带走垃圾（公共观赏，28.87%）

②遛宠物时没有拴好绳子（公共秩序，16.84%）

③观看时使用手机影响他人（包括出现光亮与发出声音）（公共观赏，13.65%）

④投放垃圾时没有进行分类（公共卫生，13.27%）

⑤非机动车越线停车（公共秩序，11.91%）

⑥共享单车无序停放（公共秩序，11.56%）

⑦机动车不在地面标示的规定区域内停车（公共秩序，9.92%）

⑧观看时吃零食影响他人（包括发出声音与散发出气味）（公共观赏，9.28%）

⑨观看时交头接耳，大声喧哗，随意走动（公共观赏，8.84%）

⑩乘坐直行电梯时没有做到先出后进（公共秩序，7.55%）

在这10个指标中，属于公共卫生方面的有1个，属于公共秩序方面的有5个，属于公共观赏方面的有4个。

2. 不文明现象发生率排在后10位的指标

①在禁烟场所抽烟（公共卫生，1.14%）

②随地吐痰、便溺（公共卫生，2.24%）

③非机动车闯红灯、走机动车道、逆行（公共秩序，4.09%）

④排队时没有在规定区域等候（公共秩序，5.52%）

⑤向陌生人问讯时没有礼貌回应（公共交往，5.69%）

⑥相互之间大声交谈不顾及他人（公共交往，5.74%）

⑦乘坐公交时没有做到有序排队上下车（公共秩序，6.14%）

⑧行人乱穿马路（包括闯红灯、翻栏杆等）（公共秩序，6.35%）

⑨没有给老、弱、病、残、孕及怀抱婴儿者让座（公共交往，6.51%）

⑩遛宠物时不清理其排泄物（公共卫生，7.37%）

在这10个指标中，属于公共卫生方面的有3个，属于公共秩序方面的有4个，属于公共交往方面的有3个。

综合以上维度情况的分析，富阳区居民在公共文明创建，特别是公共交往方面有所改善，但在公共秩序和公共观赏方面的一些文明行为和习惯有待进一步改善。

2018年杭州市民公共文明指数调查现场观测报告（临安区）

根据《2018 年杭州市民公共文明指数调查实施方案》的总体安排，课题组于 2018 年 11 月 23 日至 25 日三天首次对全区 15 个观测点的市民在工作日和双休日不同时段的文明素养状况展开了实地观测，就观测情况形成如下报告。

一　临安区现场观测总体情况

临安区选取的 15 个现场观测点分别是临东小区公交车站、太阳城东门公交车站、新天地公交车站、临安区人民医院、农林大路与城中街交叉路口、衣锦街与临水路交叉路口、碧桂苑一区、临安法院小区、浙皖农贸城、西墅公园、临天路二弄（临天路至西苑路段）、沃尔玛临安店以及区内多条公交线路和比高电影城临安店。实地观测分别围绕公共卫生、公共秩序、公共交往和公共观赏四个方面共 21 个指标展开。

观测显示，临安区在四个时段观测总流量为 37497 人次/辆次，其中不文明现象发生量为 3004 人次/辆次，不文明现象总体发生率为 8.01%。07：00~09：00 时段的不文明现象发生率最高，为 10.46%；13：00~15：00时段的不文明现象发生率最低，为 5.77%（见图 1）。

临安区在四个方面中，公共卫生方面的不文明现象发生率最低，为3.47%；公共秩序方面的不文明现象发生率最高，为 11.80%（见图 2）。

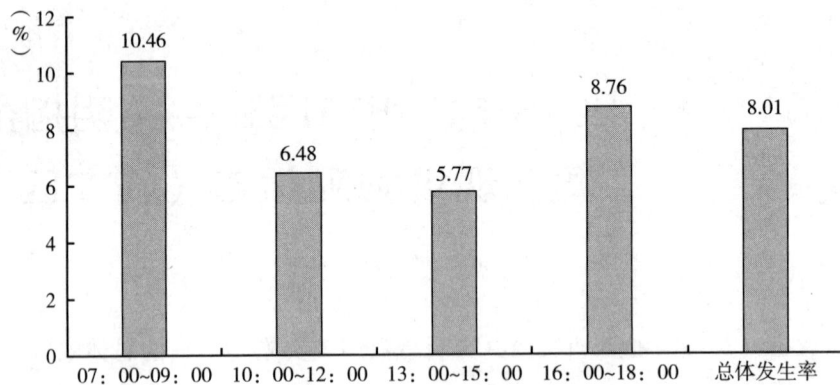

图1 临安区各时段不文明现象发生率比较

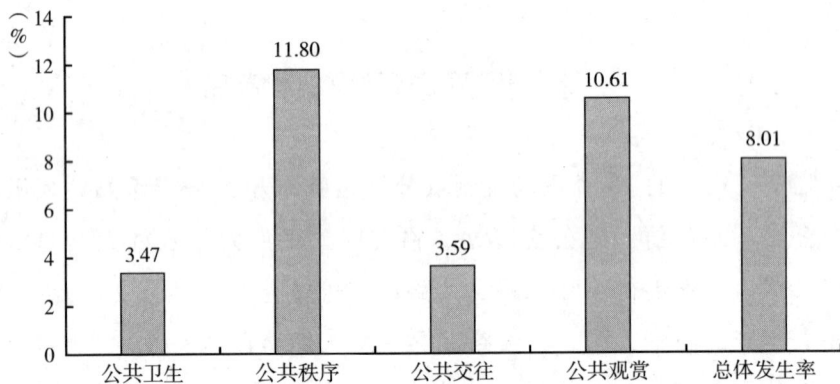

图2 临安区四个方面不文明现象发生率比较

二 四个方面各项指标情况

（一）公共卫生方面

在所观测的总流量11166人次中，不文明现象发生量为388人次，不文明现象总体发生率为3.47%。

在本次观测所设置的 4 个指标中，不文明现象发生率最高的是"投放垃圾时没有进行分类"（18.34%），其次是"遛宠物时不清理其排泄物"（4.76%）和"随地吐痰、便溺"（2.16%），不文明现象发生率最低的是"在禁烟场所抽烟"（1.32%）（见图3）。

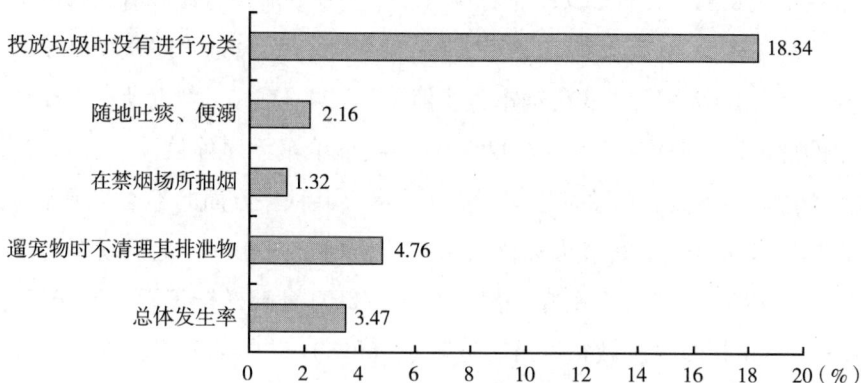

图 3　临安区公共卫生方面各项指标不文明现象发生率

分时段来看，07：00~09：00 时段的不文明现象发生率最高，为 4.31%；16：00~18：00 时段的不文明现象发生率最低，为 2.31%；其余两个时段的不文明现象发生率分别为 10：00~12：00 时段 3.92% 和 13：00~15：00 时段 2.99%（见图4）。

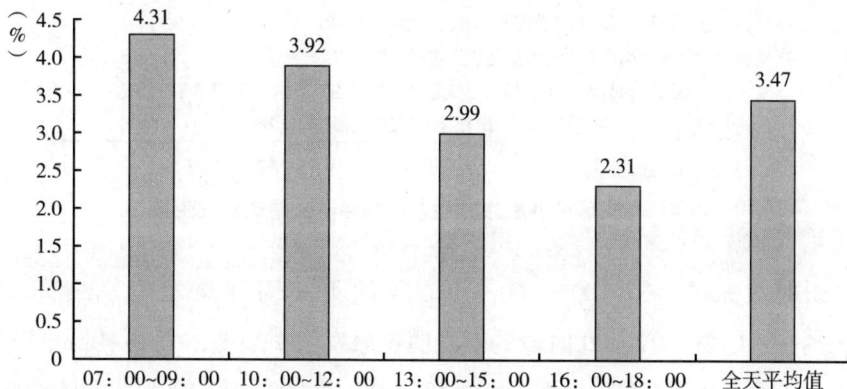

图 4　临安区公共卫生方面各时段不文明现象发生率

（二）公共秩序方面

在所观测的总流量19895人次/辆次中，不文明现象发生量为2348人次/辆次，不文明现象总体发生率为11.80%。

在本次观测所设置的9个指标中（"乘坐地铁时没有做到有序排队上下车"指标未观测），不文明现象发生率较高的指标依次为"遛宠物时没有拴好绳子"（27.62%）、"非机动车越线停车"（24.17%）、"机动车不在地面标示的规定区域内停车"（17.92%）、"共享单车无序停放"（17.65%），这4个指标的不文明现象发生率均高于全区公共秩序方面的不文明现象总体发生率（11.80%）；其余指标依次为"非机动车闯红灯、走机动车道、逆行"（10.79%）、"行人乱穿马路（包括闯红灯、翻栏杆等）"（8.01%）、"乘坐直行电梯时没有做到先出后进"（6.69%）、"排队时没有在规定区域等候"（5.72%）和"乘坐公交时没有做到有序排队上下车"（5.07%）（见图5）。

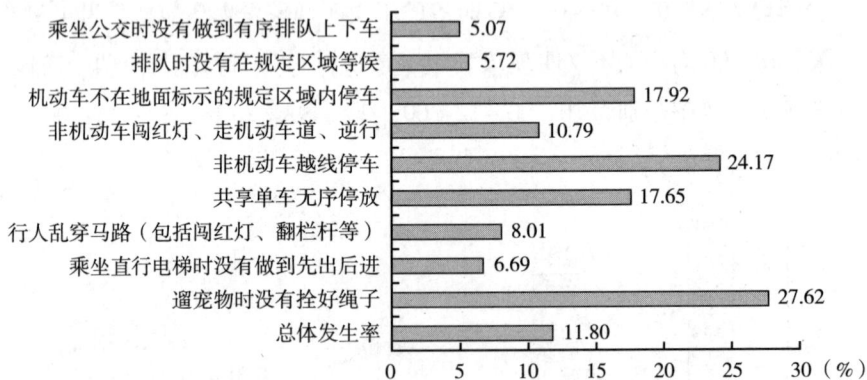

图5　临安区公共秩序方面各项指标不文明现象发生率

分时段来看，07：00～09：00时段的不文明现象发生率最高，为12.99%；10：00～12：00时段的不文明现象发生率最低，为10.41%；其余两个时段的不文明现象发生率分别为13：00～15：00时段10.57%和16：00～18：00时段11.70%（见图6）。

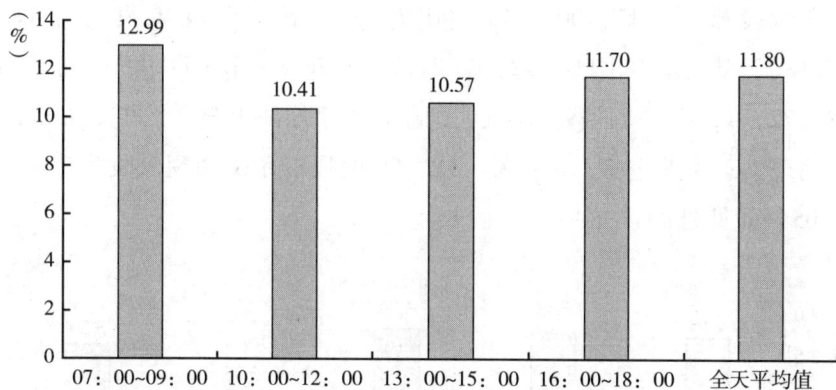

图6　临安区公共秩序方面各时段不文明现象发生率

（三）公共交往方面

在所观测的总流量5908人次中，不文明现象发生量为212人次，不文明现象总体发生率为3.59%。

在本次观测所设置的3个指标中，"没有给老、弱、病、残、孕及怀抱婴儿者让座"的不文明现象发生率最高，为10.14%；"相互之间大声交谈不顾及他人"的不文明现象发生率最低，为2.87%（见图7）。

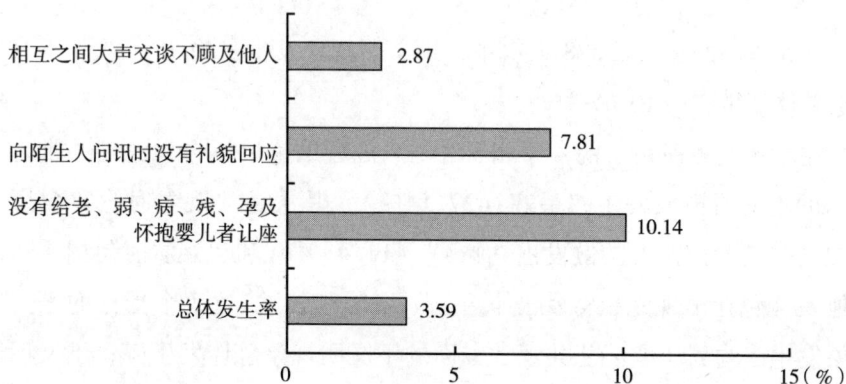

图7　临安区公共交往方面各项指标不文明现象发生率

分时段来看，13：00～15：00时段的不文明现象发生率最高（3.79%），其次是10：00～12：00时段（3.76%）和07：00～09：00时段（3.72%），这三个时段的不文明现象发生率均高于全区公共交往方面的不文明现象总体发生率；16：00～18：00时段的不文明现象发生率最低，为3.05%（见图8）。

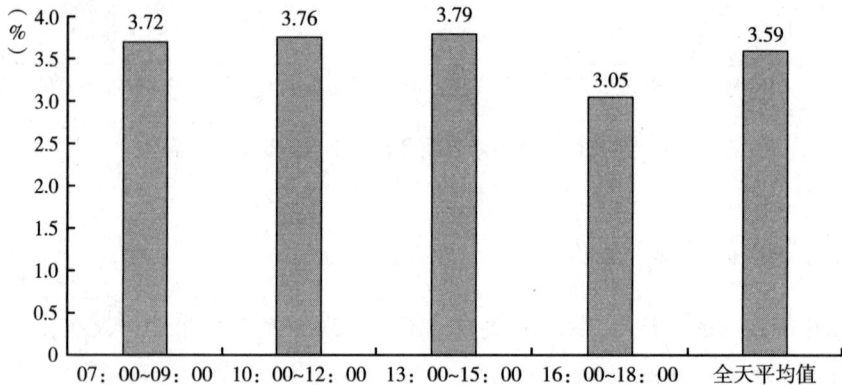

图8　临安区公共交往方面各时段不文明现象发生率

（四）公共观赏方面

在所观测的总流量528人次中，不文明现象发生量为56人次，不文明现象总体发生率为10.61%。

在本次观测所设置的4个指标中，"观看结束后不自觉清理并带走垃圾"的不文明现象发生率最高（27.14%），其次是"观看时吃零食影响他人（包括发出声音与散发出气味）"（11.43%）和"观看时使用手机影响他人（包括出现光亮与发出声音）"（10.82%），这3个指标的不文明现象发生率均高于全区公共观赏方面的不文明现象总体发生率；不文明现象发生率最低的是"观看时交头接耳，大声喧哗，随意走动"，为4.12%（见图9）。

分时段来看，07：00～09：00、10：00～12：00这两个时段的数据空

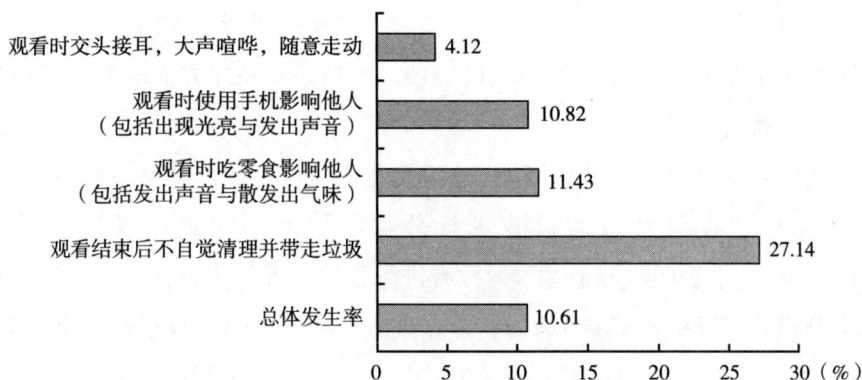

观看时交头接耳，大声喧哗，随意走动 4.12

观看时使用手机影响他人
（包括出现光亮与发出声音） 10.82

观看时吃零食影响他人
（包括发出声音与散发出气味） 11.43

观看结束后不自觉清理并带走垃圾 27.14

总体发生率 10.61

图 9　临安区公共观赏方面各项指标不文明现象发生率

缺；其余两个时段的不文明现象发生率分别为 13：00～15：00 时段 9.68%
和 16：00～18：00 时段 11.43%（见图 10）。

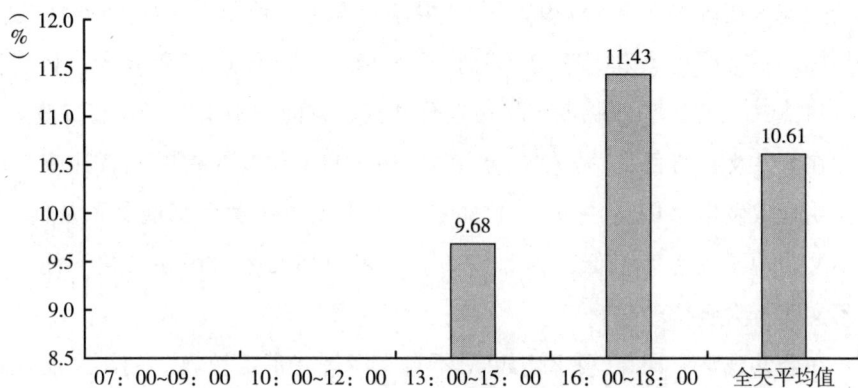

图 10　临安区公共观赏方面各时段不文明现象发生率

三　基本判断

（一）基于四个方面的情况

由于临安区首次被列入观测区域，各指标均无对比数据，只对本次数据做梳理描述。临安区在公共卫生方面的不文明现象发生率最低（3.47%），低于全区不文明现象总体发生率（8.01%）；在公共秩序方面的不文明现象发生率最高（11.80%）。

在公共卫生方面，"在禁烟场所抽烟"的不文明现象发生率最低（1.32%）；"投放垃圾时没有进行分类"的不文明现象发生率最高（18.34%）。这表明"投放垃圾时没有进行分类"现象比较突出，建议临安区政府相关部门和居民多方着力，重点破解当下居民的"高意愿、低行动"难题。

在公共秩序方面，"遛宠物时没有拴好绳子"的不文明现象发生率最高（27.62%）；"乘坐公交时没有做到有序排队上下车"的不文明现象发生率最低（5.07%）。不文明现象发生率较高的指标依次为"遛宠物时没有拴好绳子"（27.62%）、"非机动车越线停车"（24.17%）、"机动车不在地面标示的规定区域内停车"（17.92%）、"共享单车无序停放"（17.65%），这4个指标的不文明现象发生率均高于全区公共秩序方面的不文明现象总体发生率（11.80%）。这表明临安区居民在公共秩序方面的不文明行为有待改进。

在公共交往方面，"没有给老、弱、病、残、孕及怀抱婴儿者让座"的不文明现象发生率最高，为10.14%；而"相互之间大声交谈不顾及他人"的不文明现象发生率最低，为2.87%。这表明临安区居民在公共交往方面的不文明行为有待改进。

在公共观赏方面，"观看结束后不自觉清理并带走垃圾"的不文明现象发生率最高（27.14%），不文明现象发生率最低的指标为"观看时交头接耳，大声喧哗，随意走动"（4.12%）。这表明临安区居民需要在公共观赏方面做出更大的努力。

（二）基于现场观测时段的情况

临安区居民公共卫生和公共秩序方面的不文明现象发生率均在07：00～09：00时段最高，分别为4.31%和12.99%；公共交往方面的不文明现象发生率在13：00～15：00时段最高，为3.79%；公共观赏方面的不文明现象发生率在16：00～18：00时段最高，为11.43%。这些可能受早晚高峰、观测时间、观测地点和天气等客观因素的影响。

（三）基于四个方面21个指标的情况

1. 不文明现象发生率排在前10位的指标

①遛宠物时没有拴好绳子（公共秩序，27.62%）

②观看结束后不自觉清理并带走垃圾（公共观赏，27.14%）

③非机动车越线停车（公共秩序，24.17%）

④投放垃圾时没有进行分类（公共卫生，18.34%）

⑤机动车不在地面标示的规定区域内停车（公共秩序，17.92%）

⑥共享单车无序停放（公共秩序，17.65%）

⑦观看时吃零食影响他人（包括发出声音与散发出气味）（公共观赏，11.43%）

⑧观看时使用手机影响他人（包括出现光亮与发出声音）（公共观赏，10.82%）

⑨非机动车闯红灯、走机动车道、逆行（公共秩序，10.79%）

⑩没有给老、弱、病、残、孕及怀抱婴儿者让座（公共交往，10.14%）

在这10个指标中，公共卫生方面的有1个，属于公共秩序方面的有5个，属于公共交往方面的有1个，属于公共观赏方面的有3个。

2. 不文明现象发生率排在后10位的指标

①在禁烟场所抽烟（公共卫生，1.32%）

②随地吐痰、便溺（公共卫生，2.16%）

③相互之间大声交谈不顾及他人（公共交往，2.87%）

④观看时交头接耳，大声喧哗，随意走动（公共观赏，4.12%）

⑤遛宠物时不清理其排泄物（公共卫生，4.76%）

⑥乘坐公交时没有做到有序排队上下车（公共秩序，5.07%）

⑦排队时没有在规定区域等候（公共秩序，5.72%）

⑧乘坐直行电梯时没有做到先出后进（公共秩序，6.69%）

⑨向陌生人问讯时没有礼貌回应（公共交往，7.81%）

⑩行人乱穿马路（包括闯红灯、翻栏杆等）（公共秩序，8.01%）

在这10个指标中，属于公共卫生方面的有3个，属于公共秩序方面的有4个，属于公共交往方面的有2个，属于公共观赏方面的有1个。

综合以上维度情况的分析，临安区居民在公共文明创建，尤其是公共卫生等方面付出了努力，而在公共秩序和公共观赏等方面的一些文明行为和习惯有待进一步改善。

附　　录

附录1　2018年杭州市民公共文明
指数调查问卷

表　　号：hzwmzs1 表

制定机关：杭州市社会科学界联合会
　　　　　杭州市社会科学院

批准机关：杭州市统计局

批准文号：杭统〔2018〕号

2018 年杭州市民公共文明指数调查问卷

制表单位：杭州市社会科学界联合会
　　　　　杭州市社会科学院

日　　期：2018 年 10 月

您好!

我是 2018 年杭州市民公共文明指数调查组的访问员,为提升杭州市民文明素质和城市文明程度,进一步促进杭州城市国际化发展,受杭州市精神文明建设委员会办公室的委托,正在进行杭州市民公共文明指数调查,非常感谢您的支持和配合!您的个人信息会得到严格保护!

注:填选时,请直接在相应的选项上打"√"。

受访者基本信息

1. 区域:①上城区　②下城区　③江干区　④拱墅区　⑤西湖区
　　　　⑥滨江区　⑦萧山区　⑧余杭区　⑨富阳区　⑩临安区

2. 性别:①男性　②女性

3. 年龄:①16～24 岁　②25～34 岁　③35～44 岁　④45～54 岁
　　　　⑤55～64 岁　⑥65 岁及以上

4. 学历:①小学及以下　②初中　③高中/中专　④大专
　　　　⑤本科　⑥研究生及以上

5. 政治面貌:①群众　②共青团员　③中共党员　④民主党派

6. 在杭居住年限:①5 年及以下　②6～10 年　③11～20 年
　　　　　　　　④21 年及以上

7. 职业:
(1) 农、林、牧、渔等类似行业劳动者　(2) 国企中高层管理者
(3) 党、政、事业机关领导干部　(4) 工人、工厂(或企业)务工者
(5) 党、政、司法机关职员　(6) 军人　(7) 企业、公司职员
(8) 个体户或自营业主　(9) 私企老板、中高层管理者
(10) 自由职业者　(11) 在校学生　(12) 医疗工作者
(13) 教师(中小幼)　(14) 大学教师、学者、研究人员
(15) 新闻媒体工作者　(16) 律师及相关行业人员

（17）文化演艺人员　　（18）非政府组织工作人员

（19）工、青、妇、团等群众组织部门人员　　（20）无业人员

（21）其他_____

8. 户籍类型：①杭州城镇　②杭州农村　③外地城镇　④外地农村

A 卷　客评部分

A1. 您所见他人在 公共卫生 方面的行为表现是怎样的？

问题	很普遍（好）	比较普遍（较好）	一般（一般）	偶尔有（较差）	从来没有（差）
Q1. 垃圾分类投放	5	4	3	2	1
Q2. 不随地吐痰、便溺	5	4	3	2	1
Q3. 不在设有禁烟标志的公共场所抽烟	5	4	3	2	1
Q4. 打喷嚏时，有所遮掩	5	4	3	2	1
Q5. 遛宠物时，主动清理其排泄物	5	4	3	2	1
Q6. 不乱张贴小广告、不乱涂写	5	4	3	2	1

A2. 您所见他人在 公共秩序 方面的行为表现是怎样的？

问题	很普遍（好）	比较普遍（较好）	一般（一般）	偶尔有（较差）	从来没有（差）
Q7. 乘坐公交时有序排队上下车	5	4	3	2	1
Q8. 乘坐地铁时有序排队上下车	5	4	3	2	1
Q9. 遵守"一米线"外等候的规定	5	4	3	2	1
Q10. 不在公共场所大声喧哗	5	4	3	2	1
Q11. 行人不乱穿马路、乱闯红灯、乱翻栏杆	5	4	3	2	1
Q12. 共享单车按规定停放	5	4	3	2	1
Q13. 共享汽车按规定停放	5	4	3	2	1
Q14. 在地面标示的规定区域内停车	5	4	3	2	1
Q15. 非机动车不闯红灯、不走机动车道	5	4	3	2	1
Q16. 遛宠物时，注意把宠物拴好	5	4	3	2	1
Q17. 乘坐电梯时先出后进	5	4	3	2	1

A3. 您所见他人在 公共交往 方面的行为表现是怎样的？

问题	很普遍 （好）	比较普遍 （较好）	一般 （一般）	偶尔有 （较差）	从来没有 （差）
Q18. 与人交流时面带微笑，态度和蔼	5	4	3	2	1
Q19. 交谈时不大声喧哗	5	4	3	2	1
Q20. 陌生人问路时，耐心、详细解答	5	4	3	2	1
Q21. 主动给予外地游客方便或帮助	5	4	3	2	1
Q22. 能给老、弱、病、残、孕及怀抱婴儿者让座	5	4	3	2	1

A4. 您所见他人在 公共观赏 方面的行为表现是怎样的？

问题	很普遍 （好）	比较普遍 （较好）	一般 （一般）	偶尔有 （较差）	从来没有 （差）
Q23. 按时入场、退场	5	4	3	2	1
Q24. 在入口处，主动配合做好安检工作	5	4	3	2	1
Q25. 手机关机或调为静音、振动	5	4	3	2	1
Q26. 在影剧院内，安静观赏，不交头接耳、不随意走动	5	4	3	2	1
Q27. 观赏时，适时给予掌声鼓励	5	4	3	2	1
Q28. 不谩骂、起哄或围攻裁判员、运动员或其他工作人员	5	4	3	2	1
Q29. 不在观众席向演出或比赛场地投掷杂物	5	4	3	2	1

A5. 您所见他人在 公益服务 方面的行为表现是怎样的？

问题	很普遍 （好）	比较普遍 （较好）	一般 （一般）	偶尔有 （较差）	从来没有 （差）
Q30. 参加献血、捐助等公益活动	5	4	3	2	1
Q31. 只要条件允许，愿意作为志愿者提供服务	5	4	3	2	1
Q32. 积极参加公益知识讲座，向他人宣传公益知识	5	4	3	2	1
Q33. 鼓励身边的人参与公益服务	5	4	3	2	1
Q34. 自发做些公益服务	5	4	3	2	1
Q35. 积极参与各类赛事活动的志愿服务	5	4	3	2	1

A6. 您所见他人在 网络文明 方面的行为表现是怎样的?

问题	很普遍 （好）	比较普遍 （较好）	一般 （一般）	偶尔有 （较差）	从来没有 （差）
Q36. 文明用语,不谩骂、攻击他人	5	4	3	2	1
Q37. 不浏览或传播色情、暴力、封建迷信等不良信息	5	4	3	2	1
Q38. 不听信或散布谣言,不传播虚假(欺诈)信息	5	4	3	2	1
Q39. 能合理安排上网时间,不沉迷于网络	5	4	3	2	1
Q40. 不窥探、传播他人隐私	5	4	3	2	1

A7. 您所见他人在 国际礼仪文明 方面的行为表现是怎样的?

问题	很普遍 （好）	比较普遍 （较好）	一般 （一般）	偶尔有 （较差）	从来没有 （差）
Q41. 在外籍人士面前,能自觉维护国家及杭州的形象与声誉	5	4	3	2	1
Q42. 能热情友善对待外籍人士,并愿为其提供力所能及的帮助与服务	5	4	3	2	1
Q43. 不随意询问有关他人隐私问题(如年龄、家庭、收入等)	5	4	3	2	1
Q44. 能积极主动学习外语,并在与外籍人士交流时使用外语	5	4	3	2	1
Q45. 积极学习了解并遵循国际通行的礼仪规范	5	4	3	2	1
Q46. 参加正式涉外活动时,能着正装出席	5	4	3	2	1
Q47. 尊重外籍人士的习俗禁忌	5	4	3	2	1

B 卷　主评部分

B1. 请问您对自己在 公共卫生 方面的行为表现如何评价？

问题	已成习惯	比较注意	无所谓	很少注意	不注意
Q48. 垃圾分类投放	5	4	3	2	1
Q49. 不随地吐痰、便溺	5	4	3	2	1
Q50. 不在设有禁烟标志的公共场所抽烟	5	4	3	2	1
Q51. 打喷嚏时，有所遮掩	5	4	3	2	1
Q52. 遛宠物时，主动清理其排泄物	5	4	3	2	1
Q53. 不乱张贴小广告、不乱涂写	5	4	3	2	1

B2. 请问您对自己在 公共秩序 方面的行为表现如何评价？

问题	已成习惯	比较注意	无所谓	很少注意	不注意
Q54. 乘坐公交时有序排队上下车	5	4	3	2	1
Q55. 乘坐地铁时有序排队上下车	5	4	3	2	1
Q56. 遵守"一米线"外等候的规定	5	4	3	2	1
Q57. 不在公共场所大声喧哗	5	4	3	2	1
Q58. 行人不乱穿马路、乱闯红灯、乱翻栏杆	5	4	3	2	1
Q59. 共享单车按规定停放	5	4	3	2	1
Q60. 共享汽车按规定停放	5	4	3	2	1
Q61. 在地面标示的规定区域内停车	5	4	3	2	1
Q62. 非机动车不闯红灯、不走机动车道	5	4	3	2	1
Q63. 遛宠物时，注意把宠物拴好	5	4	3	2	1
Q64. 乘坐电梯时先出后进	5	4	3	2	1

B3. 请问您对自己在 公共交往 方面的行为表现如何评价？

问题	已成习惯	比较注意	无所谓	很少注意	不注意
Q65. 与人交流时面带微笑，态度和蔼	5	4	3	2	1
Q66. 交谈时不大声喧哗	5	4	3	2	1
Q67. 陌生人问路时，耐心、详细解答	5	4	3	2	1
Q68. 主动给予外地游客方便或帮助	5	4	3	2	1
Q69. 能给老、弱、病、残、孕及怀抱婴儿者让座	5	4	3	2	1

B4. 请问您对自己在 公共观赏 方面的行为表现如何评价？

问题	已成习惯	比较注意	无所谓	很少注意	不注意
Q70. 按时入场、退场	5	4	3	2	1
Q71. 在入口处,主动配合做好安检工作	5	4	3	2	1
Q72. 手机关机或调为静音、振动	5	4	3	2	1
Q73. 在影剧院内,安静观赏,不交头接耳、不随意走动	5	4	3	2	1
Q74. 观赏时,适时给予掌声鼓励	5	4	3	2	1
Q75. 不谩骂、起哄或围攻裁判员、运动员或其他工作人员	5	4	3	2	1
Q76. 不在观众席向演出或比赛场地投掷杂物	5	4	3	2	1

B5. 请问您对自己在 公益服务 方面的行为表现如何评价？

问题	已成习惯	比较注意	无所谓	很少注意	不注意
Q77. 参加献血、捐助等公益活动	5	4	3	2	1
Q78. 只要条件允许,愿意作为志愿者提供服务	5	4	3	2	1
Q79. 积极参加公益知识讲座,向他人宣传公益知识	5	4	3	2	1
Q80. 鼓励身边的人参与公益服务	5	4	3	2	1
Q81. 自发做些公益服务	5	4	3	2	1
Q82. 积极参与各类赛事活动的志愿服务	5	4	3	2	1

B6. 请问您对自己在 网络文明 方面的行为表现如何评价？

问题	已成习惯	比较注意	无所谓	很少注意	不注意
Q83. 文明用语,不谩骂、攻击他人	5	4	3	2	1
Q84. 不浏览或传播色情、暴力、封建迷信等不良信息	5	4	3	2	1
Q85. 不听信或散布谣言,不传播虚假(欺诈)信息	5	4	3	2	1
Q86. 能合理安排上网时间,不沉迷于网络	5	4	3	2	1
Q87. 不窥探、传播他人隐私	5	4	3	2	1

B7. 请问您对自己在 国际礼仪文明 方面的行为表现如何评价？

问题	已成习惯	比较注意	无所谓	很少注意	不注意
Q88. 在外籍人士面前,能自觉维护国家及杭州的形象与声誉	5	4	3	2	1
Q89. 能热情友善对待外籍人士,并愿为其提供力所能及的帮助与服务	5	4	3	2	1
Q90. 不随意询问有关他人隐私问题(如年龄、家庭、收入等)	5	4	3	2	1
Q91. 愿意主动学习外语,并在与外籍人士交流时使用外语	5	4	3	2	1
Q92. 积极学习了解并遵循国际通行的礼仪规范	5	4	3	2	1
Q93. 参加正式涉外活动时,能着正装出席	5	4	3	2	1
Q94. 尊重外籍人士的习俗禁忌	5	4	3	2	1

C卷　认知部分

Q1. 您认为近年来杭州市民国际意识的提升情况如何？（单选）

①有很大提升，符合城市国际化要求

②有较大提升，但与建设世界名城的要求还有较大差距

③有一定提升　④提升不大　⑤不清楚

Q2. 自2016年杭州施行《关于全面提升杭州城市国际化水平的若干意见》以来，您认为杭州在哪个方面提升最快？（单选）

①"互联网＋"创新创业中心　②国际会议目的地城市

③国际重要的旅游休闲中心　④东方文化国际交流重要城市

Q3. 您认为影响和促进杭州市民国际意识提升的主要因素有哪些？（多选）

①城市基础设施的改善

②《杭州市城市国际化促进条例》的颁布与实施

③高等教育的发展　④城市治理水平的提升

⑤城市品牌形象的提升　⑥精致、和谐、大气、开放的城市精神

⑦世界级赛事与会议活动的举办　　⑧杭州国际知名度的提升

⑨其他_____

Q4. 您知道《杭州市城市国际化促进条例》吗？（单选）

①非常清楚　　②知道一些　　③不是很清楚　　④不知道

Q5. 如果看到外籍人士有困难，您会主动上前提供帮助吗？（单选）

①一定会，因为外语好，且了解国际规则

②不一定，外语不好　　③不会，不关我的事

④没碰到过外籍人士

Q6. 当外籍人士向您打招呼或者寻求帮助时，您通常会怎么做？（单选）

①积极回应，并适当聊天　　②简单回应，不多交谈

③不回应，外语不好　　④从未给予回应或帮助，不关我的事

⑤没有碰到过这种事

Q7. 您认为提升杭州市民国际意识的主要途径有哪些？（多选）

①打造更多的国际化社区　　②加强城市国际化定位的宣传

③加强城市外语环境的建设　　④加强国际商务城市的建设

⑤加强青少年的国际意识教育　　⑥承办更多的国际赛事和会议

⑦加强对《杭州市城市国际化促进条例》的普法宣传

⑧加强国际人才的引进　　⑨其他_____

Q8. 《杭州市城市国际化促进条例》规定的促进城市国际化的措施中，您最在意的是哪些？（多选）

①产业国际化，营造国际创新创业生态环境

②城市环境国际化，公共信息使用国际通用标识

③公共服务国际化，为国际人才提供优质服务

④文化国际交流融合，提高居民对外交流能力

Q9. 您对当前生活的总体满意度如何？（单选）

①非常满意　　②满意　　③一般　　④不满意　　⑤非常不满意

Q10. 您觉得自己生活得幸福吗？

①非常幸福　②幸福　③一般　④不幸福　⑤很不幸福

Q11. 对进一步提升杭州市民的国际意识，您有什么好的建议或点子：

_____

受访者签名：_____	联系电话：_____
	电子邮箱：_____@_____
受访者家庭详细地址：_____区、县(市)_____街道(乡、镇)_____	
访问员签名：_____　访问员编号：_____	访问日期：_____月_____日

＝＝＝＝＝＝＝＝＝调查结束，感谢您的支持！＝＝＝＝＝＝＝＝＝

附录2　2018年杭州市民公共文明指数调查（现场观测）记录汇总表

指标		公交车站		地铁站		医院		交叉路口		社区		农贸市场		公园/广场		街巷		商场		公交线路		影剧院		合计21		合计24	
		现象量	发生率	现象量	发生率	现象量	发生率	现象量	发生率	现象量	发生率	现象量	发生率	现象量	发生率	现象量	发生率	现象量	发生率	现象量	发生率	现象量	发生率	现象量	发生率	现象量	发生率
公共卫生	投放垃圾时没有进行分类																										
	随地吐痰、便溺																										
	在禁烟场所抽烟																										
	遛宠物时不清理其排泄物																										
	小计																										
公共秩序	乘坐公交时没有做到有序排队上下车																										
	乘坐地铁时没有做到有序排队上下车																										
	排队时没有在规定区域等候																										

403

续表

指标		公交车站 现象流量	公交车站 发生率	地铁站 现象流量	地铁站 发生率	医院 现象流量	医院 发生率	交叉路口 现象流量	交叉路口 发生率	社区 现象流量	社区 发生率	农贸市场 现象流量	农贸市场 发生率	公园广场 现象流量	公园广场 发生率	街巷 现象流量	街巷 发生率	商场 现象流量	商场 发生率	公交线路 现象流量	公交线路 发生率	影剧院 现象流量	影剧院 发生率	合计21 现象流量	合计21 发生率	合计24 现象流量	合计24 发生率
公共秩序	机动车不在地面标示的规定区域内停车																										
	非机动车闯红灯、走机动车道、逆行																										
	非机动车越线停车																										
	共享单车无序停放																										
	行人乱穿马路(包括闯红灯、翻栏杆等)																										
	乘坐直行电梯时没有做到先出后进																										
	遛宠物时没有拴好绳子																										
	小计																										

续表

指标		公交车站 现象流量	公交车站 发生率	地铁站 现象流量	地铁站 发生率	医院 现象流量	医院 发生率	交叉路口 现象流量	交叉路口 发生率	社区 现象流量	社区 发生率	农贸市场 现象流量	农贸市场 发生率	公园广场 现象流量	公园广场 发生率	街巷 现象流量	街巷 发生率	商场 现象流量	商场 发生率	公交线路 现象流量	公交线路 发生率	影剧院 现象流量	影剧院 发生率	合计21 现象流量	合计21 发生率	合计24 现象流量	合计24 发生率
公共交往	相互之间大声交谈不顾及他人																										
	向陌生人问讯时没有礼貌回应																										
	没有给老、弱、病、残、孕及抱婴儿者让座																										
	小计																										
公共观赏	观看时交头接耳,大声喧哗,随意走动																										
	观看时使用手机影响他人(包括出现光亮与发出声音)																										
	观看时吃零食影响他人(包括发出声音与散发出气味)																										
	观看结束后不自觉清理并带走垃圾																										
	小计																										
	合计																										

附录3 2018年杭州市民公共文明指数调查（现场观测）各区选点情况

2018 年杭州市民公共文明指数调查（现场观测）选点一览
（上城区）

序号	类型	具体位置	负责教师	备注
1	公交车站 1	胜利剧院公交车站		
2	公交车站 2	吴山广场公交车站		
3	地铁站	城站地铁站		
4	医院	杭州市第一人民医院		
5	交叉路口 1	西湖大道与建国南路交叉路口		
6	交叉路口 2	平海路与浣纱路交叉路口		
7	社区 1	后市街小区		
8	社区 2	近江家园四园		
9	农贸市场	三桥农贸市场		
10	公园/广场	吴山文化公园		
11	街巷	惠民路(56~70 号)		
12	商场	湖滨银泰 IN77C2 区		
13	公交线路 1	29 路(章家桥—近江小区) 地铁 1 号线(城战—近江)		
14	公交线路 2	地铁 1 号线(文海南路—龙翔桥/定安路/近江)		
15	影剧院	杭州新华影都(庆春路)		

2018 年杭州市民公共文明指数调查（现场观测）选点一览
（下城区）

序号	类型	具体位置	负责教师	备注
1	公交车站 1	天水桥公交车站		
2	公交车站 2	红会医院公交车站		
3	地铁站	武林广场地铁站		
4	医院	杭州市红十字会医院		

续表

序号	类型	具体位置	负责教师	备注
5	交叉路口1	中河北路与文晖路交叉路口		
6	交叉路口2	中河北路与体育场路交叉路口		
7	社区1	三塘兰园社区		
8	社区2	春丰苑社区		
9	农贸市场	仙林苑农贸市场		
10	公园/广场	朝晖文化公园		
11	街巷	孩儿巷（启正中学至张同泰）		
12	商场	银泰百货（西湖文化广场店）		
13	公交线路1	46路（朝晖三区—三塘兰园） 5路（皇亲巷—红会医院）		
14	公交线路2	B1（下沙高教园东区—武林广场北） 地铁1号线（文海南路—武林广场/凤起路）		
15	影剧院	浙江奥斯卡电影大世界		

2018年杭州市民公共文明指数调查（现场观测）选点一览
（江干区）

序号	类型	具体位置	负责教师	备注
1	公交车站1	景芳五区公交车站		
2	公交车站2	市民中心公交车站		
3	地铁站	市民中心地铁站		
4	医院	浙江大学医学院附属邵逸夫医院下沙院区		
5	交叉路口1	新塘路与景芳路交叉路口		
6	交叉路口2	下沙大北路与五号大街交叉路口		
7	社区1	景新社区		
8	社区2	大都文苑社区		
9	农贸市场	高沙农贸市场		
10	公园/广场	钱江新城城市阳台广场		
11	街巷	景昙路（103~125号）		
12	商场	万象城		
13	公交线路1	156路		
14	公交线路2	401路		
15	影剧院	SFC上影龙湖天街		

2018 年杭州市民公共文明指数调查（现场观测）选点一览
（拱墅区）

序号	类型	具体位置	负责教师	备注
1	公交车站 1	香积寺路上塘路口公交车站		
2	公交车站 2	拱宸桥东公交车站		
3	公交车站 3	大塘新村公交车站		
4	医院	杭州市第二人民医院		
5	交叉路口 1	金华路与衢州街交叉路口		
6	交叉路口 2	湖墅南路与文晖路交叉路口		
7	社区 1	东一社区大关东一苑		
8	社区 2	和睦社区景上公寓		
9	农贸市场	和睦农贸市场		
10	公园/广场	运河广场		
11	街巷	霞弯巷(胜利河美食街东门—西门)		
12	商场	水晶城购物中心		
13	公交线路 1	76 路(运河广告产业园—新华路口)		
14	公交线路 2	B 支 4(下沙至观测点公交)		
15	影剧院	众安电影大世界		

2018 年杭州市民公共文明指数调查（现场观测）选点一览
（西湖区）

序号	类型	具体位置	负责教师	备注
1	公交车站 1	文三路马塍路口公交车站		
2	公交车站 2	浙江大学玉泉校区公交车站		
3	地铁站	古翠路地铁站		
4	医院	杭州市中医院		
5	交叉路口 1	文三路与马塍路交叉路口		
6	交叉路口 2	曙光路与黄龙路交叉路口		
7	社区 1	翠苑四区		
8	社区 2	友谊社区		
9	农贸市场	骆家庄农贸市场		
10	公园/广场	黄龙洞圆缘民俗园		
11	街巷	外东山弄(浙大路至曙光路)		
12	商场	印象城购物中心		
13	公交线路 1	28 路、82 路、11 路、74 路、25 路		
14	公交线路 2	B1 线、B2 线、B4 线、地铁 1 号线、地铁 2 号线		
15	影剧院	翠苑电影大世界		

2018 年杭州市民公共文明指数调查（现场观测）选点一览
（滨江区）

序号	类型	具体位置	负责教师	备注
1	公交车站 1	滨文公交中心站		
2	公交车站 2	网商路滨康路口公交车站		
3	地铁站	江陵路地铁站		
4	医院	浙江大学医学院附属第二医院滨江院区（滨江医院）		
5	交叉路口 1	滨文路与火炬大道交叉路口		
6	交叉路口 2	江晖路与春晓路交叉路口		
7	社区 1	中兴花园社区		
8	社区 2	滨康小区		
9	农贸市场	杭州六和农贸市场		
10	公园/广场	滨江区普法主题公园		
11	街巷	聚园路(江晖路至江淑路段)		
12	商场	华润万家滨文路店		
13	公交线路 1	公交 1504 路、352 路、137 路		
14	公交线路 2	地铁 1 号线（文海南路至江陵路、滨康路）		
15	影剧院	中影国际影城		

2018 年杭州市民公共文明指数调查（现场观测）选点一览
（萧山区）

序号	类型	具体位置	负责教师	备注
1	公交车站 1	市心北路建设三路公交车站		
2	公交车站 2	时代广场公交车站		
3	地铁站	建设一路地铁站		
4	医院	萧山区第一人民医院		
5	交叉路口 1	建设四路与市心北路交叉路口		
6	交叉路口 2	体育路与市心南路交叉路口		
7	社区 1	西佳境天城成合苑		
8	社区 2	崇化小区		
9	农贸市场	宁安农贸市场		
10	公园/广场	西山公园		
11	街巷	西河路(城河街至人民路)		
12	商场	银隆百货		
13	公交线路 1	区内公交		
14	公交线路 2	下沙—萧山		
15	影剧院	萧山剧院		

2018 年杭州市民公共文明指数调查（现场观测）选点一览
（余杭区）

序号	类型	具体位置	负责教师	备注
1	公交车站 1	临平南站公交车站		
2	公交车站 2	余杭第一人民医院北门公交车站		
3	地铁站	临平地铁站		
4	医院	余杭区第一人民医院		
5	交叉路口 1	迎宾路与南苑街交叉路口		
6	交叉路口 2	邱山大街与保健路交叉路口		
7	社区 1	新城花苑		
8	社区 2	邱山小区		
9	农贸市场	邱山农贸市场		
10	公园/广场	临平公园		
11	街巷	东大街(梅堰路至水岸嘉园小区)		
12	商场	临平银泰城		
13	公交线路 1	774 路(外环)		
14	公交线路 2	地铁 1 号线		
15	影剧院	博纳国际影城 IMAX 临平店		

2018 年杭州市民公共文明指数调查（现场观测）选点一览
（富阳区）

序号	类型	具体位置	负责教师	备注
1	公交车站 1	横凉亭公交车站		
2	公交车站 2	商业城公交车站		
3	公交车站 3	二贸市场公交车站		
4	医院	富阳区第一人民医院		
5	交叉路口 1	金浦路与金平路交叉路口		
6	交叉路口 2	孙权路与春秋北路交叉路口		
7	社区 1	春晖社区		
8	社区 2	秋月社区		
9	农贸市场	城东农贸市场		
10	公园/广场	恩波公园		
11	街巷	北门路街巷(龙浦路至桂花路)		
12	商场	东方茂购物中心		
13	公交线路 1	区内公交:616 路、603 路		
14	公交线路 2	下沙至观测点公交线路(514 路、595 路、597 路)		
15	影剧院	新世界国际影城		

2018 年杭州市民公共文明指数调查（现场观测）选点一览
（临安区）

序号	类型	具体位置	负责教师	备注
1	公交车站1	临东小区公交车站		
2	公交车站2	太阳城东门公交车站		
3	公交车站3	新天地公交车站		
4	医院	临安区人民医院		
5	交叉路口1	农林大路与城中街交叉路口		
6	交叉路口2	衣锦街与临水路交叉路口		
7	社区1	碧桂苑一区		
8	社区2	临安法院小区		
9	农贸市场	浙皖农贸城		
10	公园/广场	西墅公园		
11	街巷	临天路二弄（临天路至西苑路段）		
12	商场	沃尔玛临安店		
13	公交线路1	临安公交 K1 路、K2 路、K7 路		
14	公交线路2	B1 线黄龙公交站转 598B		
15	影剧院	比高电影城临安店		

图书在版编目（CIP）数据

2018 年杭州市民公共文明指数调查分析报告 / 杭州
市精神文明建设委员会办公室，杭州市社会科学院编；
陆文荣等著. -- 北京：社会科学文献出版社，2020.11
　　ISBN 978 - 7 - 5201 - 6366 - 8

　　Ⅰ. ①2… 　Ⅱ. ①杭… ②杭… ③陆… 　Ⅲ. ①市民 -
社会公德教育 - 指数 - 调查报告 - 杭州 - 2018 　Ⅳ.
①D648.3

　　中国版本图书馆 CIP 数据核字（2020）第 038874 号

2018 年杭州市民公共文明指数调查分析报告

编　　者 / 杭州市精神文明建设委员会办公室
　　　　　杭州市社会科学院
著　　者 / 陆文荣 等

出 版 人 / 王利民
组稿编辑 / 恽　薇
责任编辑 / 冯咏梅

出　　版 / 社会科学文献出版社·经济与管理分社（010）59367226
　　　　　　地址：北京市北三环中路甲 29 号院华龙大厦　邮编：100029
　　　　　　网址：www.ssap.com.cn
发　　行 / 市场营销中心（010）59367081　59367083
印　　装 / 北京玺诚印务有限公司

规　　格 / 开　本：787mm × 1092mm　1/16
　　　　　　印　张：26.25　字　数：400 千字
版　　次 / 2020 年 11 月第 1 版　2020 年 11 月第 1 次印刷
书　　号 / ISBN 978 - 7 - 5201 - 6366 - 8
定　　价 / 168.00 元